全国法治政府建设
示　范　创　建
典型经验与案例

（一）

本书编写组 / 编

法律出版社 | LAW PRESS
北京

图书在版编目(CIP)数据

全国法治政府建设示范创建典型经验与案例. 一 / 《全国法治政府建设示范创建典型经验与案例》编写组编. -- 北京 : 法律出版社, 2023
ISBN 978-7-5197-6407-4

Ⅰ. ①全… Ⅱ. ①全… Ⅲ. ①地方政府-行政管理-研究-中国②地方政府-行政管理-案例-中国 Ⅳ. ①D625

中国版本图书馆 CIP 数据核字(2022)第 023152 号

全国法治政府建设示范创建典型经验与案例(一)
QUANGUO FAZHI ZHENGFU JIANSHE SHIFAN CHUANGJIAN DIANXING JINGYAN YU ANLI (YI)

《全国法治政府建设示范创建典型经验与案例》编写组 编

责任编辑 沈小英 任 娜 刘雪莲
装帧设计 汪奇峰 鲍龙卉

出版发行 法律出版社
编辑统筹 法治与经济出版分社
责任校对 裴 黎 张翼羽
责任印制 吕亚莉
经 销 新华书店

开本 787 毫米×1092 毫米 1/16
印张 25.25 字数 417 千
版本 2023 年 7 月第 1 版
印次 2023 年 7 月第 1 次印刷
印刷 北京中科印刷有限公司

地址:北京市丰台区莲花池西里 7 号(100073)
网址:www.lawpress.com.cn
投稿邮箱:info@lawpress.com.cn
举报盗版邮箱:jbwq@lawpress.com.cn

销售电话:010-83938349
客服电话:010-83938350
咨询电话:010-63939796

书号:ISBN 978-7-5197-6407-4
定价:88.00 元

出版说明

党的十八大以来，以习近平同志为核心的党中央高度重视统筹推进法治政府建设，作出一系列重大决策部署，推动法治政府建设取得一系列标志性成果。开展全国法治政府建设示范创建活动，是深入学习贯彻习近平法治思想的重要举措，是不断将法治政府建设向纵深推进的重要抓手。2019 年 5 月，中央依法治国办印发《关于开展法治政府建设示范创建活动的意见》，并于 2019 年、2021 年分别组织开展了第一批、第二批示范创建活动，在全国范围内共评选出 90 个综合示范地区和 83 个单项示范项目。通过示范创建活动，各地区不断加强对法治政府建设的组织领导，统筹推进、改革创新，以示范带发展、以创建促提升，补短板、强弱项，营造了法治政府建设争先创优的浓厚氛围，培树起一批批全国法治政府建设先进典型。

党的二十大对扎实推进依法行政作出专门部署，吹响了法治政府建设奋进新征程的时代号角。为深入贯彻落实党的二十大精神，更好发挥示范命名地区和项目辐射带动作用，我们组织有关地区和单位撰写了第一批和第二批示范创建活动典型经验材料，将其编辑成册出版，供各地区开展法治政府建设相关工作学习参考。这些经验材料，较为全面反映了党的十八大以来我国推进法治政府建设取得的丰硕成果，充分展示了各地区坚持以习近平法治思想为指导，在深入推进依法行政、推动政府治理体系和治理能力现代化等方面的最新探索和生动实践。

这些典型经验与案例共分两册，第一册分为 3 部分，包括《法治政府建设实施纲要（2021—2025 年）》、《关于开展法治政府建设示范创建活动的意见》、

《市县法治政府建设示范指标体系》(2021 年版),第一批 40 个综合示范地区和 24 个单项示范项目经验材料,相关数据统计时间截至 2020 年年底;第二册包括第二批 50 个综合示范地区和 59 个单项示范项目经验材料,相关数据统计时间截至 2022 年年底。综合示范地区材料主要对该地区法治政府建设整体情况进行全景式介绍,单项示范项目材料侧重介绍在法治政府建设某一领域的创新实践和典型做法。每篇材料均提供了案例链接,帮助读者更好理解相关创新举措在实践中的应用。由于时间仓促、水平有限,疏漏和不足之处恳请广大专家学者、从事法治政府建设相关工作同志们和其他社会各界人士批评指正。

本书编写组

2023 年 6 月

目　录

第一部分 重要文件

第二部分 综合示范地区

第三部分 单项示范项目

1

第一部分

重要文件

法治政府建设实施纲要（2021—2025 年）

法治政府建设是全面依法治国的重点任务和主体工程，是推进国家治理体系和治理能力现代化的重要支撑。为在新发展阶段持续深入推进依法行政，全面建设法治政府，根据当前法治政府建设实际，制定本纲要。

一、深入学习贯彻习近平法治思想，努力实现法治政府建设全面突破

党的十八大以来，特别是《法治政府建设实施纲要（2015—2020 年）》贯彻落实 5 年来，各地区各部门多措并举、改革创新，法治政府建设取得重大进展。党对法治政府建设的领导不断加强，责任督察和示范创建活动深入实施，法治政府建设推进机制基本形成；“放管服”改革纵深推进，营商环境大幅优化；依法行政制度体系日益健全，重大行政决策程序制度初步建立，行政决策公信力持续提升；行政执法体制机制改革大力推进，严格规范公正文明执法水平普遍提高；行政权力制约和监督全面加强，违法行政行为能够被及时纠正查处；社会矛盾纠纷依法及时有效化解，行政争议预防化解机制更加完善；各级公务员法治意识显著增强，依法行政能力明显提高。当前，我国已经开启全面建设社会主义现代化国家、向第二个百年奋斗目标进军的新征程，统筹中华民族伟大复兴战略全局和世界百年未有之大变局，推进国家治理体系和治理能力现代化，适应人民日益增长的美好生活需要，都对法治政府建设提出了新的更高要

求,必须立足全局、着眼长远、补齐短板、开拓进取,推动新时代法治政府建设再上新台阶。

(一)指导思想。高举中国特色社会主义伟大旗帜,坚持以马克思列宁主义、毛泽东思想、邓小平理论、“三个代表”重要思想、科学发展观、习近平新时代中国特色社会主义思想为指导,全面贯彻党的十九大和十九届二中、三中、四中、五中全会精神,全面贯彻习近平法治思想,增强“四个意识”、坚定“四个自信”、做到“两个维护”,把法治政府建设放在党和国家事业发展全局中统筹谋划,加快构建职责明确、依法行政的政府治理体系,全面建设职能科学、权责法定、执法严明、公开公正、智能高效、廉洁诚信、人民满意的法治政府,为全面建设社会主义现代化国家、实现中华民族伟大复兴的中国梦提供有力法治保障。

(二)主要原则。坚持党的全面领导,确保法治政府建设正确方向;坚持以人民为中心,一切行政机关必须为人民服务、对人民负责、受人民监督;坚持问题导向,用法治给行政权力定规矩、划界限,切实解决制约法治政府建设的突出问题;坚持改革创新,积极探索具有中国特色的法治政府建设模式和路径;坚持统筹推进,强化法治政府建设的整体推动、协同发展。

(三)总体目标。到2025年,政府行为全面纳入法治轨道,职责明确、依法行政的政府治理体系日益健全,行政执法体制机制基本完善,行政执法质量和效能大幅提升,突发事件应对能力显著增强,各地区各层级法治政府建设协调并进,更多地区实现率先突破,为到2035年基本建成法治国家、法治政府、法治社会奠定坚实基础。

二、健全政府机构职能体系,推动更好发挥政府作用

坚持法定职责必须为、法无授权不可为,着力实现政府职能深刻转变,把该管的事务管好、管到位,基本形成边界清晰、分工合理、权责一致、运行高效、法治保障的政府机构职能体系。

(四)推进政府机构职能优化协同高效。坚持优化政府组织结构与促进政府职能转变、理顺部门职责关系统筹结合,使机构设置更加科学、职能更加优化、权责更加协同。完善经济调节、市场监管、社会管理、公共服务、生态环境

保护等职能，厘清政府和市场、政府和社会关系，推动有效市场和有为政府更好结合。强化制定实施发展战略、规划、政策、标准等职能，更加注重运用法律和制度遏制不当干预微观经济活动的行为。构建简约高效的基层管理体制，实行扁平化和网格化管理。推进编制资源向基层倾斜，鼓励、支持从上往下跨层级调剂使用行政和事业编制。

全面实行政府权责清单制度，推动各级政府高效履职尽责。2022 年上半年编制完成国务院部门权责清单，建立公开、动态调整、考核评估、衔接规范等配套机制和办法。调整完善地方各级政府部门权责清单，加强标准化建设，实现同一事项的规范统一。严格执行市场准入负面清单，普遍落实“非禁即入”。

（五）深入推进“放管服”改革。分级分类推进行政审批制度改革。依托全国一体化政务服务平台等渠道，全面推行审批服务“马上办、网上办、就近办、一次办、自助办”。坚决防止以备案、登记、行政确认、征求意见等方式变相设置行政许可事项。推行行政审批告知承诺制。大力归并减少各类资质资格许可事项，降低准入门槛。有序推进“证照分离”改革全覆盖，将更多涉企经营许可事项纳入改革。积极推进“一业一证”改革，探索实现“一证准营”、跨地互认通用。深化投资审批制度改革，推进投资领域行政执法监督，全面改善投资环境。全面落实证明事项告知承诺制，新设证明事项必须有法律法规或者国务院决定依据。

推动政府管理依法进行，把更多行政资源从事前审批转到事中事后监管上来。健全以“双随机、一公开”监管和“互联网＋监管”为基本手段、以重点监管为补充、以信用监管为基础的新型监管机制，推进线上线下一体化监管，完善与创新创造相适应的包容审慎监管方式。根据不同领域特点和风险程度确定监管内容、方式和频次，提高监管精准化水平。分领域制定全国统一、简明易行的监管规则和标准，做到标准公开、规则公平、预期合理、各负其责。

加快建设服务型政府，提高政务服务效能。全面提升政务服务水平，完善首问负责、一次告知、一窗受理、自助办理等制度。加快推进政务服务“跨省通办”，到 2021 年年底前基本实现高频事项“跨省通办”。大力推行“一件事一次办”，提供更多套餐式、主题式集成服务。推进线上线下深度融合，增强全国一体化政务服务平台服务能力，优化整合提升各级政务大厅“一站式”功能，全面实现政务服务事项全城通办、就近能办、异地可办。坚持传统服务与智能创新相结合,充分保障老年人基本服务需要。

(六)持续优化法治化营商环境。紧紧围绕贯彻新发展理念、构建新发展格局,打造稳定公平透明、可预期的法治化营商环境。深入实施《优化营商环境条例》。及时总结各地优化营商环境可复制可推广的经验做法,适时上升为法律法规制度。依法平等保护各种所有制企业产权和自主经营权,切实防止滥用行政权力排除、限制竞争行为。健全外商投资准入前国民待遇加负面清单管理制度,推动规则、规制、管理、标准等制度型开放。加强政企沟通,在制定修改行政法规、规章、行政规范性文件过程中充分听取企业和行业协会商会意见。加强和改进反垄断与反不正当竞争执法。强化公平竞争审查制度刚性约束,及时清理废除妨碍统一市场和公平竞争的各种规定和做法,推动形成统一开放、竞争有序、制度完备、治理完善的高标准市场体系。

三、健全依法行政制度体系,加快推进政府治理规范化程序化法治化

坚持科学立法、民主立法、依法立法,着力实现政府立法质量和效率并重并进,增强针对性、及时性、系统性、可操作性,努力使政府治理各方面制度更加健全、更加完善。

(七)加强重要领域立法。积极推进国家安全、科技创新、公共卫生、文化教育、民族宗教、生物安全、生态文明、防范风险、反垄断、涉外法治等重要领域立法,健全国家治理急需的法律制度、满足人民日益增长的美好生活需要必备的法律制度。制定修改传染病防治法、突发公共卫生事件应对法、国境卫生检疫法等法律制度。及时跟进研究数字经济、互联网金融、人工智能、大数据、云计算等相关法律制度,抓紧补齐短板,以良法善治保障新业态新模式健康发展。

加强规范共同行政行为立法,推进机构、职能、权限、程序、责任法定化。修改国务院组织法、地方各级人民代表大会和地方各级人民政府组织法。修改行政复议法、行政许可法,完善行政程序法律制度。研究制定行政备案条

例、行政执法监督条例。

（八）完善立法工作机制。增强政府立法与人大立法的协同性，统筹安排相关联相配套的法律法规规章的立改废释工作。聚焦实践问题和立法需求，提高立法精细化精准化水平。完善立法论证评估制度，加大立法前评估力度，认真论证评估立法项目必要性、可行性。建立健全立法风险防范机制，将风险评估贯穿立法全过程。丰富立法形式，注重解决实际问题。积极运用新媒体新技术拓宽立法公众参与渠道，完善立法听证、民意调查机制。修改法规规章备案条例，推进政府规章层级监督，强化省级政府备案审查职责。推进区域协同立法，强化计划安排衔接、信息资源共享、联合调研论证、同步制定修改。

（九）加强行政规范性文件制定监督管理。依法制定行政规范性文件，严禁越权发文、严控发文数量、严格制发程序。建立健全行政规范性文件制定协调机制，防止政出多门、政策效应相互抵消。健全行政规范性文件动态清理工作机制。加强对行政规范性文件制定和管理工作的指导监督，推动管理制度化规范化。全面落实行政规范性文件合法性审核机制，明确审核范围，统一审核标准。严格落实行政规范性文件备案审查制度。

四、健全行政决策制度体系，不断提升行政决策公信力和执行力

坚持科学决策、民主决策、依法决策，着力实现行政决策程序规定严格落实、决策质量和效率显著提高，切实避免因决策失误产生矛盾纠纷、引发社会风险、造成重大损失。

（十）强化依法决策意识。各级行政机关负责人要牢固树立依法决策意识，严格遵循法定权限和程序作出决策，确保决策内容符合法律法规规定。行政机关主要负责人作出重大决策前，应当听取合法性审查机构的意见，注重听取法律顾问、公职律师或者有关专家的意见。把是否遵守决策程序制度、做到依法决策作为对政府部门党组（党委）开展巡视巡察和对行政机关主要负责人开展考核督察、经济责任审计的重要内容，防止个人专断、搞“一言堂”。

（十一）严格落实重大行政决策程序。严格执行《重大行政决策程序暂行条例》，增强公众参与实效，提高专家论证质量，充分发挥风险评估功能，确保所有重大行政决策都严格履行合法性审查和集体讨论决定程序。推行重大行

政决策事项年度目录公开制度。涉及社会公众切身利益的重要规划、重大公共政策和措施、重大公共建设项目等,应当通过举办听证会等形式加大公众参与力度,深入开展风险评估,认真听取和反映利益相关群体的意见建议。建立健全决策过程记录和材料归档制度。

(十二)加强行政决策执行和评估。完善行政决策执行机制,决策机关应当在决策中明确执行主体、执行时限、执行反馈等内容。建立健全重大行政决策跟踪反馈制度。依法推进决策后评估工作,将决策后评估结果作为调整重大行政决策的重要依据。重大行政决策一经作出,未经法定程序不得随意变更或者停止执行。严格落实重大行政决策终身责任追究制度和责任倒查机制。

五、健全行政执法工作体系,全面推进严格规范公正文明执法

着眼提高人民群众满意度,着力实现行政执法水平普遍提升,努力让人民群众在每一个执法行为中都能看到风清气正、从每一项执法决定中都能感受到公平正义。

(十三)深化行政执法体制改革。完善权责清晰、运转顺畅、保障有力、廉洁高效的行政执法体制机制,大力提高执法执行力和公信力。继续深化综合行政执法体制改革,坚持省(自治区)原则上不设行政执法队伍,设区市与市辖区原则上只设一个行政执法层级,县(市、区、旗)一般实行"局队合一"体制,乡镇(街道)逐步实现"一支队伍管执法"的改革原则和要求。加强综合执法、联合执法、协作执法的组织指挥和统筹协调。在行政许可权、行政处罚权改革中,健全审批、监管、处罚衔接机制,防止相互脱节。稳步将基层管理迫切需要且能有效承接的行政执法事项下放给基层,坚持依法下放、试点先行,坚持权随事转、编随事转、钱随事转,确保放得下、接得住、管得好、有监督。建立健全乡镇(街道)与上一级相关部门行政执法案件移送及协调协作机制。大力推进跨领域跨部门联合执法,实现违法线索互联、执法标准互通、处理结果互认。完善行政执法与刑事司法衔接机制,加强"两法衔接"信息平台建设,推进信息共享机制化、案件移送标准和程序规范化。加快制定不同层级行政执法装备配备标准。

(十四)加大重点领域执法力度。加大食品药品、公共卫生、自然资源、生

态环境、安全生产、劳动保障、城市管理、交通运输、金融服务、教育培训等关系群众切身利益的重点领域执法力度。分领域梳理群众反映强烈的突出问题，开展集中专项整治。对潜在风险大、可能造成严重不良后果的，加强日常监管和执法巡查，从源头上预防和化解违法风险。建立完善严重违法惩罚性赔偿和巨额罚款制度、终身禁入机制，让严重违法者付出应有代价。畅通违法行为投诉举报渠道，对举报严重违法违规行为和重大风险隐患的有功人员依法予以奖励和严格保护。

（十五）完善行政执法程序。全面严格落实行政执法公示、执法全过程记录、重大执法决定法制审核制度。统一行政执法人员资格管理，除中央垂直管理部门外由省级政府统筹本地区行政执法人员资格考试、证件制发、在岗轮训等工作，国务院有关业务主管部门加强对本系统执法人员的专业培训，完善相关规范标准。统一行政执法案卷、文书基本标准，提高执法案卷、文书规范化水平。完善行政执法文书送达制度。全面落实行政裁量权基准制度，细化量化本地区各行政执法行为的裁量范围、种类、幅度等并对外公布。全面梳理、规范和精简执法事项，凡没有法律法规规章依据的一律取消。规范涉企行政检查，着力解决涉企现场检查事项多、频次高、随意检查等问题。按照行政执法类型，制定完善行政执法程序规范。全面严格落实告知制度，依法保障行政相对人陈述、申辩、提出听证申请等权利。除有法定依据外，严禁地方政府采取要求特定区域或者行业、领域的市场主体普遍停产停业的措施。行政机关内部会议纪要不得作为行政执法依据。

（十六）创新行政执法方式。广泛运用说服教育、劝导示范、警示告诫、指导约谈等方式，努力做到宽严相济、法理相融，让执法既有力度又有温度。全面推行轻微违法行为依法免予处罚清单。建立行政执法案例指导制度，国务院有关部门和省级政府要定期发布指导案例。全面落实“谁执法谁普法”普法责任制，加强以案释法。

六、健全突发事件应对体系，依法预防处置重大突发事件

坚持运用法治思维和法治方式应对突发事件，着力实现越是工作重要、事情紧急越要坚持依法行政，严格依法实施应急举措，在处置重大突发事件中推

进法治政府建设。

(十七)完善突发事件应对制度。修改突发事件应对法,系统梳理和修改应急管理相关法律法规,提高突发事件应对法治化规范化水平。健全国家应急预案体系,完善国家突发公共事件总体和专项应急预案,以及与之相衔接配套的各级各类突发事件应急预案。加强突发事件监测预警、信息报告、应急响应、恢复重建、调查评估等机制建设。健全突发事件应对征收、征用、救助、补偿制度,规范相关审批、实施程序和救济途径。完善特大城市风险治理机制,增强风险管控能力。健全规范应急处置收集、使用个人信息机制制度,切实保护公民个人信息。加快推进突发事件行政手段应用的制度化规范化,规范行政权力边界。

(十八)提高突发事件依法处置能力。增强风险防范意识,强化各地区各部门防范化解本地区本领域重大风险责任。推进应急管理综合行政执法改革,强化执法能力建设。强化突发事件依法分级分类施策,增强应急处置的针对性实效性。按照平战结合原则,完善各类突发事件应急响应处置程序和协调联动机制。定期开展应急演练,注重提升依法预防突发事件、先期处置和快速反应能力。加强突发事件信息公开和危机沟通,完善公共舆情应对机制。依法严厉打击利用突发事件哄抬物价、囤积居奇、造谣滋事、制假售假等扰乱社会秩序行为。加强突发事件应急处置法律法规教育培训,增强应急处置法治意识。

(十九)引导、规范基层组织和社会力量参与突发事件应对。完善乡镇(街道)、村(社区)应急处置组织体系,推动村(社区)依法参与预防、应对突发事件。明确社会组织、慈善组织、社会工作者、志愿者等参与突发事件应对的法律地位及其权利义务,完善激励保障措施。健全社会应急力量备案登记、调用补偿、保险保障等方面制度。

七、健全社会矛盾纠纷行政预防调处化解体系,不断促进社会公平正义

坚持将矛盾纠纷化解在萌芽状态、化解在基层,着力实现人民群众权益受到公平对待、尊严获得应有尊重,推动完善信访、调解、仲裁、行政裁决、行政复

议、诉讼等社会矛盾纠纷多元预防调处化解综合机制。

（二十）加强行政调解工作。依法加强消费者权益保护、交通损害赔偿、治安管理、环境污染、社会保障、房屋土地征收、知识产权等方面的行政调解，及时妥善推进矛盾纠纷化解。各职能部门要规范行政调解范围和程序，组织做好教育培训，提升行政调解工作水平。坚持“三调”联动，推进行政调解与人民调解、司法调解有效衔接。

（二十一）有序推进行政裁决工作。发挥行政裁决化解民事纠纷的“分流阀”作用，建立体系健全、渠道畅通、公正便捷、裁诉衔接的裁决机制。推行行政裁决权利告知制度，规范行政裁决程序，推动有关行政机关切实履行行政裁决职责。全面梳理行政裁决事项，明确行政裁决适用范围，稳妥推进行政裁决改革试点。强化案例指导和业务培训，提升行政裁决能力。研究推进行政裁决法律制度建设。

（二十二）发挥行政复议化解行政争议主渠道作用。全面深化行政复议体制改革，整合地方行政复议职责，按照事编匹配、优化节约、按需调剂的原则，合理调配编制资源，2022 年年底前基本形成公正权威、统一高效的行政复议体制。全面推进行政复议规范化、专业化、信息化建设，不断提高办案质量和效率。健全优化行政复议审理机制。县级以上各级政府建立行政复议委员会，为重大、疑难、复杂的案件提供咨询意见。建立行政复议决定书以及行政复议意见书、建议书执行监督机制，实现个案监督纠错与倒逼依法行政的有机结合。全面落实行政复议决定书网上公开制度。

（二十三）加强和规范行政应诉工作。认真执行行政机关负责人出庭应诉制度。健全行政争议实质性化解机制，推动诉源治理。支持法院依法受理和审理行政案件，切实履行生效裁判。支持检察院开展行政诉讼监督工作和行政公益诉讼，积极主动履行职责或者纠正违法行为。认真做好司法建议、检察建议落实和反馈工作。

八、健全行政权力制约和监督体系，促进行政权力规范透明运行

坚持有权必有责、有责要担当、失责必追究，着力实现行政决策、执行、组织、监督既相互制约又相互协调，确保对行政权力制约和监督全覆盖、无缝隙，

使党和人民赋予的权力始终用来为人民谋幸福。

(二十四)形成监督合力。坚持将行政权力制约和监督体系纳入党和国家监督体系全局统筹谋划,突出党内监督主导地位。推动党内监督与人大监督、民主监督、行政监督、司法监督、群众监督、舆论监督等各类监督有机贯通、相互协调。积极发挥审计监督、财会监督、统计监督、执法监督、行政复议等监督作用。自觉接受纪检监察机关监督,对行政机关公职人员违法行为严格追究法律责任,依规依法给予处分。

坚持严管和厚爱结合、激励和约束并重,做到依规依纪依法严肃问责、规范问责、精准问责、慎重问责,既要防止问责不力,也要防止问责泛化、简单化。落实"三个区分开来"要求,建立健全担当作为的激励和保护机制,切实调动各级特别是基层政府工作人员的积极性,充分支持从实际出发担当作为、干事创业。

(二十五)加强和规范政府督查工作。县级以上政府依法组织开展政府督查工作,重点对党中央、国务院重大决策部署落实情况、上级和本级政府重要工作部署落实情况、督查对象法定职责履行情况、本级政府所属部门和下级政府的行政效能开展监督检查,保障政令畅通,督促提高行政效能、推进廉政建设、健全行政监督制度。积极发挥政府督查的激励鞭策作用,坚持奖惩并举,对成效明显的按规定加大表扬和政策激励力度,对不作为乱作为的依规依法严肃问责。进一步明确政府督查的职责、机构、程序和责任,增强政府督查工作的科学性、针对性、实效性。

(二十六)加强对行政执法制约和监督。加强行政执法监督机制和能力建设,充分发挥行政执法监督统筹协调、规范保障、督促指导作用,2024 年年底前基本建成省市县乡全覆盖的比较完善的行政执法协调监督工作体系。全面落实行政执法责任,严格按照权责事项清单分解执法职权、确定执法责任。加强和完善行政执法案卷管理和评查、行政执法机关处理投诉举报、行政执法考核评议等制度建设。大力整治重点领域行政执法不作为乱作为、执法不严格不规范不文明不透明等突出问题,围绕中心工作部署开展行政执法监督专项行动。严禁下达或者变相下达罚没指标,严禁将罚没收入同作出行政处罚的行政机关及其工作人员的考核、考评直接或者变相挂钩。建立并实施行政执法监督员制度。

（二十七）全面主动落实政务公开。坚持以公开为常态、不公开为例外，用政府更加公开透明赢得人民群众更多理解、信任和支持。大力推进决策、执行、管理、服务和结果公开，做到法定主动公开内容全部公开到位。加强公开制度化、标准化、信息化建设，提高政务公开能力和水平。全面提升政府信息公开申请办理工作质量，依法保障人民群众合理信息需求。鼓励开展政府开放日、网络问政等主题活动，增进与公众的互动交流。加快构建具有中国特色的公共企事业单位信息公开制度。

（二十八）加快推进政务诚信建设。健全政府守信践诺机制。建立政务诚信监测治理机制，建立健全政务失信记录制度，将违约毁约、拖欠账款、拒不履行司法裁判等失信信息纳入全国信用信息共享平台并向社会公开。建立健全政府失信责任追究制度，加大失信惩戒力度，重点治理债务融资、政府采购、招标投标、招商引资等领域的政府失信行为。

九、健全法治政府建设科技保障体系，全面建设数字法治政府

坚持运用互联网、大数据、人工智能等技术手段促进依法行政，着力实现政府治理信息化与法治化深度融合，优化革新政府治理流程和方式，大力提升法治政府建设数字化水平。

（二十九）加快推进信息化平台建设。各省（自治区、直辖市）统筹建成本地区各级互联、协同联动的政务服务平台，实现从省（自治区、直辖市）到村（社区）网上政务全覆盖。加快推进政务服务向移动端延伸，实现更多政务服务事项“掌上办”。分级分类推进新型智慧城市建设，促进城市治理转型升级。加强政府信息平台建设的统筹规划，优化整合各类数据、网络平台，防止重复建设。

建设法规规章行政规范性文件统一公开查询平台，2022 年年底前实现现行有效的行政法规、部门规章、国务院及其部门行政规范性文件的统一公开查询；2023 年年底前各省（自治区、直辖市）实现本地区现行有效地方性法规、规章、行政规范性文件统一公开查询。

（三十）加快推进政务数据有序共享。建立健全政务数据共享协调机制，进一步明确政务数据提供、使用、管理等各相关方的权利和责任，推动数据共享和业务协同，形成高效运行的工作机制，构建全国一体化政务大数据体系，

加强政务信息系统优化整合。加快推进身份认证、电子印章、电子证照等统一认定使用,优化政务服务流程。加强对大数据的分析、挖掘、处理和应用,善于运用大数据辅助行政决策、行政立法、行政执法工作。建立健全运用互联网、大数据、人工智能等技术手段进行行政管理的制度规则。在依法保护国家安全、商业秘密、自然人隐私和个人信息的同时,推进政府和公共服务机构数据开放共享,优先推动民生保障、公共服务、市场监管等领域政府数据向社会有序开放。

(三十一)深入推进"互联网+"监管执法。加强国家"互联网+监管"系统建设,2022年年底前实现各方面监管平台数据的联通汇聚。积极推进智慧执法,加强信息化技术、装备的配置和应用。推行行政执法APP掌上执法。探索推行以远程监管、移动监管、预警防控为特征的非现场监管,解决人少事多的难题。加快建设全国行政执法综合管理监督信息系统,将执法基础数据、执法程序流转、执法信息公开等汇聚一体,建立全国行政执法数据库。

十、加强党的领导,完善法治政府建设推进机制

党的领导是全面依法治国、建设法治政府的根本保证,必须坚持党总揽全局、协调各方,发挥各级党委的领导作用,把法治政府建设摆到工作全局更加突出的位置。

(三十二)加强党对法治政府建设的领导。各级党委和政府要深入学习领会习近平法治思想,把习近平法治思想贯彻落实到法治政府建设全过程和各方面。各级党委要切实履行推进法治建设领导职责,安排听取有关工作汇报,及时研究解决影响法治政府建设重大问题。各级政府要在党委统一领导下,履行法治政府建设主体责任,谋划落实好法治政府建设各项任务,主动向党委报告法治政府建设中的重大问题。各级政府及其部门主要负责人要切实履行推进本地区本部门法治政府建设第一责任人职责,作为重要工作定期部署推进、抓实抓好。各地区党委法治建设议事协调机构及其办事机构要加强法治政府建设的协调督促推动。

(三十三)完善法治政府建设推进机制。深入推进法治政府建设督察工作,2025年前实现对地方各级政府督察全覆盖。扎实做好法治政府建设示范

创建活动,以创建促提升、以示范带发展,不断激发法治政府建设的内生动力。严格执行法治政府建设年度报告制度,按时向社会公开。建立健全法治政府建设指标体系,强化指标引领。加大考核力度,提升考核权重,将依法行政情况作为对地方政府、政府部门及其领导干部综合绩效考核的重要内容。

(三十四)全面加强依法行政能力建设。推动行政机关负责人带头遵守执行宪法法律,建立行政机关工作人员应知应会法律法规清单。坚持把民法典作为行政决策、行政管理、行政监督的重要标尺,不得违背法律法规随意作出减损公民、法人和其他组织合法权益或增加其义务的决定。健全领导干部学法用法机制,国务院各部门根据职能开展本部门本系统法治专题培训,县级以上地方各级政府负责本地区领导干部法治专题培训,地方各级政府领导班子每年应当举办两期以上法治专题讲座。市县政府承担行政执法职能的部门负责人任期内至少接受一次法治专题脱产培训。加强各部门和市县政府法治机构建设,优化基层司法所职能定位,保障人员力量、经费等与其职责任务相适应。把法治教育纳入各级政府工作人员初任培训、任职培训的必训内容。对在法治政府建设中作出突出贡献的单位和个人,按规定给予表彰奖励。

加强政府立法能力建设,有计划组织开展专题培训,做好政府立法人才培养和储备。加强行政执法队伍专业化职业化建设,在完成政治理论教育和党性教育学时的基础上,确保每人每年接受不少于60学时的业务知识和法律法规培训。加强行政复议工作队伍专业化职业化建设,完善管理办法。加强行政复议能力建设,制定行政复议执业规范。加强法律顾问和公职律师队伍建设,提升法律顾问和公职律师参与重大决策的能力水平。加强行政裁决工作队伍建设。

(三十五)加强理论研究和舆论宣传。加强中国特色社会主义法治政府理论研究。鼓励、推动高等法学院校成立法治政府建设高端智库和研究教育基地。建立法治政府建设评估专家库,提升评估专业化水平。加大法治政府建设成就经验宣传力度,传播中国政府法治建设的时代强音。

各地区各部门要全面准确贯彻本纲要精神和要求,压实责任、狠抓落实,力戒形式主义、官僚主义。中央依法治国办要抓好督促落实,确保纲要各项任务措施落到实处。

关于开展法治政府建设示范创建活动的意见

党中央、国务院高度重视法治政府建设。党的十八大确立了到2020年法治政府基本建成的奋斗目标,党的十八届四中全会对建设法治政府作出全面部署。党的十九大和十九届二中、三中全会进一步对建设法治政府作出部署安排。在中央全面依法治国委员会第一次会议上,习近平总书记强调指出:"建设法治政府是全面推进依法治国的重点任务和主体工程。"开展法治政府建设示范创建活动,是深入贯彻落实党中央、国务院关于法治政府建设决策部署,不断把法治政府建设向纵深推进的重要抓手,对各地区各部门找差距、补短板、激发内生动力具有重要的引领、带动作用。2015年12月,中共中央、国务院发布的《法治政府建设实施纲要(2015—2020年)》明确提出:"积极开展建设法治政府示范创建活动,大力培育建设法治政府先进典型。"为开展好法治政府建设示范创建活动,现提出以下意见。

一、总体要求

(一)指导思想。坚持以习近平新时代中国特色社会主义思想为指导,全面贯彻党的十九大和十九届二中、三中全会精神,深入贯彻习近平总书记全面依法治国新理念新思想新战略,增强"四个意识",坚定"四个自信",坚决做到

“两个维护”,紧紧围绕全面依法治国总目标,以创建促提升,以示范带发展,以点带面、辐射全国,为基本建成法治政府提供典型引领,为建设社会主义法治国家作出积极探索。

(二)基本原则

坚持党的领导。党政主要负责人按照有关规定履行推进法治建设第一责任人职责。地方各级党委要加强对法治政府建设的领导;地方各级政府要切实承担推进法治政府建设的主体责任,对开展法治政府建设示范创建工作中的重大问题,要及时向本级党委请示报告。

坚持以人民为中心。努力把体现人民利益、反映人民愿望、维护人民权益、增进人民福祉落实到示范创建活动中,切实增强人民群众的获得感、幸福感、安全感。

坚持改革引领。鼓励大胆探索、先行先试,深化法治政府建设重点领域和关键环节改革,形成一批可复制、可推广的做法和经验,着力实现示范创建与深化改革的有效衔接。

坚持实事求是。注重工作实绩,聚焦实际问题,不急功近利、拔苗助长,不增加基层不必要的工作负担,杜绝“形象工程”“政绩工程”,客观公正,公开透明,防止弄虚作假和形式主义。

坚持严格规范。突出质量,严控数量,努力做到高标准、严要求,建立健全准入与退出机制,既要严把“入口关”,也要避免“终身制”,确保示范创建活动的权威性、针对性、实效性。

(三)创建目标。从 2019 年启动第一批法治政府建设示范地区评估认定开始,每两年开展一次,梯次推进,树立一批批新时代法治政府建设的新标杆,形成样板效应,营造法治政府建设创优争先的浓厚氛围,开创法治政府建设新局面;创造最能聚人聚财、最有利于发展的法治化营商环境,激发市场主体活力,增进人民群众便利,为统筹推进“五位一体”总体布局、协调推进“四个全面”战略布局提供坚实法治保障;深化依法治国实践,加快建设社会主义法治国家,推动到2035 年实现法治国家、法治政府、法治社会基本建成的奋斗目标。

二、范围对象

全国范围的法治政府建设示范创建活动由中央全面依法治国委员会办公室(以下简称中央依法治国办)组织开展,前期主要面向市(地、州、盟)政府、县(市、区、旗)政府(以下简称市县政府),适时扩展到国务院各部门和各省级政府。各地区根据实际情况,可以开展综合示范创建或者单项示范创建活动。

(一)综合示范创建。综合示范创建要求在推进法治政府建设上具有全面性、系统性、整体性,符合市县法治政府建设示范指标体系(以下简称指标体系)90%以上指标。综合示范创建命名为“全国法治政府建设示范市(地、州、盟)”或者“全国法治政府建设示范县(市、区、旗)”。

(二)单项示范创建。单项示范创建要求在推进法治政府建设某一方面工作上具有创新性、引领性、典型性,在全国范围内居于领先地位,可复制、可推广。单项示范创建的项目,由各市县政府结合本地区实际,在优化法治化营商环境、加强事中事后监管、完善依法行政制度、全面推行行政执法“三项制度”、健全行政复议体制机制以及其他法治政府建设工作中自主确定、从严把握。单项示范创建命名为“全国__________示范市(地、州、盟)”或者“全国__________示范县(市、区、旗)”。各市县政府要以单项工作的示范创建为突破口,引领、带动本地区法治政府建设全面发展。

三、认定程序

(一)自愿申报。各市县政府按照指标体系进行自查自评,认为达到示范要求的,可以向本地区党委全面依法治省(区、市)委员会办公室(以下简称依法治省办)进行申报。申报时应当提供充分体现本地区法治政府建设工作举措、成效和亮点等内容的自评报告。

(二)初审推荐。各地区依法治省办按照指标体系,组织对本地区申报的市县政府进行初审,择优提出推荐名单,并附推荐意见,报送中央依法治国办。

(三)第三方评估。中央依法治国办委托科研院校、专业机构、社会组织等第三方机构,或者组织专家成立第三方评估组,按照指标体系对申报地区进行评估并提出意见。

（四）人民群众满意度测评。在开展第三方评估的同时，中央依法治国办委托统计调查专业机构，对申报地区法治政府建设情况进行人民群众满意度测评。

（五）实地核查。中央依法治国办根据第三方评估和人民群众满意度测评结果，组织力量对排在前列的申报地区进行实地核查。实地核查可以邀请国务院或者省级政府的有关部门、人大代表、政协委员、专家学者、新闻记者、律师等方面的代表参加。

（六）媒体公示。中央依法治国办根据实地核查结果，提出示范地区候选名单，在中央新闻媒体进行公示。

（七）批准命名。中央依法治国办综合公示情况，对符合要求的示范地区予以命名。

四、监督管理

中央依法治国办和各省（区、市）党委、政府对示范地区要加强监督管理，完善工作机制，推动示范地区法治政府建设始终走在全国前列。

（一）年度报告制度。示范地区应当于每年1月底前将上一年度推进法治政府建设情况，经依法治省办报中央依法治国办，并向社会公布，接受社会监督。

（二）回访抽查制度。中央依法治国办每年按照一定比例，组织或者委托有关依法治省办对示范地区进行抽查，了解法治政府建设进展，核查有关材料、信息和数据，密切跟踪评估，确保示范地区始终符合指标体系各项要求。

（三）摘牌退出制度。示范地区有下列情形之一的，中央依法治国办应当撤销其示范命名：1. 发生严重违法行政行为，或者因行政不作为、乱作为造成恶劣社会影响的；2. 通过提供虚假材料、隐瞒事实真相或者其他不正当手段获取示范命名的；3. 在回访抽查中证实已经达不到示范指标体系中的条件和要求的；4. 其他应当撤销示范命名的情形。

五、组织保障

（一）提高思想认识。各地区要高度重视法治政府建设，深刻认识示范创建活动对加快法治政府建设的重要意义,以开展示范创建活动为契机,深入总结本地区法治政府建设的成绩和问题,摸清制约法治政府建设进程的“难点”、“痛点”和“堵点”,既要尽快补齐短板、改善薄弱环节,也要精准发力、重点突破,努力成为全国法治政府建设的示范样板。

(二)加强组织领导。各地区要认真抓好示范创建活动的动员部署、督促落实、监督检查,制定创建方案,明确目标方向,切实避免示范创建活动的盲目性、随意性。党政主要负责人要切实履行推进法治建设第一责任人职责,将法治政府建设示范创建活动纳入重要议事日程。中央依法治国办加强对示范创建活动的统筹指导,推动示范创建活动达到预期效果。

(三)促进经验交流。中央依法治国办通过开展业务培训、组织现场考察、建立信息平台等多种形式,建立示范创建交流合作机制,及时总结、推广示范地区的好做法、好经验。各地区要充分发挥先进典型的示范引领作用,促进相互学习、取长补短,形成“先进带后进”的创建机制,促进法治政府建设区域协同推进。

(四)强化支持保障。各地区要加大对示范地区的支持力度,在经济社会发展政策上给予倾斜,在有关督察考核中简化任务要求,在相同条件下优先提拔使用法治素养好、依法办事能力强的干部,并可以视情对示范地区以及作出突出贡献的人员进行表彰。中央依法治国办在开展重要改革试点、干部培训交流、先进单位或者人员表彰等方面工作时,优先考虑示范地区,加强支持和保障。

(五)注重新闻宣传。各地区要充分利用报刊、网站、微博、微信等新闻媒体,广泛宣传法治政府建设示范创建的动态、成效和经验。中央依法治国办积极搭建宣传平台,与主流媒体深化合作,深入报道各地区示范创建的新思路、新举措、新经验,努力营造良好的社会舆论氛围。

六、其他规定

各省(区、市)党委和政府、国务院各部门可以参照本意见制定示范创建实施办法,在本地区、本部门开展法治政府建设示范创建活动。中央依法治国办将抓紧制定开展法治政府建设示范创建活动的实施方案,做好组织实施工作。

市县法治政府建设示范指标体系(2021年版)

中央依法治国办坚持以习近平新时代中国特色社会主义思想为指导,深入贯彻习近平法治思想和习近平总书记“七一”重要讲话精神,全面贯彻党的十九大和十九届二中、三中、四中、五中全会精神,根据《法治政府建设实施纲要(2021—2025年)》以及党中央、国务院关于法治政府建设的一系列重大决策部署,深入总结第一批全国法治政府建设示范创建活动的成功经验,坚持问题导向、目标导向,突出针对性、引领性、可操作性,对《市县法治政府建设示范指标体系》(2019年版)的部分指标作了修改、调整和优化,修订形成《市县法治政府建设示范指标体系》(2021年版),作为开展示范创建活动的评估标准,作为建设法治政府的具体指引,使法治政府建设更加可量化、可证明、可比较并与时俱进。指标体系各项指标的分值、权重和评测方式由中央依法治国办组织专家研究确定。

一级指标	二级指标		三级指标
一、政府职能依法全面履行	1. 加大简政放权力度	1	全面普及行政审批服务“马上办、网上办、就近办、一次办、自助办”,行政审批事项在法定期限内完成并不断压缩办理时限。
		2	依法实施行政许可,非行政许可审批事项全部取消,不存在以备案、登记、行政确认、征求意见等任何方式设置的变相许可事项。
		3	全面清理行政审批中介服务,无法定依据的行政审批中介服务项目以及收费一律取消。对保留的行政审批中介服务事项实行清单管理,明确办理时限、工作流程、申报条件、收费标准并向社会公开。行政审批中介服务机构的人、财、物与政府脱钩。
		4	对各类证明事项,凡没有法律法规或者国务院决定依据的一律取消。对保留的证明事项实行清单管理,做到清单之外,政府部门、公用企事业单位和服务机构不得索要证明。积极推行证明事项和涉企经营许可事项告知承诺制。
		5	全面推行“证照分离”“多证合一”,将更多涉企经营许可事项纳入改革。进一步压缩企业开办时间,实际办理时限不超过 5 个工作日,市场监管、税务、社保等流程逐步实现“一窗受理,并行办理”。
	2. 全面落实权责清单、负面清单制度	6	编制并对外公布本级政府工作部门的权责清单,逐一明确法律依据、实施主体、责任方式等,实现同一事项的规范统一,并根据法律法规的变化实行动态调整。
		7	全面落实并严格执行全国统一的负面清单制度。清单之外的行业、领域和业务等,各类市场主体皆可依法平等进入。本级政府及部门没有另行制定带有市场准入性质的负面清单。
		8	全面实施行政事业性收费和政府性基金清单制度,清单之外的一律取消。全面清理整顿部门下属事业单位、行业协会商会收费,乱收费举报投诉查处机制建立健全。

续表

一级指标	二级指标		三级指标
一、政府职能依法全面履行	3. 加强事中事后监管	9	全面推行“双随机、一公开”监管，大力推进跨部门联合监管，探索推进“互联网 + 监管”，逐步实现职能部门综合监管、“智慧监管”。
		10	全面梳理现有涉企现场检查事项，通过取消、整合、转为非现场检查等方式，压减重复或不必要检查事项，涉企现场检查事项多、频次高、随意检查等问题明显减少。
		11	加强信用监管，推进涉企信息归集共享，严格依法科学界定守信和失信行为，建立健全信用修复、异议处理等机制。
	4. 优化法治化营商环境	12	认真开展公平竞争审查。全面清理废除地方保护、指定交易、市场壁垒等妨碍统一市场公平竞争的各种规定和做法，特别是对非公有制经济各种形式的不合理规定。
		13	对涉嫌违法的企业和人员、财产，依法审慎决定是否采取相关行政强制措施。确需采取查封、扣押、冻结等措施的，严格按照法定程序进行。
		14	全面推进政务诚信建设，严格兑现向行政相对人依法作出的政策承诺。认真履行在招商引资、政府与社会资本合作等活动中与投资主体签订的各类合同，不存在以政府换届、领导人员更替、行政区划调整、机构职能调整等理由违约毁约的情形。
		15	对因本级政府规划调整、政策变化造成企业合法权益受损的，依法依规进行补偿。对因国家利益、公共利益或者其他法定事由需要改变政府承诺和合同约定的，严格依照法定权限和程序进行，并对企业和投资人因此而受到的财产损失依法予以补偿。
		16	全面清理涉企收费、摊派事项和各类评比达标活动。依法保障企业自主加入和退出行业协会商会的权利。不存在干预企业依法自主经营活动的行为。

续表

一级指标	二级指标		三级指标
一、政府职能依法全面履行	5. 优化公共服务	17	政务服务重点领域和高频事项基本实现“一网、一门、一次”。市县级政务服务事项网上可办率不低于90%;除对场地有特殊要求的事项外,政务服务事项进驻政务服务机构基本实现“应进必进”,且80%以上实现“一窗”分类受理。
		18	全面提升政务服务水平,制定并落实政务服务标准和规范,完善首问负责、一次告知、自助办理等制度。大力推进政务服务跨省通办,深化“全程网办”、拓展“异地代收代办”、优化“多地联办”,县级以上政务服务大厅设置“跨省通办”窗口。
		19	全面开展政务服务“好差评”,公开政务服务评价信息,强化服务差评整改,实名差评回访整改率达到100%。
		20	市级政府建立便捷高效、规范统一的12345政务服务便民热线,除110、119、120、122等紧急热线外,按上级政府部署将其他非紧急类政务热线整合,实现政务咨询投诉举报等统一受理、按责转办、限时督办、办结反馈。县级政府对涉及本级政府及部门的政务咨询投诉举报及时处置、限时办结。
二、依法行政制度体系完善	1. 健全地方政府制度建设机制	21	坚持党对地方政府规章或者行政规范性文件制定工作的领导,制定、修改过程中遇有重大问题及时向本级党委请示报告。
		22	制度建设紧密结合地方发展需要和实际,突出地方特色,突出针对性、适用性、可操作性,推进“小快灵”“小切口”制度建设的探索实践,不断提高地方制度建设的质量和效率。
		23	加大重要制度建设事项的协调决策力度,对部门争议较大的地方政府规章或者行政规范性文件,引入第三方评估。
	2. 提高公众参与度	24	除依法需要保密的外,地方政府规章草案一律向社会公开征求意见,期限一般不少于30日。对公民、法人和其他组织权利义务有重大影响、涉及人民群众切身利益的行政规范性文件,在向社会公开征求意见时,期限一般不少于7个工作日(与市场主体生产经营活动密切相关的行政规范性文件,期限一般不少于30日)。涉及企业和特定群体、行业利益的,充分听取企业、人民团体、行业协会商会的意见。
		25	本级人大代表、政协委员关于地方政府规章或者行政规范性文件的建议、提案,按时回复率达到100%。

续表

一级指标	二级指标		三级指标
二、依法行政制度体系完善	3. 加强行政规范性文件监督管理	26	重要的行政规范性文件依法依规执行评估论证、公开征求意见、合法性审核、集体审议决定、向社会公开发布等程序。专业性、技术性较强的行政规范性文件，组织相关领域专家进行评估论证。评估论证结论在文件起草说明中写明，作为制发文件的重要依据。
		27	行政规范性文件没有增加法律、法规规定之外的行政权力事项或者减少法定职责；没有设定行政许可、行政处罚、行政强制等事项，增加办理行政许可事项的条件，规定出具循环证明、重复证明、无谓证明的内容；没有违法减损公民、法人和其他组织的合法权益或者增加其义务，侵犯公民各项基本权利；没有超越职权规定应由市场调节、企业和社会自律、公民自我管理的事项；没有违法制定含有排除或者限制公平竞争内容的措施，违法干预或者影响市场主体正常生产经营活动，违法设置市场准入和退出条件等。
		28	行政规范性文件的合法性审核率达 100%。制定机关负责合法性审核的部门对文件的制定主体、程序和有关内容等是否符合法律法规规章和国家政策的规定，及时进行合法性审核。合法性审核时间一般不少于 5 个工作日，最长不超过 15 个工作日。未经合法性审核或者经审核不合法的，不提交集体审议。
		29	没有发生因行政规范性文件内容违法或者超越法定职权，被本级人大常委会或者上级行政机关责令改正或者撤销的情况，被行政复议机关、人民法院认定为不合法的情况。
	4. 及时开展备案审查和清理工作	30	建立、实施地方政府规章、行政规范性文件后评估制度，每年至少对 1 件现行有效的地方政府规章或者行政规范性文件开展后评估。
		31	地方政府规章、行政规范性文件按照规定的程序和时限报送备案，且报备率、报备及时率、规范率均达 100%。公民、法人和其他组织对行政规范性文件的建议审查制度健全。
		32	根据上位法的动态变化或者上级政府要求，及时对不适应全面深化改革和经济社会发展要求的地方政府规章或者行政规范性文件进行清理，清理结果向社会公布。
		33	实现本地区地方政府规章、行政规范性文件在政府门户网站统一公开、发布，实现现行有效的地方政府规章、行政规范性文件统一平台查询。

续表

一级指标	二级指标		三级指标
三、重大行政决策科学民主合法	1. 依法决策机制健全	34	规范重大行政决策流程,明确重大行政决策的决策主体、事项范围、程序要求。制定年度重大行政决策事项目录,向社会公开,并根据实际情况调整。
		35	重大行政决策情况依法自觉接受本级人大及其常委会的监督,根据法律法规规定属于本级人大及其常委会讨论决定的重大事项范围或者应当在出台前向本级人大及其常委会报告的,严格按照有关规定办理。
	2. 公众参与	36	实行重大行政决策公开制度,除依法应当保密的外,决策事项、依据和结果全部公开,并为公众查阅提供服务。对社会关注度高的决策事项,认真进行解释说明。
		37	除依法不予公开的外,重大行政决策事项充分听取社会公众意见。如向社会公开征求意见的,征求意见期限一般不少于30日;因情况紧急等原因需要缩短期限的,公开征求意见时应当予以说明。
		38	重大行政决策事项涉及企业和特定群体、行业利益的,充分听取企业、行业协会商会、人民团体、社会组织、群众代表等的意见。
	3. 专家论证、风险评估	39	专家参与论证重大行政决策的程序规则明确。专业性、技术性较强的决策事项,组织专家、专业机构论证其必要性、可行性、科学性等。
		40	对涉及经济社会发展和人民群众切身利益的重大政策、重大项目等决策事项,进行社会稳定、公共安全等方面的风险评估,形成相关风险评估报告。
	4. 合法性审查	41	重大行政决策全部经合法性审查,没有未经合法性审查或者经合法性审查不合法仍提交决策机关讨论的情形;没有以征求意见等方式代替合法性审查的情形。重大行政决策合法性审查的时间不少于7个工作日。
		42	全面推行法律顾问、公职律师制度。市县党政机关已经配备具有法律职业资格或者律师资格且专门从事法律事务工作人员的,应当在2021年年底前全部设立公职律师。行政机关主要负责人作出重大决策前,听取合法性审查机构的意见,注重听取法律顾问、公职律师或者有关专家的意见,不存在法律顾问“聘而不用”的情形,公职律师的作用得到有效发挥。

续表

一级指标	二级指标		三级指标
三、重大行政决策科学民主合法	5. 集体讨论决定	43	重大行政决策经政府常务会议或者全体会议讨论,集体讨论率达到100%。集体讨论决定情况全部如实记录,不同意见如实载明。
		44	行政机关主要负责人在重大行政决策集体讨论会议上最后发言,并在集体讨论基础上作出决定,拟作出的决定与会议组成人员多数人的意见不一致的,在会上说明理由。
	6. 强化决策规范化建设	45	建立重大行政决策全过程记录、材料归档和档案管理制度,实现重大行政决策年度目录事项全部立卷归档。
		46	建立决策机关跟踪重大行政决策执行情况和实施效果制度,对重大行政决策实施后明显未达到预期效果,公民、法人或者其他组织提出较多意见的重大行政决策进行决策后评估。
四、行政执法严格规范公正文明	1. 行政执法权责统一、权威高效	47	严格贯彻落实《行政处罚法》。根据本级政府事权和职能,深入推进综合行政执法体制改革。业务主管部门与综合行政执法部门、乡镇(街道)与县(市、区)级相关部门行政执法协调协同机制健全。行政执法权限协调机制完善,跨领域跨部门联合执法、协作执法组织有力、运转顺畅。
		48	食品药品、公共卫生、自然资源、生态环境、安全生产、劳动保障、城市管理、交通运输、金融服务、教育培训等关系群众切身利益的重点领域执法有力,违法行为得到及时查处,无逾期未查未决案件,人民群众具有较高满意度。
		49	除有法定依据外,创建周期内没有采取要求特定区域或者行业、领域的市场主体普遍停产、停业的措施。
		50	创新行政执法方式,广泛运用说服教育、劝导示范、警示告诫、指导约谈等非强制性执法手段。采用非强制性手段可以达到行政管理目的的,不实施行政强制。
		51	行政执法和刑事司法衔接机制建立健全,行政执法机关、检察机关、审判机关信息共享、案情通报、案件移送制度建立并全面执行,不存在有案不移、有案难移、以罚代刑现象。

续表

一级指标	二级指标		三级指标
四、行政执法严格规范公正文明	2. 全面推行行政执法公示制度	52	行政执法主体、权限、依据、程序、救济渠道和随机抽查事项清单等信息全面准确及时主动公开;公开信息简明扼要、通俗易懂,并进行动态调整。全面落实行政裁量权基准制度,对外公布本地区各行政执法行为的裁量范围、种类、幅度等基准并切实遵循。
		53	除法律另有规定外,行政执法人员严格执行 2 人以上执法规定。严格执行“亮证执法”制度,主动出示执法证件。出具执法文书,应当主动告知当事人执法事由、执法依据、权利义务、救济渠道等。
		54	行政执法机关在执法决定作出之日起 20 个工作日内向社会公布执法机关、执法对象、执法类别、执法结论等信息,接受社会监督,行政许可、行政处罚的执法决定信息在执法决定作出之日起 7 个工作日内公开,但法律、行政法规另有规定的除外。
	3. 全面推行执法全过程记录制度	55	行政执法机关通过文字、音像等记录形式,对行政执法启动、调查取证、审核决定、送达执行等实现全过程记录,并实现全面系统归档保存,做到执法全过程留痕和可回溯管理。
		56	根据行政执法文书格式文本,结合本地实际完善有关文书格式,做到行政执法活动文字记录合法规范、客观全面、及时准确,执法案卷和执法文书要素齐备、填写规范、归档完整。
		57	对查封扣押财产、强制拆除等直接涉及人身自由、生命健康、重大财产权益的现场执法活动和执法办案场所,实行全程音像记录。执法音像记录管理制度已经建立并严格执行。
		58	对于执法全过程记录资料严格依法依规归档保存,对同一执法对象的文字、音像记录进行集中储存,推行“一户式”集中储存;行政执法全过程数据化记录工作机制和数字化归档管理制度已经建立并完善。

续表

一级指标	二级指标		三级指标
四、行政执法严格规范公正文明	4. 全面推行重大执法决定法制审核制度	59	行政执法机关作出重大执法决定前均严格进行法制审核，重大执法决定法制审核制度执行率达 100%。
		60	行政执法机关均明确具体负责本单位重大执法决定法制审核的工作机构，原则上负责法制审核的人员不少于本单位执法人员总数的 5%。
		61	行政执法机关根据国家规定和上级机关的统一要求，结合本机关行政执法情况制定重大执法决定法制审核目录清单，清单内容包括但不限于涉及重大公共利益、可能造成重大社会影响或者引发社会风险、直接关系行政相对人或者第三人重大权益、经过听证程序作出行政执法决定以及案件情况疑难复杂涉及多个法律关系的行政执法活动。
	5. 全面落实行政执法责任	62	严格按照权责事项清单分解执法职权、确定执法责任。建立行政执法日常检查监督机制，每年至少组织 1 次行政执法案卷评查、抽查或者其他形式的检查工作。
		63	全面、严格落实告知制度，依法保障行政相对人陈述、申辩、提出听证申请等权利。行政执法投诉举报、情况通报等制度已经建立，群众举报的违法行为得到及时查处。创建周期内没有发生因违法执法或者执法不当造成恶劣社会影响的情形。
		64	全面实行行政执法机关内部人员干预、插手案件办理的记录、通报和责任追究制度；健全执法过错纠正和责任追究程序，实行错案责任倒查问责制。
	6. 健全行政执法人员管理制度	65	全面实行行政执法人员持证上岗和资格管理制度。每年开展行政执法人员公共法律知识、专门法律知识、新法律法规等专题培训不少于 40 学时。行政执法着装管理规范。
		66	执法辅助人员管理得到规范，执法辅助人员适用岗位、身份性质、职责权限、权利义务、聘用条件和程序均已明确。
		67	本地区党政机关和领导干部支持行政执法机关依法公正行使职权，未出现下达或者变相下达与法律规定冲突的任务指标或者完成时限等情形。
		68	行政执法经费统一纳入财政预算予以保障，罚缴分离和收支两条线管理制度得到有效贯彻。罚没收入同作出行政处罚的行政执法机关的经费完全脱钩，同作出行政处罚的行政执法人员的考核、考评完全脱钩。

续表

一级指标	二级指标		三级指标
五、行政权力制约监督科学有效	1. 自觉接受各类监督	69	坚持将行政权力制约和监督体系纳入党和国家监督体系全局统筹规划,突出党内监督主导地位。自觉接受、配合监察机关开展的监督工作。
		70	认真研究办理人大及其常委会组成人员对政府工作提出的有关审议意见、人大代表和政协委员提出的意见和建议,办理后满意度达95%以上。
		71	支持人民法院依法受理和审理行政案件,行政机关负责人按规定出庭应诉;对于涉及重大公共利益的案件、社会高度关注的案件、可能引发群体性事件的案件、检察机关提起的行政公益诉讼案件等,被诉行政机关负责人出庭率达100%。行政诉讼败诉率不高于上一年度全国行政诉讼败诉率平均值。
		72	尊重并执行人民法院生效裁判,不存在未履行法院生效裁判的情况。支持配合检察院开展行政诉讼监督、行政公益诉讼,积极主动履行职责或纠正违法行为。及时落实、反馈司法建议、检察建议,按期办复率达100%。
		73	对新闻媒体曝光的违法行政问题及时进行调查核实,解释说明,依法作出处理并进行反馈。
		74	坚持严管和厚爱结合、激励和约束并重,做到依规依纪依法严肃问责、规范问责、精准问责、慎重问责,既避免问责不力,也避免问责泛化、简单化。
	2. 加强行政监督	75	政府内部权力制约体系形成,审计监督、统计监督、财会监督、执法监督、行政复议等监督机制作用得到积极且有效发挥。对财政资金分配使用、国有资产监管、政府投资、政府采购、公共资源转让、公共工程建设等权力集中的部门和岗位实行分事行权、分岗设权、分级授权,定期轮岗。
	3. 全面推进政务公开	76	实行政务公开清单管理制度,并动态更新。对符合法定条件要求的依申请公开政府信息的答复率达100%。
		77	创建周期内,没有因不履行或者不正确履行政府信息公开法定职责,在行政复议或者行政诉讼中被撤销、确认违法或者责令履行等的情形。

续表

一级指标	二级指标		三级指标
六、社会矛盾纠纷依法有效化解	1. 健全依法化解纠纷机制	78	信访、调解、仲裁、行政裁决、行政复议、诉讼等矛盾纠纷多元预防调处化解综合机制有效运行,绝大多数矛盾纠纷能够通过法定渠道得到解决。人民群众对化解社会矛盾纠纷工作的满意度达到 85% 以上。
		79	实现乡镇(街道)、村(居)委会人民调解委员会全覆盖。乡镇(街道)人民调解委员会有 2 名以上专职人民调解员,有条件的村(居)人民调解委员会有 1 名以上专职人民调解员。人民调解工作经费财政保障落实到位。
		80	严格落实"谁执法谁普法"普法责任制,普遍实施以案释法制度,在执法实践中深入开展以案释法和警示教育。
	2. 加强行政复议工作	81	行政复议个案监督纠错力度较强,通过制发意见书、约谈、通报等方式增强办案效果,从源头上预防和减少行政争议,行政复议主渠道作用凸显。行政复议决定履行率达 100%。
		82	全面深化行政复议体制改革,积极推进行政复议职责有效整合。行政复议机构设置、人员配备与工作任务相适应,行政复议案件办理符合法定程序和时限,审查行政复议案件由 2 名以上行政复议人员参加。
		83	行政复议机关设立行政复议委员会,积极通过调解实现行政争议实质性化解,通过听证、专家咨询等形式公开公正办案。全面运用全国行政复议行政应诉工作平台办理行政复议案件。
		84	行政复议登记受理以及办案场所、工作经费、办案设备等保障到位。在政府网站和行政复议接待场所公开受理复议案件的范围、条件、程序等事项,提供行政复议申请书格式样本。全面落实行政复议决定书网上公开制度。

续表

一级指标	二级指标		三级指标
七、重大突发事件依法预防处置	1. 完善突发事件应对机制制度	85	坚持运用法治思维和法治方式应对突发事件,严格依法实施应对举措。各项突发事件应急处置措施规范适度,符合有关法律规定和比例原则。在收集、使用个人信息时采取必要措施,切实保护公民隐私和个人信息安全。
		86	各类突发事件应急预案健全,依法分级分类施策,并根据实际需要和情势变化适时修订。突发事件监测预警、信息报告、应急响应、调查评估等机制健全完善。
		87	在突发事件处置中需要采取必要智能化管理和服务措施的,在应急预案中应考虑不同人群特别是老年人的需要,提供线上线下相结合的应急救援和保障服务。
	2. 提高突发事件依法处置能力	88	对本地区容易引发自然灾害、事故灾害和公共卫生事件的危险源、危险区域进行调查、登记、风险评估,定期进行检查、监控,并按照国家规定向社会公布。
		89	增强风险防范意识,定期开展应急演练,注重提升依法预防突发事件、先期处置和快速反应能力。
		90	突发事件应对培训制度健全完善,对本级政府及其部门负有处置突发事件职责的工作人员定期进行培训。
		91	加强突发事件信息公开和危机沟通。对涉及特别重大、重大突发事件的政务舆情,最迟在事件发生后 5 小时内发布权威信息,在 24 小时内举行新闻发布会,并根据工作进展情况,持续发布权威信息。

续表

一级指标	二级指标		三级指标
八、政府工作人员法治思维和依法行政能力全面提高	1. 树立重视法治素养和法治能力用人导向	92	把能不能有效运用法治思维和法治方式深化改革、推动发展、化解矛盾、维护稳定、应对风险作为考察识别干部的重要条件，在相同条件下优先提拔使用法治素养好、依法履职能力强的干部。
		93	对特权思想严重、法治观念淡薄的干部，及时发现并进行批评教育、督促整改，对问题严重或者违法违纪的干部，依法依纪严肃处理。创建周期内，政府领导班子成员没有因严重违法犯罪受到追究。
	2. 强化对政府工作人员的法治教育培训和考查	94	深入学习贯彻习近平法治思想，把习近平法治思想、宪法法律列入政府常务会议学习内容，列入本级党校（行政学院）必修课。政府领导班子每年应当举办 2 期以上法治专题讲座，至少组织开展 1 次政府及其部门领导班子成员旁听人民法院庭审活动。
		95	在政府工作人员中普遍开展宪法法律教育，严格落实国家工作人员宪法宣誓制度。将法律知识培训作为公务员初任培训、任职培训的重要内容，将宪法以及与工作密切相关的法律法规纳入培训考试考核内容，将通过法律知识考试作为通过初任培训、任职培训的标准之一。市县政府承担行政执法职能的部门负责人任期内至少接受一次法治专题脱产培训。
九、法治政府建设组织领导落实到位	1. 加强党对法治政府建设的领导	96	将法治政府建设纳入地区发展总体规划和年度工作计划，党委主要负责人每年召开部署安排法治政府建设年度重点工作的专题会议不少于 1 次。
		97	每年 3 月 1 日前，市县政府向同级党委、人大常委会和上一级政府报告上一年度法治政府建设情况，市县政府部门向本级党委和政府、上一级政府有关部门报告上一年度法治政府建设情况，并在 4 月 1 日前通过报刊、政府门户网站等向社会公开。
		98	党委法治建设议事协调机构的办事机构认真履行推进法治政府建设职责，确保专门工作力量、确保高效规范运转、确保发挥职能作用。

续表

一级指标	二级指标		三级指标
九、法治政府建设组织领导落实到位	2. 强化考核评价和督促落实	99	党政主要负责人切实履行推进法治建设第一责任人职责,按照有关规定将履行推进法治建设第一责任人职责情况列入年终述职内容。上级党委和政府每年对下级党政主要负责人履行推进法治建设第一责任人职责情况有检查、有督促。
		100	法治建设成效作为衡量各级领导班子和领导干部实绩的重要内容,纳入政绩考核等指标体系。每年对法治政府建设情况开展督察考评,对工作不力、问题较多的单位开展约谈整改。
十、附加项	1. 加分项	1	2019 年以来法治政府建设有关工作获得的省部级以上的表彰奖励。(须附党中央、国务院、中央国家机关有关部门以及省级党委政府的正式文件证明)
		2	在法治政府建设上积极创新、深化改革,有关做法经验在全国范围内推广的。(须附党中央、国务院、中央国家机关有关部门的正式文件证明)
	2. 否决项	1	发生严重违法行政行为,或者因行政不作为、乱作为造成恶劣社会影响的。
		2	在示范创建活动的申报材料中,故意编造、虚构有关数据、资料、文件等,或者隐瞒事实真相的。

2

第二部分

综合示范地区

在科技金名片上加盖法治红印章 奋力推进新时代法治政府建设

北京市海淀区是中关村发源地，在改革开放的浪潮中始终扮演着“开拓者”的角色。这里，曾诞生中国第一家民营科技企业、第一家不核定经营范围的企业、第一个政府引导基金；这里，万余家高新企业每天演绎着敢闯敢试的故事，书写着创新发展的传奇，奏响着“两新两高”的乐章。

问渠那得清如许，为有源头活水来。党的十八大以来，海淀区委、区政府坚持以习近平法治思想为指导，聚焦建设全国科技创新中心核心区的定位，以法治政府建设为抓手，持续强化依法行政，推动“放管服”改革，推进城市治理体系和治理能力现代化，法治政府建设效能日益显现、改革发展红利不断释放。

一、“放管服”改革是刀刃向内的自我革命

改革必有阵痛，不改革就是长痛。从党的十八大明确提出要加快建设职能科学、结构优化、廉洁高效、人民满意的服务型政府以来，海淀区始终紧跟党中央、国务院和市委、市政府的步伐节奏，扎实有序推进“放管服”改革，动真碰硬打出简政放权的“组合拳”。

用“减法”实现职能转变。进一步压缩行政审批事项、环节、时限、材料。

全部取消非行政许可审批事项和不合规证明、不合理收费,清除妨碍公平竞争的壁垒,加强对各种所有制经济和产权的平等保护。向社会公布本级政府全部行政审批事项清单,重点建设项目可以申报绿色通道,公共服务项目可以申报“一会三函”,实现审批提速;企业开办推行“容缺受理”制度,建立“企业提请、容缺受理、承诺备案”机制;有限责任公司变更试行“结果登记”制,用结果文件代替过程资料。这一系列流程简化举措,促进了企业和项目在海淀快速落地。

用“加法”优化政务服务。加强互联网、区块链、人工智能等技术在政务服务中的应用,持续开展创新服务“马上办”行动,建立创新服务需求统一受理的互联网和移动互联网平台,并率先在中关村创业大街实现。打造“AI + 人工”客服新模式,服务时效拓展至“7 × 24 小时”模式。截至 2020 年 8 月底,“一网通办”平台共汇聚 34 类证照材料的 305 个数据项,实现 285 个区块链应用场景落地。区级除保密事项外依申请事项 1453 项,“全程网办”事项达到 1017 个,全程网办比例 70% 。

用“平衡法”做好放管结合。既坚持简政放权,又避免监管空位、执法缺位、履职不到位。推动“智慧海淀”“城市大脑”等一批致力于城市管理和治理的大型数字化建设项目在全市率先建成,构建了完整的可视化海淀数字孪生城市。以此为依托,公共安全、城市管理、城市交通、生态环境四大领域的“互联网 + 监管”模式率先升级为“智能 + 监管”模式。突出对知识产权领域的执法监督,市区纵向联动、部门横向联动,开展假冒伪劣商品专项整治行动,严厉打击商标侵权行为,为区域“创新雨林”生态体系建设提供了坚强的法治保障。

在经历改革阵痛后,海淀区获得国务院和北京市对海淀优化营商环境工作的多次点赞。2018 年北京市优化营商环境综合测评,海淀区位居第一。2017 年至 2019 年三年间海淀区共有 7 项改革创新举措受到国务院通报表扬。2019 年,国务院要求在全国复制推广京沪两地优化营商环境的改革举措,其中有多项海淀区创新实践、先行先试摸索出来的典型经验做法。

二、把规范政府权力运行作为法治政府建设的重要抓手

海淀区委、区政府坚持以问题为导向，通过扎紧制度笼子，织密监督之网，最大限度地约束行政权力运行，防止政府决策、政府行为的随意性，努力提升行政决策的科学化、民主化、法治化水平。

下好制度建设先手棋。海淀区把制度建设作为法治政府建设的"先手棋"。近年来，陆续出台了《海淀区法治政府建设工作规定》《海淀区重大行政决策程序规定》《海淀区行政规范性文件制定和管理工作规定》《海淀区行政复议和应诉工作规定》，坚持科学决策、民主决策、依法决策的原则，严格执行规范性文件合法性审核制度。

利用"互联网+"引导公众参与决策。在借助互联网和大数据提升行政决策公众参与度上，海淀区具有得天独厚的优势，利用互联网汇集代表民意的数据和信息作为决策参考早已成为常规动作。以海淀区政府2020年为民办实事项目为例，年初区政府通过征求民意，优先确定了改善群众居住条件、提升生活便利性、方便群众出行、营造宜居环境、丰富文体生活、提高保障水平等7个方面的32件实事，并通过区政府门户网站"海淀区为民办实事互动平台"进行了公示。

让主动接受监督成为行动自觉。在海淀区，主动接受监督成为政府各部门的行动自觉。2020年，围绕垃圾分类、物业管理、向街镇下放执法权等热点问题，区政府及相关部门先后10余次积极配合区人大、区政协开展调研，对代表、委员们提出的垃圾智能分拣、群租房整治、集中式公寓租赁风险防范、物业管理科技化等10余个方面的突出问题，相关部门进行了及时回应和整改。

行政复议倒逼依法行政。行政复议坚持有错必纠，实现"纠正一案、规范一片"效果。海淀区行政诉讼败诉率一直远低于全国平均值。司法建议、检察建议办复率100%。

案例链接

20 世纪 80 年代建成的魏公村小区,建筑体老旧、没物业、环境脏乱、路面破损、配套设施和管理都跟不上,而且没有电梯,居民盼着早日改善居住条件。2017 年,海淀区政府启动魏公村小区棚改征收项目,先后经过改建意愿征询、房屋征收项目确认、评估机构选择、入户调查登记、征收补偿方案制定及修改意见征集、社会风险评估、合法性审查、报请审议、作出征收决定、签订并履行预征收补偿协议等程序,保证了整个拆迁项目决策程序规范合法、公开公正。2020 年 7 月,魏公村佳苑小区 1300 多户居民顺利进行首批原址回迁。

三、把行政执法作为法治政府建设的"晴雨表"

党的十八大以来,海淀区政府以推进行政执法体制改革、落实行政执法"三项制度"、案卷评查等为重点,引导行政执法由数量型向质量型递进,由规范化向效能化提升。

有序推进综合执法机构改革。2018 年以来,先后完成了城市管理、市场监管、生态环境保护等 7 个领域综合执法队伍的组建,大幅减少执法队伍种类,合理配置执法力量,较好解决多个领域多龙治水的乱象。机构改革带来执法队伍整体战斗力的增强,执法总量和人均执法量均位于全市前列。2019 年,全区行政处罚总量(不含公安、交管)9.2 万件,全市 16 区排名第二,人均处罚 48.84 件,全市排名第一,执法检查共计 38 万余件,人均检查 208.12 件。2019 年 1 月开始,海淀区在重点执法单位先行先试的基础上,全面推行行政执法公示制度、行政执法全过程记录制度和重大执法决定法制审核制度。

持续开展案卷评查工作。行政执法案卷评查是加强行政执法内部监督制约的有效措施。海淀行政执法案卷评查工作始于 1996 年,20 多年来,不仅有效保障了区行政执法的规范、公正、文明,也带出了一批行政执法中坚力量,培育了市场监督管理局、城管执法局等执法水平较高的示范典型。自 2016 年开始,每年 2 次开展全区行政执法情况统计分析,并在政府常务会上进行通报,进一步增强了行政执法指导监督的针对性。

积极探索审慎包容执法。2019 年国务院颁布《优化营商环境条例》,2020

年北京市颁布《北京市优化营商环境条例》，均要求鼓励创新，对新业态等实行包容审慎监管。《行政处罚法》也明确要求实施行政处罚，纠正违法行为，应当坚持处罚与教育相结合；违法行为轻微并及时改正，没有造成危害后果的，不予行政处罚。基于此，海淀区于2020年4月出台了《包容审慎执法的指导意见（试行）》，配套起草了《北京市海淀区市场监督管理局包容审慎执法处罚清单（第一版）》，内容涵盖广告宣传、登记注册、电子商务等领域，共计87项，根据违法行为的轻重进行了处罚等级细分。

四、推动党政主要负责人切实履行推进法治建设第一责任人职责

领导干部是法治政府建设的关键所在。全区党政负责人认真落实《党政主要负责人履行推进法治建设第一责任人职责规定》，对法治政府建设重要工作亲自部署、重大问题亲自过问、重点环节亲自协调、重要任务亲自督办，发挥了“关键少数”的引领带动作用。

党政主要负责人认真履行推进法治建设第一责任人职责。将党政负责人履行推进法治政府建设第一责任人职责列为法治政府建设年度报告的必要内容。海淀区政府将行政主要负责人出庭应诉列为依法行政考核事项，区长带头落实行政机关负责人出庭应诉规定，主动出庭应诉并督促各级领导班子成员出庭应诉，支持法院依法受理行政案件，尊重并执行法院生效判决。2019年，海淀区共有14个政府职能部门的负责人出庭应诉42人次，认真办理行政应诉案件，自觉接受司法监督。在海淀，区长、副区长出庭应诉，政府有关部门负责人旁听，已成为2019年度最受关注、最庄重的一次普法实践教育。

树立重视法治素养和法治能力用人导向。2017年至2020年，海淀区区级领导班子中有6人具备法律专业知识背景，2017年以来提拔的处级领导干部中，有33人具有法学专业学历。截至2020年10月，全区各委办局和街镇共有公职律师105人。区政府常务会会前学法和街镇主任镇长办公会会前学法议程常态化。法治政府建设工作被纳入全区年度绩效考核，分值权重超过10%。

党政领导干部政绩观悄然发生变化。近年来，海淀党政领导干部更注重把法治环境作为重要政绩，市场导向的改革评价机制逐渐形成，与营商环境相关的政府服务和执法司法水平得到提升。近年来，中关村知识产权保护中心

挂牌成立,标准化、示范性公共法律服务中心建成启用,人民调解网络实现了全覆盖。

在推进全面依法治国进程中,法治政府建设示范区命名是当前对政府依法行政水平最综合、最高规格的肯定和评价。借助全国法治政府建设示范创建的热潮,必将带动海淀法治政府建设全方位、全要素提升,必将进一步增强海淀区在全国的影响力、吸引力和竞争力。

撰稿人:沈丽华

北 京 市

西城区

践行"红墙意识"　勇于担当作为 以首善标准持续推进法治政府建设

西城区作为首都功能核心区,党中央、国务院办公所在地,特殊的功能定位要求西城区必须带头践行"红墙意识",推进治理体系和治理能力现代化,在北京推进首善之区建设进程中走在前、作表率。

一、强化党对法治建设的领导,是西城区法治政府建设的根本保证

2016 年,区委明确提出要落实党对法治建设的领导,研究制定了《关于全面推进西城区法治建设的实施意见》,成立法治建设领导小组,负责西城区法治建设工作的组织领导,定期研究解决重大问题,统筹、协调、指导、推进全区法治建设工作。形成区委统一领导,人大、政府、政协以及司法机关各司其职、各负其责,人民群众广泛参与的一体化法治建设工作格局。

每年确定一个创新点持续深化,确保基层法治政府建设不断向更深层次迈进。2011 年启动行政权力公开透明运行试点工作,在北京市建立首个区政府行政权力库,率先开展政府内部管理权的梳理,首次将行政权力与廉政风险防控等级相挂钩。"西城区政府行政权力公开透明运行网"将区政府及 68 个

职能部门、街道办事处的九大类行政权力一一公开,同时公布了2000多张行政权力运行流程图。2012～2013年推行国家级行政服务标准化试点,积极构建行政服务标准体系,共梳理形成行政服务事项标准699项,管理规范类标准45项,构建行政服务三级联动体系,规范各级各类服务大厅服务水平。开通"12341"政府热线,向社会提供包括城市管理、行政服务、便民服务、社情民意、投诉举报五方面服务,力争做到政府服务全方位、全覆盖。2014年开展"标准化管理年"活动,完善区街和社区服务体系,2015年完善区法律顾问制度。特别是近几年,西城区法治建设工作驶向"快车道",在制度、机制上加强建设,在执行、监督上落实责任,在人员素质培养、能力水平提升上创新方式。2016年加强与高校的合作并建立了西城区法治骨干人才库,2017年起每年开展一次法治政府建设评估,2019年加强依法治区委的建设,2020年着力建设"大调解"工作格局。

主动体检,"外人"来给政府行为"阅卷"。权力在阳光下运行,那么,运行成效几许?运行情况如何?西城区决定让"外人"给自身法治建设水平"阅卷打分"。2016年,西城区委就在全国地方党委中率先启动了对自身守法情况的评估。2017年,西城区制定《西城区法治建设评估指标体系》,邀请一批著名法学专家走进来、提建议,委托权威机构对法治西城建设情况开展独立的第三方评估。此后每年都针对前一年法治政府状况开展第三方评估,并同步对全区所有党政机关进行评估,以此追根溯源,把脉与法治政府建设不相匹配的薄弱环节、主要问题。通过不断加大评估难度,倒逼法治建设水平,西城区各级党政机关的法治能力进一步提升。

二、筑牢"红头文件"的"防火墙",维护法治统一和政令畅通

"红头文件"与市场主体行为、老百姓生活有最为直接密切的联系。西城区自2011年就建立了较为完善的规范性文件备案审查制度,每隔两年对规范性文件进行集中清理,并将清理结果通过政府门户网站向社会公开。2017年,出台《北京市西城区行政规范性文件管理办法》,文件中明确对区政府行政规范性文件实行统一登记、统一编号、统一公布制度,未经统一登记、统一编号、统一公布的行政规范性文件无效,不得作为行政管理的依据,同时还建立了一

些配套制度。

案例链接

西城区创新建立“重大决策预公开”机制，即除依法应当保密的外，规范性文件在上会审议前均要求向社会公开相关信息，扩大公众参与，并及时反馈意见采纳情况。建立“专家会审”机制，即规范性文件的制定机关在起草规范性文件时，涉及多个部门的，要求征求相关部门的意见。在遇到重大问题时，还组织有关专家进行会审，征求专家的意见。建立“法制机构合法性审查”机制，即区级规范性文件，由有关部门按程序进行合法性审核，并出具审查意见书，严把规范性文件合法性审查关。

三、让权力在法治轨道上、“阳光”下运行，维护法治公平正义的根本所在

早在 1998 年，就在西城工商分局进行了“行政执法公示制度”试点。2000 年后，相继出台《关于在各级行政机关进一步推行政务公开的意见》《关于进一步深化政务公开工作的实施意见》，对政务公开的范围、内容和形式作出全面具体的要求。2011 年，作为北京市区（县）委权力公开透明运行工作试点单位，西城区委率先公开 164 张区委权力运行流程图。与此同时，区党代会、区委全委会、区委常委会等重要决策主体向公众开启大门，社会监督员也成为区政治生活中的新角色。2013 年，建立特邀人员列席会议制度，广泛邀请人大代表、政协委员、社区居民和专家学者参加区政府常务会议，参与重大议题的研究讨论。2014 年，西城区在全市率先开展区政府常务会议微博直播。“政府开放日”成为政府工作常态，先后共 400 余名西城公众受邀参与“政府开放日”活动。成立“百人建议代表团”参加区政府会议、调研，定期提出建议，评价政府工作。2017 年，首次完成了 700 人参与的政府向公众报告大会，现场报告、现场提问、现场解答，取得良好成效。同时，为进一步规范行政机关政策性文件公开发布和解读工作，西城区还制定了《政策性文件公开发布、解读、预公开和政民互动直播办法

(试行)》。

四、严格规范公正文明执法,为政府依法行政保驾护航

加快构建以信用监管为基础的新型市场监管机制。西城区针对市场秩序中存在的“监管盲区”和职责交叉问题,组建“西城区市场秩序监管联席会”,搭建“西城区企业监管信息共享平台”,建立正负“双积分”信用评价机制,实现各部门间信息共享,并且启动联合信用核查和对失信企业的联合惩戒机制。机制建立以来,对5000多家企业作出风险预警,对588家严重违法失信企业采取约束措施,协助法院追回款项2000余万元。在全市最早组织了多个行政执法部门联合双随机抽查,努力实现行政检查标准化、规范化。

高标准开展案卷评查工作。西城区多年来一直坚持开展三级行政执法案卷评查工作,每年区级、执法部门、执法小组开展案卷评查督察均在千卷以上,提升了全区各级行政执法部门的规范、公正、文明执法,也以点带面,培养了全区行政执法和督察中坚力量。自2019年起,西城区定期调度,每月分析执法数据,有力促进了西城区行政执法工作的高效开展。

五、强化为民宗旨,“民心桥”越连越通

公共法律服务是政府公共职能的重要组成部分,是保障和改善民生的重要举措,是全面依法治区的基础性、服务性和保障性工作。西城区着力把街道司法所打造成基层综合性公共法律服务平台,在区域空间资源极度稀缺的情况下,大幅增加司法所办公业务用房面积,同时加强人员配备和制度建设,有关工作荣获“北京市司法行政基层建设三年行动计划引领示范奖”。西长安街司法所、牛街司法所分别荣获“全国模范司法所”“全国司法所建设先进单位”荣誉称号。

着力让法律“走到”居民身边。西城区于2015年实现了社区法律顾问全覆盖,全区259个社区居委会全部与提供服务的律师事务所签订社区法律顾问聘请合同。自2015年社区法律顾问工作开展以来,全区社区法律顾问共提供法律咨询服务108,765人次,举办法治讲座4697场,发放法律宣传资料共计

285,000余份,代写法律文书近千份,参与并成功调解纠纷3785次,帮助社区完善相关制度561项,为社区提供法律意见和建议千余条。2018年共受理法援案件3000余件,连续3年案件数量翻倍增长,案件优秀率始终保持在90%以上。

*运用法治思维化解矛盾风险。*西城区作为首都功能核心区,着眼区位特殊、社会关注度高、敏感性强的特点,区委、区政府在综合运用经济手段、行政手段、市场手段的基础上,特别强调发挥法治的作用,探索运用法治思维和法治方式化解矛盾和问题。坚持把完善重大决策风险评估机制作为降低风险的"防火墙"和提高决策水平的"推进器",不断完善重大决策社会稳定风险评估机制,使一批不稳定问题隐患在源头得到消除。坚持运用法治思维化解重大矛盾风险,在"邻里家"劳资纠纷、"动批"撤市等急难险重任务中,区政府统筹全区法律资源,组建专业法律服务团队,将无序诉求引入理性表达渠道。2015年至2020年,先后为9万多名群众提供了免费的法律咨询服务,为2万余名困难群众打赢了官司、维护了权益,为3000余名行动不便的老年人、残疾人提供了上门法律服务,辖区人口法律援助获得率始终保持全市首位。

*注重把矛盾化解在基层。*2006年,西城区成立全国第一家区级人民调解员协会,时至今日已建立了一支近万人的人民调解员和调解信息员队伍。2014年以来,排查矛盾8万余次,调解案件6万余件,调解率达到98%。坚持"法治信访"理念,建立五级式信访工作模式,推行信访工作"双告知"和访调对接机制,切实保障群众合理合法诉求。

*加强法治宣传教育。*西城区一直高度重视法治宣传教育,多次荣获"全国普法先进区"荣誉称号。2013年在全市率先开通普法微信,形成全媒体普法阵地格局。结合区域禀赋,打造了"京剧唱法""法律宣传进宗教场所"等品牌,组织拍摄的《夜半牌声》等4部普法微电影荣获"全国法治漫画动画微电影大赛三等奖",新街口、西四、北三条等8个社区获评北京市首批民主法治示范社区,广外红居街社区建成北京市首个法治文化示范社区。

新征程上,西城区将以习近平法治思想为指导,再接再厉,以更高的标准深入推进法治西城、法治政府和法治社会一体化建设,努力为中央政务功能服务,为金融特色产业服务,为西城区经济社会发展营造更加公正高效的法治环境。

撰稿人:王　喆　吴　凡

北京市

朝阳区

“一核两点四支撑”扎实推进法治政府建设

近年来，朝阳区委、区政府深入学习宣传贯彻习近平法治思想，认真落实党中央、国务院和北京市委、市政府关于法治政府建设的相关部署要求，以创建首批全国法治政府建设示范区为契机，坚持精治共治法治并举，优化民生保障和社会治理，全面提升政府依法履职意识和治理效能。2017～2019年在北京市优化营商环境综合测评中，朝阳区连续3年位居第一。

一、始终坚持“一个核心”，即党对法治政府建设的领导

持续健全制度。2017年以来，朝阳区相继以区委名义制发《关于全面推进朝阳区法治建设的实施意见》《朝阳区法治建设三年行动计划》《朝阳区党政主要负责人履行推进法治建设第一责任人职责的实施细则》。自2016年起，区政府每年向区委、区人大常委会报告法治政府建设情况，党对法治建设的领导得到不断强化。

持续健全机构。2019年成立区委全面依法治区委员会，将朝阳区推进依法行政工作领导小组调整为区委全面依法治区委员会下设的工作小组，由区长任领导小组组长，区委、区人大、区政府、区政协主管领导任副组长，加强对法治政府建设的统一领导和统筹谋划。

持续健全机制。区委常委会、区政府常务会会前学法及领导干部依法行

政培训实现常态化。健全法治政府建设评估考核机制,逐步探索建立了“以评促改、以改促建”的区级法治政府评估指标体系。将法治政府建设和依法行政工作纳入处级班子综合考核和区政府绩效考核,发挥考核“指挥棒”作用。

二、始终突出“两个着力点”,即以优化营商环境、优化社会公共服务为着力点

(一)明晰政府权责,优化营商环境

2016 年首次编制并公布朝阳区“9 + X”权力清单,随后逐年调整,实行动态管理,并均在“首都之窗”朝阳网站及时更新公布。持续深入推动简政放权,先后开展 5 轮行政审批项目清理,优化社会投资简易低风险项目行政审批流程,推进投资项目审批网络化。推进政务服务体系标准化建设,2018 年完成 46 个区级部门 1706 项政务服务事项标准化梳理和审核工作。2018 年以来,持续深化“全网通”政务服务模式,推进“一网一门一次”改革,226 个事项实现“一网办理”,872 个区级政务服务事项实现“一门”办理,1816 个各级政务服务事项中 819 个事项实现“最多跑一次”。深化“朝我说”咨询及投诉举报平台、“朝好办”及“云核验”等便民利企服务机制建设,实现从“接诉即办”到“未诉先办”的政务服务模式转变。

(二)创新社会治理,优化社会公共服务

一是大力创新基层社会治理。全面落实社区减负工作,形成“四减三增两满意”的朝阳减负工作方式;编写朝阳区社区居民自治微法典,以“居规民约”推动社区居民自治;深化基层协商民主,做实居民议事厅,推广网上议事厅、移动议事厅建设。深入落实“1710”社区社会组织培育计划,专业社会组织介入矛盾化解工作项目入选北京市 2018 年度“社会组织十佳金牌项目”。

二是深化党政群共商共治工作。充分听取社会公众意见,搭建四级议事协商平台,动员各类社会主体共同参与身边公共事务决策。截至 2020 年年底,通过集中协商议事,共立项“为群众办实事”9097 件,受到居民高度赞扬。

案例链接

全面深化党政群共商共治是强化党建引领、坚持以人民为中心的生动实践，真正将人民作为工作的中心和主体。全面深化党政群共商共治是夯实基层基础的创新举措，推进了基层协商民主制度化和规范化，形成了超大城市基层治理的“朝阳模式”。自2016年开始，朝阳区围绕党建区域化、自治单元化、动员社会化、服务精准化、管理精细化“五化协同”的社区治理模式，定期组织党组织、政府部门、社会单位、社会组织和社会公众开展协商议事，深化“五方共治”模式，形成社区治理“人人有责、人人尽责”的局面。2019年出台了《中共北京市朝阳区委关于全面深化党政群共商共治工作的指导意见》，坚持共建共治共享的核心理念，动员各类社会主体共同参与身边公共事务决策。

三是打造“朝阳群众”“朝阳律师”品牌。开发“朝阳群众”App，注册用户可通过多种形式线上举报违法犯罪情况。2018年“朝阳群众”App试运行以来，截至2020年年底，注册用户突破7万人，接收各类举报线索2万余件，协助破获案件500余起。实施以“法治先锋、行业典范、中国形象”为主要目标的“朝阳律师”品牌计划，引导广大律师积极服务法治政府建设，助力国家战略工程，助力优化营商环境，服务保障社会民生，成为“法治朝阳”中不可或缺的力量。

四是坚持强化“四个支撑”。即以完善依法行政制度体系、严格规范公正文明执法、强化对行政权力的制约监督、依法化解社会矛盾为支撑。

（三）强化依法行政制度体系建设，提升行政决策科学化、民主化、法治化水平

一是健全规范性文件制定审核机制。2018年以来先后制定《北京市朝阳区行政规范性文件管理规定》《关于全面推行行政规范性文件合法性审核机制的工作规定》，加强规范性文件合法性审核和监督管理，形成“统一登记、统一编号、统一印发”的监管工作模式，严控质量关和数量关。同时加强行政规范性文件的备案审查工作，实行动态化、信息化管理，确保规范性文件制定主体、程序和内容合法。

二是重视发挥专家智库作用。2015 年,建立区政府法律顾问制度。自 2018 年以来,法律顾问共审核重大决策事项草案 100 余件,涉及产业政策、行政管理、经济合同、疏解整治促提升重点工作等多个领域,共提出切实可行的法律意见 500 余条,为科学依法决策提供了有力支撑。2016 年,区政府与有关高校签订法治政府协同创新框架协议,合作建立了法治与社会治理研究中心,形成了“法治政府建设朝阳实践与研究”“朝阳区信息公开指导手册”等研究成果,实现了政府与院校的深度合作。

三是健全决策机制。2016 年印发《朝阳区人民政府决策咨询专家委员会工作规则》,为推进区政府决策科学化、民主化提供重要保障;2017 年编印《朝阳区重大行政决策程序操作手册》,以具体可操作的程序规则指导各级行政机关工作人员依法决策、依程序决策,提高基层行政机关决策质量和效率。

(四)强化执法规范化,严格规范公正文明执法

一是创新监管方式,健全容错机制。全面推行“双随机、一公开”监管,健全责任清单,制定部门随机抽查事项清单,建立检查对象、执法人员名录库。在全市率先制定实施《北京市朝阳区市场监督管理局轻微违法行为容错纠错清单》。加大重点领域监管力度,开展食品药品专项整治,针对社会关注度高、群众反映强烈的食品药品安全问题加强监管。近年来,先后组织产品质量安全、食用植物油塑化剂、农村食品安全、校园周边食品安全、网络订餐等专项整治。2020 年开展食品流通领域监督检查 48,924 家次,对药品生产经营企业开展监督检查 24 家次。

二是推进基层执法规范化建设。在 2020 年落实街乡综合执法体制改革工作中,注重“四强化”,即强化制度建设、强化教育培训、强化规范指引、强化监督指导,促进执法规范化建设。制发了《北京市朝阳区人民政府关于街乡落实行政执法责任制的工作意见》《北京市朝阳区人民政府关于明确有关行政执法事项和执法范围的决定》《朝阳区行政执法事项管辖规定》,编纂了《落实向街乡下放行政执法职权工作指导手册》《法制工作相关法律文件汇编》《落实行政执法“三项制度”指导手册》《行政执法案卷评查工作规范》《落实街乡赋权工作实务指导手册(一)》等系列工具书。健全完善制度,强化规范指引,夯实街乡法治和执法工作基础。先后组织召开 9 次培训和研讨会,并开展街乡行政

处罚案卷评查工作,为推动落实好职权下放、规范综合执法行为奠定了基础。从职权下放以来街乡处罚案件数量来看,执法力度不断加大并逐步趋于稳定。从抽取的行政处罚案卷评查情况来看,合格率为 90.9%。

三是多措并举,规范执法行为。首先,推进涉企信息归集共享,实行守信联合激励和失信联合惩戒机制,做到市场主体"一处违法、处处受限"。2018 年年底,实现了全区行政管理部门的行政许可、行政处罚、随机抽查结果等企业信用信息 100% 归集至企业信用信息网,归集信息中依法应公开的部分 100% 公示。其次,深入推进行政执法案卷评查制度化。自 1992 年以来,每年对行政处罚案卷和行政许可案卷进行集中评查,评查结果向全区进行通报。近年来,朝阳区所属行政执法部门人均行政处罚量、人均检查量、职权履行率等考核指标均位居全市前列。

(五)强化行政权力制约监督,让权力在阳光下运行

一是接受人大监督和民主监督。区政府认真执行区人大及其常委会决议和决定,自觉接受人大和政协监督。自 2015 年以来,共办理区级人大代表建议 952 件,办理政协委员提案 1252 件。2019 年 4 月,区政府出台了《区政府重大决策出台前向区人大常委会报告工作办法》,从制度层面进一步保障人大依法履行重大事项决定权,充分行使监督职能。

二是强化行政监督。建立健全审计监督管理体制,实现审计全覆盖,2016～2020 年共开展审计(调查)162 项,实现对区一级预算单位部门预算执行和决算草案审计全覆盖;坚持党政同责、同责同审,实现对街乡、重点部门单位党政领导干部履行经济责任情况审计全覆盖;通过专项审计调查、资产负债损益审计、企业领导人员经济责任审计,实现对区国资委监管企业审计全覆盖。

三是推进政务公开。不断提升主动公开的政府信息量,畅通依申请公开渠道;加强政府门户网站的标准化规范化建设。2017 年,朝阳区被列入全国基层政务公开标准化规范化 100 家试点单位之一,按照网站集约化工作要求,逐步将"北京·朝阳"建成统一管理、统一形象、统一服务的"一站式"政府门户网站。

(六)强化矛盾纠纷多元化解,提升人民群众获得感幸福感安全感

不断完善行政复议审理机制,充分发挥行政复议委员会专家委员作用。

自2019年以来,专家委员参与行政复议案审会10余次,审理案件近30件,参加行政复议听证会6次。2018~2020年,朝阳区行政复议案件数量持续高位运行,纠错力度不断加大,年均案件受理数为540件,年均纠错率为16.8%,调解率分别为12.1%、17.5%、30.3%,切实发挥了行政复议化解行政争议主渠道作用。不断深化府院联席会议机制,有效把握法院的审判思路、标准,努力做到行政复议审案标准与司法审判标准相一致。自2018年以来,区领导出庭应诉12人次,政府部门负责人出庭应诉97人次。坚持发展新时代"枫桥经验",推进"诉源治理"与"多元调解+速裁"深度融合,打造"无讼朝阳"矛盾纠纷源头治理平台。2018年至2020年,全区各级各类调解组织共调处各类纠纷60,482件,成功率达94.9%。构建了朝阳区法律援助、法治宣传、人民调解、司法鉴定、社区矫正、安置帮教、律师、公证"八位一体"的公共法律服务体系。

"利民之事,丝发必兴。"朝阳区坚持以习近平法治思想为指导,以在法治轨道上推进治理体系和治理能力现代化为己任,力求当好首都高质量发展的"排头兵",全方位满足人民日益增长的美好生活需要,全力完成攻坚法治政府建设的"朝阳答卷",创造出不负新时代的法治政府建设丰硕成果。

撰稿人:陈　昕

插上法治翅膀　实现更好腾飞

天津市西青区曾连续24年荣获全国社会治安综合治理优秀地市、全国平安建设先进区称号，连续4次捧得全国社会治安综合治理最高奖“长安杯”，是国家知识产权示范城市、国家卫生城市(区)、全国文明城市、全国双拥模范城、国家生态文明建设示范区。

党的十八大以来，西青区坚持以习近平新时代中国特色社会主义思想为指导，深入学习贯彻习近平法治思想，通过“关键少数”引领、规范权力运行、转变政府职能、公平阳光执法“四轮驱动”，全方位多领域推进法治政府建设，为全区经济社会发展插上法治翅膀，使西青区在改革开放的浪潮中走得更远、飞得更高。

一、抓住“关键少数”这个主切入点，重点提升党政主要负责人运用法治思维推进工作的能力

加强法治政府建设，各级党政领导这个“关键少数”尤为重要。西青区各级各部门党政领导坚持以身作则、以上率下，积极履行法治政府建设第一责任人职责，切实做到了重要工作亲自部署、重大问题亲自过问、重点环节亲自协调、重要任务亲自督办，发挥了“关键少数”的引领带动作用。

(一)牢牢树立法治意识

加强法律学习是增强领导干部法治意识的重要途径。从强化党委(党组)理论学习中心组学习入手,通过网上学法用法考试、法治专题讲座、以案说法、旁听庭审等活动,全方位加强领导干部专业法律知识学习。截至2020年年底,领导干部和公务员参加网上学法用法考试人数达到14,679人次,处级领导干部参加旁听庭审达到2435人次。区政府常务会建立常态化学法制度,由职能部门"一把手"给所有区政府领导及其他职能部门主要负责同志讲解涉及本单位职责的专业知识,让学法讲法成为处级以上领导干部尤其是各单位"一把手"的"家常菜",让法治意识深深扎根领导干部心中。

(二)干部要成长,必过法治关

全方位、多层次的法治考核是推动法律思维、法治能力提升的有力手段。将法治素养作为选人用人的重要标准,推荐调整具有法律背景的干部185人次,1482名处、科级干部全部通过任前和任职资格法律知识考试。"干部要成长,必过法治关"已经成为全区共识,法治考卷已经成为考量全区领导干部能否胜任所任职务的重要标杆。同时,认真落实领导干部任前考法、任中学法、年终述法、带头讲法等相关制度,加强压力传递,促进领导干部法治思维的提升。

(三)行政机关负责人出庭应诉机制倒逼行政行为"有法必依"

认真落实行政首长出庭应诉制度,将出庭应诉率、胜诉率作为领导干部落实法治政府建设第一责任人职责的重要指标,并建立相应的考核评价机制,以应诉倒逼领导干部提升法治能力。2020年7月,在区人民政府主要领导的高度重视下,具有鲜明西青特色的《西青区行政机关负责人出庭应诉管理办法》印发实施。该办法规定行政机关负责人必须出庭参与人民法院组织的各种庭审活动,确因正当理由不能出庭应诉的,应当向区领导书面"请假"。该制度施行以来成效显著,全区行政机关负责人出庭应诉率在天津市排名前列。

二、通过阳光用权、依法行政、凝聚智慧来规范权力运行,把好重点关口形成内外合力

建设人民满意的服务型政府,就必须增强政府的公信力和执行力。对外,

西青区通过阳光用权、开门问政，着力打造“透明政府”；对内，西青区通过规范审核机制、凝聚法治智慧，给权力立规矩，把权力关进制度的“笼子”里，着力打造“有限政府”。

（一）让行政权力在阳光下接受监督

为达到权力明晰、职责明确、便于监督的依法行政目标，西青区坚持用“权力清单”和“责任清单”明确政府权力边界。通过梳理行政许可、行政处罚、行政强制等“9 + X”职权要件、管理权限和运行流程，明确了政府各部门管理任务，厘清了职权边界，优化了运行流程。全区 43 个单位的 6100 余项行政职权均在西青政府网站向社会公布，接受社会监督。

（二）开门迎客激发群众智慧

为使政府决策更加贴近人民群众实际需求，西青区印发了《西青区人民政府关于进一步规范“三重一大”决策工作的意见》，规范公众参与、专家论证、合法性审查、决策执行反馈与调整等程序。通过政府网站、微博、微信等方式，对重大行政决策事项征求公众意见并进行公开。此外，还制定《关于西青区建立健全企业家参与涉企政策制定机制的实施方案》，从广泛听取意见、畅通诉求渠道、加大执行监督力度等方面对企业家参与涉企政策制定进行详细规定。

（三）合法性审核（审查）机制日趋完善

2020 年 8 月，西青区在全面总结以往工作的基础上，出台《西青区关于进一步规范合法性审核（审查）工作机制实施方案》。该文件将合法性审核（审查）的范围确定为重大行政决策、行政规范性文件、重要合同文本以及须经合法性审核（审查）的其他事项。在审核（审查）主体方面，明确区政府、区政府工作部门、街道办事处、镇政府分级负责制。在审核（审查）程序方面，明确提出“不得以征求意见、会签、参加审议等方式代替合法性审核（审查）”“未经合法性审核（审查）或者经审核（审查）不合法的事项，不得提交集体审议”等具体要求。在审核（审查）责任方面，明确提出“未经合法性审核（审查）或者不采纳合法性审核（审查）意见导致重大行政决策、行政规范性文件、重要合同文本违法，造成严重后果的，依纪依法追究有关责任人员的责任”。

（四）政府法治智库和法律顾问体系发挥重要作用

建立包括法学专家、执业律师在内的西青区政府法治智库，充分发挥“守门员”和监督员的作用,对重大行政决策内容和规范性文件提出意见,对涉及政府的职能定位、行政程序的合法性、行政执法体系建设等提出合理化建议,让法治政府建设进程更顺畅。同时,建立以司法行政机关负责人为首席法律顾问、以司法行政机关符合条件的人员为专职法律顾问、以专家学者与执业律师为外聘法律顾问的政府法律顾问体系,对所有合法性审核(审查)事项进行把关。

三、把转变政府职能变得更有操作性,逐步做到“软服务”促进“硬发展”

法治政府建设水平如何,群众感受才是最直接的衡量标准。为解决行政管理领域的沉疴顽疾,西青区锐意进取,抓改革、谋发展,全面转变政府职能,以优质高效的政务服务促进经济社会发展。

(一)唱好部门“协奏曲”

在教育、卫生等重点领域建立审管联席会议机制,对重点项目实行定期会商、联合勘验,审管合力进一步增强,全区各部门主动协调、积极配合、齐抓共管、各尽其责的审管联动整体格局初步形成。同时,连续5年开展“双万双服”活动,各成员单位发扬“店小二”精神,落实领导包联企业制度,持续降低企业用工、用电、用气等成本,帮助企业解决问题3113个,累计减税降费180.31亿元。

(二)铺好办事“为民路”

大力推进政务服务集中办理,建成南北两个区级市民中心,359项政务服务事项“一门办理”,90%以上事项实现了“最多跑一次”的改革目标。编制行政许可和公共服务事项标准化操作规程及办事指南,分类建立事项清单库,并在“天津网上办事大厅”对外公开,方便申请人查询办理。实现营业执照EMS免费寄递服务,“智慧政务大厅”的政务服务“无人超市”24小时不打烊,全区10个街镇全部建立政务服务分中心,企业和群众办事便利度大大提升。

（三）做好减法“一道题”

行政审批制度改革实施以来，共取消 27 项行政许可事项和 13 项公共服务事项，取消申请材料 517 件，取消区级行政许可事项办理环节 45 个，取消区级证照 37 个。建设工程审批从法定时限的 90 天，到“拿地即开工”，实现承诺办理时限在法定时限基础上减少 60% 以上，资质资格类承诺办理时限普遍减少至 5 个工作日以内。首批推出 296 项“马上办”事项、338 项“就近办”事项、541 项“网上办”事项和 522 项“一次办”事项，推出适用承诺制办理事项 84 项，共 231 项容缺申请材料，全部在办事大厅进行公示，审批服务标准化水平明显提升。

案例链接

2020 年 8 月，一家国内知名饮料生产企业决定将北方生产基地落户在西青经济技术开发区。在与西青开发总公司签订购地协议之后，企业提出了“希望尽快开工建设，明年年初投入生产”的意愿。面对企业给出的这份“时间表”，西青区将该项目列为该区实施投资项目审批代办“交钥匙”工程的首个示范项目，由区政务服务办牵头，区发改委、区住建委、市规划和自然资源局西青分局等部门协调联动，按下了项目审批“加速键”。

除了有代办员的贴心服务，各职能部门也把功夫下在审批前，明确了专人跟进，及时向企业履行一次性告知，讲清材料要点，提前预审相关申报材料，对规划方案等提前介入审查，使企业在正式报件时各类审批材料均能达到审批条件，提升了报件成功率。

四、把握依法、规范、公正、文明执法“红线”，积极推动公平阳光执法，保障群众合法权益

行政执法成效是对法治政府建设成效最直观、最真实的反映。西青区紧抓民计民生重点领域行政执法工作，全区各行政执法部门牢牢把握依法、规范、公正、文明四条行政执法“红线”，严厉查处违法案件，切实维护社会经济秩序，保障人民群众合法权益。

(一)服务群众,近些、再近些

为解决服务群众"属地管理难"的问题,在2013年《天津市人民政府办公厅关于开展街镇行政执法授权试点工作的通知》发布后,有关部门立即响应,整合城管等13个部门职能下放到镇级政府,建立"一支队伍管到底"的模式,踏上了街镇综合执法改革的探索之路。2015年,根据试点经验,向全区各街镇全面铺开改革成果,授予各街镇与其管理职责相适应的行政执法权,并在街镇组建了一支综合性强、高效快捷的执法力量,建立起常态化的街镇综合执法机制。2019年,在街镇综合执法改革的基础上,又在市场监管、生态环境、文化、交通运输、农业农村、城市管理、住房建设等重点执法领域积极整合组建综合执法队伍,进一步将执法工作"平面化",进一步服务群众。

(二)"三项制度"助推行政行为透明、规范、公正

2017年,启动行政执法"三项制度"试点工作,并与区行政执法体制改革相结合,充分利用权责清单、相对集中行政审批权、行政执法监督平台等改革成果。2019年,出台并严格落实西青区《关于全面推行行政执法公示制度执法全过程记录制度重大执法决定法制审核制度的实施方案》,将"三项制度"建设工作在全区铺开。在区政府官网增设行政执法公示信息公开目录,设立统一公示平台,统一及时准确公开各执法主体及执法人员资质信息,主动接受公众监督。通过门户网站、办事大厅、各服务窗口平台,结合政府信息公开、权责清单目录等具体工作,行政执法进一步公开化、透明化。加大行政执法装备力量投入,全区执法人员配备执法记录仪2300余部,为行政执法全过程记录提供硬件保障。

(三)执法监督注入科技动力

健全行政执法监督工作机制,严格监督程序,不断提升行政执法监督的科技化水平,依托天津市行政执法监督平台,充分利用网络科技优势抓紧监督这根行政权力的缰绳。充分发挥电子平台实现自动预警、重大案件预警、主动抽样等功能,通过执法监督平台定期查看执法机关基础信息、及时处理自动预警、主动抽查执法信息等方式开展日常监督工作,及时对行政执法案件进行纠错。组织开展执法监督平台公众开放日活动,向社会公众充分展示本区行政

执法部门的良好执法形象，加强了行政执法监督工作的公开性、透明性。2019年，积极推进新执法监督平台升级改造工作，完成新建执法监督平台的网络连通，明确各单位平台管理责任人，对执法主体、执法单位、监督单位、执法人员信息等进行梳理完善，归集执法检查信息13,000余条，一般程序及简易程序2000余件。

“任重而道远者，不择地而息。”在新的起点上，西青区开拓进取、奋发有为，不畏艰险、砥砺前行，进一步提高法治政府建设水平，为全区经济社会发展实现更好腾飞提供坚实法律支撑、有力法治保障和优质法律服务。

撰稿人：王显琳　杨静池　王诗香

河 北 省

唐山市丰南区

让发展与法治坚定同行

丰南，居沿渤海和环京津双重经济圈腹地，是河北省唐山市中心区，县域经济综合实力先后三次荣登河北“十强”之首，多次跻身全国百强县（市）行列。持续向好的经济社会发展势头，受益于得天独厚的区位和资源优势，更得益于长期以来对法治建设的高度重视和不懈追求。丰南区将法治建设全方位融入经济社会发展，精准抓牢法治政府建设示范创建契机，全方位推动工作跃升新层次，依法行政为高质量发展注入了全新动力。

一、法治思维保障行政权力行稳致远

行政决策是行政权力运行的起点，规范行政决策是法治政府建设的重点。丰南区对此高度重视，早在2010年就出台了《丰南区重大行政决策程序规定》。2016年，出台《丰南区人民政府议事决策规则（试行）》；2019年5月，区政府常务会议第一时间专题学习《重大行政决策程序暂行条例》。几年来，丰南区已实施重大行政决策21项，全部依法依规高效落地。特别是在涉及5个村8000余名群众直接利益的棚户区改造工程中，坚持补偿政策利民惠民、尺度把握一视同仁，严格履行法定程序，政府决策得到了群众的充分理解和坚定支持，创造了全市征拆工作用时最短纪录，实现了“和谐拆迁、零信访、零纠纷”。2019年机构改革后，在合法性审核人员全程参加区政府常务会议基础上，创新实施区政府常务会议议题100%合法性审查机制,最大限度降低行政决策违法风险。自2019年以来,区政府区长、副区长全部配备专职法律顾问,区政府法律顾问参加政府会议谈判77次,审查合同58份,提供法律咨询162次,提出建议15条。

在不断提升政府依法行政水平的同时,丰南区全面加强对行政权力的监督制约,让权力习惯于在阳光下运行。人大监督、民主监督务实高效。自2019年以来,区人大深入开展"三项联动监督",查找出3方面18项问题,要求区政府逐一整改说明,对发改委等7个部门开展评议,听取民意,促进工作。区政协围绕10件惠民实事等重点民生工程开展视察监督,选派百余名委员监督员对窗口单位实施经常性监督,对司法机关、乡科级干部等进行监督评议,收到良好反响。司法监督衔接顺畅。全区24家行政执法单位与公、检、法部门通过"两法衔接"平台已移送刑事案件28件。区政府大力支持检察机关公益诉讼,已办理249件,追缴国有资产9616万元。审计监督不断加强。聚焦政府建设项目审计、国家重大政策措施落实情况跟踪审计等,完成审计项目165个,查出问题资金101,899万元,审减工程款5792万元。对重点领域、重点部门、重点资金每年必审计,对乡科级领导干部离任必审计。社会监督面广路宽。全面落实"权力清单""责任清单""负面清单"制度,拓宽政府信息公开渠道。纠错问责精准到位。深入开展扶贫领域和作风问题专项整治,对贯彻落实上级关于生态环境整治要求不力的相关人员严肃追责问责,组织实施重点领域系统防治和重大典型案件专项防治,做到"一案一警示、一案一建议"。

二、政府守法诚信让企业有充分的归属感和信任感

丰南区牢固树立"法治是最好的营商环境"理念,以刀刃向内的决心和魄力,全力打造审批事项最少、收费标准最低、办事效率最快、服务水平最优的"四最"品牌。一是坚持减放结合、简并联动,减无可减提效能。全面提升审批效率,165项政务服务事项实现网上"秒批",一般工业项目从立项到开工周期控制在5个月以内,行政审批时限最短15个工作日、最长不超30个工作日,比法定时限最多减少154个工作日。企业开办时间压缩至1日内。积极推行"一窗受理、并行办理"和"互联网+政务服务",为企业开办提供全程电子化服

务。企业登记实现“一次不用跑”和“最多跑一次”。积极推进电子营业执照跨区域、跨领域、跨行业应用,加快推进“一照一码走天下”。除特殊事项外,企业登记业务全部实行“审核合一、一人通办”。符合规定条件、信用良好的新办纳税人首次申领增值税发票时限压缩至1个工作日办结。二是立足减费降负、办事无忧,积极优化服务。瞄准解决市场主体的烦心事、揪心事,全面落实减税降费各项政策,积极破解企业项目实际困难。全面推出行政审批预约服务、上门服务、延时服务、代办服务以及AB岗制度等特色服务,全程提供政企直通车服务,打通服务市场主体和群众的“最后一公里”。三是坚持严格规范、公正文明,换位思考抓执法。贴近企业和群众感受,深入推进行政执法三项制度改革。通过抓“透明”落实阳光执法。28个部门的行政执法事前、事后公开内容在区政府门户网站公示,确保行政权力在社会监督下运行。通过抓“程序”推行执法全过程记录,全区配备执法音像记录设备1884台,实现行政执法环节全程留痕、回溯管理。

案例链接

“红色代办员”是丰南区在行政审批工作中创立的工作机制,旨在充分发挥党员干部先锋模范作用,组建法治素质强、专业水平高的专门工作队伍,打造全程服务链,构建综合服务网,当好服务发展的“店小二”,让“最多跑一次”落地生效。丰南区为企业项目配备AB岗“红色代办员”,在乡镇和开发区设立17个“红色代办员”服务站,从洽谈引进到注册、立项到落地,提供全过程代办服务,并将服务逐步拓展至供电、供水、供气、排水、通信、网络等公共事项的全部手续。通过“红色代办员”机制,已为区重点项目办理审批服务事项4420件,其中“不见面”审批946件,现场办理3474件,成为丰南区法治化营商环境的特色品牌。

三、依法办事解困让群众有满满的获得感和幸福感

丰南区秉持法治为民理念,大力营造全社会尊法、学法、守法、用法氛围,全方位完善公共法律服务体系,确保群众遇事找法有门可进,解决问题靠法有

路可行。一方面,通过“一景区、三片区”,打造法治文化新高地。在全域普法基础上注重将法治文化融入城乡建设,打造离群众最近、与百姓最亲的新型法宣阵地,高标准建设法治文化“一景区、三片区”。另一方面,深度优化公共法律服务体系,唱响法治为民“主旋律”。丰南区坚持依法办事、依法治理、依法服务,以法治思维、法治方式解决群众利益诉求,传承创新“枫桥经验”,推动公共法律服务体系做强做优。创新实施调解队伍职业化、调解组织专业化的人民调解“两化”模式,区政府每年投入专项经费 210 万元。明确在重大信访案件、重大民生工程、重大产业项目、重要敏感时期、重要行业性矛盾纠纷、诉前调解案件中人民调解“六个必介入”,将风险隐患消灭在初始状态,起到“小调解、办大事”的突出作用。

四、创建与提升并重,丰南法治政府建设永远在路上

在示范创建过程中,丰南区坚持一手抓创建,一手抓提升,着力强化依法治区顶层设计,推动工作全面提档升级。一方面,创新实施“丰南区深化法治政府建设三项机制”。通过建立“深入推进行政执法规范化建设”“发现问题督察建议整改”“加强行政机关负责人出庭应诉”三项机制,提问题促整改,严要求强协作,从制度层面补短板强弱项,进一步优化工作链条。另一方面,探索建立区块化、链条式的“丰南区法治政府闭环工作体系”。实现抓区块就是抓整体、任一环节的有效提升均会拉动整体提升的工作效果,进一步厘清线条,提升质效。

丰南区正用坚定的法治思维和务实的依法行政举措,时刻践行着以人民为中心的发展思想,在勇于探索创新和善于审视反思中扎实提升法治建设水平,全面推进法治政府建设指标体系落实落细,并以示范创建为全新起点,提高标准再加力,重整行装再出发,推动经济社会发展在法治轨道上砥砺奋进、不懈前行。

撰稿人:李　桓　肖长永

辽宁省

大连市

乘风破浪扬帆起 勇立潮头敢为先

党的十八大以来，大连市委、市政府坚持以习近平法治思想为指导，认真贯彻落实党中央、国务院关于法治政府建设决策部署，始终把法治政府建设作为全面依法治市的重点任务和主体工程推进，为经济社会发展提供了良好法治保障。

一、注重工作系统性、整体性、协同性，形成运行有效的法治政府建设机制

“坚持系统观念”是党的基础性思想方法和工作方法。大连市委、市政府在落实党对法治政府建设领导过程中，始终把法治政府建设作为一个系统来认识、来把握、来谋划。

（一）运用“操作指引”指标，做实党政主要负责人履行推进法治建设第一责任人职责

制定实施《大连市贯彻〈党政主要负责人履行推进法治建设第一责任人职责规定〉实务操作指引（试行）》（以下简称《操作指引》），在全省率先出台地方标准，做到“关键少数抓关键”，分别明确党政主要负责人 41 项、34 项主要职责及实务操作规范，对应分解《市县法治政府建设示范指标体系》各项指标。对其中 8 项实务操作规范，在所辖区市县试点。按照《大连市法治政府建设与责

任落实督察工作规程(试行)》,启动对区市县实地督察,重点访谈党政一把手,督察落实法治政府建设职责,严格督促问题整改,提高依法治理能力。逐步形成了以法治政府建设实施方案为引领,市委常委会决定重大事项,市委书记定期听取工作报告,市长专题研究重要事项、批示专项报告的领导工作机制。

(二)运用"系统集成"方法,统筹法治政府建设整体性工作

将依法行政"十二五""十三五"规划列为大连市国民经济和社会发展规划专项规划并适时评估。在全省率先导入法治政府建设社会满意度计算机辅助电话调查(CATI),引导公众有序参与法治政府建设。将第三方调查问题反馈各地区、市直部门整改并随年度报告公开。依法行政分值权重占全市绩效考核总分10%以上。

(三)运用"季度调度"方式,联动法治政府建设协同性工作

近年来,市依法行政办形成了以"季度调度"会议方式推进法治政府建设的做法:对照规划预期性、约束性指标,分解年度任务,次第推进;期中考核,追加任务;交流调研、专题研究成果;安排年度考核评优,经验集中宣传。"季度调度"保证了法治政府整体运行的协同性。持续参照有关中央部门、科研机构研究数据,补短板、强弱项,加强与同类地区交流,协同共进。

二、深化"放管服"改革,市场化法治化国际化营商环境建设取得新进展

在深入推进相对集中行政审批权、"证照分离"等改革基础上,大连市持续全力打造市场化法治化国际化营商环境,让"办事不找人""不见面审批"成为大连市的亮丽名片。

(一)细化整改事项,降低各类制度性交易成本

整理出"国家发展改革委营商环境评价指标参考细项"1200余项,制定整改时间路线图357项,解决问题118个。市区两级围绕提升18项一级指标,出台文件175个。企业用水、用气、用电成本大幅度降低,通关效率显著提升,金融、人才体制改革不断深化,各类制度性交易成本明显降低。

(二)开启升级版本,营商环境整体水平跃升

出台《深化“放管服”改革优化营商环境两年行动方案(2020—2021)》,开启全市营商环境建设2.0版本。解决“盆景多,风景少”问题,推出108项具体改革任务,依法提出了从企业开办到生产经营,再到破产退出的40项改革举措,有力推动营商环境整体水平实现快速提升。

(三)突出示范引领,发挥自贸区先导作用

开展“市区联动打造一流营商环境推动先导区高质量发展专项行动”,依法持续加大向园区放权赋能力度,为金普新区自贸片区等五大国家级先导区量身打造改革任务48项。

三、把规范行政权力作为重中之重,用法治规范行政决策、行政管理、行政监督

把握决策、执行、监督三大要素融合互动规律,处理好行政权力与行政相对人权利关系,努力让人民群众在每一个行政行为中都感受到公平正义。

(一)严守行权规矩,落细重大行政决策制度

出台《大连市重大行政决策程序规定》,健全重大行政决策风险评估、合法性审查等具体程序制度。制定《大连市人民政府重大行政决策事项清单》,列出重要规划等5大类决策事项25项,实现了对政府行政管理职能主要职责全覆盖。推进重大行政决策规范化建设10项,畅通决策各环节运转。《市政府提请市人大常委会审议和报告重大事项实施办法》明确提请审议、报告、报请批准后备案事项40项,重大事项直面法律监督。近年来,市政府法律顾问参与重大行政决策等涉法事项论证649人次。对应政府行政管理职能组建70人的法律专家库,对市政府常务会议议题进行合法性审查216项。

(二)严格行政执法,为深度规范行政行为试水探索

2018年,大连市突破传统监管理念,出台创新监管体系框架性文件,探索跨部门跨层级“双随机、一公开”联合检查机制,破解多层多头重复执法难题。编写《法治与政府同行——行政机关工作人员依法行政实务指南》,梳理行政

权力与行政相对人权利关系理论与实务，列出需重点保障的行政相对人知情权、听证权等12项程序性权利。对2.9万执法人员开展轮训，行政执法队伍能力和水平普遍提高。开展落实“三项制度”推动政府治理能力现代化专项活动，出台《大连市行政执法争议快速协调办法》《大连市行政执法决定风险评估办法》，推行首次轻微违法免罚清单制度，指导编制行政裁决事项清单，在全省率先建成行政执法监督信息化平台。

案例链接

大连市跨部门跨层级“双随机”联合检查是按照“放管服”改革要求，创新综合执法机制，在同一时间内，对同一市场主体一次性完成多层级、多部门、多事项行政执法检查进行探索试点。公布35个部门267项随机抽查事项清单，分别组织市场监管、畜禽屠宰、安全生产等领域跨层级跨部门联合执法检查。此项试点作为国务院第五次大督查典型经验之一，在全国通报表扬。

跨部门跨层级“双随机”联合检查，实现了三个目标：一是提升了政府监管效能。同一个被检查企业接受政府职能部门的检查次数平均减少89%，迎检时间减少80%，实现“一次检查、全面体检”。二是减轻了企业负担。所有部门“一次来”，大幅节省企业人力、物力、财力、时间等方面成本，打造“亲清”政商关系。三是优化了联合检查机制。在组织协调、流程再造、机制创新、行业领域扩展等方面积累了丰富素材，形成可复制推广的经验，为完善相关制度及长效机制奠定了基础。

（三）严缜监督合力，立体制约和监督行政权力

加强“八大监督”制度建设，目标直指预防和制约行政侵权行为。创新政府内部层级监督和专门监督，坚持对行政执法监督和问责相统一，增强制约监督合力和实效。坚持法治政府建设重大事项向市委报告，自觉接受市人大及其常委会监督，不断拓展政协专题协商、立法协商等监督范围。编印的《大连市行政执法监督业务操作指引（2017版）》成为执法监督人员必备的工具书。2020年，全市复议机关审结行政复议案件1442件，纠错率达34.4%。2017

年至2019年,市政府行政案件败诉率均低于上年度全国平均值。对法院行政审判白皮书中司法建议的分解落实、结果回应制度,成为大连市依法行政一大特色。

四、聚焦解决难点、热点问题,增强人民群众法治获得感、幸福感和安全感

紧紧围绕人民日益增长的美好生活需要提供公共服务,积极引导人民群众依法维权和化解矛盾纠纷。

(一)聚焦"看病难、看病贵",推进"三医联动"改革

"三医联动"智慧监管项目以实现求医购药便捷性为目的,推动区域性医药共享、共建共管和联合监管保障互动。市场监管、卫健、医保三个执法部门,联合建设全市医药信息共享及智慧监管系统、电子处方流转平台及智慧药房,移动诊疗服务系统联动,实现了政府管理部门对医药行业全程共建共管。处方流转、智慧药房承接、医保结算闭环管理;医院线上和线下双轨开方,实现了政府主导、社会资本融入、公益性运营的"智慧法治"。

(二)聚焦"舌尖上的安全",推出"净网明厨、封签送达"新举措

2019年4月,全面启动"净网明厨、封签送达"行动。监管部门联手大型网络订餐平台开通视频端口,率先将"明厨亮灶"延伸到外卖平台,平台商户加工过程同步播放,消费者在家动一动手指,就能知道外卖制作卫生安全情况。同时,组织订餐平台试点给餐盒外包装加贴统一封签,保证外卖在配送中的密封性,杜绝餐品二次污染。这一举措让食品安全监管从监管部门的一双眼,变成社会的无数双眼,打破了网络餐饮"暗箱操作"交易盲区,让老百姓"点得放心,吃得安心"。

(三)聚焦"家长里短"难心事,推行"评理说事"等新方式

开发上线"大连智慧调解"小程序。全市现有1920个调解组织,2019年调解案件15,800余件,成功率达98.6%。创办"非常帮"电视调解栏目,连续举办两届市民调解大赛。建成"村(居)民评理说事点"1160个、个人调解工作室262个,2020年受理矛盾纠纷案件25,253件,调解成功率达98.2%,评理说事

18, 744 次。开辟“一站式”非诉服务“超市”,综治中心、信访接待中心、公共法律服务中心等矛盾调解连排“开业”,警调、诉调、仲调、行政复议调解等联手排忧。市人民调解中心设立的 15 个专业调委会,成为新时代“枫桥经验”“大连实践”中,老百姓最托底的“和事佬”。

潮平两岸阔,风正一帆悬。大连市将以法治政府建设示范创建活动为契机,汲取其他示范地区先进经验,优化推进全市示范创新,为推动本地区法治政府建设整体水平提升、为新时代法治中国建设作出更大贡献。

撰稿人:丁金军　张军萍　吴　佳

筑基础　稳推进　求实效
奋力开创新时代法治政府建设新局面

集安市位于吉林省东南部,与朝鲜隔鸭绿江相望,拥有世界文化遗产地、国家历史文化名城、中国优秀旅游城市、国家级生态示范区、全国第三批“绿水青山就是金山银山”实践创新基地、全国文明城市等众多称号。多年来,集安市深入贯彻落实习近平新时代中国特色社会主义思想,全面实施“生态立市、旅游强市、开放活市、文化塑市、依法治市”五大战略,把法治政府建设与经济社会发展同安排、同推进,并取得较好成效。特别是党的十八届四中全会对推进全面依法治国进行统一部署后,集安市与时俱进,进一步细化“依法治市”战略,法治政府建设实现了质的提升。

一、高站位、强统筹、重引领,坚决把好法治政府建设“方向盘”

法治政府建设事关社会和谐稳定,事关人民幸福安康。集安市委、市政府对此高度重视,从三个方面筑牢法治政府建设基础。

(一)切实提高思想认识

坚持把法治政府建设作为全市的一项重要政治任务牢牢抓在手上,严格落实党政主要负责人履行推进法治建设第一责任人职责,由市委书记、市长任双组长,形成自上而下一级抓一级、层层抓落实的工作机制,同时,聘请专业机构参与完成《集安市法治政府建设实施纲要(2015—2020年)》编制,系统规划了5年的工作方向、工作目标,并逐年逐项分解落实任务,确定时间表、路线图,清单化、图表化、手册化推进法治工作,保证了法治政府建设始终沿着正确的轨道前进。

(二)持续强化工作调度

将法治政府建设工作纳入市委常委会、市政府常务会调度内容,根据需要听取工作汇报,分析面临的形势,科学安排部署下步工作。分管市领导不定期召开专题推进会议、现场办公会议,研究解决工作中遇到的难题。法治工作成效纳入部门绩效考核,考核权重由原来的2%提高到10%。市委、市政府督查室每月通报一次工作进展情况,对完成不理想的部门直接点名批评,有效保证了工作质量。

(三)突出抓好示范引领

坚持市级领导包保责任制度,对法治建设薄弱村、问题村、矛盾集中村,由书记、市长负责帮扶转化,不定期组织开展矛盾化解、普法宣传等活动,其他市级领导和部门积极跟进,履职尽责,用实际行动推动法治建设工作上台阶。市领导带头认真落实行政机关负责人出庭应诉规定,制定完善奖惩机制,并作为典型经验在全地区推广。

案例链接

多年前,集安市清河镇文字村由于村组对外发包山林不规范,导致村民之间发生一系列矛盾纠纷,更有村民组团上访,一度成为全市的落后村、问题村。为从根本上解决村子里的问题,市委、市政府决定成立工作组,由市领导带队入驻村屯,一边开展普法宣传,一边仔细倾听村民心声,主动了解群众诉求,深入查找问题根源,依法依规研究解决办法。经过一个多月的连续工作,最终把长期得不到解决的矛盾依法妥善化解。通过这一做法,村民的法治意识得到有力提升,村里依法化解矛盾、解决问题的氛围日渐浓厚,如今已成为全市的文明村、法治示范村。

二、抓改革、勇创新、增动力,全面激活法治政府建设"加速器"

创新是改革的生命力,法治政府建设也需要在不断改革创新中寻求制高点,走向新辉煌。

(一)依法依规为发展松绑

为全面营造良好的发展软环境,集安市持续推进"放管服"和"最多跑一次"改革,切实把该放的权力放下去、该管的事情管起来、该简化的环节减下来,坚决做到"法无授权不可为""清单之外无权力"。全市共梳理出权责清单3288项,下放乡镇(街道)权限169项、村(社区)权限129项。全力优化审批流程,先后制定出台《集安市"一窗受理、集成服务"改革工作方案》《政务服务窗口无否决权服务实施意见》等17个文件,相继完善《一次性告知制度》《AB岗替代制度》等10项规章制度。投资项目办理时限由原来的101个工作日压缩为50个工作日以内,凡是能转为即办件的项目一律转为即办件,百项高频事项实现"最多跑一次"。2019年,在吉林省软环境建设评价中,集安市被评为标兵单位,位列全省县(市、区)第一;2020年,在国家公共信用信息中心发布的全国城市信用状况排名中,位列GDP规模100亿元以下县级市第一。

(二)打造平台助企发展

搭建助企、稳企、惠企3个服务企业发展法律服务平台,成立"助企发展"指挥部,开通"12348"公共法律服务、公证、法援等6条热线电话,组建大项目和助企发展法律服务团队,有效提供精准、高效、有力、便捷的法律服务和保障,及时妥善化解项目建设、企业发展中遇到的矛盾和问题。同时,建立律师参与信访接待制度,引导当事人以法治思维和法治方式解决信访问题。截至2020年年底,共为1亿元以上大项目及规模以上企业提供法律咨询和论证230次、审查合同154件、出具法律意见书214件、调解纠纷580余件,挽回经济损失5000余万元。

三、重规范、讲文明、壮队伍,全力塑造法治政府建设"新形象"

法治政府建设最重要、最基本的要求是依法行政,如何让依法行政成为新时代的又一大亮点,集安市主要抓好“三化”。

(一)坚决做到执法规范化

始终将全面推行行政执法公示、执法全过程记录、重大执法决定法制审核作为重点工作来抓,建立健全行政执法人员执证上岗、过错责任追究等配套制度,相继完善行政执法事项、随机抽查事项、重大执法决定法制审核等清单,规范执法用语、执法程序、执法文本,行政执法更加科学化、规范化、合法化。

(二)坚决做到执法公正化

聚焦行政执法的源头、过程、结果等关键环节,依法公开,阳光操作,不偏私、不歧视,过罚相当,全程可溯,结果可查。一是建立协调联动机制。将“双随机、一公开”监管理念渗透到监管执法各环节,严防出现随机抽查和日常监督检查“两张皮”现象,有效解决“多头执法”“执法不公”等问题。二是建立便捷投诉机制。全程“阳光执法”,对企业质疑的问题及时作出回应,保障市场主体权利平等、机会平等、规则平等,提升执法公信力。三是强化行政执法监督。通过监管平台严格审核各行政执法部门涉企抽检计划,全力为企业打造最便利的营商环境,“政府围绕企业转,企业有事马上办”的理念已成为共识。坚持每年开展两次以上行政执法检查,将行政执法“三项制度”落实情况、行政机关负责人出庭应诉情况等内容纳入检查范围,及时了解掌握执法工作,督促指导行政执法部门公正执法。例如,在落实“双随机、一公开”过程中,每年制订年度抽查计划,明确抽查依据、抽查事项、抽查内容等,确定并公布随机抽查事项清单,按单推进,使检查不再任性、执法不再扰民。

(三)坚决做到执法文明化

聘请法学专家、法律专业人员,通过集中培训、网络自学等方式,每年开展行政执法人员公共法律知识、专业法律知识、新法律法规等专题培训40学时以上。制定文明执法条约,各行业执法单位均结合各自领域特点,进一步明确执法规范用语、服务态度等细则,并在执法过程中注重摆事实、讲道理、明法规,以理服人、以法服人,让行政相对人心服口服,不再有怨言。开通举报热线,鼓励市民对任性执法、滥用职权等不文明执法行为进行投诉举报,一经查实,及时处置,并将结果向举报人通报和向社会公示。

四、严执法、广宣传、正风气,着力清除法治政府建设“绊脚石”

依法打击违法违规行为是提升法治政府建设成效的必要举措。在这方面,集安市重点做好“三个结合”大文章。

(一)与日常集中整治相结合

依据区域内实际情况,从群众反映最强烈、问题最集中、矛盾最棘手的方面入手,相继组织开展了“打击非法毁林种参、乱砍盗伐,非法采砂、乱渔乱捕,私搭乱建、破坏公共设施,无照经营、制假售假,超标排放、违法排污,网络造谣侵权、影响社会稳定,无理缠访闹访、扰乱公共秩序,诋毁造谣、匿名诬告领导干部”八个方面的重点执法,都由分管市领导牵头抓总,相关部门紧密配合,凡是发现违规行为一律依法查处,所有领导干部一律不得打招呼讲情面。近几年,共查处案件 94 件,处理 84 人。通过持续有力的打击,不仅有效遏制了不法行为,也用生动的案例向群众普及了相关法律法规,收到良好效果。

(二)与乡村振兴相结合

按照“乡风文明、治理有效”工作要求,把法治政府建设融合到乡村振兴之中,同步推进,一举多得。持续完善乡村治理体系,教育引导民众从自身做起,主动破迷信、弃陋习、树新风,天价彩礼“娶不起”、名目繁多的礼金“随不起”等问题得到有效遏制,孝道式微、农村老人“老无所养”等现象明显改变。充分发挥村民自治的制度优势,不断增强村民自我管理、自我约束、自我完善能力。全市 127 个村均成立“村民议事会”“道德评议会”“红白理事会”等自治组织,配套出台了红白事新规等一系列规章制度。调整充实村(社区)人民调解组织,共建立人民调解委员会 197 个,形成了以乡镇(街道)调委会为骨干,村(社区)调委会为基础,企事业单位和行业性、专业性调委会为补充的调解组织网络,实现市、乡、村人民调解组织全覆盖,“小事不出村,大事不出镇,问题解决在市内”成为常态。

(三)与“三城联创”相结合

借助创建国家园林城市、国家卫生城市、全国文明城市之机,将其作为法治宣传的重要平台,从资金投入、人员配备、普法设施等环节切入,以“法律七进"等为载体,利用重要节假日、农村赶集日等时间节点,通过发放宣传单、设立咨询台、专题送法下乡、将法律知识编排成文艺节目等群众喜闻乐见的形式广泛开展普法宣传,既为全市营造了良好的法治环境,也极大提升了民众知法、懂法、守法、用法意识。

"雄关漫道真如铁,而今迈步从头越。"集安市将继续围绕"依法治市"战略,持续加大工作力度,不断创新工作举措,乘着全国法治政府建设示范创建活动的东风,为推进全面依法治国作出应有贡献。

撰稿人:卜广奎　刘燕妮

黑龙江省

密山市

立足精细化服务建设法治政府 倾力打造法治政府为民形象

密山市位于黑龙江省东南部的兴凯湖畔,与俄罗斯隔湖相望,是“北大荒”精神的发源地,是新中国空军的摇篮,历史文化底蕴深厚。密山市委、市政府高度重视法治政府建设工作,深入学习贯彻习近平法治思想,紧密结合本地实际,以保障人民根本权益为出发点和落脚点,牢牢把握转变职能激发新动能、公正执法树立新风向、强化服务厚植新沃土、尊法守法营造新气象“四新”方针,不断推动法治政府建设迈出新步伐。该市先后被授予全省法治县创建活动先进单位、省法治宣传教育先进单位、全国渔业执法工作先进集体和全国模范人民调解委员会等荣誉称号。

一、简政放权,服务于民,努力提升群众的满意度

近年来,密山市稳步推进法治政府建设,营商环境显著改善,简政放权步履稳健,群众满意度不断提升。不断规范行政行为,努力提高行政效能和服务质量,法治建设真正跨越了“最后一公里”,人民群众切实感受到政府职能转变带来的获得感。

加快行政体制改革,打简政放权“为民牌”。制订《密山市推进简政放权放管结合转变政府职能工作方案》,重新编制权力清单和权力运行流程图。取消

非行政许可审批事项和不合规证明、不合理收费，全面深化“放管服”改革，规范权力运行，实行精细化服务，努力为民办实事，竭力打造诚信法治政府。审批事项较多的部门实行“信息一体化 + 大科室运作”机制。办理不动产登记等工作时，打破部门条框界线，实施联审联办制度，形成分类别、跨部门“一窗口受理、集成服务”的模式。

建设政务服务大厅，集中办理为民服务事项。坚持以人民为中心的发展思想，秉持群众到政务大厅办事“最多跑一次”的理念，全面推进优化服务。市政务服务大厅投资 4700 万元，建设面积 6745 平方米，严格按照标准化要求规划，进驻单位 26 个，提供各类审批、便民服务事项等 853 项，实现“一门、一窗、一网、一次”的政务服务模式。过去需要几天甚至十多天办结的事项，现在半天内就可解决，政府办事效率大幅度提升。

构建网络联动体系，行政许可审批全流程运行。2020 年新冠疫情期间，全市在政务服务网上办理行政许可事项 602 件，群众网上办事方便快捷，政府服务效能显著提高。税务窗口“免填单”服务，采用 POS 机、税库银联网缴税、银行端查询缴税等多元化办税方式，推行双屏办税，拓展网络办税和 24 小时自助办税。税务登记、申报缴税、信息查询等 57 项业务可通过电子税务办理。初次办税采集身份信息后，再次办税只需当场查验身份证原件，不再重复提交证明资料。

打造法治化营商环境，助力企业驶入“快车道”。构建统一开放、竞争有序的市场体系，打造公平公正的法治化营商环境，为投资者提供优惠政策和优质服务。组建企业服务中心，专门为招商企业提供全程代办服务，跑出项目审批“加速度”，让企业“进一个门、找一个人、盖一枚章、办所有事”。代办流程简洁明了，部门提前介入，倒排工期，实行挂图作战。通过精准调研、精准服务、精准协调，主动上门服务，吸引优质企业到密山投资兴业。

二、注重依法行政，规范文明执法，努力变管理为服务

密山市积极推动法治政府建设工作体系创新。第一责任人积极发挥主体作用，形成党政一把手负总责、分管市领导具体负责、市司法局综合协调、政府各部门同步同频共振合力推进的工作格局。

加快建设行政执法队伍,提升工作人员整体素质。各执法部门以精细化管理、标准化服务、人民满意为抓手,从日常点滴工作着眼,扎实转变工作作风。为759名行政执法人员和监督人员培训考试及换发证件,借此提升人员素质,严格资质管理,推进执法队伍专业化建设。

行政执法步入正轨,文明规范执法落到实处。制发《密山市全面推行规范行政裁量权工作实施方案》,各部门联合"双随机、一公开"监管正式启动。市场监管领域实现"多帽合一"和"一支队伍管执法",消除多头执法。优化执法资源配置,对企业进行联合抽查,为企业减负。严格行政执法人员管理,做到文明执法、亮证执法,树立执法人员良好形象。严格规范行政执法程序,在行政执法或处罚过程中,坚持处罚和调查相分离的原则,依法执行告知、听证、说明理由等程序。

强化执法制约监督,让行政权力在阳光下运行。加大法治政府建设考核力度,注重考核领导班子和领导干部,注重考核重点工作和薄弱环节,注重将平时监督检查与年终集中考核相结合,以考核促监管、以考核强执法。落实行政执法"三项制度",建立统一的政府行政执法公示平台,为行政执法部门配备执法记录仪和终端服务器,保证执法全过程记录。推行重大执法决定法制审核目录清单制,让执法严格运行在法治轨道上,把权力关进制度的笼子,确保执法过程不出轨、不越界。

三、将法治思维和法治方式贯穿于政府各项工作中,以法治引擎推动高质量发展

筑牢法治防线,加强对依法行政的监督。组建政府法律顾问库,充分发挥政府法律顾问"防火墙"作用,协助处置突发事件,调解社会矛盾,为政府决策部署和项目建设提供法律意见,为基层提供法律服务。认真执行向人大及其常委会报告工作制度、接受询问和质询制度,定期报告财政预算编制、法治政府建设等情况,自觉接受监督。审计部门开展各类重点专项审计,确保领导干部依法决策、依法用权、依法履职。清理各类证明事项,简化办事手续,开展规范性文件制发主体资格清理,严控发文关。

重大事项依法审核，各项决策严加把关。规定各部门作出涉及公民、法人或其他组织权利义务的重大行政决策，必须进行合法性审查。截至2020年年底，对119件政府决策事项进行合法性审查，其中，合同73份、规范性文件3件、其他涉法事项43件。

案例链接

2017年，密山市政府为盘活原奋斗化工厂资产，通过招商引进外地化工企业，该项目在向社会公开征求意见、专家论证、风险评估和合法性审查过程中均引发了不同意见。有的认为该企业排污严重，容易和相关群众发生环保冲突，甚至会引起群体性上访。而且该企业设备更新周期仅为5年左右，对地方税收贡献不大，建议政府决策时注重防范风险。在市政府招商引资领导小组会议上，该项目最终被否决。通过民主讨论和合法性审查，为政府部门重大决策严格把关，切实保护了人民群众的合法权益，维持了社会稳定。

发挥领导干部“关键少数”的示范引领作用。建立述职述廉述法的考核机制，为全民学法守法树立标杆。坚持会前学法制度，使法治学习成为开会必修课，由市领导带头讲法，进一步强化领导干部法治意识和法治思维。要求学习内容紧扣法治主题，并且注重考核，绝不流于形式，确保会前学法真正成为“必修课”。

积极打造法律为民服务新阵地。以“弘扬宪法精神、建设法治密山”为目标，在市西广场建设占地2500平方米的法治文化广场，注入立法、执法、司法等法治文化元素，法治文化广场被命名为“黑龙江省普法教育暨法治文化建设示范点”。筹集资金打造白鱼湾镇湖沿村法治文化长廊，培育基层法治宣传平台，城乡呼应形成密山普法特色。在各村和社区建立法律援助联络点，定做牌匾、公示板，为困难群众印制“惠民联系卡”。由17个乡镇和街道司法所牵头，建立“法律顾问”微信群，整合律师和法治宣传骨干进群，百姓足不出户就能咨询法律援助、人民调解等问题。

四、构建多元解纷网络,依法化解矛盾,有效促进社会和谐稳定,为人民群众保驾护航

矛盾化解多元化。铺设“立体网络”,为解决矛盾纠纷提供法治保障。执法部门明确职责定位,细化工作流程,集中受理纠纷,合力化解矛盾。创新社会治理模式,整合优化社会资源,成立矛盾纠纷多元化调处中心。设立行业性和综合性接待窗口,吸纳相关单位人员集中入驻办公。按照“一体化运作、实体化运行、信息化融合、网格化管理”模式,主动融入多元解纷、访源治理、诉源治理机制建设,实行“调裁审”一体化机制解决纠纷。

人民调解常态化。建立健全人民调解组织,成立 177 个人民调解委员会,有调解人员 537 名,切实发挥维护社会和谐稳定“第一道防线”的作用。建立行政调解委员会 24 个,对管理范围内的行政纠纷在矛盾初始阶段进行调解,侧重“抓早抓小”。依托法院系统的民事调解平台,采取线上线下“两条腿走路”的化解方式,充分预测评估裁判风险,推进繁简分流,有效化解群众纠纷,完善“预约式”“菜单式”服务,实现社会矛盾化解多方联动、资源共享和“一站式”服务。

行政复议规范化。制定《密山市行政机关负责人参加行政复议和行政应诉的暂行规定》,推进行政复议信息化、专业化,实现应受尽受。对受理的行政复议案件,按照要求在时限内办结并上传平台,确保及时定分止争,促进社会稳定发展。

改革发展没有终点,法治政府建设永无止境。面对法治政府建设新形势新任务,密山市将继续沿着中国特色社会主义法治道路稳步前行,为实现转型崛起、重振雄风提供坚实法治保障,为人民群众造福。

撰稿人:周向宇　霍　丹　罗富升

上 海 市

黄浦区

以法治政府建设为引领
书写新时代全面依法治区新篇章

黄浦区是上海中心城区核心区，是“上海的心脏、窗口和名片”。近年来，黄浦区按照中央部署和市委要求，坚持把建设法治政府作为一项全局性、基础性工作来抓，全面履行政府职能、增强政府管理服务效能、规范行政权力运行、强化行政执法监督，逐步形成“党委领导、系统推进、部门负责、纵横联动、齐抓共管”的工作格局，不断开创新时代法治政府建设新局面。

一、坚持党的领导是全面提升法治政府建设整体水平的根本保证

（一）加强组织领导

黄浦区坚持把法治政府建设纳入全面依法治区整体框架，同规划、同部署、同落实。出台《中共黄浦区委关于深入推进依法治区加快建设法治黄浦的实施意见》《黄浦区依法治区“十三五”专项规划》，连续出台三个《黄浦区“全面推进依法治区、建设法治黄浦”三年行动计划》，明确了法治政府建设的目标方向、基本原则、主要任务和保障措施。2019 年成立区委全面依法治区委员会和区法治政府建设工作领导小组，由区委书记、区长分别挂帅。

（二）创新工作方法

着眼新形势新任务新要求，以改革的思路、创新的思维，推进工作、改进工

作、创新方法。坚持以项目化方式推进落实法治政府建设重点工作,每年年初制定《黄浦区年度法治政府建设主要任务及职责分工》,实现目标任务化、任务项目化、项目责任化、责任落地化。

(三)强化责任落实

法治政府建设离不开一系列有效的保障措施,首先要确保主体责任切实履行。出台《黄浦区关于落实推进法治建设责任制的实施办法》《〈党政主要负责人履行推进法治建设第一责任人职责规定〉工作要求落实指引》,明确将履行推进法治建设主体责任和第一责任情况,纳入领导班子和领导干部个人绩效考核指标体系,形成法治建设和管党治党、意识形态、基层党建"四个责任制"同部署、同检查、同考核、同步听取汇报的"四同"整体协调推进的工作机制。制定《中共黄浦区委全面依法治区委员会办公室督察工作办法》《黄浦区法治政府建设与责任落实督察工作实施方案》,采取书面、实地相结合的方式,每年对法治政府建设开展专项督察,充分发挥督察工作对法治政府建设与责任落实的督促推动作用。

二、坚持转变职能是不断加强政府管理与服务效能的重要前提

(一)深化行政审批制度改革

相继出台和更新《行政审批事项目录》《行政审批评估评审目录》《黄浦区"马上办、网上办、就近办、一次办"审批服务事项目录》,对清理后保留的行政审批事项实施目录化、编码化管理。在全市率先实现"三证合一"和关联企业"一址多照"。进一步压减行政审批时限,全区行政审批事项的承诺办结期限在法定时限基础上提效81%,当场办结事项达到事项总数的40.49%,1079个事项实现"零跑动"。积极推进电子证照归集应用,已归集约100类高频电子证照,覆盖100%政务服务事项。

案例链接

2018年，注册在黄浦区淮海中路的某跨国公司总部上海公司，因总部公司经营权变动引发股权变更，该公司及648家下属分公司遇到了营业执照、食品经营许可证等相关证照变更的"难关"。黄浦区运用法治思维，确定了"流程再造、证照通办"的解决方案，充分发挥告知承诺制的优势，开辟绿色通道，提速增效，将原先半年完成的分支营业执照变更，压缩到3个月内完成。

（二）着力优化法治营商环境

探索建立优化营商环境法治保障联席会议制度。在全市率先发布区级政府"打造全市最优综合营商环境的实施意见"及三年行动计划（2018—2020年）。制订"黄浦区进一步扩大开放行动方案""关于促进民营经济健康发展的实施意见"等一系列文件，形成制度框架。

打响黄浦"一网通办"品牌，打造"店小二"主题式服务，有机串联从企业注册到后置审批的办理全过程。在全市率先设立"出口食品备案企业综合服务"专窗、"马德里国际注册"及"商标品牌指导"专窗等。在全市首创了"商务+信用"管理新模式，发布"区域社会信用体系建设白皮书"。楼宇经济预警平台上线运行，实现了对楼宇经济运行的预警和个体企业信用动态监管的双重功能。积极落实本市《市场监管领域轻微违法违规经营行为免罚清单（二）》，对信用较好、风险较低的市场主体，合理降低抽查比例和频次。

（三）建立健全公共法律服务体系

黄浦区以建设覆盖城乡、便捷高效、均等普惠的现代公共法律服务体系为目标，成立基层商会民商事调解工作站、劳动争议调解中心、企业法律服务网上平台等服务阵地，构建全方位的中小企业法律服务框架体系。全面建成区公共法律服务中心、10个街道工作站、177家居委工作室三级公共法律服务实体平台，整合进驻法律援助、人民调解、法治宣传教育等职能，打通公共法律服务"最后一公里"。

三、坚持法治监督是不断规范行政权力运行的必要手段

(一)全面规范重大行政决策

黄浦区除了制定《黄浦区重大行政决策程序规定》外,2017 年起在全市率先编制每年的《黄浦区人民政府重大行政决策事项基本目录》。同时,对老城厢环境综合治理、旧区改造等重大决策,积极开展社会稳定风险评估。邀请区人大代表、政协委员、居民代表等列席政府常务会议等重要行政决策会议。

(二)充分发挥政府法律顾问作用

借助“外脑”智囊团提高决策水平,在全市率先建立区委、区政府法律顾问制度,实现部门和街道法律顾问全覆盖。充分借助第三方智囊团提高决策水平。自 2016 年以来,区政府法律顾问参与重大行政决策 60 余项,审查与评估规范性文件 80 余件,参与区领导信访接待 160 余人次,有效降低政府决策法律风险。

(三)主动自觉接受监督

2017 年在依法治区领导小组下设行政检察监督办公室,成为全市首家试点单位。自 2019 年 7 月以来,全区行政机关共收到检察建议书、司法建议书 86 件,对检察建议、司法建议的回复率和整改率均达 100%。

四、坚持严格公正是不断提高行政执法水平的首要准则

(一)全面推行行政执法“三项制度”

“三项制度”对于促进严格规范公正文明执法、保障和监督行政机关有效履行职责、维护人民群众合法权益具有重要意义。黄浦区积极建立区级全面推行“三项制度”工作协调机制,并形成相应的规范化举措,在房屋征收、拆除违法建筑等领域,实现重要行政执法决定法制审查全覆盖。

(二)着力推进综合执法联动执法

以往执法部门实行各自为政、单打独斗的分割式管理模式,治理效果不全面且容易反弹,已经不能满足依法行政高效便民的基本要求。黄浦区加强城市运行管理平台系统建设,增强基层综合执法联勤联动工作效能。

(三)有序推进重要领域执法

坚持问题导向、需求导向、效果导向,围绕“人民城市人民建、人民城市为人民”,推动民生持续改善。聚焦违法建筑拆除难点,在全市率先发布“拆违十条”(《黄浦区关于拆除违法建筑执法办案指导意见》),入选首届上海市依法行政示范项目。聚焦共享单车治理,在全市率先出台“共享单车 33 条”(“黄浦区共享单车投、骑、停禁限区域”),入选第八届上海市依法治理优秀案例。聚焦损坏承重结构行为发现难、处罚难、整治难等问题,在全市率先出台“承重墙治理 33 条”(《黄浦区关于损坏房屋承重结构违法行为综合治理的若干规定》)。聚焦业委会运作的重点矛盾和关键环节,出台全市首个“业委会法治评估体系”。

五、坚持普治结合是不断增强法治政府建设保障能力的重要基础

(一)全面推进基层法治建设

2020 年出台《关于全面加强和改进基层法治建设的实施意见》,全区 10 个街道全部建立基层法治建设委员会,加强基层依法治理。在全市首发“居委会法律实务指引 50 问”。五里桥街道“三会”制度入选“全国 100 个优秀社区工作法”“长三角基层依法治理十大优秀案例”。南京东路街道“小型住宿治理七步法”、老西门街道“公房小区治理联盟”入选“上海市法治建设优秀案例”。

(二)持之以恒推进法治宣传教育

开展法治宣传教育是让公民增强法治观念、树立对法律信仰的前提,更是法治建设的重要任务。连续举办八届浦江法治讲坛暨区委中心组学习理论学习会,建立健全领导干部任前宪法、法律知识考试制度,提升干部法治素养。持续推进宪法学习工程,大力开展《民法典》与依法治区立体式宣传。落实“谁执法谁普法”普法责任制,推动全区 59 家单位制定公布普法责任清单,建立了重点执法部门普法责任制履职评议机制。律师公会旧址陈列馆、检察院会审公廨旧址以及法治文化主题公园等入选上海市法治文化品牌阵地。

(三)努力推进社会矛盾纠纷化解

黄浦区有着区位特殊、社会关注度高、敏感性强的特点,区委、区政府在综合运用经济手段、行政手段、市场手段的基础上,特别强调发挥法治的作用,探

索运用法治思维和法治方式化解矛盾和问题。积极推进律师全程参与城市更新法治保障,参与信访事项复查。自 2017 年以来,律师共参与旧改项目 67 项,提供律师服务 6000 人次,服务涉改户数 64,000 户,累计化解 101 件动拆迁历史遗留矛盾。构建矛盾纠纷多元化解机制,学习发扬“枫桥经验”,人民调解组织贯通区、街道、居委三级,覆盖医疗纠纷、劳动争议、交通事故、消费纠纷、知识产权等 12 个领域。打造黄浦特色调解品牌,上线全市首家消费纠纷一站式网上调解平台,成立全市首家“医疗卫生律师调解工作室”“黄浦区工商联民商事人民调解委员会”等。

黄浦区将继续坚持以人民为中心的发展思想,始终将体现人民利益、反映人民愿望、维护人民权益、增进人民福祉贯穿政府行为的全过程,在新时代破解超大城市中心城区治理难题中走出一条新路,力求将黄浦打造成新时代法治建设新高地。

撰稿人:刘　辉

上 海 市

徐汇区

争当金牌“店小二”　跑出法治“加速度”

“法者,治之端也。”法治是一个城市核心竞争力和最优营商环境的重要标志,也是实现城市治理现代化的必由之路。近年来,上海市徐汇区牢固树立法治思维,大力推进法治政府建设,坚持“法治是最好的营商环境”,深化“放管服”改革,完善制度、加强监管,运用法治方式为企业提供最温暖的营商环境,努力当好企业“店小二”。

一、制度先供给,“软实力”由“硬措施”来托底

提高营商环境“软实力”需要“硬措施”。近年来,徐汇区不断推动最优制度供给,营造最佳营商环境,释放最大改革红利。

统筹推进优化营商环境制度建设。在全市率先出台促进科技成果转化指导规程,实现科技成果转化完整的“闭环运转”;完善企业日常联系服务机制,加强与功能区公司协同配合、优势互补;区法院、检察院、司法局、公安局出台一系列意见方案,保护知识产权,提供优质法律服务。

优化营商服务工作机制。研究制定“1+2+3”制度体系,包含一个主体实施意见、两个激励考核实施办法和三个相关工作机制操作方案,形成对外营商是一体、对内分工有侧重的“两翼”合作机制。加强功能区公司激励,将招商引资和服务成效等纳入考核体系,设立工作经费和激励经费,对招商部门、团队

内非公务员岗位研究实行更加灵活的激励措施。推进重点项目推介落地,探索建立引资资源共享机制和重大项目跨部门协作机制,及时解决企业设立、发展等过程中遇到的困难和问题。积极开展精准服务,完善配套服务机制。例如,在2020年新冠疫情期间,及时制定出台《徐汇区全力防控疫情支持服务企业平稳健康发展的实施办法》,减轻中小企业运营压力,向11家区内银行收集防疫金融产品,通过"企业服务随心选"公众号向企业推广,积极做好银企对接,帮助300多家企业咨询各银行,达成金融服务对接27家。

二、数据多跑路,"一窗办成"服务不打烊

让数据多跑路,企业少跑路。办事从线下到线上,企业也能获得实实在在的便利。2018年,围绕上海全力打响"一网通办"政务服务品牌目标,徐汇区依托国家"互联网+政务服务"示范区建设,率先提出"打响'一网通办'服务品牌、做优'一窗办成'服务体验"思路,聚焦"高效办成一件事"目标,推出一系列改革创新举措,形成"指尖上、家门口、一体化"工作体系,实现"进一网、能通办,来一窗、能办成",群众满意度高达99.97%。"一网通办"和"一窗办成"成为徐汇区打造最优营商环境的一块"金字招牌"。

空间重塑,政务服务更便捷。紧扣企业群众感受度,在市"一网通办"平台总集成的基础上,推动"一网通办"的线上速度与"一窗办成"的线下温度相结合,完成区行政服务中心2.0版升级,98%区级审批事项、100%"全市通办"个人事项入驻行政服务中心,建成法人事项综合受理大厅、个人事项综合受理大厅、24小时自助服务大厅、城市网格管理服务大厅和大数据治理创新实验室五大政务服务新空间。徐汇区行政服务中心在全市首创规模化24小时"不打烊"政务服务。自助服务点延伸到徐家汇商圈、漕河泾开发区和银行网点,形成行政服务中心、13个街镇与自助服务点的"1+13+X"政务服务平台体系,网络化分布的政务服务3.0版正加快形成。

职能再造,业务流程更优化。全力推动审批"两集中"、受理"零差别"改革,推动部门行政审批事项向一个科室集中、部门审批科室向区行政服务中心办事大厅集中,将83个部门专窗压缩为18个政府综窗,形成前台"零差别"受理、中台一键呼叫专业支撑、后台透明工坊分类审批的工作流程,成为徐汇"一

网通办”的“硬核能力”。当场办结事项占所有办件量的68%，现场排队等候时间减少1/3。大力推进“双减半”“双100”，选取14个用户关注度高、获得感强的“一件事”，推进线上线下一体化办理，行政审批事项承诺时限比法定时限平均减少70%，提交材料平均减少56%，82个事项实现零材料提交，“最多跑一次”达到政务服务事项的95%以上。

技术赋能，让数据应用更加高效。推动大数据中心与行政服务中心、网格中心“三位一体”运行，率先落地人口库、法人库等六大基础数据库，建设政务服务知识库及应用平台，由凭经验办变为凭标准办、依数据办。依托电子证照库，实现100类高频材料的互认共享，96%的涉企审批事项全程网办，办理量前50名的政务服务事项在线办理率达70%。率先试点政务服务“无人干预自动办理”，实现“秒批秒办”。同时，升级“人工智能首席服务官”团队提供智能咨询、智能预审等服务，以人工智能提升服务的温度和速度。

案例链接

原本企业申请“建筑工地夜间施工作业审批”要到窗口递交材料，一般在3个工作日内办结。2019年，徐汇区推进事项全程网办，办理时间缩短为1个工作日，申请材料实现全程电子化，50余家建筑公司据此办理了千余次建筑工地夜间施工的审批。2020年7月，“建筑工地夜间施工作业审批”再次升级优化，完成无人工干预审批改造，徐汇区生态环境行政审批服务智能化水平全面提升。目前，智能审批系统已经接入“一网通办”中夜间施工作业审批事项的办理入口，办理全过程均由智能审批系统一手操办。申请人在线填写申请表，智能审批系统实时审核填报信息是否符合要求，符合无人工干预审批条件的建筑工地提交材料后最快20秒便能获得带有电子印章的审批意见。同时，智能审批系统还打破时间上的界限，在非工作时间依然能够正常完成审批。

三、深化“放管服”，优化流程促进注册审批提速

对于和时间赛跑的企业来说，首先注重的是注册许可的便利性。原先递交申请材料后还需要等待数日才能领取营业执照和相关许可证，执照能否早

点批出来、食品经营许可证审批能否加急,都是企业办事人员经常提出的问题。为此,徐汇区市场监管局发布《关于推进企业注册许可便利化、优化区域营商环境的若干措施》,逐一优化收件、受理、审批、核准、打照等各环节,压缩审批时限,使申请材料齐全、符合法定形式的新设企业在收件次日便可领取营业执照,为市场准入和企业发展按下了“加速键”。

同时,为更好地支持守信企业的发展,徐汇区市场监管局发布食品安全领域“放管服”改革新政“16 条”,从“放”入手,为诚信经营的食品生产经营单位提供更多实惠。以前办理食品经营许可证延续手续,相当于重走一遍办新证的流程,需要 1 个月左右。根据“16 条”,如今在徐汇区注册食品生产经营单位,只要 1 个月内无严重违法违规行为,年度食品安全抽检中无不合格结果,且主要生产经营条件未发生变化,换证时申请单位书面承诺后,市场监管部门可在 3 个工作日内完成审批,真正实现让守法经营企业用好信用换来经营上的便利。

四、服务再优化,“法律门诊”开进企业园区

徐汇区漕河泾开发园区企业众多,有职工近 30 万人,如何为辖区内多家企业以及众多员工提供优质法律服务,提升营商环境始终是街道相关部门的关注重点。近年来,园区所在的虹梅街道结合辖区实际,以员工和企业需求为导向,探索出“午间法律门诊”“企业法务沙龙”“法治共建委员会”等法律服务经验,有效推动各方法律服务资源进园区、进企业、进楼宇。

打响“午间法律门诊”“企业法务沙龙”等法律服务品牌。面向园区职工开设“午间法律门诊”,利用职工午休时间,由律师、法官、公证员等组成法律“义诊小分队”,以“一对一”“面对面”“问诊”的方式为员工解决生活工作中遇到的实际难题。在人群集中的普天科创、科产大厦、新研大厦等 7 个主要园区,每周在公共园区开展“午间法律门诊”,覆盖漕河泾园区内数万名企业员工。针对企业法务组织开展“企业法务沙龙”,围绕企业法务群体关注的热点,先后邀请法官、检察官及司法实务界专家举办 5 场沙龙,使企业法务成为园区公共法律服务的直接受惠者。

组建“法治共建委员会”,推动园区自治、法治、共治“三治融合”。为了进

一步满足园区 4000 多家企业多样化的法律服务需求，将法院、检察院、劳动仲裁、公证、司法鉴定等法律服务资源引入园区，并联合园区内重点企业以及矛盾纠纷较多的企业，成立漕河泾开发区“法治共建委员会”，实现执法者、普法者、司法者和守法者互联互通，共建良好法治生态圈。每年举办“漕河泾开发区法治论坛”，邀请相关专家，共同探讨园区法治建设如何为企业治理赋能，为优化园区法治化营商环境出谋划策。

五、筑牢监管门，大数据助力监管云上办

营商环境改革既要跑出“加速度”，也要守住底线。以民办教育培训市场为例，2020 年年初受新冠疫情影响，教育培训市场受到重创，“跑路”风险骤升。面对日益复杂且艰巨的培训市场治理任务，徐汇区教育局积极探索“互联网 + 信用监管”，根据市场主体信用状况，推动实施事前差异化“不见面”服务、事中信用监测预警和事后联动奖惩措施。疫情期间释放行业政策红利，鼓励培训市场线上线下业务融合，引导行业平稳健康发展。

依托业务监管数据、上海市公共信用信息平台、徐汇区公共信用信息平台和第三方机构信用互联网等数据，徐汇区教育局建设培训机构信用监测预警和分级管理平台及移动端应用，通过大数据分析技术，建立培训机构及举办人的全景动态画像，构建风险监测预警模型和信用评价模型，实时监测辖区民办培训机构运营状态和风险企业预警。市民只要扫一扫“信用二维码”，就能将培训机构的各类关键资质信息“一网打尽”。遇到纠纷时，通过“信用二维码”可以实现“零距离”投诉维权，进一步拓宽诉求表达渠道，建立公众监督机制。

徐汇区将以法治政府建设示范创建活动为契机，继续巩固全国法治政府建设示范区创建成果，努力使法治成为徐汇区核心竞争力的重要标志，打造法治典范城区。

撰稿人：左静鸣　王　恺　翟梦丽

上 海 市

浦东新区

勇当排头兵　下好先手棋
法治政府建设助推改革开放再出发

新时代的浦东，勇当改革开放排头兵，自成立伊始就高度重视法治先行，始终坚持“法治引领”和“改革于法有据”，强调在法治轨道上深化改革。近年来，浦东新区深入学习宣传贯彻习近平法治思想，紧密结合上海超大城市实际，找准发力点、提高针对性，全力以赴推动法治成为城市核心竞争力的重要标志、城市治理能力现代化的闪亮名片，走出了一条体现新区特色的法治政府建设之路。

一、统筹推进法治政府建设，引领和保障高水平改革开放健康前行

当改革步入深水区，回望过去，浦东人总结出了这样一条经验：唯有符合法治精神和原则，才能保证改革健康前行。在全面推进依法治国的号角声中，浦东新区法治政府建设换挡提速，依法行政成为一道鲜明的时代印记。

制度设计为法治政府建设注入新动力。2017 年，区委出台《关于深入推进依法治区加快建设法治浦东的实施意见》，区人大作出《关于进一步加快法治政府建设的决定》，区政府制定《浦东新区法治政府建设工作方案（2017—2020 年）》，以“把浦东打造成全国法治环境最好的区域之一”为目标，坚持普法宣传与依法治理双轮驱动，法治政府与法治社会一体推进，形成浦东法治政府建设

“一揽子”制度设计。

第一责任人责任机制保障法治政府建设行稳致远。2017年，浦东新区率先将法治建设责任制与基层党建工作责任制、党风廉政建设责任制、意识形态工作责任制“四个责任制”同部署、同推进、同督促、同考核，先后出台《浦东新区推行党政主要负责人法治建设责任制的规定》和《关于浦东新区落实法治建设责任制的实施意见》，明确并细化党政主要负责人推进法治建设第一责任人的职责，建立党政主要负责人履行推进法治建设第一责任人职责年度述职制度。把法治建设成效纳入绩效考核指标体系，“四责协同”强化履职监督，明责、履责、尽责、追责环环相扣。通过完善和落实法治建设责任制，紧密对接法治浦东建设的内在需求，提升全区法治政府建设水平。

依法决策程序保障政府治理平稳有效。2017年，浦东新区在全市率先开展重大行政决策程序试点，出台《浦东新区关于贯彻落实〈上海市重大行政决策程序暂行规定〉实施意见（试行）》以及公众参与、专家论证、风险评估、合法性审查、集体讨论决定5个程序规定，制定目录管理办法，4年来已公布35个重大行政决策事项，初步形成了“1+5+1”重大行政决策制度体系。

二、承担重大改革任务，浦东“证照分离”试点在法治轨道上积极探索改革新样本

为解决“先照后证”施行后市场主体办证难这一改革难题，按照中央“重大改革于法有据”要求，浦东新区“证照分离”改革试点坚持在法治轨道上推进，处理好改革与法治的关系，厘清政府与市场关系，通过采取改革审批方式和加强综合监管，进一步完善市场准入规则，使企业办证更加便捷高效。

运用法治思维梳理行政审批事项。2015年、2018年先后开展并完成两轮“证照分离”改革试点的116项和47项行政许可事项，主要按照商务、商事、食品药品、医疗卫生、文广影视等领域分类，注重易操作、可管理。在之后的第三轮改革中，浦东自我加压，不断创新改革操作路径，拓展依据梳理维度，创造性地探索按照审批事项设定依据和审批依据的法律层级，对“116+47”项以外共计350项企业市场准入审批事项进行全面梳理。

运用综改授权拓展行政审批改革新路径。以往遇到需要调整实施法律、行政法规、地方性法规或者市政府规章的行政审批事项,只能通过正式程序提请上级部门修改法律或者暂时调整法律实施,程序多、耗时长,影响改革效率。2018 年,上海市希望浦东新区用半年时间基本完成深化“证照分离”试点工作。但涉及自主改“36 项”审批事项中的“旅游线路经营权许可”“工业化豆芽生产企业备案”2 项行政审批无法通过上述方式在上半年完成实施。为此,浦东果断决策,积极与市人大法制委、市政府法制办、市审改办以及区有关部门沟通论证,于 2018 年 5 月分别由区人大常委会和区政府根据国务院和市人大常委会有关综合配套改革试点授权,作出了在本区域暂时停止实施该 2 项行政审批的决定。此次浦东运用综改授权大胆探索,对地方性法规等上位依据作出变通规定,拓展了浦东行政审批改革的新路径,迈出了“自主改”的一大步。

浦东新区“证照分离”改革,不仅有效降低了企业制度性交易成本,优化了营商环境,更加激发了市场活力和社会创造力,真正破解了企业“准入不准营”难题,初步形成了以“企业导向、系统集成、法治引领、信用支撑”为特征的“放管服”改革新样本。

三、在法治下推进改革、在改革中完善法治,打造改革升级版,简政放权改革成效明显

在总结前期改革经验成果基础上,浦东新区攻坚克难,勇闯改革深水区,重点推进“一业一证”等改革试点。

立法保障“一业一证”改革于法有据。“告知承诺”改革试点涉及行政审批流程再造和监管机制创新,尚无直接法律依据来支撑这些制度创新。2018 年 4 月,浦东新区政府向市政府提出立法建议并配合立法,出台《上海市行政审批告知承诺管理办法》,该立法成果成为全国第一个规范告知承诺制度的创新性地方政府立法。2019 年,浦东新区又多次邀请实务界和理论界专家,对“一业一证”改革所涉综合许可证的性质、单项许可证的变更、行政审批局的定位等核心问题进行探讨,其中将一个行业多张单项行政许可证整合为一张综合许

可证，成为改革的一大亮点。为了做到“改革于法有据”，2019 年 7 月，浦东新区人大常委会出台《关于进一步优化营商环境探索“一业一证”改革的决定》，为“一业一证”改革提供法治保障。2020 年 11 月，国务院常务会议审议通过浦东“一业一证”改革方案，将浦东自主改革上升为国家级改革试点，进一步强化了系统集成、提升了改革受益面。随后，上海市政府常务会议审议通过《上海市浦东新区“一业一证”改革试点实施方案》，为浦东打造改革“升级版”、优化营商环境注入了新动力。

“六个双综合监管”护航政府职能转变。法定职责必须为、法无授权不可为。近年来，随着事前审批的减少简化，浦东持续简政放权把方便留给企业，把事中事后监管的挑战留给政府，政府部门的工作理念也从过去的以管理为主转向以服务为主，以日常监督检查和查处违法行为为主的事中事后监管成为工作重点。为此，浦东新区出台《“六个双”政府综合监管实施办法（暂行）》，进一步明确了“双告知、双反馈、双跟踪、双随机、双评估、双公示”的“六个双”工作的遵循原则、适用范围、责任分工，实现面上全域覆盖、点上全链打通，以信息共享重构监管闭环，实现以更好的“管”保障更活的“放”。

2020 年 9 月，浦东发布全国首部地方法治化营商环境白皮书，系统阐述了浦东推进法治化营商环境建设的机制和路径，全面总结了 2013 年以来浦东推进法治化营商环境建设的经验和做法，充分展示了“证照分离”“一业一证”“六个双综合监管”等浦东新区和上海自贸试验区先行先试的制度成果，标志着浦东向更高层次市场化、法治化、国际化营商环境迈出了重要一步。

案例链接

浦东新区“一业一证”改革试点，变“多证”为“一证”，并由行政审批局统一发证和落款，大大凸显改革显示度和企业获得感。在浦东，开一家便利店从过去需要 95 天，办 5 张证，变为现在只要一张综合许可证，审批时间缩短至 5 天。改革后，各类纳税主体数量迅速增加。2018 年，浦东新区生产总值突破 1 万亿元。截至 2020 年 4 月，“一业一证”改革已覆盖 43 个行业，平均每个行业审批事项压减 76%，审批时限压减 88%，申请材料压减 67%，填表要素压减 60%。2020 年 11

月,国务院常务会议审议通过并正式印发《国务院关于上海市浦东新区开展“一业一证”改革试点大幅降低行业准入成本总体方案的批复》,此项改革正式上升为国家级改革试点。当前,浦东正在重点围绕31个试点行业落地,进一步明确推进国家级和市级事权下放、升级网上申办系统、建立行业综合许可和监管制度、深化告知承诺改革、探索智能审批的工作机制、改革任务、责任单位、时间节点等具体要求。

四、法治引领、科技支撑,以科技赋能法治政府建设,以卓越治理提升人民群众幸福感

一流城市要有一流治理,要注重在科学化、精细化、智能化上下功夫,以法治思维为引领,以科技手段赋能城市运行,正成为浦东迈向卓越城市治理的新思路、新方向。

加快构建风险防范化解体系。浦东新区城市运行综合管理中心(“城市大脑”)共接入109个单位,城市运维、城市环境、城市交通等都接入了智能管理体系。对涉及多个监管部门的行业,明确由一个部门履行综合监管牵头和风险防范兜底职责,统筹建立职责明确、分工协作的行业综合监管制度,努力实现风险防范无死角覆盖、牵头部门无边界兜底、协同部门无缝隙衔接,加快形成市场主体自律、业界自治、社会监督和政府监管“四位一体”的监管格局。开展全区民事经济领域合同重大法律风险排查,共梳理核查181,818份民事经济合同(案件),重点核查42,557份,建立健全合同管理办法等经济领域法律风险防范长效机制。

加快转变监管方式。以动态、风险、信用和分类“四个监管”为特征再造监管流程,建设智能监管平台,实现主动发现、智能预警、自动派单、闭环管理,探索建立以效能评价为动力、以制度创新为核心的场景迭代机制,以制度创新赋能治理成效。

政府服务精准便民。浦东新区创新政务服务模式,聚焦更高效、更便捷、更精准,在深化“单窗通办”服务能级基础上,实现政务服务“一网通办”从“能办”向“好办”转变,不断提升企业群众办事体验度。新冠疫情期间推出“远程

核”“信用审”，法人即使不到现场，也可采用远程视频识别方式办理新设企业营业执照手续。人民城市人民建，人民城市为人民，浦东新区还分别建立“1 + 7 + 300”企业办事服务体系（1 个区级企业服务中心、7 个开发区分中心和 300 个银行网点），以及“36 + 30 + 1293”民生服务体系（36 个街镇社区事务受理中心、30 个分中心和 1293 个村、居委家门口服务站），真正做到“把企业、民生服务放到离市场、百姓最近的地方”。

“吃改革饭、走开放路、打创新牌”，是浦东新区开发开放的本质特征，“大胆试、大胆闯、勇当标杆、敢为闯将”是上海市委对浦东新区改革开放再出发实现新时代高质量发展的总体要求。浦东新区将在探索中日臻完善，在实践中铿锵前行，努力夯实法治政府建设基础，营造更优法治化营商环境，打造提升政府治理能力先行区，为浦东新区改革开放再出发保驾护航。

撰稿人：李宝令　黄爱武　李小玲

江 苏 省

苏州市

擦亮营商环境的“法治名片”

作为全国法治政府建设先行起步地区，苏州市以习近平新时代中国特色社会主义思想为指导，致力于以法治政府建设引领带动全面依法治市，以高质量的法治环境助推高质量发展。2020 年 6 月，苏州市发布了《苏州市法治政府建设状况报告(2014—2019 年)》，从七个方面真实展现法治政府建设成效，有效提升了法治政府建设社会影响力。

一、以统筹协调为抓手，全面加强党对法治政府建设领导

始终将党的领导作为全面推进依法行政、加快建设法治政府的最根本保证，坚持依法治市、依法执政、依法行政共同推进，把党的领导贯彻到法治政府建设各方面。在苏州市委、市政府领导下，进一步加强对法治政府建设系统谋划，先后出台《中共苏州市委全面推进法治苏州建设的实施意见》《苏州市法治政府建设 2016 ~ 2020 年规划》《苏州市法治政府建设指标体系(修订)》。自 2014 年以来，全面落实党政主要负责人履行推进法治建设第一责任人职责规定，市政府每年通过组织召开法治政府建设工作会议、召开建设法治政府工作领导小组专题会议、制定年度工作要点、印发考核评价标准等形式，加大对法治政府建设的组织部署。同时，始终坚持法治城市、法治政府与法治社会一体建设，推进法治型党组织建设，研究制定《苏州市法治型党组织建设三年行动

计划(2017—2019年)》,着力提升党员干部法治思维、党内政治生活质量、党规党纪执行水准、依法决策办事能力、党内监督工作成效、法治引领保障水平6个方面工作能力。

二、以人民为中心,推动政府依法履行职能

树立群众导向,根据法律规定为政府服务明确事项、划定权限,不断创新政务服务举措。苏州市持续深化行政审批制度改革,坚持"能放尽放、稳妥下放",大力削减审批事项。2017年,在省内率先出台"不见面审批"清单,探索综合审批改革,成立行政审批局,实行"一枚印章管审批"。2018年,建立行政权力清单动态管理机制,实现清单与法律依据同步调整,并通过推行"网上办、集中批、联合审、区域评、代办制、不见面"等改革,不断提高审批效率。深入推进"证照分离"试点,着力解决群众反映强烈的"准入不准营"问题,"放管服"改革取得突出成效,苏州市被国务院列为"深化商事制度改革成效显著、落实事中事后监管等相关政策措施社会反映好"的地区之一。注重提升"互联网+政务服务"建设水平,加快推进部门系统对接工作,实现各级政务服务大厅全面接入信用信息共享平台。不断加大"不见面审批(服务)"推进力度,配套开发"不见面"审批系统。注重公开透明,大力推进政务公开,完善市政府网站管理,强化政策解读说明,扩大全过程、全要素政府信息主动公开范围;改进政务服务短板弱项,在全市开展"对标找差·再攀新高"专项工作,市级机关各部门主要负责人在服务窗口部门体验办事流程,逐项整改短板。

为了不断提升群众获得感,苏州以"用户思维、客户体验"为努力方向,紧紧围绕打造"苏州最舒心"营商环境,推动法治成为营商环境最硬内核。率先在全国编制《苏州市法治化营商环境建设指标体系》,以市场主体和社会公众满意度为导向开展法治化营商环境评估,发挥法治评价引领督促作用。苏州市政府还召开全市法治政府建设暨强化营商环境法治保障工作会议,进一步明确全市构建法治化营商环境的具体目标任务。

三、以制度建设为基石,实现高质量行政立法

以良法促善治是实现国家治理体系和治理能力现代化的必由之路。苏州

市以好用管用为导向,健全完善立法体制机制,全面加强党对行政立法审查工作的具体领导,建立行政立法审查委员会制度,着力提高立法质量和效率。推进科学民主依法立法,构建以立法前评估、立法中协商、立法后评估三大机制为支柱的行政立法"三步走"体系,出台《苏州市人民政府立法前评估办法》,以政府规章形式确立立法前评估制度,加强立法论证和成本效益分析,将立法质量关口前移。推进立法公开,率先建立政府立法协商制度,确定基层立法联系点,把立法过程变为普法过程,凝聚社会共识。加大立法后评估力度,每年召开立法后评估推进会、论证会,将评估意见作为导向,改进立法质量,实现立法过程评估全覆盖。

聚焦事关民生和群众普遍关切的重要议题,紧紧围绕名城保护、民生保障等重点领域抓好立法协调和组织实施。近年来,苏州市政府提请市人大常委会制定《苏州国家历史文化名城保护条例》等 14 部地方性法规,制定《苏州市地下管线管理办法》等 25 件政府规章,出台《苏州市户籍准入管理办法》等 41 件规范性文件。同时,严格规范性文件管理,建立规范性文件制定主体公示制度,明确市本级 64 个制定主体资格。创新合法性审查方式,组织开展规范性文件专家公开点评活动,着力提高备案文件实质性审查水平;实行规范性文件实施情况周年通报制度,检视规范性文件制定质量和实施效果;印发《市政府法律事务工作规则》,建立常务会议涉法议题合法性前置审核机制。认真落实"放管服"改革要求,持续推进改革所涉规章、规范性文件清理修改工作。

四、严格法定程序,推动科学民主依法决策

依法决策是法治政府建设水平、政府职能全面正确履行的体现。苏州市积极健全重大行政决策程序,凡重大行政决策都需经过公众参与、专家论证、风险评估、合法性审查、集体讨论决定等法定程序。在全国率先探索决策目录化管理和网上运行,依托门户网站探索决策预公开和动态管理。持续开展决策标准化、体系化试点,在省内率先出台重大行政决策目录管理办法和决策程序规定实施细则,印发网上运行系统建设指导规范,出台决策档案管理制度,通过汇编典型案例发挥示范引领效果。同时,政府法律顾问制度有效实施,到

2018 年年底，苏州市县政府法律顾问聘请率达 100%，实现了全覆盖。

五、以标准化为目标，严格规范公正文明执法

群众对法治政府建设的获得感和满意度源于每一个具体的行政执法行为。苏州市不断深化行政执法体制改革，整合执法职能和资源，归并执法队伍，推动重心下移、资源下沉。在全国率先探索镇域相对集中行政处罚权改革，积极探索市场监管、生态环境保护、交通运输、城市管理、文化广电旅游、农业等跨部门、跨行业综合执法改革，在省内率先探索县域综合执法体制改革。不断改进行政执法程序，修订《苏州市行政执法公示办法》《苏州市行政执法全过程记录办法》《苏州市重大行政执法决定法制审核办法》，细化行政执法“三项制度”具体要求，行政执法“三项制度”实现全覆盖。大力推进行政执法规范化建设，加强执法人员培训管理，落实行政执法责任制度。

面对疫情防控和保障营商环境需要，苏州市探索实施包容审慎监管，梳理制定全省首份市级跨领域“免罚轻罚”清单，深入推进行政执法责任制，健全完善执法裁量基准，在全市推广行政指导和“说理式”执法工作。严格落实行政执法计划制度，强化重点领域执法监督活动，突出强化行政执法案卷评查，着力提升执法案卷制作水平。健全公众参与机制，组建苏州市行政执法监督工作“专家库”，参与行政执法监督检查、案卷评查、争议协调和宣传培训等工作。在全省率先开发“行政执法便民通”手机客户端，推进行政执法“指尖上的公正”。探索“区块链＋公证”在行政执法全过程记录中的应用，实现全程实时留痕和可回溯管理，规范行政执法行为，维护行政相对人的合法权益。

案例链接

2020 年 8 月，苏州市吴江区市场监管局七都分局的执法人员来到患有残疾的当事人小蒋家中，将不予行政处罚决定书当场送达给他，并为他带去了《广告法》《食品安全法》等学习资料。小蒋开网店创业，因在普通食品标题中错误使用“低脂”一词，以及在另一款普通食品中宣传“益脾健胃”等涉及医疗用语，被消费者举报。案件发生后，小蒋第一时间对违法行为进行改正，为投

诉人办理了退货,并积极配合调查。最终,吴江区市场监管局依法对小蒋作出不予行政处罚的决定。

2020 年,苏州市各级行政执法机关共办理涉企轻微违法行为不予行政处罚案件 21,141 件,涉及金额 5.04 亿元;涉企一般违法行为从轻处罚案件 2405 件,涉及金额 1.21 亿元;涉企一般违法行为减轻处罚案件 874 件,涉及金额 2.14 亿元,让企业真正感受到"有温度的执法"。

六、畅通多元渠道,依法有效化解社会矛盾纠纷

苏州市积极探索社会矛盾纠纷多元化解路径,强化行政纠纷化解与纠纷预防衔接,建立健全行政复议立案审查、情况通报和责任追究制度,完善告知告示程序,全面推行"说理式"复议文书,在全省率先推行复议决定书网上公开。开展复议诉讼案例评析研讨,积极推动行政机关负责人参加重大复议案件审理、出席听证会,规范行政机关负责人行政诉讼出庭应诉工作。成立社会矛盾纠纷分析研判工作领导小组,促进人民调解、行政调解制度衔接,引导行业协会商会等组织调解各类涉企纠纷。倪永祥调解工作室获首批"江苏省金牌个人调解工作室"称号。积极推进非诉讼纠纷解决机制建设,苏州市委市政府两办召开全市非诉讼纠纷解决机制建设现场部署会,市司法局指导各地成立非诉讼服务中心,为基层社会治理营造和谐氛围。

为了凸显法治建设一体推进成效,苏州还强化法治政府、法治社会建设机制衔接。聚焦群众普遍关注的法律服务资源分布不平衡不充分难题,在全国率先推进公共法律服务均等化建设,加快公共法律服务供给侧结构性改革,通过购买社会服务形式,将法律服务下沉到基层,通过开展"法润江苏 · 春风行动""法企同行"等法治惠民行动,推动公共法律服务进园区、进社区,走进千家万户。2018 年 7 月,全国公共法律服务现场推进会在太仓召开,司法部向全国推广苏州经验。建成宪法宣传教育馆并上线运行网上宪法馆,在基层充分整合政府部门和社会组织力量全面推行法治网格化,政府法律顾问、村居法律顾问实现全面覆盖,积极推行法治乡村建设,充分运用行政指导、行政给付等柔性治理措施,引导各类社会主体办事依法、遇事找法、解决问题用法、化解矛盾

靠法。

千古风流在担当,法润苏城春风扬。面向未来,苏州将在习近平法治思想指引下,以深化政府职能转变为主攻点,以提高群众获得感为突破口,坚持把法治打造成为营商环境最硬内核。让政府工作在法治轨道上高质量运转,推进市域治理体系和治理能力现代化,为构建新发展格局、实现高质量发展提供坚强法治保障。

撰稿人:沙　一

浙 江 省

宁波市

当好法治政府建设“重要窗口”模范生

近年来，宁波市以“五个坚持”主动担当作为，高标准推进法治政府建设：坚持立法先行，完善法规制度体系；坚持依法行政，推进行政决策科学高效；坚持严格规范，确保公正文明执法；坚持简政放权，着力优化营商环境；坚持为民宗旨，高效化解矛盾纠纷。

一、立法先行，法规制度更加完善

多年来，宁波注重民生呼吁热点、聚焦城市治理难点，强化重点领域立法，在全省率先制定《宁波市文明行为促进条例》《宁波市生活垃圾分类管理条例》《宁波市养犬管理条例》《宁波市非机动车管理条例》等一系列地方性法规，为城市发展提供制度支撑。在全国率先出台调处医患纠纷的地方性法规《宁波市医疗纠纷预防与处置条例》，被誉为“宁波解法”。

不断推进民主立法，扩大公众参与度。2014 年启动实行立法联系点和立法志愿者制度：确定首批立法联系点 52 家，由各区县（市）基层行政机关、乡镇（街道）、村（社区）、行业协会、高校、律师事务所等单位构成；立法志愿者 120 名，由政府机关工作人员、高校师生、律师和其他社会热心人士等组成。2019 年，又确定了第二批立法联系点和立法志愿者：新增 11 家立法联系点，主要为民营企业；面向社会公开选聘立法志愿者 30 名。

同时,创新立法机制,建立起市人大常委会副主任和政府副市长共同担任组长的立法起草“双组长”制。实施立法起草“双组长”制能够强化工作协调沟通,聚焦立法核心条款,扩大开门立法,聘请立法专家全过程参与,有效解决了立法草案的“痛点”问题,有力保障立法进程高质高效推进。

二、简政放权,营商环境更加优化

自 1999 年至今,宁波市坚持把简政放权、提高行政审批效率作为提升公共服务、优化发展环境的重要突破口来抓,以政府权力的“减法”换取市场和民间活力的“加法”。2014 年,市级政府部门权力清单精简 59.45%,市级行政审批事项在窗口受理的事项比例达 99.1%,办理的事项比例达 93.38%。

2016 年浙江省首次公开提出“最多跑一次”改革。宁波市以“最多跑一次”改革为牵引,凝心聚力助推打造审批事项最少、办事效率最高、政务环境最优、群众和企业获得感最强的城市。全面实施“10 + N”优化营商环境便利化行动,涵盖企业开办、企业注销、不动产登记“一件事”等 10 项主要政策和 N 项配套政策措施,努力为企业提供跑腿更少、成本更小、速度更快、成效更好的服务;推行“一窗受理、集成服务”,41 件个人和企业全生命周期事项实现“一件事”全流程办理,所有依申请政务服务事项网上可办,197 个民生事项“一证通办”,市级依申请办事事项从 2017 年 38%“最多跑一次”,提升到 2019 年 98.97%,接近“跑零次”;工程建设项目审批“最多 90 天”,企业开办实现一日办结;作为全省唯一推进企业注销便利化市级试点,实现企业普通注销提速 47%、材料简化 75%,企业注销便利化改革全国领先。2018 年以来,宁波市又创新推动“证照电子化”,全力打造“无证件办事之城”。根据 2018 年国务院审改办的评估报告,宁波市项目审批效率列 34 个参评城市首位。2019 年,宁波市“最多跑一次”改革实现率、满意率分别达到 95% 和 97.8%,均居浙江省首位;网上政务服务、营商环境企业家满意度均居全国城市第三位。

在强力推进改革的同时,宁波市大力推进法律顾问制度建设,把深化“最多跑一次”改革纳入法治轨道,不断提高法治政府建设的公信力和执行力。宁波市法律顾问制度领跑全国。2011 年,宁波市率先在乡镇(街道)建立常年法律顾问制度。2014 年,法律顾问制度已覆盖全市各级政府和村(社区)。全市各级政府大力发挥政府法律顾问作用,通过实施法律顾问制度在政府决策中引入专业法治力量,把合法性审查作为制定政策、出台文件、推进工作的前置程序,保证各项改革方案的出台、措施的跟进、程序的履行、内容的制定必须合法合规,确保改革于法有据,确保各项工作在法治轨道上运行。

三、严格规范,行政执法更加公正

对标对表“重要窗口”模范生,宁波市不断提高行政执法水平。2020 年,集中开展推动行政争议发案量和败诉率“双下降”专项行动,部署实施行政争议发案量和败诉率月通报制度,开展行政执法规范化提升年活动等。全市全年行政争议发案总量同比下降 19.41%,行政诉讼案件败诉率同比下降 55.30%,有力提升群众对法治政府建设的满意度。

为加快建立“权责统一、权威高效的行政执法体制”,宁波市以综合行政执法改革为契机,着力以法治思维进行决策,用法治方式落实工作,推进行政执法标准化、规范化、数字化建设,当好“重要窗口”法治建设“排头兵”。综合行政执法实现网上办案系统“一案一审”,全程审核立案、处罚告知、处罚决定、结案四个主要环节,未经法制审核或审核不通过案件不得作出决定。同时,在既有制度基础上,出台《综合行政执法公示办法》《行政执法全过程记录工作办法》,通过在浙江政务服务网公开行政许可、行政处罚、行政强制、双随机检查事项,基层中队设置政务公开栏公示执法人员和执法辅助人员情况、管辖区域、工作职责,2943 台执法记录仪以及 83 个采集工作站投入使用,实现执法全程留痕、可追溯。

行政执法的各项制度还在实践中不断加以创新。如宁波市创新开展“非接触性”执法,工作经验得到住房和城乡建设部肯定并在全国推广;打造房屋“阳光征收”品牌,被国家部委列为全国国有土地上房屋征收补偿信息公开唯一的试点城市;深化重大行政执法决定法制审核国家试点工作;江北区创新推行行政执法“清单式”服务机制;慈溪税务局成为全国税务系统推行行政执法“三项制度”唯一县级试点单位,经验得到国家税务总局肯定并在全国推广;等等。

案例链接

“非接触性”执法是指执法人员利用信息技术手段对当事人的违法事实、现场情况进行收集和记录，并形成特定的影像数据资料，以此为证据，经调查、审核、告知、执行程序后，对违法当事人依法给予处罚的执法方式。2018 年 5 月 30 日，住房和城乡建设部在宁波召开“非接触性”执法现场会。“非接触性”执法要求：第一，推进执法行为规范化。坚持依法行政，从建章立制入手，修订完善了法律适用、自由裁量权实施、证据收集审查、案卷评查、队容风纪、督查考核等制度，切实提高执法办案社会公信力。第二，推进执法手段信息化。坚持科技先导，依托智慧城管平台，充分利用视频监控资源，及时发现违法线索，截取事实证据，加强信息技术在执法办案中的实战运用，实现执法办案与信息技术高效衔接。第三，推进执法取证程序化。坚持实事求是，以证据适用为重点，转变执法方式，提高“非接触性”执法办案透明度、严肃性，实现现场执法与“非接触性”执法相辅相成。第四，推进执法保障联动化。“非接触性”执法，需加强相关部门的协作配合和支持保障。

四、公开透明，权力运行更加阳光

“法治督察员来了！”这是在宁波电视台三套黄金时间段播出的法治督察专题节目。在节目中，来自各行各业的法治督察员不仅为观众解读购买新房时诸如缴纳定金和签订购房合同等问题，还会就立足职能加强监管向相关部门提出意见和建议。

2019 年 8 月，宁波市组建了千人法治督察员队伍。法治督察员们在参与各种专项督察、考核评价、日常监督等工作时，通过明察暗访、直接反馈、集中研讨、指令整改等方式，对法治宁波、法治政府和法治社会建设工作进行监督。日常监督与依法行政巡视巡察工作形成配合，并结合常态化的电视、电台法治督察栏目，形成全方位的法治政府建设责任督察体系。

权力在阳光下运行，公开透明才能聚人心。制定《关于全面推进政务公开工作的实施意见》等一系列文件，确保政务依法公开、及时公开。同时还制定宁波市政府信息依申请公开办理规定、公开办理流程图，对符合法定条件要求的依申请公开政府信息100%答复。

在市政府门户网站开设政府信息公开平台,经过先后三次升级改造,全面打通政府与群众互联互通的桥梁。截至2021年8月,宁波市数据开放平台已开放31个市级部门、10个县(市、区)共605个数据集(含617个API接口),8076项数据项, 256,937,182条数据。据统计,2019年,全市政府信息公开量达56.1万条,与10年前相比增加了10倍。根据《中国政府透明度指数报告(2019)》,宁波在全国49个较大城市中排名第六位。

五、以人为本,矛盾化解更加有效

完善行政争议化解机制。2019年6月,宁波市、县两级行政复议局全面运行,实现一级政府行政复议工作"一个口子对外",畅通"线上+线下"复议渠道,在全国率先研发行政复议信息管理系统。同时,加强行政与司法的良性互动,市中级人民法院、市人民检察院、市司法局联合出台《关于在行政案件中共同推进行政争议实质性化解的工作意见》,共同建立参与化解机制、实质性化解协作机制、滥诉信息互通机制、疑难复杂问题会商机制等工作机制,形成行政争议三方化解新格局,共同做好疑难复杂案件的协调化解。

发挥人民调解作为维护社会稳定"第一道防线"的作用。2015年,浙江省人大常委会批准《宁波市人民调解条例》,宁波市成为在《人民调解法》实施后,全国第二个、全省第一个以地方性法规形式规范和发展人民调解工作的地级市。宁波市不断完善人民调解网络,全市共建各级人民调解委员会3762个,建成鄞州"老潘工作室"等品牌调解工作室85个,实现村(居)人民调解全覆盖。在巩固传统人民调解工作的基础上,宁波市大力推进行业性专业性调解组织建设,截至2021年8月,已建成行业性、专业性人民调解组织125个,使"宁波解法"在化解医疗纠纷、交通事故纠纷、劳动争议纠纷中不断创新。

发挥公共法律服务的平台载体作用。早在2011年,就通过打造"一站式"窗口服务的形式为群众提供专业、便民、无偿的法律服务。当年,全市11个县(市、区)均建成"一站式"法律服务中心。近年来,宁波市大力推进公共法律服务产品体系、服务平台体系、服务标准体系建设。在县(市、区)层面,以司法行政法律服务中心为依托,提供综合性、"一站式"服务。在乡镇(街道)层面,设立专门服务窗口,落实定期值班制度。在村(社区)层面,设置公共法律服务公告栏。同时,在全省率先开发“掌上法律顾问”智能手机 App,创新推进“公证E通”等,不断完善覆盖全业务、全时空的法律服务网络。

发挥普法在依法治理中的固本强基作用。在全国副省级城市中率先出台《法制宣传教育条例》,落实“谁执法谁普法”普法责任制,巩固大普法工作格局。健全社会普法工作机制,出台《关于加强宁波市法治宣传志愿服务工作的实施意见》《加强法治文艺工作意见》,持续开展宁波市“十大法治人物”选树、“十佳以案释法”案例评选活动;在全省率先实现宪法主题公园在区县(市)全覆盖,并在央视专题片《将改革进行到底》中播出。此外,积极提升基层治理法治化水平,在全省率先出台“三治融合”村(社区)建设指导、考评标准。

宁波是全国民主法治示范村创建的先行地,也是全国法治政府建设示范市,从建设法治乡村到建设法治政府,宁波正在不断推进建设全民参与、人人守法、事事依法的法治城市,努力展示“重要窗口”模范生的政治担当和法治风采!

撰稿人:励　健　冯群敏　黄皓禹

浙 江 省

湖州市

让法治春风吹遍绿水青山

湖州市委、市政府坚持将法治政府建设作为推动本地区经济社会发展的重要抓手,努力让法治成为湖州核心竞争力的重要标志。2018 年、2019 年湖州市连续两年在法治浙江、法治政府建设考评中名列全省第一,实现"平安十三连冠夺金鼎"、平安区县"满堂红",人民群众法治建设满意度连续多年居全省前列。

一、打造有限政府

作为"绿水青山就是金山银山"理念的诞生地,湖州市委、市政府主动把依法保护生态作为重大决策的"指南针",严格依法依规决策,打造依法用权、合理作为的有限政府。

坚持生态为先立法。自获得地方立法权以来,针对人民群众期盼和城乡发展需要,先后制定出台《湖州市生态文明先行示范区建设条例》《湖州市美丽乡村建设条例》《湖州市大气污染防治规定》等地方性法规 9 部,生态立法占 2/3,为提升市域治理的整体性、协同性,解决深层次矛盾和问题提供了法治保障。

坚持生态优先决策。出台《湖州市人民政府重大行政决策程序规定》《加强和推进重大行政决策目录化管理的实施意见》,明确提出:当项目与环境发生矛盾时,优先服从于环境;当开发与保护发生矛盾时,优先服从于保护。近年来,关停并转“低小散”企业16,000多家,否决500多个不符合环保要求的项目,全市建筑石料开采量削减七成以上,虽然“损失”几百亿元,但换来了绿水青山的良好环境,为做大“金山银山”奠定了坚实基础。

坚持生态领先考核。在全国地级市中率先建立了比较系统完整的生态文明建设评价指标体系,自2014年起,生态文明建设内容占县区党政干部实绩考核比重达30%以上,所辖县区根据乡镇主体功能定位实行差别化的考核评价。同时,生态环境保护也已经成为法治湖州的“标准地”,在全国率先推行“绿色GDP核算体系”,实施三级绿色生态考核和乡镇分类考核,探索领导干部自然资源资产离任审计制度,让生态保护成为刚性约束。

二、打造责任政府

湖州市始终坚持“有权必有责、有责必担当、失责必追究”的原则,把建设责任政府作为法治政府建设的“硬核支撑”。

“三管齐下”规范行政执法。一是创新方式执法。深化行政执法体制改革,组建5大领域综合执法队伍,推进基层“一支队伍管执法”改革试点,推进“综合查一次”联合执法检查,建立“市级随机抽查+区县联合执法监管+乡镇(街道)联合日常巡查”的“三级联动”模式,探索“乡镇吹哨、部门报到”的联合执法检查机制。二是完善制度执法。出台《湖州市行政执法与刑事司法衔接机制实施办法》,杜绝有案不接、该受不受、选择执法等现象。三是借助外力执法。2019年,在市直部门、区县法律顾问全覆盖的基础上,推进全市74个乡镇(街道)1185个行政村实现法律顾问全覆盖,参与办理各类行政案件618件。

“两头给力”强化“监管+监督”。在“前台权力运行端”加强事中事后监管,积极推进“互联网+监管”,全面推广行政执法监管平台,全市5686项监管事项认领覆盖率91.75%、监管实施清单编制率100%、掌上执法率99.7%、信用规则应用率70.78%,实现执法监管方式智慧化变革。在“后台考核端”坚持真督实察导向,出台《湖州市行政执法专项监督办法》《湖州市行政诉讼案件败诉问责暂行办法》《湖州市健全落实容错纠错机制,进一步激励干部担当作为的实施办法(试行)》,健全行政执法责任追究和容错纠错机制。

“一个榜样”破解“告官难见官”。提升行政应诉的“引导力”,成为全省首个地级市市长出庭的地区,将“带头履行行政应诉职责”列入政府“第一责任人职责清单”,“一把手”出庭应诉已成常态,实现了从“出庭”到“出声”,再到“出彩”的积极转变。2019 年,行政机关负责人出庭应诉率达 100%。

三、打造服务型政府

法治是最好的营商环境。自 2018 年以来,湖州将政府服务市场、服务社会的职责提到前所未有的高度,着力构建“清”上加“亲”的政商关系。

推进“无证明”城市创建。坚持市县联动全域推进、法无规定一律取消原则,全面清理各类证明事项,在全省率先实行遗失声明网络公示,创建“补办申请 + 书面承诺 + 网络公告 + 一站办结”机制,开发应用证明材料远程协查平台,公布四批取消证明材料清单,梳理证明材料 2583 项,取消 2526 项,占比达 97.79%。开展证明事项告知承诺制国家试点,梳理告知承诺正面清单 1824 项(含承诺替代 325 项),实施办理 59,188 件,典型案例 187 件。

推进法治化营商环境建设。深入推进法治化营商环境试点和“证照分离”改革全覆盖试点,编制发布《湖州市法治化营商环境评价指标体系》,实施“一件事”联办,全市政务服务事项“网上办”“掌上办”实现率均为 100%,“跑零次”“立即办”“承诺压缩比”实现率分别为 99.77%、80.99%、93.29%,15 分钟内办结的常办事项达 715 项,营商环境便利化指数位列全省第二,长三角政务服务“一网通办”窗口实现全覆盖。在全省率先运行市级公共信用信息平台,首创以信息查询为指引、加强红黑名单认定、落实联合奖惩措施的“三位一体”奖惩体系,覆盖税务、劳动用工等 20 个领域 4200 多个事项。

推进政府数字化转型。深化“掌上办事”“掌上办公”,强化全市“政务通”协同平台统筹,形成智慧健康“医后付”“影像云”,公安窗口“刷脸办”,停车出场“无感付”等 100 个以数字化赋能治理现代化的典型应用场景。整合接入全市 20 多个部门 14.8 万路公共视频资源,支持违停抓拍、垃圾分类等 25 个业务场景高频点选调用。

四、打造阳光政府

执法公开聚民心。事前公开“晒权限”，全市各级行政执法机关统一在政务服务网、政府门户网站及时主动公开行政执法权限、依据、程序、救济渠道以及执法事项清单、随机抽查事项清单、行政执法人员清单、各类行政执法流程图等内容。事中公开“晒过程”，严格落实“亮证执法”制度，执法中出示执法证件、公示执法身份，主动告知当事人执法事由、执法依据、权利义务和救济渠道等内容。事后公开“晒结果”，行政许可、行政处罚等行政执法决定信息全部在政务服务网、政府门户网站和公共信用信息平台公布。

政务公开汇民意。行政许可等9类行政职权以及规划、政策、标准等行政职责一律网上公开，群众可以通过政务服务网、政府门户网站便捷查询。出台《湖州市政府部门权力清单管理实施办法》和《湖州市人民政府部门职责管理办法》，把办理时限、运行流程、监督方式等各类详细信息全部入库公开。全面梳理村级权力运行清单，创新民主恳谈听证、村民询问质询、村级非生产性开支村务卡结算等制度，推进阳光决策、阳光人事、阳光采购，最大限度压缩权力寻租、暗箱操作、自由裁量的空间。

热线公开解民忧。“12345政府阳光热线”开通“我要投诉、我要曝光、我要服务、我要评议、历史诉求、建议反馈”等九大模块，并在全省首创社情民意直通车效能指数，率先出台受理办理标准。健全第一时间回应民意诉求的工作机制，始终坚持受理、交派、回访、督办、督察五个“百分百”，做到一般的事不过夜、较难的事不过周、复杂的问题不过旬。

五、打造善治政府

制定法治乡村建设地方性标准。2017年，出台全国首部美丽乡村民主法治建设市级地方标准《美丽乡村民主法治建设规范》，为法治乡村量身定制6大类22项129个量化标准，让美丽乡村建设有标可依、有据可循。

总结推广新时代乡村治理“余村经验”。新时代乡村治理“余村经验”得到习近平总书记的肯定，获浙江省第五届公共管理创新十佳创新奖，相继在全国加强乡村治理体系建设工作会议、全国法治乡村建设工作会议上交流,并入选中央组织部编写的《贯彻落实习近平新时代中国特色社会主义思想、在改革发展稳定中攻坚克难案例》。

案例链接

湖州市安吉县天荒坪镇余村以习近平总书记"绿水青山就是金山银山"重要理念为指引,走出了一条民主法治、生态文明与美丽乡村建设互促共进的新路子,构建了"大事一起干、好坏大家判、事事有人管"和"村事民议、村事民治"的基层治理新模式,形成了"支部带村、发展强村、民主管村、依法治村、道德润村、生态美村、平安护村、清廉正村"的乡村治理"余村经验",实现了产业变强、村庄变美、村民变富、村风变好、治理变优,为加强和创新社会治理提供了可供借鉴的经验和路径选择。

*颁布法治乡村建设地方性法规。*遵循"问题引导立法、立法解决问题"的思路,针对基层执法能力不足、村规民约备而不审、农村房屋隐患较多、村道安全监管缺失、村民权益易受侵害等迫切需要解决的重点难点问题,制定出台关于法治乡村建设的地方性法规,对以法治手段保障和促进农村地区持续健康发展具有重要参考价值。

六、打造为民政府

*推动纠纷化解"跑一地"。*深化新时代"枫桥经验",推进区县一体化社会矛盾纠纷调处化解中心全覆盖,整合纪委、信访、公安、检察、法院、司法行政、劳动仲裁等部门职能,采取集中常驻、定期入驻、随叫随驻等形式,打造"一窗口受理+一站式办理"联调联处、"县中心终结+乡村分级处理"三级联动、"线上线下融合+全周期保障"精准服务模式,实现矛盾纠纷调处化解"最多跑一地"。

*做强行政复议"主渠道"。*推进行政复议体制改革,强化行政复议、信访、法院等部门联动,引导当事人自主选择行政复议解决争议。深入推进行政复

议规范化建设,健全行政复议工作机制,提高行政复议公信力,切实将行政复议建设成为化解行政争议的主渠道。2019 年行政复议直接纠错率达 18.4% ,高于省平均值 5.3 个百分点。经复议后的案件诉讼率为 16% ,败诉率为零。

建立行政争议化解“大机制”。在全国率先实现市、区县两级行政争议调解中心全覆盖,市人大常委会率先出台《关于推进行政争议实质性化解进一步加强社会治理的决定》,建立专业调解队伍配强、重大争议包案化解、特殊争议联合会诊等长效机制,强化行政复议调解,将更多行政争议化解在诉讼程序之外。

撰稿人:龚明珠　陈昌水　马润润

浙 江 省

桐庐县

用良法善治书写人民“向往的美好生活”

良法,民心所向;善治,民生所系。党的十八大以来,桐庐县深入贯彻落实习近平法治思想,将法治思维贯穿政府决策、行政执法、矛盾化解等各个领域,以法治方式营造一流营商环境,全力打造“县域法治首善之区”。2015 年至 2019 年,桐庐县连续五年被评为浙江省法治政府建设先进单位。

一、法治观念要在全社会形成,首先要在领导干部心中养成

建设法治政府,首先要增强领导干部这一“关键少数”群体的法治意识。如何让领导干部在认知、分析、处理问题时习惯性运用法治方式,正是桐庐县法治建设的着力点和突破口。

全面培育法治思维。制定《桐庐县党政主要负责人履行推进法治建设第一责任人职责实施办法》,把各项工作纳入法治化轨道。建立年度法治政府建设工作向人大报告制度,率先实现乡镇部门党委负责人述法、县乡两级政府法治建设情况向本级人大报告两个“全覆盖”。实施法治意识系统提升工程,全面推行县委常委会、政府常务会议、各级党委(党组)中心组学法和人大常委会任命领导干部法律考试等制度,特别是坚持在每一次政府常务会议会前开展 30 分钟学法活动,引导干部牢固树立法治理念,在法治的前提下想问题、作决策、办事情。

从2014年开始，桐庐县政府建立政府常务会议会前学法制度，结合时政和热点问题，围绕会议研究讨论的重点议题展开学法活动，树立起“依法决策”的理念。桐庐县还推出行政负责人讲法制度，按照“谁执法谁讲法”“要讲法先学法”的要求，县政府部门、乡镇（街道）行政“一把手”在县政府常务会上讲法。自2014年以来，累计学法86次，营造了良好的尊法、学法、讲法、守法的氛围。

努力营造法治氛围。实施新晋公务员、法治队伍、乡镇干部履职能力系统提升计划，坚持每年开展不少于40课时的法律知识更新系统轮训。建立全体公职人员宪法宣誓制度，建成杭州市首个大型户外宪法宣誓平台，组织“万人公开宣誓”活动。狠抓行政机关负责人出庭应诉，推行行政机关负责人旁听庭审制度，引导和督促领导干部带头尊法、学法、守法、用法。

案例链接

桐庐县桐君街道阆苑村委因对矿产资源补偿协议有关政策有误解，多次组织村民拦截车辆，扰乱某水泥公司正常的生产秩序。桐君街道虽多次协调，但该问题长期一直得不到解决。

2014年，阆苑村委以桐庐县政府为被告提起诉讼，桐庐县长亲自出庭，讲法理、讲道理、讲情理、讲村级营商环境建设，与村民进行了详细的沟通交流，解开了大家的心结。庭审结束后，该村干部当庭表示无论结果如何，都服从法院判决。持续5年的群访积案画上了圆满的句号，彻底地解决了村企矛盾。

桐庐县通过推进行政负责人出庭应诉，倡导出庭、出声、出效，促进行政争议高比例、实质性化解。自2014年起，该县坚持每年第一个行政诉讼案件由县长出庭应诉。在县长的示范带动下，县乡两级政府、县级部门行政负责人出庭应诉已实现制度化、常态化，行政负责人出庭应诉率连续4年达100%。

强化法治用人导向。完善干部考核评价机制，建立各级领导班子年度述职述法报告制度，述职和评议结果作为考核等次评定和干部调整的重要依据。加强队伍建设，优先提拔任用法治素养好、依法办事能力强的干部。2019年以来,提拔具有法律专业背景或法律工作经历的干部38名,占提拔任用人数的32.2%。率先探索容错免责事前备案审查和信访举报失实澄清正名制度,将容错免责从“事后补救”前移至“事前保护”。2019年以来,先后为10个项目进行事前备案,为30名干部澄清正名。

二、法治不是空洞的口号,是政府自律的行为准则

如何让法律真正落实到治理上?桐庐县在狠抓提升法治意识的同时,进一步强化顶层设计,以制度安排厚植厉行法治的“土壤”,让法治意识、法治思维真正贯穿到政府决策行权全过程。

合法性审查挺在前。近年来,桐庐县陆续建立起政府重大决策、规范性文件、行政合同、重大行政决定合法性审查制度,把县司法局作为政府发文流转必经环节,推动法律顾问列席政府常务会议制度化。推行“数字+决策”,建立县乡两级政府决策事项电子信息平台,重大决策调研论证、征求意见、合法性审查、集体决定全程网上运转,全程数字归档。2018年以来,县政府148项决策全过程网上运行,把住了程序关。出台《合法性审核标准化指导意见》,将合法性审查向乡镇街道、村社延伸,实现县乡村三级法律顾问全覆盖。

机制保障谋在前。在全省首创“企业家日”,滚动出台4批次关心关爱企业家、助企强企增活力的“春风十二条”政策。实施“快递回归”战略,召开“桐庐人大会”,创新推出“我们的早餐会”等系列“亲清”政商生态品牌,及时回应企业意见、解决企业问题。全面落实市场准入负面清单、公平竞争审查。全面推行行政执法“三项制度”,轻微违法“首违不罚”,推广柔性执法,减少执法扰企、扰民。

法治监督干在前。率先建立全面依法治县督察制度,探索党委巡察与法治督察有机结合,充分发挥督察和巡察“利剑”作用,倒逼落实法治建设主体责任。自2019年以来,实现对37个行政机关的督察全覆盖,发现并督促整改问题376个,“县域法治督察”项目被评为“全省县乡法治政府建设最佳实践”。率先开展行政执法监督规范化建设和行政执法评估评议省级试点工作,建立“行政执法监督平台”,实现执法检查、处罚、公开、备案全过程网上办理,全过程监督执法效能明显提升,行政争议明显减少,近3年全县行政诉讼案件均在

35 件以内，成为杭州地区行政诉讼最少的县（市、区）。

三、法治不仅要政府全面履职，更要推进整体智治

近年来，桐庐县以问题为导向，从老百姓的痛点、难点出发，充分运用法治思维推进服务型政府建设，以实实在在的改革成效增强老百姓幸福感、获得感。

审批服务跑一次。以打造“民营经济营商环境最优县”为目标深入推进“最多跑一次”改革，扎实开展审批服务“一件事”标准化建设，实现 93 个联办“一件事”标准化、2221 个事项办理“跑零次”，“出生一件事”办理仅需 1 小时，企业开办仅需 30 分钟，工业项目和一般产业项目从拿地到开工 42 天常态化。全面推行告知承诺制，开展减证便民，实施流程再造。取消证明事项 846 个，“一证通办”实现率达 100%。率先实现公共资源电子化交易全覆盖。建成县级知识产权保护中心，实现知识产权专利申报“一站受理、一网通办、一地咨询”，生动呈现“法治是最好的营商环境”的桐庐实践。

矛盾调处跑一地。2016 年，率先在全省开展行政复议体制改革，挂牌成立县行政复议局，实现“行政复议找一门”。群众不再需要纠结谁是行政复议机关，只需走进行政复议局的大门，就可获得“一站式”服务。在此基础上，建立县、乡两级社会矛盾纠纷调处中心，推行律师调解制度，首创行政机关负责人担任“首席调解员”机制。同时，进一步集中整合信访、复议、诉讼、劳动争议仲裁等职能，让百姓反映的事项无论涉及哪个领域、涉及多少个部门，都能实现“一站式接待、一揽子调处、一条龙服务”，实现矛盾纠纷投诉处理“最多跑一地”。

综合监管查一次。聚焦事中事后监管，全面推行“互联网 + 监管”，开展掌上执法全省首批试点，打破监管“信息孤岛”，实现跨部门的协同监管高效运行。目前，全县执法单位行政处罚一般程序“网上办”、简易程序“掌上办”均实现 100%。积极探索基层乡镇“一支队伍管执法”，着力破解基层“看得见、管不着”执法困局，被评为“全省法治政府建设最佳实践”。推进“条抓块统”全域大监管体系，成立全省首个行政执法指挥中心，积极探索重点时段、重点领域跨区域、跨领域“大综合一体化”执法，推动联合查一次、监管全覆盖。截至目前，共开展网络巡检 212 次，发现并整改行政执法不规范问题 31 个。

四、加强法治乡村建设,打通基层社会治理“最后一公里”

桐庐从县域法治建设最末梢入手,坚持“大抓基层”工作导向,树立“以乡带村、乡村一体”理念,出台法治乡村建设实施意见,将法治乡村、数字乡村、艺术乡村、创业乡村、文明乡村5个领域乡村建设作为打造美丽乡村3.0版的核心内容一体谋划、一体推进,全面夯实法治建设“最后一公里”,实现从法治到善治的跃升。

抓法治队伍建设。建立村社干部候选人任前测试、村干部任中培训、年终述法制度,增强村社负责人法治意识。实施农村“法律明白人”培养工程,重点培养优秀的村(社区)委会干部、居民区楼道长、村民小组长作为基层法治“领航人”。建强调委会专职调解员力量,通过村级换届选举将村书记选为调委会主任。加强法治力量配置和下沉,推进“法检联村、律师结村、协警驻村、部门援村”,力促村(社区)末梢微治理法治化。

大抓法律服务保障。依法并不只体现在政府决策审议等“大事情”上,同样体现在乡村治理“小事情”上。桐庐县严格落实乡、村两级合法性审核,建立以司法所为主、以公职律师为补充,吸收社会律师、专家参与的法律顾问制度,落实司法所列席镇街班子重大决策集体审议环节,把好基层法治关。加强村级“微制度”建设,依法审慎处理村民利益保护和集体利益平衡的关系,推进村规民约备案审查。推行法治指导员制度,对村民之间合同订立、纠纷处理等实施源头把控,最大限度保障村民社员权利。推进基层民主协商,探索出“楼下书记”“君山议事会”“爱莲堂议事”等基层民主协商制度,通过“村村树品牌、乡乡立标杆”,努力发挥法治固本夯基、保障乡村善治的基础作用。

抓法治宣传教育。建设宪法文化公园、“桐君”和文化法治广场等法治文化阵地,着力丰富乡村法治文化。发挥作为“中国快递之乡”的优势,在全省率先探索“快递+普法”新通道,促进全社会形成自觉尊法、学法、守法、用法的良好氛围。推进民主法治村(社区)、善治示范村等创建,将法治融入美丽乡村、美丽庭院。建立乡村普法需求清单,开设乡村法治课程,广泛开展《宪法》《民法典》等的普法行动。强化村社契约意识,把“签合同找律师”“有纠纷找调委会”“有疑难找司法所”的理念植入村民日常生活,让普法更鲜活、用法更接地气。

“道远且长,虽远必达;心之所向,行必能至。”桐庐县将凝心聚力、乘胜前进,奋力开创法治建设新篇章,努力在打造“县域法治首善之区”上展现亮丽风采,为全面建设美丽幸福的社会主义现代化示范县贡献法治力量。

撰稿人:晏　燕　孙　斌　黄燕娇

安徽省

天长市

健全法治保障　创新法治实践

唯改革者进，唯创新者强。党的十八大以来，天长市坚持以习近平新时代中国特色社会主义思想为指导，深入学习贯彻习近平法治思想，全面贯彻党中央、国务院关于法治政府建设各项决策部署，不断把法治政府建设向纵深推进。天长市承担县级公立医院综合改革、农村集体资产股份权能改革等 19 项“国字号”改革，在利益的调整与重构中，天长市政府解放思想、善作善为，坚持法治与改革相伴始终、相辅相成，走出一条具有天长特色的改革路径，取得积极成效。

一、以法治方式保障改革活力释放

积极发挥法治支撑作用，把法治要求贯穿改革全过程，做到“事前”有谋划、“事中”有研判、“事后”有保障。根据中央依法治国办《关于开展法治政府建设示范创建活动的意见》、《关于开展 2019 年法治政府建设示范创建活动的实施意见》和安徽省依法治省委员会《关于开展 2019 年全国法治政府建设示范创建活动的通知》等文件精神，天长市严格对标对表，结合本地实际，及时制定《天长市 2019 年全国法治政府建设示范创建活动方案》并广泛征求意见，认真梳理、细化和分解目标任务，明确时间表、路线图、任务书和责任清单，形成《天长市全国法治政府示范创建工作任务清单》，做到法治政府建设有部署、有分工、有落实。

在深化行政审批制度改革过程中，市政府印发了《天长市加快推进政务服务“最多跑一次”改革实施方案》，围绕“简”“快”“优”，推进网上办事大厅建设，实现“一张网，两个100%，两个全覆盖”，公布566项“最多跑一次”事项清单，颁发全国首份“便携式缩小版”电子营业执照，在“五证合一、一照一码”基础上，颁发全省首份“多证合一”营业执照，全市个体私营企业总数多年保持全省县级第一，实现了更多事项在网上办理“一次不用跑”，特定事项或环节在政务服务窗口“最多跑一次”。同时进一步规范政府权力运行，建立“三单联动”调整机制，动态调整政府权责清单、公共服务清单和行政权力中介服务清单，实现公共权力运行监管常态化。经清理审核，市直单位1648项行政权力及公共服务事项中的1584项事项得到规范，取消权力事项64项。积极推行“互联网+政务服务”模式，在市级部门的统筹指导下，政务服务中心完成政务服务实施清单编制公布工作，清单认领率达100%。建立“1+X”重大事项决策制度体系，为科学、民主、依法决策提供制度保障，严格执行“不合法性审查不决策”原则，定期开展决策实施评价。开展了“减证便民”整治申请材料多的专项行动，实施“八个一律取消”，颁布了取消政务服务事项申请材料清单，并按规定每年开展一次证明事项清理工作，有力保障行政审批制度改革顺利推进。

二、以法治理念引领改革破冰前行

深化改革，制度先行。2016年3月，天长市被确定为全国4个县级公立医院综合改革示范县（市）之一。天长市确立“改革推进到哪个阶段，法治就跟进到哪个阶段”工作思路，先后出台一系列针对性强的制度性文件，为医改工作推进搭桥铺路。制定《天长市深化医药卫生体制综合改革实施方案》，成立医改委，加强统一决策，形成有效管理体制；出台《关于进一步完善县级医院管理体制的实施意见》，实行党委领导下的院长负责制；优化财政投入机制，印发《天长市医疗卫生机构政府投入暂行办法》《天长市公立医院运行补偿管理实施细则》等规定，确保公立医院良性运转；出台《进一步加强基层医疗卫生机构人才队伍建设的实施意见》，规定在镇卫生院服务满3年至5年后，经考核可择优纳入县级公立医院编制“周转池”管理，形成“医共体”内人才合理流动。

同时无论是成立医改委,收归各相关部门办医权力,改变“九龙治水”多头管医局面,还是建立医患纠纷研判、预警、第三方调解机制,均按照改革立项、决策起草、方案论证、职责协调(含征求意见)、集体决策等重大行政决策程序要求,履行相应程序,做到决策规范。在强有力的法治支撑下,天长市医改各项工作顺利推进,县域内就诊率达 90.11%,基层医疗卫生机构门急诊人次较医改前明显增长,群众就医满意度达 92.7%。

长期以来,天长市牢固树立法治理念,在改革过程中始终以法治保驾护航,有力引领各项改革顺利推进。2015 年 5 月,天长市被确定为全国首批 29 个农村集体资产股份权能改革试点县(市)之一。为确保改革成果经得起检验,充分发挥市、镇(街)、村(社区)三级法律顾问的作用,对股改工作中出台的规范性文件进行法律法规审核和风险评估,对可能出现的矛盾纠纷提出法律建议,并对出现的矛盾纠纷及时提供法律服务,确保农村股改试点在法律框架内平稳有序进行。承办部门在法律顾问的帮助下总结提炼了农村股改“十八步工作法”,创新推出了政经分离账务分设模式、“579”村级组织运行保障机制和“农权贷”融资产品等一系列有力度、有特色的改革举措,及时总结固化了改革试点成果,确保改革有章可循。

案例链接

农村集体资产股份权能改革的根本目的是盘活农村沉睡资源,把“死资产”变成农民的“钱袋子”。天长市积极探索农村集体资产抵押权和担保权,创新推出“农权贷”融资产品,允许农民以集体资产股份作抵押申请贷款。在征求法律顾问意见后,天长市通过设立风险补偿基金,加强对“农权贷”的风险防控。

铜城镇余庄村是天长市首批 3 个试点村之一,在制定改革实施方案时,原计划召开村民代表大会进行表决通过,后来在征求村法律顾问意见时,村法律顾问认为涉及群众利益的重大事项,应当召开村民大会或村民户代表会议研究决定,最终这一做法在全市推广。

三、以法治思维搭建城市管理“四梁八柱”

扎实推进执法公示，全市22家行政执法单位依托政务信息公开网，设置“执法主体”“执法人员”“职责权限依据”“行政执法流程”“行政裁量基准”“行政执法结果”六个栏目，及时公开行政执法信息。全程记录有效覆盖，行政执法活动实现“电子化”，实现执法行为全过程留痕和可回溯管理。建立重大执法决定法制审核“七必审”工作法，行政执法纠纷逐年下降。自2018年以来，没有发生一起因行政执法而产生的纠纷案件。引导发挥政府特约行政执法监督员的监督作用，“伸手迈脚”，定期组织特邀执法监督员现场监督市城管局拆除违章建筑执法活动、农业专项执法、环保专项整治等活动，列席行政复议听证，参加依法行政座谈会，多方位多角度动态掌握部门行政执法工作。开设24小时“法治书房”，开展“法德故事校车行”、法德故事读书月，面向全国征集法治书画，着力抓好法治宣传教育、化解矛盾纠纷、维护群众合法权益，市民法治素养显著提升。

四、以法治意识统领法治政府建设

在压实改革责任上始终把法治意识放在首位，要求各级各部门强化法治意识，抓好改革各项措施落实。市委市政府将法治政府建设纳入地区发展总体规划和年度工作计划，党政主要负责人切实履行推进法治建设第一责任人职责。2019年，机构改革后，印发《天长市贯彻落实〈党政主要负责人履行推进法治建设第一责任人职责规定〉实施细则》，将法治政府建设纳入全市各单位目标绩效考核内容，对在改革工作中“第一责任人”履职不力、措施不落实、工作不到位造成不良影响的部门和单位，取消评先评优资格，并将考核结果作为党员领导干部政绩考核等重要指标。同时重视让法律顾问和法制员“有为有位”，开展全程列席政府会议、全程参与各项政府决策等国家级改革试点任务，在决策一线提供法律评估、咨询、论证意见等，做到“事前”出谋划策、“事中”研判指导、“事后”支持保障，有力地保障了政府重大决策合法合规、有序推进。

立足新时代，要在新一轮改革中赢得更多优势，关键在于加快“法治天长”

建设,全面提升依法行政水平。为全面落实《法治政府建设实施纲要(2015—2020年)》的总体部署,巩固法治政府示范创建工作成果,结合市委年度依法治市工作安排,制定《关于进一步推进天长市法治政府建设工作实施方案》,努力做到“七个一”,确保为经济社会发展提供更有力的法治保障和更优质的法律服务。

组织一次“对标对表、查缺补漏”专项活动。制定下发《关于开展全市法治政府建设“对标对表、查缺补漏”专项活动方案》,围绕不断把法治政府建设向更高水平、更高质量推进的奋斗目标,对照中央、省、滁州市委关于推进法治政府建设重要决策部署,认真查摆问题,研究制定整改措施,补齐短板。

开展一次法治政府建设全面督察。结合滁州市委依法治市办下发的法治政府建设全面督察相关文件,制定天长市法治政府建设督察制度,围绕“二十三项督察要点”,全面总结梳理本地区法治政府建设工作的推进情况,及时发现问题和薄弱环节,并督促整改到位。

举办一次专题培训。为深入推进法治政府建设工作,提高公务人员法律知识水平,市委依法治市办举办市领导法治素养和行政执法人员能力提升班。培训重点突出依法治市、合法性审查、行政执法监督和行政复议应诉等方面内容。

启动一次全方位宣传。通过持续对法治政府建设广泛宣传,营造氛围、凝聚力量,进一步提升法治政府建设工作的群众知晓度、参与度。

进行一次行政执法案卷评查“回头看”。为提升行政执法水平,依照相关法律和规范性文件的标准,对近年来组织的行政执法案卷评查进行“回头看”,采取全面自查自评和随机集中复评相结合的方式进行,从主体认定、证据收集、文书制作、法律适用、自由裁量、办理时限、案卷归档等方面逐项审查、逐卷打分,并就“回头看”情况组织总结交流,切实规范行政执法行为。

组织一次外出学习调研。积极开展调研,前往东部地区法治政府建设发展水平较高的城市学习“取经”,对照先进榜样“找差距”“抓落实”,结合本地实际进行消化、吸收、借鉴,继续高质量推进法治政府建设的各项工作。

召开一次工作总结推进会。召开全市法治政府建设工作推进会,对前期法治政府创建的相关工作进行总结,举一反三、立足长效、完善机制,不断提升政府治理现代化水平。坚持目标和问题导向,明确推进法治政府建设工作的各项重点任务,继续发扬特色亮点、解决短板不足,对下一步法治政府建设工作进行再部署、再落实、再深入。

天长市将继续强化各级行政机关工作人员法治信仰、法治观念、法治思维,着力营造公平公正、竞争有序的法治环境,激发全社会干事创业新活力,致力让法治成为天长市高质量发展的核心竞争力。

撰稿人:陆云刚　舒　妍

安徽省

蒙城县

法治护航政府履职全过程
树立法治政府建设新标杆

近年来,蒙城县坚持以习近平新时代中国特色社会主义思想为指导,深入学习贯彻习近平法治思想,增强“四个意识”、坚定“四个自信”、做到“两个维护”,按照党中央、国务院关于法治政府建设的各项部署要求,全面深入推进法治政府建设。

一、法治政府建设的推进机制

抓任务落实。制定出台了《中共蒙城县委　蒙城县人民政府关于印发贯彻〈法治政府建设实施纲要(2015—2020 年)〉实施方案的通知》,对照纲要进行任务分解,列明 8 个方面 72 项主要任务,细化工作举措,明确责任单位,列出完成时限。

抓制度完善。明确党政主要领导干部履行推进法治建设第一责任人职责,明确每年向市政府、县委、县人大报告法治政府建设工作制度,县委常委会每年专题听取法治政府建设年度工作报告,明确依法治县办在具体推进法治政府建设中的牵头抓总作用,全面建立健全法治政府建设各项制度,实现法治政府建设工作常态化、制度化。

抓督察考核。建立健全月调度、季督察和年考核的工作机制,采取现场督察、群众座谈、干部谈话、网上调查等方式，督促乡镇和政府部门依法履职尽责，形成法治政府建设的行动自觉。

抓组织保障。切实加强法治政府建设机构设置、人员配备和工作经费保障。紧紧抓住领导干部这个“关键少数”，充分调动广大党员干部和人民群众的力量，形成法治政府建设人人参与的良好氛围。

二、法治政府建设的主要成效

（一）政府职能依法全面履行

创新行政审批制度改革，落实网上办事大厅建设，建成县、乡、村三级综合政务服务平台。全面建立乡镇（街道）和县直部门权责清单、中介服务清单和公共服务清单并实现动态管理，深入推行事中事后监管。法治乡村建设扎实开展，“一村一法律顾问”制度得到有效落实，公共法律服务热线、网络、实体三大平台融合发展，法律援助范围逐年拓宽，“城市半小时、农村一小时”公共法律服务圈全面建成。镇村配齐配强专职人民调解员，人民调解、行政调解、司法调解联动工作机制成效明显。

（二）依法行政制度体系持续完善

严格执行《重大行政决策程序暂行条例》和《安徽省行政机关规范性文件制定程序规定》，2019 年出台《蒙城县行政规范性文件合法性审核办法（试行）》，对行政规范性文件合法性审核程序、审核内容、审核责任以及工作机制进行全面细致规定。加强行政规范性文件管理，对 2000 年以来印发的 1052 件县政府文件进行了集中清理，建立健全每两年清理一次的常态清理机制和日常专项清理制度，行政规范性文件做到依法报送备案，报备率、报备及时率、规范率均实现 100%。

（三）重大行政决策科学民主合法

“若是过不了合法性审查这一关，再大的项目也落不了地。”这是蒙城县法治政府建设的一个缩影。近年来，蒙城县依法履行政府职能，持续完善依法行政体系建设，推进重大行政决策科学民主合法，不断提高政府工作人员的法治思维和依法行政能力，树立了法治政府建设新标杆。

为落实一整套合法性审查的制度和程序，县政府常务会议实行了“议题库”管理制度。议题包括:县委重大决策事项和县人大及其常委会决议的落实措施;以县政府名义做出的重要决策;事关人民群众切身利益的事宜和重大改革措施方案等。议题应报送县司法局进行合法性审查,重点审核是否有相应法律和政策依据,以及是否有违反法律及政策的内容。审查通过后出具合法性审查意见书,报经县政府审核并提请县政府常务会议研究后,形成会议纪要,交由县督查中心督办,确保事项得到全面有效落实。

重大行政决策程序得到严格规范落实,公众参与、专家论证、风险评估、合法性审查、集体讨论决定实现制度化、规范化。2020 年 6 月,建立蒙城县行政决策咨询论证专家库,设立 8 个专家组,共 67 名专家成员;10 月修订完善了《蒙城县人民政府重大事项合法性审查程序规定》,城区三轮车整治、公共停车位收费、烟花爆竹禁放等一批重大决策依法高效作出并实施,社会效果明显。公众和政府法律顾问参与政府重大决策实现常态化,重大行政决策全过程记录、材料归档和档案管理制度完善,实现重大行政决策事项全部立卷归档。

案例链接

决策靠不靠谱,应当听群众意见。2019 年 10 月起,蒙城县开展城区依法治理规范电动车专项行动。专项整治前,为赢得广大群众的理解支持和积极参与,相关部门充分利用宣传栏、公益广告等多种形式,进行广泛宣传发动,并召开电动车车主、老干部、教师、学生和家长、“两代表一委员”等不同群体的座谈会,广泛征求社会各界意见,在疏堵结合中找到“平衡点”。蒙城县 2020 年修订了“政府重大行政决策公众参与程序规定”,进一步细化完善公众参与的适用范围及工作流程,使公众参与重大行政决策制定的制度更加健全。

(四)行政执法严格规范公正文明

行政执法公示、执法全过程记录和重大执法决定法制审核“三项制度”得到严格落实。深入开展全县行政执法人员通用法律知识轮训工作,积极推进行政执法体制改革,市场监管等五大领域综合执法改革基本完成,乡镇综合执法改革稳步推进。建立行政执法日常检查监督机制,行政执法责任制全面落实。近年来,对全县2000余名行政执法人员进行通用法律知识培训,已提前实现3年轮训一遍的目标,有效提升了行政执法人员依法行政的水平和能力。

(五)监督制约机制完善、社会矛盾纠纷依法有效化解

自觉接受人大监督和民主监督,人大代表议案建议和政协提案办结率100%。和解、调解、仲裁、行政裁决、行政复议、诉讼、信访等多种形式的矛盾纠纷多元化解机制已经建立。全县各类调解组织累计受理调解矛盾纠纷12,913件,调解成功率达98%以上,办理各类法律援助案件1489件。行政复议建设标准化、规范化、信息化加快推进,行政复议案件逐年上升,行政复议解决行政纠纷的主渠道作用正在形成。

(六)政府工作人员法治能力和群众法治意识全面提升

全面实行领导干部任前考法、日常学法和年终述法制度。县干部夜校每周举办一期,实现领导干部学法常态化。实行领导干部"季度考法",把习近平法治思想、宪法、民法典、依法行政知识等内容作为考法的重点,实行手机定时在线考试,考试成绩作为依法行政考核依据。落实"谁执法谁普法"普法责任制,利用"法治蒙城"微信公众号,开发"智慧普法云平台"。完善提升县法治文化公园功能,"法治融屏"普法平台、24小时自助法律服务超市落户县法治文化公园。实施"法律明白人""法律带头人"双培养工程。深入开展"法律六进"活动,实施法律知识宣传展板"巡展"、典型案例以案释法"巡讲"、法治文艺作品"巡演"的基层"三巡"工作,让普法更接"地气"。

为提高党员干部依法行政素养,在干部教育、考核、使用等方面出台具体举措,创新建立了领导干部法治能力和法治素养评价体系,从领导干部年度述法、任前学法、季度考法、主管(分管)部门工作行政复议数、行政复议被变更数、行政诉讼案件数、行政诉讼败诉数等九大方面进行评价,并作为评价和使用干部的依据。2020年上半年,全县86个单位的6047名领导干部及行政执法人员参加季度考法,考试合格率均在93%以上。由于干部依法行政的意识不断提升,近年来,县政府涉行政诉讼案件无一败诉。

三、法治政府建设的亮点工作

一是探索建立了《蒙城县领导干部法治素养和法治能力评价标准》,把领

导干部法治能力和法治素养作为使用干部的依据。这一做法在安徽省司法厅“七五普法”中期检查验收中作为工作创新予以加分。

二是推行领导干部年终述法工作,变述职、述德、述廉“三述”为述职、述德、述廉、述法“四述”,推动全县各级领导班子和领导干部抓法治的意识不断增强。

三是全县领导干部和行政执法人员“季度考法”和普法“巡展、巡演、巡讲”“三巡”活动被作为司法部优秀案例向全国进行推广。

法治政府建设任重而道远,蒙城县将进一步强化系统思维、法治思维,不断从理论和实践的结合上贯彻落实好习近平法治思想,持续深化法治政府建设,不断提升政府依法行政水平,为全面建设社会主义现代化国家、实现中华民族伟大复兴的中国梦而不懈奋斗。

撰稿人:周莹莹　杜长琳

福建省

厦门市

提升法治建设软实力 激发特区发展新动力

厦门市始终坚持以习近平新时代中国特色社会主义思想为指导，深入学习贯彻习近平法治思想，坚持加强党的领导，树牢以人民为中心导向，紧扣优化营商环境主线，从法治政府建设重点领域和关键环节入手，以爱拼敢赢的精神大胆探索、精准发力，打造出一批在全省乃至全国有影响力的法治品牌，法治政府建设全面深化、亮点纷呈。

一、打造国际一流营商环境，让法治成为特区高质量发展核心竞争力

厦门市努力践行“法治是最好的营商环境”理念，自2015年起率先参照世界银行营商环境评价体系，启动国际一流营商环境建设，在各领域大刀阔斧改革，形成诸多在全国复制推广的经验，为经济高质量发展注入强劲动力。厦门市在2018年国家发改委首次公布的全国营商环境评价中名列第二，在2020年国家市场监督管理总局公布的公共服务质量监测结果中位居全国第三。

聚焦引商，充分发挥特区立法“试验田”作用。立足社会治理需求，紧扣改革发展突出问题和社会民生热点问题，在精准立法上下功夫，立足厦门特色先行先试，为改革发展提供强有力支撑。陆续出台促进社会文明、多规合一管理、促进土地节约集约利用、闽南文化保护发展法规和首个特区社会信用立

法,垃圾分类立法“厦门模式”在全国复制推广。出台保障台胞投资、促进两岸区域性金融中心建设、两岸新兴产业和现代服务业合作等一批涉台法规,保障台胞台企登陆“第一家园”建设。

聚焦兴商,着力打造优质高效的政务环境。出台全面深化国际一流营商环境建设的意见,对标最优城市先进做法,推进337项营商环境提升重点任务落实。深化“放管服”改革,率先启动“多规合一”工程项目审批制度改革,推行“一窗受理、集成审批”,大幅压缩审批时间。打通便民惠企服务“最后一公里”,全力推进审批服务“马上办、网上办、就近办、一次办”改革,“一趟不用跑”事项达1833项,98%的审批服务事项实现网上可办,“e政务”首创刷脸认证便民服务模式,在全国复制推广。

聚焦安商,全力营造公平竞争的法治环境。成立实体化运行的厦门金融司法协同中心,营造服务高效、运行安全的金融法治环境。成立厦门知识产权法庭,打造国内国际知识产权争端解决优选地。成立福建省首家破产法庭,进一步发挥破产审判救助市场危困主体、实现市场主体优胜劣汰、整合利用市场资源的作用,有效防范化解风险。持续增强海峡律师论坛、两岸基层调解员联谊交流会、涉台社区矫正中心等服务品牌效应。优化涉台司法服务,设立全国首个涉台法庭、首个集中办理涉台案件的检察室,首创台胞陪审员制度,涉台检察联络工作写入最高人民检察院工作报告。在福建自贸试验区厦门片区设立全国首家大陆与我国台湾地区律师事务所联营办公室,为两岸经贸往来提供优质高效法律服务。

案例链接

厦门金融司法协同中心是一个实体化运行的金融司法协同平台,由厦门市中级人民法院等6家单位联合打造,该中心自成立以来,加快推进金融司法治理能力现代化,聚焦“三项协同”精准发力:一是纠纷协同化解。组建涵盖立审执全流程的审判执行团队,“一站式”集中处理全市金融纠纷,当事人足不出户就能实现各种金融司法需求。二是风险协同研控。组建管理委员会,定期召开主任办公会、专题工作会，集中研判金融风险，围绕金融风控管理等提出工作建议，形成各司其职、信息共享、功能协同的金融态势研控模式。三是理论协同研究。充分发挥金融司法协同研究基地作用，把金融司法协同、金融监管改革、互联网金融治理等作为前瞻性研究课题，切实提高金融法治创新能力。

二、扎紧织密行政执法制度笼子，让权力在阳光下运行

随着厦门市法治政府建设水平不断提档升级，“法定职责必须为，法无授权不可为”的理念已成为市政府各部门的共识，行政权力运行步入法治化轨道。厦门市在2016年、2019年政府透明度指数综合评估中位列全国第一。在福建省各设区市政府依法行政指标年度绩效考核中，厦门市综合得分连续12年居首位。厦门市公安局被公安部命名为“全国公安执法示范单位”。

全面推行行政执法“三项制度”。2018年6月，以福建省在厦门市试点为契机，厦门市在全省率先全面推行行政执法公示、执法全过程记录、重大执法决定法制审核“三项制度”，实现执法信息公开透明、执法全过程留痕、执法决定合法有效。全市各行政执法部门在行政许可、行政处罚、行政强制、行政征收、行政检查、行政收费六类行政执法行为中，全面、严格、规范实施“三项制度”。在全面推行过程中，对“三项制度”建设不全面、不具体，实施过程不规范、不到位的执法部门和执法人员，经督促不改正的，均予以问责，以确保行政执法严格规范公正文明。

强化行政处罚自由裁量权专项监督。率先在全省试点开展行政处罚自由裁量权基准制度工作，建立各部门制定报备行政裁量权标准动态管理机制。以专项检查为依托，采取“全面检查＋重点监督”“交叉检查＋复查复核”方式，每年组织对市、区两级政府部门开展行政处罚自由裁量权例行体检。同时，以问题整改为抓手，全面梳理问题，推进点上督促与面上规范相结合，有力推动各行政执法部门进一步细化裁量标准，完善执法流程，健全配套制度，不断提高行政执法水平。

创新建立跨部门综合执法模式。率先探索出“建立一套跨部门综合执法

机制,开发一个跨部门综合执法平台,打造一支跨部门联动执法队伍”的流通领域市场监管综合执法改革“厦门模式”。全面铺开“双随机、一公开”监管,推动事中事后监管综合执法平台进驻市、区两级176个监管执法部门。“互联网+”跨部门综合执法机制被商务部、发改委等国家九部委联合发文在全国复制推广。推动市场监管、生态环境保护、文化市场、交通运输、农业五大领域执法队伍有效整合,进一步理顺执法职责,优化综合行政执法体制。推动从“分散执法”向“集中执法”转变,精简执法队伍,精简率达52%,基本实现“一个领域一支执法队伍”。

全力打造行政执法特色品牌。打出商事登记、无照无证查处及信用管理立法“组合拳”,实施市场“宽准入与严监管”,入选全国首批社会信用体系建设示范市、质量强市示范市和知识产权示范市。创新建立“线上线下结合、企业政府配合、部门联通共用”的跨部门涉案财物集中管理新模式,有效破解基层执法中的涉案财物管理难题。创新“摊规点”管理模式,将流动摊贩纳入有序管理,提升市容环境品质。公证机构积极助力海关执法,厦门“海关公证电子送达系统”入选第六批自贸试验区改革试点经验,在全国复制推广。

三、“多元共治”创新市域社会治理,不断增强群众的获得感幸福感安全感

厦门市注重在多元主体参与下推进社会治理和发展,以开展全国市域社会治理现代化试点为契机,进一步完善党委领导、政府主导、社会协同、公众参与、法治保障的市域社会治理体制,努力打造共建共治共享、平安文明和谐的精品城市。

“主动创稳”提速聚力。着眼打造最具安全感城市,深入实施主动创稳、铸魂创安、强基创先“三创工程”,全力推动维稳工作由“被动防”向“主动创”转变。下好源头治理先手棋,推进“常态创稳”,紧盯房地产、涉众金融等热点领域,开展常态化矛盾纠纷排查化解工作,最大限度实现就地稳控和化解。强化多元化纠纷解决机制建设,在市、区、镇(街)和村(社区)建立纠纷解决和法律服务综合平台,在纠纷多发、调处难度大的重点领域,建立行业性、专业性纠纷

调处平台。建立“公证+”多元调解衔接联动机制,形成以治安调解室、公证调解室、调解谈心室暨远程司法调解室“三室一体”衔接联动化解矛盾纠纷的运行模式,获评全国公安机关优秀行政执法制度。设立市级诉非联动中心,全面推动诉讼与非诉讼纠纷解决方式有机衔接,促进多元解纷力量全方位互联互通和全流程互动。发挥行政复议化解行政争议主渠道作用,率先在全省开展行政复议委员会试点,实行集中受理、集中审查、集中决定“三集中”模式。设立市行政争议多元调处中心,健全行政争议调解工作机制和网络体系。

“五治并举”刚柔并济。一是以政治强引领。健全党建引领小区治理机制,全面推行“支部建在小区上”,构建“社区党委—小区党支部—楼道党小组”治理架构。创新推出“党建引领治理,打造幸福思明”的“近邻”模式,有效解决城市治理中组织碎片化、人际陌生化等难题。湖里区新时代小区党建引领基层治理模式获评全国“十大社区发展创新案例”。二是以法治强保障。出台多元化纠纷解决机制地方性法规——《厦门经济特区多元化纠纷解决机制促进条例》,打造特区版“枫桥经验”。积极推进城市综合管理条例立法工作,推动城市管理科学化、精细化、智能化。引导公证机构参与司法体制改革,“诉讼与公证协同创新”的司法辅助事务外包机制在全国推广。坚持普治并举,积极推进“谁执法谁普法”动态智能管理试点工作,建成“法治文化街区”,打造一批涉台法治文化基地。三是以德治强教化。全力推动“爱心厦门”建设,实施爱心助残、爱心敬老、爱心济困、爱心扶幼和关爱特殊岗位工人“五大行动”,用道德之美、向善之魂标刻城市文明新高度。四是以自治强活力。建立“纵向到底、横向到边、协商共治”的社区自治体系,推广村民自治“软法治理”经验,获评民政部“全国社区治理和服务创新实验区”,海沧区入选全国农村社会治理实验区,思明区“曾厝垵社会共治”经验获中央政法委表扬。五是以智治强支撑。开发建设公共安全管理平台,获评“全国智慧城市优秀案例”。依托“i厦门”手机平台,实现400多项政务服务事项“一网”办理,入围第九届中国“智慧城市”十强,政务服务进入“秒批”时代。

“平安建设”夯实根基。从与群众生活密切相关、群众反映较强烈的吃住行等方面存在的乱点乱象入手,持续深入开展“五安”系列平安工程建设,有效净化社会治安环境。完善小区安防系统,全市创建157个“无入室盗窃案件小区(自然村)”,塑造“家安”;开展道路交通亡人事故专项整治,打造“路安”;率先在全省建成食品安全信息网追溯监管平台,推进食品药品网格监管全覆盖,保障“食安”;强化危化品、道路交通、建设施工、消防安全、防台防汛等生产领域安全管控,推进“业安”;提升社会心理服务体系和危机干预机制覆盖面,实现“心安”。厦门市群众安全感率连续位居全省第一,创历史新高,刑事警情再创10年新低。

法治政府建设永远在路上。厦门将继续发扬首创精神,锐意进取,勇立潮头,全力推进法治政府建设,在提速中超越,在超越中领跑,努力在推进治理体系和治理能力现代化上走前头、做示范,建设更高标准、更高水平的“全国法治政府建设示范市”,为“中国之治”贡献厦门力量。

撰稿人:贾国先　林险峰　胡雨阳

福 建 省

福州市鼓楼区

深入践行“三个如何”
争当法治政府建设“排头兵”

鼓楼区是福州市核心城区，这里既是闽都文化的发祥地，也是经济繁荣的都市区、生态宜居的幸福城，处处涌动着奋进的浪潮。在深厚的闽都法治文化底蕴下，“法治鼓楼”建设正稳步前行，熔铸了富有地方特色的“法治品格”。近年来，鼓楼区坚持以人民为中心，围绕以法治思维、法治方式回答好“三个如何”，在法治政府建设上奋楫争先，人民群众办事环境便捷高效、诉求表达畅通有序、生活环境和谐稳定，良好的法治环境成为城市核心竞争力。

一、在筑牢法治建设之“本”上下实功，以全方位法治工作体系推动全区齐发力

鼓楼区把打造一流法治城区作为重要目标高位谋划，健全工作体系，推进全面依法治国基层生动实践。

*构建全覆盖法治创建保障体系。*加强党的领导是推进法治建设的根本保证。2016 年 7 月，鼓楼区在全省率先提出打造一流法治城区的奋斗目标，从经济社会发展的顶层设计上，吹响法治建设最强号角。区委紧抓统筹领导，党政主要负责人的法治建设第一责任人职责不断压紧压实。区政府每年出台法

治政府建设工作责任清单,有序推进落实落细法治政府领域重点工作,法治建设触角延伸到全区各级各部门。特别是在2019年全国法治政府建设示范创建活动中,鼓楼区精心谋划、以创促改,依法行政能力和水平得到了新提升。

完善制度化法治政府建设实施体系。坚持扎紧制度笼子,为行政权力定规矩、划界限。在严格落实行政决策程序要求和实现政府机关法律顾问全覆盖的基础上,在全市率先成立由75名各行业专家组成的重大行政决策咨询论证专家库,实行法治机构负责人列席政府常务会和专题会议制度,构筑了科学民主依法决策"防火墙"。全面推进落实行政执法"三项制度",健全集体讨论案件、定期召开案审会、法律顾问参与执法规范化等工作机制,保障了行政执法规范公正。注重发挥法治共建合力,区政府和四家相关法院建立府院良性互动机制,在化解行政行为潜在法律风险方面定期交流互动,助力依法行政。

健全全方位依法行政监督体系。坚持敞开大门接受监督,让权力在阳光下运行。2017年7月,区人大常委会通过《关于推进一流法治城区建设工作的决定》,在全省首创以人大常委会重大决定形式推进法治建设,法治建设专题视察调研和人大代表评议成为区人大常委会每年的重点工作。"十三五"期间,区政府及其各部门办理人大代表意见建议、政协委员提案的满意率及对司法建议、检察建议的办复率均达100%,同时100%执行生效裁判,认真履行行政应诉职责,依法接受、配合监察机关监督;高标准落实政务公开要求,全区政府信息公开"四个及时率"连续6年名列全市第一,区政务网站绩效考核实现全省"十连冠"。政府内部监督也在加码发力,行政复议和行政执法案卷评查的监督纠错功能不断强化,审计监督项目质量考评实现全市"四连冠"。

二、在践行法治为民上求实效,以法治化社会治理体系回应民声民意

鼓楼区坚持"以人民为中心"法治理念,不断完善法治化治理体系,为群众和市场主体办事增添便利,保障人民群众安居乐业,激发市场主体活力,增强人民群众获得感、幸福感、安全感。

倾力打造一流法治环境。以法治思维推进简政放权,深化“放管服”改革,按照对行政主体“法定职责必须为、法无授权不可为”,对社会主体“法无禁止即可为”要求,力求“放”出活力、“管”出公平、“服”出效率。着力推进“快”与“便”成为办事新常态,创新“一窗一网一号”政务服务,“最多跑一趟”和“一趟不用跑”审批服务事项占比分别达 95.90% 和 71.00%,463 个事项办理时间平均压缩至法定时限的 18.94%,企业开办时间压缩至 5 个工作小时,办事服务效率全市领先;在全市率先打造“企业服务中心 2.0 旗舰店”、“企业服务中心 3.0 企业驿站”、惠企智能服务中心,创新重点企业服务直通车、金融帮扶超市等省内领先措施,分层分类精准服务企业。着力以规范监管实现市场秩序与活力的统一,严厉打击不正当竞争等破坏营商环境的违法行为,创新大数据监管、信用监管等执法监管方式,建设全省首家“智慧食安”智能监管平台,着力维护市场“硬秩序”;严守监管之“度”,出台依法保护企业家权益 33 条措施、发展“夜色经济集市”规范工作导则等政策措施,避免“一刀切”简单化执法监管,并打造“双随机、一公开”监管升级版,合理确定随机抽查比例和频次,助力优化营商“软环境”。法治化举措让 13 万户市场主体安“家”鼓楼谋实业,护航高质量发展。

聚力依法依规高效为民解忧。“12345,有事找政府”,群众熟知的这句话,发端于鼓楼区。2003 年,鼓楼区即在福建省率先建成开通“12345”平台,探索以信息化手段办理群众和企业诉求,回应社会期盼,疏导民意、化解社会矛盾。近年来,“12345”便民(惠企)服务平台整合了各类便民服务热线,并向网格化服务拓展,每年诉求件办理满意率均在 99% 以上。2019 年 8 月,鼓楼区依托“鼓楼智脑”平台,升级“12345”热线服务,在全省首创“一线呼叫、一线报到、一线处置”社会治理新机制,成立城市运行指挥中心,对“12345”、网格化、鼓楼社区幸福通等社情民意平台上反映的“急、难、愁、大”等各类诉求事项,实现“一线呼叫、一线报到、一线处置”,真正做到“民有所呼、我有所应”,依法高效解决各类热点难点诉求问题 1.5 万余件。

案例链接

在多年实践中,鼓楼区"12345"发现了基层社会治理瓶颈问题:街镇与部门之间、部门与部门之间,条块分割、权责不清,"九龙治水水不治";街镇权小责大,"小马拉大车"。鉴于此,鼓楼区创新建立"一线呼叫、一线报到、一线处置"机制,依托鼓楼智脑平台"整合、共享、一图、分析、预警、掌办"六大技术亮点,再造诉求办理流程,赋予街镇、社区对区政府各部门的"呼叫权""考评权""监督权",增强区政府各部门和街镇、社区的联动性,同时建立两级巡查轮值制度,健全共性疑难问题长效处置机制,确保疑难问题会商共办、厘清权责。经过一年多的实践磨砺,已形成事项收集、街镇呼叫、部门响应、公众评价、监督考核的问题处置完整闭环,问题事项通过"一线处置"呼叫,10 分钟内受理、1 个工作小时内响应,可得到依法迅速处置。该机制提高了行政执法和政务服务效能,为打造服务型政府提供了有力支撑。

着力汇聚基层多方共治合力。将理顺政府依法治理和社区依法自治关系,实现二者良性互动作为法治建设重要内容,在提升政府服务力、释放居民自治力、强化多元共治力上下足功夫。着力为社区还权赋能,通过一线处置机制夯实政府部门管理和服务责任并为社区减负的同时,以国家级"民主法治示范社区"军门社区为"领头羊",强化党建引领下的社区自治组织自我管理,积极探索"居民恳谈日""参与式预算"微实事协商等依法自治、多方共治"鼓楼经验",居民主体权利行使机制更加健全,参与公共事务热情高涨,增强了群众获得感、幸福感。在协商议事中,由社区牵头,相关各方参与,广纳群言、依法决策,众多"家门口的事"因此顺利推进。政府"服务力"彰显,打造了集便民服务、互动交流等功能于一体的"一站式"掌上平台"鼓楼社区幸福通",开启居民群众与政府机关、社区互动的数字化新模式,实名注册超 23 万人,拓宽了居民参与治理途径;区、街镇两级共同出资组建专职社区巡防队伍,依托智慧安防小区建设、视频监控实战平台,形成 24 小时全覆盖立体化智能化治安防控体系,增强了群众安全感,盗窃警情、刑事案件总量持续下降。近年来,鼓楼区先后获评"全国和谐社区建设示范城区""全国平安建设先进区"。

三、在培育法治信仰上用实劲，以多层面推进学法用法构建全域法治良序

推进全民守法是法治建设的基础工程。鼓楼区坚持将法治宣传、法律服务和法治实践结合起来，以满足法律需求为导向，引导干部群众自觉学法用法，提升法治素养，助力形成崇法尚德的法治良序。

*紧抓“关键少数”带头学法。*领导干部是法治建设的关键。“七五”普法期间，每年开展为期一个月的全区干部网络统一学法考法活动。2017 年起，干部年度学法考法成绩同时作为当年提拔任用干部的重要参考，法治素养越来越成为衡量干部德才的重要指标。理论学习中心组学法、政府常务会会前学法、党校法治培训、决策法律咨询、宪法宣誓、旁听庭审等常态化干部学法用法制度也得到全面落实。尤其是自开展法治政府建设示范创建活动以来，在巩固和提升创建成效的过程中，以新提拔的领导干部、行政执法人员、新录用的公务员等为重点，全区上下广泛动员，掀起学法用法热潮，自觉学法蔚然成风。

*广筑法治文化载体阵地。*39 个“谁执法谁普法”责任单位深入开展以案释法，推行说理式执法，使执法实践成为生动的普法课，同时积极联动合作，打造了一流法治城区教育展示馆、鼓楼法治园、防范非法集资宣教示范点、左海禁毒法治教育基地等特色法治文化阵地，健全新媒体普法矩阵，创新“未成年人保护共同体”、法治“云课堂”、“暖心姐姐”妇女维权普法站、社区“检容心苑”、“法治体检”等项目化普法载体，使“法治之花”枝繁叶茂，成为“法治鼓楼”的生动注脚。各社区也因地制宜，共享“一老一少一普”、“一社区一法律顾问”、党建工作直播间等阵地和人才资源，设立线上线下普法课堂。“大普法”格局提升了普法传播力、引导力、影响力，办事依法、遇事找法的法治意识深入人心。

*实现公共法律服务“零距离”。*2014 年年底，即以政府购买服务形式，在全省率先常态化开展律师进社区活动；2016 年以来，进一步规范管理制度和服务要求，建成 12 个示范性律师工作室，辖区 69 个社区驻点律师每周定期走进基层治理最前沿，与社区管理人员对接沟通，为社区涉法问题“会诊把脉”，面对

面为群众释法析理,协助调解矛盾纠纷,以扎实规范的公益性法律服务引导群众"解决问题用法",得到社区干部群众广泛"点赞"。探索"枫桥经验"鼓楼版本,集聚人民调解组织、行政机关、信访评理室、社区警务室、社区法官工作室等多元解纷资源,形成健全的矛盾纠纷调解体系和诉调、检调、公调、访调对接机制,并建立保障重点项目建设"定向专班对接"机制和律师参与区领导联合接访机制。在全市率先派律师进驻区信访局参与化解信访案件,积极推进法定途径分类处理信访诉求试点工作,资源共享、优势互补的做法成为"化解矛盾靠法"的有力保障,有效促进矛盾纠纷和信访事项依法及时就地解决,刘子钰调解工作室、林春兰警务室等成为基层矛盾化解闪亮品牌。2020 年鼓楼信访重访量同比下降 25.3%。

在推进全面依法治国的时代主题下,鼓楼区将在习近平法治思想引领下,立足新起点、对标新要求,方向不变、脚步不停,加快创建一流法治城区,努力为高质量发展先行示范区建设提供更多法治智慧、法治方案。

撰稿人:陈振忠

江 西 省

玉山县

良法善治擦亮文明底色
走好“法治高地”崛起之路

一个欠发达省份的山区县如何崛起成为“法治高地”？如何通过法治政府建设撬动地方经济社会发展？回望玉山县的法治政府建设示范县创建征程，一项项具体的创建方案，一组组精确的创建数据，一幅幅鲜明的对比画面，一个个生动的法治故事，见证着这个山区小县从跟学到创新再到先进示范的进阶之路。

一、一个全新的理念：合法性审查为决策诊脉，让法治政府建设由“软任务”变成“硬标准”

在推进县域经济社会高质量跨越式发展的实践中，玉山县旗帜鲜明地提出以法治政府建设促进科学发展、高质量发展的理念，并一以贯之。成立了法治政府建设工作领导小组，由县长任组长，常务副县长和分管副县长任副组长，各乡镇（街道）、县直各单位主要负责人为成员，作为推进法治政府建设第一责任人，全面加强对法治政府建设的领导。法治政府建设工作领导小组办公室设在县司法局，统一谋划、协调和督办法治政府建设各项工作。各成员单位选派1～2名法治建设联络员与县司法局对接，统筹落实相关工作，严格法治政府建设情况报告制度,压实落实法治政府建设的责任,研究解决法治政府建设中存在的突出问题,使法治政府建设由“软任务”变成硬标准、硬要求、硬约束,完善了法治政府建设保障体系。

把推进依法科学民主决策作为推进依法行政的根本,找准关键点,从源头上管控。“过去有的政府决策尊重客观规律不够,听取群众意见不充分,存在违法决策、专断决策、应及时决策而久拖不决等问题,决策出台后因为不符合实际、难以操作、朝令夕改,影响政府的公信力。”为了给决策套上法治的“紧箍”,玉山县提出了“三个不”原则,即未经合法性审查的规范性文件不得提交政府常务会研究讨论,重大行政决策未履行前置程序不得进行合法性审查,未经合法性审查的决策不得提交集体讨论。

为了确保合法性审查起到纠正决策、规范决策的作用,对重大行政决策坚持执行“三审”,严格把关,决策水平显著提升。落实《玉山县重大行政决策程序规定》,每一项重大行政决策均通过法制审核、法律顾问审核和集体研究决定三大审查关口,县司法局负责人和政府法律顾问全程列席县政府常务会。在严格决策程序基础上,对重大决策实施后明显未达到效果、群众提出较多意见的,开展决策后评估;对违反规定造成决策严重失误或者依法应该及时作出决策但久拖不决造成重大损失、恶劣影响的,倒查责任,实行终身责任追究。决策后评估、责任倒查机制和终身责任追究的建立,强化了行政首长责任意识,倒逼决策者谨慎决策、民主决策,实现决策科学化。

在合法性审查之外,尤其注重发挥群众监督的作用,规定除依法不予公开的外,应当听取公众意见。听取意见的方式可以是召开座谈会、论证会、问卷调查、民意调查、向社会公开征求意见等,时间不能少于30天。对于一些专业性、技术性比较强的决策事项,应当组织专家论证;决策实施可能对社会稳定、公共安全等方面造成不利影响的,应当组织风险评估。

案例链接

棚户区(城中村)改造是玉山县响应国家棚改政策、提升城市功能和品质的重要抓手。尤其是自2017年以来,玉山县先后实施了郭家洲、十字街、玉紫路沿线及城南片区等194万平方米的棚改项目,涉及农民房、居民房、公房等各类建筑,产权类型不一,房屋结构复杂。为促进和谐征迁,让群众支持棚改工作,玉山专门成立了法律政策组,每一份方案都先由法律顾问进行论证,邀请群众代表参加座谈会、论证会,草案形成后向全社会公开征求意见,最后才出台征收补偿方案。有了法律的护航,玉山县的棚改工作推进不仅快速而且和谐,得到了棚户区居民的拥护和支持。目前,原先的棚户区有的变身通途,有的变身成旅游商贸综合体,有的变成了高端住宅小区,群众搬出棚户区,住进新楼房,过上了"优居"生活。

有了合法合规、科学民主的决策,更要抓实抓牢公正规范文明执法这个焦点。玉山县全面推行行政执法公示、执法全过程记录、重大执法决定法制审核"三项制度",开展行政执法突出问题专项治理。确立了各执法部门主要负责人作为推行"三项制度"、开展专项治理工作的第一责任人制度,重视"刀刃向内",以身作则、以上率下。发挥"双随机、一公开"行政执法监督平台效用,实现对行政执法的全程监督;严格执行行政裁量权基准和"两法衔接"制度,落实行政执法责任制,提高行政执法能力和水平。

二、一曲动人的乐章:清风护航优化营商环境,让法治政府建设从"软环境"变成"硬品牌"

作为江西的东大门,紧邻浙江的天然优势,让玉山县早早感受到法治政府给城市发展带来的好处。玉山县提出"向浙江看齐"的法治建设目标,全面对标浙江服务标准,深入推进"放管服"、国资国企、财税金融、高新区体制机制等重点领域改革,深入开展营商环境"清风护航"行动,通过政务服务系统"延时错时"服务、高新区"代办制"跑腿等措施,努力打造政策最优、成本最低、服务最好、办事最快的"四最"营商环境。

良好的营商环境不单单是要服务好一家企业或几家企业,而是要让所有企业都能享受到优质服务,让“特事特办”的服务转变为公平公正公开的政策和普惠性服务。在涉及民营经济发展的规范性文件出台方面,玉山县尤为注重公平。所有文件均须进行公平竞争审查,围绕民营企业市场准入、商品流通、产权保护、投资融资、公平竞争等方面内容,重点审查有无违反市场准入与退出标准、商品要素自由流通标准、影响生产经营成本标准、影响生产经营行为标准及兜底条款情形,切实做到依法平等保护、公平竞争,为民营企业发展提供平等法治保障。

为了让服务更阳光、更透明,玉山县按照《江西省政务服务中心建设运行规范(试行)》的标准,打造了一万平方米的玉山行政服务中心服务大厅,设置办事服务窗口 142 个,本着“能进则进、应进必进”的原则,共进驻部门 39 个、公共服务单位 5 个、实体中介 8 个、政务服务事项 1337 项,窗口人员 240 名。该中心从“秩序、服务、效率”入手,主动热情提供业务咨询、引导服务、助残敬老等“零距离”“全流程”“一站式”服务,真正从细节上做到便民利民,切实提升企业和群众的获得感和满意度。该中心在原有延时服务管理制度基础上对节假日、双休日和工作日中午延时错时预约服务方案进行了调整优化。14 个窗口部门 760 项事项实行节假日、双休日和工作日中午延时错时服务,无差别专区、项目审批专区等 33 个部门,716 项事项实行预约服务。

对政务服务提升感触最深的是当地的中介服务公司。2020 年 4 月,该县由县政务服务管理办公室牵头,县市场监管局、县发改委等 15 家主管部门分别对所管理的相关中介机构进行全面宣传发动,引导他们统一进驻“中介超市”。“中介超市”网上平台涵盖信息发布、机构入库、机构报名与选取相关功能,作为业主方的相关单位可通过直接指定、竞价选取、随机选取 3 种方式选择第三方中介服务机构。该网上平台既为业主方提供了更多选择性,也为中介机构进驻市场直接参与竞争提供了有力保障,对有效解决中介服务市场不良竞争,推动中介服务朝市场化、高效化、阳光化发展有重要意义。该网上平台正式上线运行以来,注册机构达 592 家,注册业主单位数达 128 家。

公平法治的营商环境为玉山县引来一波又一波的客商,一个又一个大项目、好项目。“我们之所以在玉山投资,就是看中了这里依法办事、公平公正的良好营商环境。”这是2020年6月13日第十六届浙商投融资大会上在玉山县投资的企业家们给玉山的“点赞”。玉山县也在会上第五次摘得“浙商最佳投资城市”荣誉,是全国唯一一个5次摘得这项荣誉的城市。

三、一笔珍贵的财富:尊法学法守法用法成风,让法治政府建设从“软文化”变成“硬保障”

怎样让法治精神深入人心?玉山县首先抓住了领导干部这个“关键少数”:通过县委中心组集体学法、政府常务会学法、领导干部法律考试、行政执法人员培训、法治政府建设宣讲团宣讲等形式,教育引导各级领导做尊法、学法、守法、用法的模范;在合法性审查、合同协议审核、重大执法法制审核、重要会议纪要审查以及矛盾纠纷化解等方面,调动各部门法规科(股)长、公职律师等专业人员能动性,在法治轨道上全面推进政府各项工作。

以开展“法治宣传教育六进”为契机,在冰溪公园沿河路1500多米地段打造了“法治文化宣传一条街”,在三清公园打造了图文并茂的玉山人文知识法治广场,在县城10个公园分别建设了涵盖法治标语、名言警句、法律知识等群众喜闻乐见、易于接受的内容展区,使广大人民群众在潜移默化中接受法治文化熏陶。设立了30个法治灯箱,美化了城市环境,彰显了社会和谐,营造了浓厚的法治文化氛围。

以培养法宣骨干为目标,开展“法治玉山大讲堂”20余期,定期邀请法学专家、知名律师、公证员及司法、行政执法一线工作人员走上讲堂,以案说法,讲授法治知识,为全县培养了3600余名各类法宣骨干,增强了全民用法治思维解决问题的能力和水平。同时,深入推进农村“法律明白人”培养工程,截至2020年年底,共培养了1899名“法律明白人”骨干、27,194名普通“法律明白人”。编印《玉山县农村“法律明白人”培训指导教材》,收集了140余个与农村农民生产生活密切相关的法律法规知识问答及相关案例,语言简朴、通俗易懂,成为培养农村“法律明白人”的好教材。

以案释法的平台、“谁执法谁普法”责任制和“法律明白人”培养工程的实施,影响和带动基层群众自觉形成办事依法、遇事找法、解决问题用法、化解矛盾靠法的良好法治环境,群众尊法、学法、守法、用法蔚然成风,基层矛盾在基层得到化解。2018 年至 2020 年,共调解各类矛盾纠纷 7420 余件,调解成功率达 98.2%。

紧扣时代跳动脉搏,乘着开放合作东风,一个个法治建设强音拂遍冰溪河畔、怀玉山麓,浸润千家万户。如今在玉山县,法治思维和法治方式已深深融入了依法执政、人民民主、公正司法和普法宣传等方方面面,不断促进经济、政治、文化、社会、生态文明等各项事业在法治轨道上健康发展。

撰稿人:徐树斌　陈晓春　赵东青

山东省

滨州市

以法治政府建设引领高质量发展

近年来,滨州市委、市政府高度重视法治政府建设,以保障全市经济社会发展为中心,以推进基层社会治理法治化为目标,制定出台《滨州市法治政府建设实施方案(2016—2020 年)》,具体量化 50 项重点任务和 174 项举措,法治政府建设按下“快进键”,驶向“快车道”。2020 年 5 月 26 日,在滨州市第十一届人民代表大会第五次会议上,进一步明确了法治护航滨州高质量发展的推进路径。

一、全面规范决策,有权不可任性

滨州市严格实施行政决策制定程序,不断健全完善决策机制,决策程序真正成为决策机关担当作为的“助推器”和履职尽责的“安全网”。

(一)完善行政决策配套制度

2016 年,在制定重大行政决策程序规定、重大行政决策合法性审查规定基础上,研究制定重大行政决策公众参与、专家论证、风险评估、集体讨论决定、实施情况评估五项配套制度,严格落实重大行政决策“五个法定程序”。2017 年,制定《滨州市重大行政决策目录管理办法》,重大行政决策实行目录化管理、动态化调整。建立合法性审查流程图和工作规范,严格重大行政决策合法性审查程序,确保决策合法合规。

(二)实施政府决策流程再造

创新建立政府常务会议题“5433”合法性审查机制,政府常务会议题严把“内容、程序、格式、文字、政策法规”五关,明确议题汇报稿须包含“上会必要性、起草和审查过程、起草依据和研究事项主要内容、实施建议”四要素。在此基础上,突出做到“三全三不”,即政府决策法制全审核、重大审核法律顾问全参与、常务会议司法局局长全列席,议题不经政府分管秘书长审签不审核、不经司法局合法性审核不上会、不按法制审核意见修订不研究。

(三)扩大政府决策公众参与度

充分发挥法律顾问作用。2017 年,针对网约车等热点问题,组织政府法律顾问开展了为期一月的调研活动。2018 年,专门组织专家论证海洋强市建设实施方案等。2020 年,制定《邀请市民、企业家、投资者等第三方代表列席市政府常务会议工作制度》《滨州市人民政府决策咨询特聘专家工作规则》,确保专家、公众参与政府决策的力度和深度。

二、坚持良法善治,重大改革于法有据

自 2015 年获得地方立法权以来,滨州市抓住提高立法质量这个关键,加强重点领域立法,完善立法体制机制,截至 2020 年年底,制定出台地方性法规 13 件、地方政府规章 9 件,努力为全面依法治市提供制度保障。

(一)全面推行聚民智、借外脑、强落实的立法模式

出台《滨州市地方性法规和政府规章草案委托第三方起草工作规则》《滨州市政府立法听证规则》等立法配套制度。加强公众参与,建立两个立法研究服务基地和 10 个地方立法联系点。徒法不足以自行,加强立法后贯彻实施,创新建立地方性法规进入执法、纳入监察、融入司法、列入普法“四入”工作机制。“立改废释”并举,及时开展与现实政策不符等法规、规章专项清理工作。

(二)坚持立法与改革并行

“明者因时而变,知者随事而制。”随着“放管服”系列改革全面破局,部分行政审批事项亟须立法规范。在吸收施工图“多审(图)合一”、工程测绘“多测合一”经验基础上,制定并联审批领域地方性法规《滨州市工程建设项目并联审批管理规定》,通过立法及时规范审批各环节工作,实现了重大改革于法

有据。工程建设项目并联审批立法后，项目建设压缩至4个环节即可完成，申报材料减少67%，申请表单填写要素减少43%。

三、推进简政放权，激发市场主体活力

权力清单、责任清单、负面清单“三张清单”是法治政府建设的有力抓手，其背后的理念即“法定职权必须为，法无授权不可为”。滨州市持续推进“放管服”改革，加快政府职能转变，逐步形成聚焦主业、重塑优势、创新发展的工作格局。

（一）深入实施流程再造

2018年7月，滨州市利用1个月时间，实现了政务服务集中审批。实行“1+10+N”改革体系，深入实施了政务服务十大类、31项重点改革，完成187项行政审批事项流程再造，“滨周到”服务品牌深入人心。全面推行“一窗受理、一网通办是标准，并联审批、帮办代办是底线”，在全省率先攻克电子材料合法化、电子印章等4项关键技术，实现县级以上重点项目帮办代办全覆盖。开展“证明材料不用跑”改革，建立线上线下协查机制，切实减轻企业和群众证明负担。

（二）大力加强诚信建设

深入实施“3511”工程：将50家企业纳入“白名单”，全额快速融资；50家企业纳入“黑名单”，加快分类处置；对50家企业进行帮扶，推进无还本续贷业务；公布一批打击逃废债典型案件，维护保障金融经济秩序；建设一个企业融资综合服务平台，提供多元化融资、增信服务。同时，连续举办“滨州企业日”活动，建立“e盏茶室”平台，设立企业“旗帜广场”，法治环境下“尊重企业家、厚待投资者、服务纳税人”在滨州蔚然成风。

四、坚持严格执法，维护社会公平正义

行政执法是建设法治政府的重要内容，直接关系群众切身利益，关系政府形象和权威。滨州市在行政执法规范化建设方面做了大量工作，深入开展执法监督精准化、执法流程规范化、案卷评查常态化、执法队伍专业化、执法过程

信息化"五化"建设,不断提高行政执法水平。

(一)深化综合行政执法体制改革

自 2016 年起,开展综合行政执法体制改革试点,推行跨部门综合执法,形成"三级执法、重心下移、条块结合、以块为主"的综合行政执法管理体制和运行机制。市直 25 支执法队伍整合压减为 13 支,县级平均不超 8 支,全市 92 个乡镇(街道)全部设立综合执法办公室,建立综合执法平台。

(二)建立"四位一体"监督机制

创新执法监督方式,实施重点领域全面监督、突出问题专项监督、投诉举报个案监督、跨部门协同监督的"四位一体"监督机制。2020 年新冠疫情防控期间,进一步加大监督力度,规范涉疫执法,开展了涉疫重点领域行政执法专项监督,严防执法缺位和出位问题。全面推行"双随机、一公开"监管,推进"互联网 + 监管"。2020 年,市司法局与市人民检察院联合建立行政检察与行政执法监督联动机制。

(三)建立涉企执法备案管理制度

为规范涉企执法,减少企业迎检负担,创新建立涉企执法备案管理制度,制定涉企行政执法备案实施细则,建立企业"免检期"制度。建立健全审慎监管机制,制定"不罚清单"和"轻罚清单",形成柔性执法"滨州标尺"。2020 年,全市备案涉企执法计划 115 个,涉企执法 4031 次,重大执法决定 213 个,作出轻罚或不罚决定 564 起。

案例链接

为进一步优化法治环境,滨州市创新建立以涉企执法备案制度为核心的"33522"(3 项备案、3 项制度、5 项机制、2 张清单、2 个沟通渠道)事前、事中、事后全流程执法监管模式,给执法部门戴上"紧箍"。实施三项备案,即对涉企行政执法计划、过程、结果全过程备案,杜绝随意执法。推行三项制度,即涉企执法公示、涉企执法全过程记录、涉企重大执法决定法制审核,规范涉企执法程序。制定五项机制,即部门联合执法机制、执法科室统筹机制、执法部门上下级之间统筹机制、企业"免检期"机制、非现场涉企执法机制,压减涉企执法数量。公布“两张清单”，即涉企“不罚清单”和“轻罚清单”，实施包容审慎监管。打通“两个渠道”，即涉企执法回访渠道、投诉举报渠道，加强企业沟通联系。通过电话回访，实施涉企执法备案制度后，企业对涉企执法满意度大幅提升。

五、加强监督制约，让权力在阳光下运行

权力制约监督是依法行政的重要保障。滨州市政府全面加强自身建设，主动接受监督，切实把权力关进制度的“笼子”。

（一）自觉接受人大监督、民主监督、司法监督

每年市人大常委会会议均专题审议法治政府建设工作报告。2017 年 5 月，市人大对《行政诉讼法》实施情况进行检查。2017 年 7 月，市政协对重点部门依法行政工作开展了民主监督性评议视察活动。2017 年，行政机关负责人出庭应诉率不到 30%，针对这一问题，市委书记、市长约谈部门主要负责人，建章立制规范行政机关负责人出庭工作。2020 年，行政机关负责人出庭应诉率和履行法院生效裁判文书率实现了两个 100%。

（二）行政复议倒逼执法规范

自 2013 年 9 月 20 日开始实施集中行政复议职权，截至 2020 年年底，市本级复议机关从 57 个减为 1 个。集中复议职权后，对执法中存在的问题能够及时发现，全面掌握，针对基层办事处拆迁类、涉军涉访行政处罚类、房屋登记确定类、交通处罚类等批量复议案件集中出现的情况，形成了行政复议案件分析报告 22 篇，对促进执法规范化起到了良好作用。

（三）政务公开打造透明政府

全面推进政务公开，将公众普遍关心关注的政务信息进行整合，公众在一个专栏获取绝大部分重点信息。设置了常务会议专栏，对政府重大决策进行及时公开和解读。开展政务公开“三亮”活动，政府部门主要负责人年初亮目标、年中亮进度、年底亮结果，接受各界评议。

六、强化法治保障,社会稳定群众安居

滨州市高度重视厚植信法、守法的土壤,以法治思维和法治方式化解矛盾、维护稳定,以法治保障群众安居乐业。

(一)高标准顶层设计

创新建立了法治政府建设目标管理体系,“常量 + 变量”推动宏观任务落到微观实处。紧紧抓住领导干部这个“关键少数”,市委、市政府主要领导每年亲自点题、部署、批示法治建设工作 10 余次,全力推进党政主要负责人履行推进法治建设第一责任人职责。在领导干部连续任前考法 15 年基础上,创新建立了领导干部学法、用法、守(普)法、考法、述法“五法并举”制度,以法治教育云平台为依托,开展公职人员集中学法、考法,不断培树领导干部法治思维,推进法治政府建设向纵深发展。

(二)优化公共法律服务体系

2008 年,在全省率先推行了法律顾问全覆盖工程,2017 年,开展了“一村(社区)一法律顾问”工作,打通了法律服务群众的“最后一公里”。2019 年以来,推行政府购买法律服务配备县乡专职人民调解员新模式,实现县区 5 人、乡镇(街道)3 人专职人民调解员配置。实行法律援助“点援制”试点,实施基层社会治理全科大网格治理效能提升工程,推行集约化“一站式”非诉矛盾纠纷化解,实行政府购买法律服务落实惠企政策,群众安全感、获得感、满意度持续提升。

法治是最好的营商环境。滨州市在“双招双引”工作中,外地客商表示最看重“全国法治政府建设示范市”这块招牌。下一步,滨州市将以习近平法治思想为指导,不断深化法治政府建设,推进法治政府建设提档升级,以法治政府建设引领经济社会高质量发展,不断书写新时代全面依法治市新篇章。

撰稿人:李玉会　张双成　于友华

河南省

驻马店市

创新法治驱动　激发社会活力

近年来，驻马店市始终把法治政府建设作为推动城市发展的重要抓手，积极处理好政府与市场、政府与社会的关系，努力把政府工作重点转到创造良好法治环境、提供优质公共服务、维护社会公平正义上来，法治政府建设真正成为激发社会创新发展活力的源头推动力。

一、紧抓重点环节，扎实推进法治政府建设

“拿到结果前心里其实很忐忑，好在平时的学习没落下，对考试结果基本满意。”驻马店市市场监管局一位负责人参加完依法行政能力考试后很有感触地说。2018 年 11 月 17 日，驻马店市政府牵头组织市直各行政部门 430 人参加依法行政能力考试，考试委托专业机构出题，并在保密机构封存，由市司法局和政府督察室联合成立巡考组，并进行视频巡查。此后，每年一次各行政部门“一把手”都要参与的依法行政能力考试成为驻马店市法治政府建设的“新常态”。以学法“固源强源”，以法律知识测试“清源归源”，促使广大领导干部和执法人员扣紧提高依法行政能力“第一粒扣子”，切实抓好“关键少数”的尊法学法守法用法才是整个机制的最终目的。如今，遇事找法早已成职能部门规范行政行为的基本理念。

积极推动复工复产，为群众提供优质高效法律服务。近年来，凡涉及协调处理产权纠纷、涉法涉诉、信访案件等问题时，司法行政部门都要提前介入、全

程参与,对涉及重大决策、热点难点等问题,邀请法律专家现场分析讲解,提出依法解决路径。

同时,早已形成的市、县、乡三级法律顾问网格,在法治政府建设中起到至关重要的作用。在政府重大决策合法性审查的框架内,凡是未经政府法制审查机构审核的规范性文件、重大合同、各类框架协议等一律不准提交政府常务会议研究。市政府要求,司法局列席政府办公会,凡政府文件、协议等均须通过司法局审查后才可下发。市政府在始终坚持职权法定、守住权力边界,始终坚持"法定职责必须为、法无授权不可为"理念上一以贯之。

此外,以"一平台、两抓手,一带动、一考核"为主体的"1211"法治政府建设推进机制,助推法治政府建设稳步前行。依托市司法局网站建立的全市依法行政网络督导平台,将法治建设成效纳入领导班子政绩考核指标体系,并列入政府年度工作目标责任考核重点,通过激励问责确保法治政府建设提质增效。

二、优化法治营商环境,激发市场主体活力

为建立服务企业快捷长效机制,2018年,市委、市政府出台《关于建立企业服务日加强服务企业工作的意见》。"企业服务日"实际上是为了畅通企业表达诉求和建言献策开辟的一条渠道,是驻马店市政府深化"放管服"改革、营造法治化营商环境的一个缩影。"放管服"改革的精髓在"放"、核心在"管"、升华在"服务",这是对政府依法行政效能的一次升级。

案例链接

"特事特办,真正站在企业的角度思考问题、解决问题,作为企业主,我感觉内心很温暖。"河南某公司负责人说。2020年年初,该公司碰上一件麻烦事。"当时接到一个大订单,却刚好碰上线路整修停电,若耽误了订单交付,公司就会面临巨额违约金,甚至会有破产的风险。"在市政府的"企业服务日"座谈会上,他抱着试试看的态度提出了公司的困境。没想到仅用3天时间,市政府协调城管、城建、电力等部门为他们架起了一条备用电线,一举将企业带出困境。政府帮助他们架起的不单单是一条线路,更是一座"连心桥"。

“一窗式受理”“一站式办结”“一条龙服务”，在“四级便民服务体系”架构下，着力打造的便民15分钟服务圈，无一不彰显出驻马店市政府深化“放管服”改革和建设法治政府的魄力和担当。此外，作为2020年民生实事和惠民工程之一，44个部门和单位的1195项审批服务事项全部进驻市民中心办事大厅，让群众和企业真正感受到“进一扇门、办所有事”。

为使“放管服”改革各项举措落到实处，驻马店市成立了深化“放管服”改革推进审批服务便民化领导小组，下设精简行政审批组、优化营商环境组、激励创业创新组、深化商事制度改革组、改善社会服务组5个专题组，一网通办组、只进一扇门组、最多跑一次组3个功能组，以及综合组、法治组、督查组、专家组4个保障组，统筹协调政府涉法涉政职能部门，进一步理顺政府与企业、政府与社会的关系。

率先在全省实现不动产登记“一窗受理”，率先在全省完成全面推行市场准入负面清单制度，深入推进“无证明城市”创建，“一网通办率”达100%。法治政府建设的不断深入，让企业和群众得到实惠，让政府各项工作都驶入了“快车道”。

三、创新公共服务载体，依法化解社会矛盾

“真没想到之前久拖未决的事被一个电话就给解决了。”市民胡先生在2020年4月22日拨打“12345”热线，反映自己被拖欠工资和不予缴纳社保的情况，一周后，被拖欠的工资和社保如数到账。此外，市政府对胡先生所在的公司进行倒查，举一反三，一次性解决同类型问题，避免像胡先生类似的事件再次发生。

“12345”热线平台实行律师值班制度，同时设立4个座席接听群众来电，法律咨询当场解答，对民事纠纷给出专业意见，符合援助条件的可直接对接法律援助机构，属于司法业务范围的也可直接转办。“这个平台已经成为促进政府部门依法履职，提高公信力的敲门砖，更是政府对各行政部门行政效能监管的‘第一线索’。”“12345”政务服务中心负责人介绍，目前，该中心日均接听群众来电2000通，已成为老百姓表达诉求、建言献策的“第一窗口”，同时也是政

府监管各行政部门的“考核表”,更是政府把握民意的“晴雨表”。

据介绍,该中心成立之初就以“一号对外,互联互通”为宗旨,将64个市直部门的32条政务热线和监督热线统一整合,将全市13个县区纳入“一张网”,实行“7×24小时”工作制,确保热线服务365天“不打烊”。

目前,该平台设置接线坐席100个,对群众来电涉及政府工作、城市治理、社会民生、文化教育、医疗卫生、环境保护等各个领域问题进行直办转办,涉法涉诉等领域来电直接转接值班律师坐席。每周的“市长接线日”也成了这个平台最大的特色,由各职能部门的分管副市长接听群众来电,了解群众诉求,有效化解社会矛盾。群众不仅可以通过“12345”热线获得便捷、快速、精准的服务,还可以通过网络、微信公众号、“咱家驻马店”App了解各项政策,获得政府部门职责内的各类服务,也可直接通过这两个渠道对职能部门进行投诉举报。同时,该平台通过大数据整合、分析,形成报告结论,将群众反映问题集中事项以“每日报告”“每周报告”“每月报告”“舆情专报”的形式呈送市长、各分管副市长和相关市直单位“一把手”,以完善的追责制度真正让这个平台做到有的放矢。

如今,“12345,有事找政府”这句话已经深深扎根在驻马店老百姓的心里。数据显示,2020年以来,该中心已受理群众诉求271,887件,诉求办结率95.63%,回访率达100%,满意率达95.57%。面对当前社会矛盾增长快、燃点低、处置难、对抗强的特点,市政府着力推动公共法律服务体系建设,由市政府负总责、市司法局牵头、各职能部门为主体,调解、仲裁、行政裁决、行政复议、诉讼等矛盾多元化解方式融合运行,全市建成启用市级公共法律服务中心1个、县区公共法律服务中心9个,实现了实体平台全覆盖。

撰稿人:张建东　李　瑞

湖北省

宜昌市

法治让百姓生活更美好

党的十八大以来，宜昌市委、市政府坚持以习近平法治思想为指导，始终将法治政府建设作为全面依法治市的重点任务和主体工程纵深推进。如今，宜昌法治政府建设交出了一份令人满意的成绩单：2017～2019 年，宜昌市法治建设绩效考核连续 3 年位居全省第一。

一、科学立法，“法治蓝图”绘就幸福底色

黄柏河，是长江的一级支流，贯穿湖北省宜昌市，承担着宜昌市 7 个县市区 200 万名居民供水、100 万亩农田灌溉的重任，被誉为宜昌的“母亲河”。但前些年随着城镇化进程加快和矿产资源开发力度不断加大，废水排放、养殖排污等问题日益严重，严重威胁到黄柏河的供水安全。

为了加强对黄柏河流域保护，宜昌市先后制定了《关于加强黄柏河东支流域磷矿开发利用环境监督管理的意见》《黄柏河东支流域水环境综合治理实施方案（2016—2020 年）》等文件。2018 年 2 月 16 日，历时一年多制定的地方性法规《宜昌市黄柏河流域保护条例》，经湖北省人大常委会批准正式施行。与此同时，还出台了《黄柏河东支流域生态补偿方案（试行）》，在黄柏河流域探索建立生态补偿制度。自此，全面拉起黄柏河流域保护的法治“高压线”，黄柏河流域保护由“有章可循”上升为“有法可依”。

将黄柏河流域水环境综合治理的有益经验以地方性法规形式固定下来,用法治思维和法治方式推进流域保护,为维护河流生态环境、实现河流生态功能永续利用提供有力法治保障,这是《宜昌市黄柏河流域保护条例》颁布实施的重要意义所在。过去樟村坪镇沿河布设的矿山堆场一度成为黄柏河流域水生态安全隐患,如今,该镇积极依法履行黄柏河流域生态保护的属地责任,已关停 6 家矿山企业。当地村民也主动谋求转型,变“卖矿石”为“卖空气”“卖山水”,纷纷吃上了“旅游饭”。

立足人民群众对美好生活环境的需要,宜昌市委制定《党委领导地方立法工作规则》,全面加强党对立法工作的领导,确保每一项立法都符合宪法精神、体现党的主张、反映人民意志,从而广泛凝聚社会共识。自 2016 年行使地方立法权以来,宜昌市人大常委会、市政府分别制定了 7 部地方性法规、5 部市政府规章,让改革在法治轨道上破题、在法治轨道上推进,夯基垒台、积厚成势,迸发出源源不竭动力。先后制定《宜昌市黄柏河流域保护条例》《宜昌市扬尘污染防治条例》等,加强生态环境保护,妥善处理保护与发展的关系,让宜昌蓝天长驻、青山常在、碧水长流;制定《宜昌市城区建筑物外立面管理条例》《宜昌市城区建筑垃圾管理办法》《宜昌市禁止违法建设管理办法》等,解决了一批城市管理中“老大难”问题,切实提升了老百姓的幸福感和获得感;出台《宜昌市电动自行车管理条例》《宜昌市城区养犬管理办法》等,让老百姓在法治的保障下生活得更有尊严、更安全、更幸福。

二、阳光执法,奉法为民增强群众获得感

针对多头执法、执法交叉和执法空白问题,宜昌市作为中央编办确立的综合执法改革试点城市,按照减少层次、整合队伍、提高效率的原则实行综合执法,大幅减少执法队伍种类,为克服行政执法中的乱象顽疾开出了治本药方。

2015 年,经省政府批准,宜昌在全省范围内率先实施开发区(高新区)综合执法,设立宜昌高新区综合执法局,集中行使城市管理、安全生产、劳动保障监察等 19 个方面的行政处罚权和行政强制权,实行了“一支队伍管执法”。2018 年,宜昌高新区(自贸片区)管委会获省政府批准集中行使行政许可权,实现了“一枚印章管审批”。2016 年,率先实施流域综合执法,打破行政区划、部门分

工，成立了黄柏河流域水资源保护综合局，下设执法支队，集中行使水利、环保、农业、渔业、海事等6项行政监督检查、96项行政处罚、14项行政强制职能。

2018年，在夷陵区率先实施县域综合执法改革，撤销或调整原设置的22个领域、44个专业行政执法机构（不含乡镇站所），新组建区综合行政执法局，按领域设置城市管理和交通运输、市场监管和文化旅游、自然资源和生态保护、安全生产和民生保障4个执法大队，按区划设置13个乡镇（街道、试验区）执法分局（执法大队），统一行使2542项行政处罚权，实现“一支队伍管执法”。

依法行政，执法是关键。坚持从群众最不满意的地方抓起，从群众反映最强烈的问题改起，坚持严格规范公正文明执法，让执法为民的理念内化于心，让执法规范化的要求外化于行。实施“互联网＋监管”“双随机、一公开”，推行轻微违法行为告知承诺制等监管模式，实施“环保＋公安”“渔政＋公安”等联合执法，全面落实行政执法公示制度、执法全过程记录制度、重大执法决定法制审核制度，让人民群众从每一个执法行为和执法案件中都能感受到公平正义，不断提高政府公信力和人民群众满意度。

畅通行政复议渠道，引导当事人依法、有序、理性表达利益诉求，综合运用调解、和解等方式化解行政争议。在全省率先建成数字化行政复议听证室，多年来，市政府始终保持行政复议案件法定期限受理率、审结率达100%，实现了办案“零投诉”“零上访”。以市政府为被告的行政应诉案件无一起被人民法院确认违法、撤销或变更，全市行政机关负责人出庭应诉率保持在90%以上。

三、以法为基，让法治成为最好的营商环境

宜昌将法治思维和法治方式贯穿于深化简政放权、放管结合、优化服务等着力提升政务服务能力和水平的各个方面，用法治引领和护航经济社会发展。紧盯“放管服”改革的痛点、难点、堵点，切实抓好“一网通办”，推深做实“六多合一”，为项目快准建和企业快准营注入强劲活力。2020年，共对70多个项目竣工验收跟踪服务，变以往单项验收为联合验收，规划、消防、人防、城管等多部门专班同步进场、分头勘验、集中反馈，将验收时限由57个工作日压缩至10个工作日，为企业节约了时间成本。

以更有力的法治举措推动营商环境不断优化，把平等保护贯彻到立法、执

法、司法、守法等各个环节,用法治方式为各类市场主体架起了一张“防护网”,让营商环境更温暖,企业经营更有安全感。在全省率先全面推行企业投资项目审批告知承诺、标准地出让、先建后验、局长驻窗口等系列改革措施,公布“马上办、网上办、就近办、一次办”清单,90%以上行政审批及政务服务事项网上可办;建立完善首问负责、限时办结、一次性告知等制度,实行村级代办、网上代理审批“两代”机制,基本实现群众办事“只进一门”“最多跑一次”。

公共法律服务打通服务群众“最后一厘米”,主动服务、智能服务、线上服务成为服务群众和市场主体的重要方式。全市共建立市、县公共法律服务中心14个,乡镇(街道办事处)公共法律服务工作站109个,村(社区)公共法律服务工作室1601个,法务网格11,757个,实现公共法律服务实体平台全覆盖。开通“宜律帮”和“企业直通车”网络平台,为群众和市场主体提供“5+2”“白+黑”“24小时不打烊”的公共法律服务。持续开展“千名律师进千企、助推企业经营发展”专项活动,组织全市律师事务所近千名律师与2649家企业对接,开展“法治体检”和服务,为市场主体平等竞争、蓬勃发展厚植土壤。

审批事项少了,办事速度快了,政务环境优了,执法效能高了。宜昌市已成为中西部地区人才高地、资金洼地、市场主体首选的福地,成为中国最具投资吸引力的城市之一。

案例链接

宜昌市以“多规合一”为切口,融合城乡规划、土地利用、环保、林业等多项规划,形成“一张蓝图”统筹实施,让拿地不再难。“太快了!我们项目从立项、规划到敲定地块仅用10天。”宜昌高新区一位项目相关负责人说,“数字化审图平台建立之前,要跑5个部门、送8套图纸。现在,图纸网上传输、信息实时共享、项目单位一次不跑,审图时限也由一个多月压缩为8个至12个工作日,提速30%以上”。“多审合一”破解“审图慢”,“多验合一”则破解了“验收拖”。

四、“三治融合”,基层社会治理百花齐放

近年来,宜昌市下辖的宜都市整合法治资源,选齐配强155名法治村主任

参与调处纠纷、民主决策、办理法律援助案件，构建“社区一刻钟、农村半小时”法律服务圈，为群众提供优质便捷的法律服务。

宜都市五眼泉镇鸡头山村家风家训陈列馆，展示了从宜都学者王永彬的《围炉夜话》中提炼出的“勤、孝、净、诚、和”“五美文化”，倡导“家谱传福、家训积福、家规惜福、家颜亮福”的“四福”新家风。这些“草根哲学”，让社会主义核心价值观深根厚植。在陆城街道东风社区有一个由老党员、老干部、老模范组成的“乡绅贤达”团队，通过“有事上门促促和、无事串门聊聊天”的形式，用老百姓的法子，平老百姓的琐事，解决了许多政府想管而又管不了的问题，利用人缘、地缘优势打牢社会治理的民心基础。

自治、法治、德治“三治”融合，村里的党支部书记们更忙碌了，但心气更顺、为民办事的积极性更高了；居民群众多元化的需求更多更便捷地得到满足了；政府“掏腰包”买服务，老百姓得到的实惠更多了。如今，尊法、学法、守法、自觉用法，法治理念如春风般深入人心，全市法治化水平明显提升。

撰稿人：叶爱华　姚玉庭　蔡钧庭

全域发力久久为功 着力打造法治政府建设新标杆

近年来,益阳市以打造法治政府标杆为目标,高标准、全方位推进法治政府建设,全面提升政府工作法治化水平,凝心聚力、精准发力,树立了法治政府建设的"益阳样本"。益阳市注重全域发力,精准施策,从尊重民意、顺应民情、汇聚民智、聚焦民生入手,努力将法治政府建设成果转化为法治惠民实效,做到权力运行有法度、公共服务有温度、政府立法有准度、执法改革有力度,切实提升了群众在法治政府建设中的获得感、幸福感和安全感。

一、厘清权责,为权力运行铺设"法治轨道"

正确处理政府与市场之间权责边界,让政府各项权力在法治轨道上依法有序运行,是建成法治政府的主要目标。要把政府的权力关进制度的笼子,真正做到所有权力进清单、清单之外无权力,既要让政府做好应该做的事,也要保证政府不做不能做的事。

实施"清单化"管理。一是做到"法无授权不可为"。全力推进政府权力清单与责任清单制度,实行动态管理,目前市级政府部门权责清单包含行政职权2633项,其中行政许可106项、行政处罚1927项等。二是做到"法定授权必须为",每年都对市级政府部门的公共服务事项进行梳理,印发了《益阳市市级公共服务事项目录》，共公布 36 个单位公共服务事项 269 项，其中依申请类 95 项，主动服务类 174 项。三是做到“禁止事项不能为”。每年市政府在环境保护、项目投资、国有资产处置等重大领域的特定事项实行严格的负面清单制度。四是加强重大行政决策法治化建设。制定出台《益阳市人民政府工作规则》《益阳市人民政府重大行政决策程序规则》《益阳市公文处理办法》等，将法治化要求全面贯穿政府重大行政决策、政务行为管理、公文办理等各个环节和各个流程。完善重大行政决策目录管理办法，对市本级制定经济和社会发展的重大政策措施等 15 个领域共 95 项重大决策事项进行清单化、目录化管理。

打好监督“组合拳”。在人大法律监督和政协民主监督方面，近几年市政府办理人大代表建议 485 件、办理政协委员提案 596 件，办理责任有效落实。在司法监督方面，各级法院督促市政府依法做好行政应诉工作。2018 年以来市政府共办理行政应诉案件 170 件，所有行政应诉案件均做到有诉必应、积极答辩、按期出庭。在舆论监督和社会监督方面，益阳市连续 3 年获评“湖南省政务公开政务服务工作先进单位”，坚持做到“三个主动公开”：主动公开政务信息，主动公开重点民生领域政务信息，主动公开公共服务政务信息，切实保障人民群众对政府权力运行的知情权、参与权与监督权。

二、放管结合，让公共服务紧贴“人间烟火”

近年来，益阳市顺应民情全力推进“放管服”改革，让人民群众切实感受到法治政府建设的实惠与成果，让政府出台的公共服务和便民措施更加接地气、更有“烟火味”。

坚持以推进行政审批改革为抓手，以全面落实“放管服”改革要求为牵引，在行政权力上做减法，在公共服务上做加法，政府公共服务实现了全面提质提速。加大对行政审批项目的清理力度，每年都对行政审批项目进行全面清理，目前所有非行政审批事项全部取消，市政府本级实施的行政许可项目只有 106 项，为全省各市州最少；减少审批时限，所有行政许可事项办理时限缩短至法定时限 2/3 以内甚至更低，所有审批及许可事项均实行目录化、动态化与编码化管理；加大对行政审批中介服务清理力度，涉及清理 15 个市级政府部门 83 项行政审批中介服务事项，共规范行政审批中介服务事项 143 项，共有 60 余家中介服务机构完成了脱钩;全面提速政务服务效能,深入推进“马上办网上办就近办、一次办”改革,精简办事环节,公布市级“马上办”事项254项、“网上办”事项801项、“就近办”事项52项、“一次办”事项804项。

2020年新冠疫情防控期间,益阳通过市政务服务旗舰店、市行政审批服务局微信公众号及各部门网办平台等信息化渠道,进行网上预约、网上申报、网上办理、EMS双向快递,积极推进“网上办”,并完善“智慧益阳”平台建设,确保企业复工复产各项帮扶政策的及时公布、广而告之。

三、精准实用,把立法成果融入“生态山水”

益阳市在生态文明建设上精准发力与大胆探索,积极运用地方立法护好一方山水、构建美丽“益阳生态圈”。

立保护生态之法、立护航绿色之法。《益阳市城市规划区山体水体保护条例》是益阳市获得立法权后出台的第一部地方性法规。该条例对山体水体保护的责任分配、规划编制、保护措施、禁止行为等作了相应规定,使总面积达1058平方公里的城市规划区绿水青山的保护与执法实现了有法可依。

近5年来,相继出台了《益阳市畜禽水产养殖污染防治条例》、《益阳市扬尘污染防治条例》和《益阳市中心城区资江风貌带管理暂行办法》等6部地方性法规和6部政府规章。2019年2月1日起施行的《益阳市中心城区资江风貌带管理暂行办法》,按照“管什么、谁来管、怎么管”的思路,对资江风貌带的管理工作进行全面规范,解决了相关职能部门在资江风貌带管理中存在的职责不清、管理粗放等问题。“山与水的对话、城与山的对话、水与城的对话、自然与人文的对话”,益阳市资江风貌带建设指挥部办公室负责人说,“有了《益阳市中心城区资江风貌带管理暂行办法》这部政府规章,我们在管理与执法上有了法定依据,资江风貌带一定会保持水清、河畅、堤固、岸绿、景美,将铺开益阳生态发展的崭新画卷”。

四、系统集成,为行政执法订制“标准格式”

加大行政执法的规范化、标准化建设,创设出一套合法依规的行政执法标准流程与制度体系，让人民群众在每一次行政执法过程中真实感受到公平正义，是提升行政执法水平、维护和展现政府公信力的最优路径。

近年来，益阳市以全面落实行政执法责任制为抓手，形成一套管理严格、标准精细、程序规范、体制顺畅、运转高效的行政执法配套制度体系。一是严格落实行政执法人员资格认证制度，出台行政执法人员和行政执法辅助人员管理办法，全市15,000余名行政执法人员和行政执法监督人员均做到持证上岗；严格落实行政执法人员业务培训制度，连续4年联合高校举办法治骨干培训班，全市13,000名执法人员做到每3年轮训一次。二是严格落实行政执法裁量基准制度，全市各行政执法单位定期修订和完善行政许可、行政处罚裁量基准。三是严格落实执法公示制度，使执法信息公示贯穿事前、事中、事后各个环节，2020年全市各级行政执法部门公示执法事项共计60,000多项；严格落实执法全过程记录制度，实现对行政执法的启动、调查取证、审核决定、送达执行等全部过程规范记录，保证了行政执法全过程留痕、可回溯，所有重大执法案卷都有音像记录随案存档，目前市本级配备行政执法记录仪800余台，各区县（市）配备行政执法记录仪1900余台；严格落实重大执法决定法制审核制度，在湖南省率先出台重大行政执法决定法制审核和集体讨论决定制度，对重大行政处罚决定法制审核实现清单化管理并实现全覆盖，2020年上半年，全市各级法制审核机构对执法决定出具法制审核意见9300余件。四是全面推行行政执法检察监督制度。注重行政执法与司法监督的有机衔接，落实行政执法检察建议书制度，支持全市各级检察机关履行对行政机关违法行使职权等行为的检察监督权。近年来，全市各级检察机关出台行政执法检察建议书100余份，件件有回复。五是严格落实行政执法案卷评查制度。每年从行政许可、行政处罚、行政强制、行政强制、行政确认案件中抽取120多个案卷集中开展评查，将案卷评查结果以新闻发布会的形式在全市进行通报。每年市政府编印行政执法指导案例并定期发布。六是严格落实行政执法督察制度。每年市监察委、市中级人民法院、市人民检察院等联合组成督察组，对行政执法单位进行专项监督检查，实现督察全覆盖；落实行政执法协调机制，每季度定期召开市重点领域行政执法工作联席会议，有效协调解决市直行政执法部门权限问题。七是全面推行行政执法体制改革。自2019年起，益阳市先后在城市管理、市场监管、农业、生态环境保护、文化市场、交通运输六大领域全面推进综合行政执法改革,组建相应的综合执法专业队伍,在上述领域实现“一支队伍管执法”。按照要求采取下放或委托方式,先后赋权乡镇(街道)执法权限100余项,目前各乡镇(街道)均已经设立了乡镇综合行政执法大队。

案例链接

“这真是教科书式的执法!”2020年12月,益阳市资阳区一村民在接受湖南日报记者采访时,对资江流域禁捕退捕中的行政执法予以充分肯定,“执法人员接到老百姓的举报电话,在最短时间内赶到现场,而且执法程序规范,为现场围观的群众上了一堂生动禁渔和保护水产资源的现场法治教育课”。自2020年7月起,益阳市加大对禁捕退捕的执法力度,针对禁渔行政执法主体不明、交办程序较多、执法效率不高的现状,及时整合公安、农业、城管、生态环保等部门执法力量,推进综合执法,为资江流域禁渔全程提供可靠的行政执法保障。

法治政府建设没有完成时,只有进行时。益阳市将把握新时代新机遇,坚持目标导向、问题导向、效果导向,进一步提升干部群众学法、尊法、守法、用法的自觉性;推进严格公正执法,提高执法公信力;加强执法队伍建设,提升执法能力水平,以进一步提升法治政府建设整体质效为契机,全面推动更高水平、更高层次的法治益阳、平安益阳建设!

撰稿人:曾戈彬　何太平

法治光芒耀东江

走进“湘南明珠”东江湖畔，法治文化公园、法治文化走廊迎面扑来，似初升的朝阳温暖大地，温暖人心！无论是田间地头，还是园区景区，资兴市到处洋溢着法治政府带来的潜移默化的公平正义气息！无论是当地居民，还是外地客商，无不体会到资兴法治政府建设带来的高效便捷。

一、简政放权引领新发展

建设法治政府，就是政府要依法行政、依法履职，该管的事一定要管好，该放的事一定要放足放到位，坚决克服政府职能错位、越位、缺位现象，着力推进经济社会健康发展。

坚持简政放权，推行“放管服”改革。带头尊崇法治，依法全面履职，按照“法定职责必须为、法无授权不可为”要求，全面推行政府及部门权责清单、负面清单制度，先后动态调整 71 个部门单位 696 项权力事项，取消 101 项，变更 385 项。严格执行负面清单制度，凡是清单之外的行业、领域和业务都可以依法平等进入，最大限度减少政府对市场活动的直接干预，提高各类市场主体活力。坚持简政放权理念，把“放管服”改革作为转变政府职能的突破口，按照《资兴市贯彻落实〈法治政府建设实施纲要(2015—2020 年)〉实施方案》要求，确定“路线图”、制定“任务书”、绘好“时间表”，持续深化行政审批制度改革，建立行政审批事项“三清单一目录”,实行目录化、编码化、动态化管理,先后取消行政审批事项303项,取消证明的盖章材料2047项,真正做到“清单之外无证明”,非行政许可审批事项全部取消,让群众和企业彻底摆脱开证明、盖公章的烦恼,为他们节省了时间,减轻了负担。

优化政务环境,贵在高效便民。以实施国务院基层政务公开标准化规范化试点为契机,大胆改革,积极创新,简化办事手续,履行法定职责,提高办事效率。梳理公开事项483项,通过媒体向社会公开。按照“路径最短、环节最少”原则,构建了“一号”申请、“一窗”受理、“一门”分发、“一网”通办、“一厅”出件、“一件”监察的“六个一”政务服务新模式,全市所有行政审批服务事项平均办理时间由原来的20.3天减少到现在的4.3天。

政府降门槛,群众少跑腿。随着一系列政务服务改革展开,简化了办事程序,优化了政务环境,树立了良好形象,迎来了外来投资新高潮。2016年,资兴发现优质硅石矿的消息经媒体发布后,吸引了深圳某集团的关注。该集团为了确保投资安全,派出专门班子深入市资兴政府部门、企业、小区“微服暗访”资兴的法治环境,政府办事效率、办事作风等。通过考察了解后,总部决定在当地投资7.8亿元设立相关项目。项目从开工到投产,只用了不到一年的时间,创造了该集团历史上的新速度。

资兴开明开放的政务环境、高效便捷的办事效率、公平正义的法治环境,赢得了老百姓赞同,吸引了外来投资,引领了资兴市发展。近年来,资兴市先后吸引国内外企业投资310亿元,引进全国500强企业2个,2017年跻身中国县级市全面小康指数排名全国百强。

二、依法决策打造“快车道”

“决策先问法,违法不决策。”资兴市委、市政府依法决策、民主决策,从根本上避免了因决策失误造成的重大损失,避免了经济社会发展走弯路,促进了经济社会健康快速发展。

在重大决策上,严格落实风险评估、民主决策、专家咨询等程序,规范权力运行;严格落实重大行政决策责任追究制,从源头上杜绝违法决策现象发生。先后出台了《资兴市人民政府重大行政决策程序规定》《资兴市重大行政决策听证试行办法》《资兴市重大民主决策专家论证办法》等制度，明确重大决策事项、主体、程序和责任，将征求法律顾问意见、法制部门合法性审查作为政府及部门作出重大行政决策的前置条件，为从源头避免违法决策、专断决策、拍脑袋决策提供保障。保障政府法制机构和法律顾问参与重大行政决策，认真听取并充分考虑法制审查意见、风险评估意见，是确保重大行政决策依法、可执行的关键所在。

案例链接

某南方水泥公司是一家位于资兴城区边上的大型国有企业，也是资兴的纳税大户。但是随着资兴城区拓展和生态环保、转型升级高质量发展要求，该公司的搬迁问题摆上了市委市政府的重要议事日程。市委市政府组织专家论证、推动进行合法性审查、“两代表一委员”讨论及举行听证会以应对该公司搬迁选址难、征地难等问题。2019 年，市委市政府依法做出将该公司搬迁到 10 公里外的地方的决策。这一搬迁决策，充分体现了资兴市委市政府“依法决策”的执政理念，即使有利于发展的事，也要按照法定程序依法依规来办。

该有限公司相关负责人表示：“感谢市委市政府依法高效解决公司建设用地。公司搬迁后，生产工艺更加符合国家环保要求，实现转型升级高质量发展！每年生产水泥 200 万吨，创税收 7000 万元。”

三、法治保护一湖东江水

位于资兴市的东江湖面积 160 平方公里，相当于半个洞庭湖。这里碧波荡漾，烟波浩渺，水质清澈，达到国家一级饮用水标准，被誉为“湘南明珠”，怎样保护好这方绿水青山？答案是，依靠法治。

20 世纪 90 年代，为了发展移民经济，市委市政府提出靠山吃山，靠水吃水，岸上种果，岸边养猪，湖里养鱼，提出“万口网箱下东江”气壮山河的口号，但对东江湖水质的保护带来了挑战，当年的这些决策现今已不适应国家的环保要求。为了保护东江湖水，资兴市多方奔走争取出台了《湖南省东江湖水环境保护条例》，借助法律“利剑”来保护东江湖流域的山山水水。自 2002 年条例颁布以来,历届市委市政府施行了对水质最严格的保护措施,以壮士断腕的决心和意志,全面关停湖区周边污染企业,保护性退出合法采矿企业。在东江湖区未批准引进一家涉水污染物排放的建设项目,否决建设项目投资近60亿元;对东江湖流域124.69万公顷林地全面封山育林;实施网箱退水上岸工程,累计上岸网箱面积34.9万平方米;全面实施生猪退养工程,基本实现了湖区畜禽养殖污染“零排放”。

健全生态环境执法联动协作、“两法”衔接机制,对严重破坏生态环境事件扭住不放,一抓到底。针对不断发生的生态环境损害案,资兴积极探索生态司法保护补偿机制,让东江湖生态环境有了一把司法“保护伞”。

四、法治信仰根植心坎上

只有真正树立法治信仰,才能敬畏法律、遵守法律。资兴市委、市政府在实施法治政府建设过程中,始终把树立全社会的法治信仰放在重要位置。

每当人们走进秀流公园、青鲁湖公园、白薇广场、东江文化广场休闲散步时,无不被这里错落有致、形象生动的法治文化碑刻、石刻、雕塑、壁画、标志牌吸引,驻足观看法治人物、法治故事、法治警语、法治条文。资兴市积极探索群众喜闻乐见、生动活泼的法治宣传方式,先后投入1000余万元建设了法治文化走廊、法治文化大道、法治文化主题公园、法治文化主题广场、法治教育基地等法治文化项目,成为市民茶余饭后学法的最佳去处。自编自导自演的法治花鼓小戏《老四维稳》、《一鸣惊人》和法治微视频《宪法在哪里》等法治文艺作品,深受群众喜爱,并分别获得中国戏剧奖·小戏小品奖大赛优秀剧目奖、全国五强、全国第三届“我与宪法”微视频大赛一等奖。反映该市人民调解工作的情景法治舞台剧《三个媳妇》连编6集,在乡、村演出200多场。市花鼓剧团每年开展法治文艺下乡达100多场次,观众人数达10多万人次。

坚持将法治培训纳入在全国率先实施的“一户一产业工人”培养工程的必修课,实现讲政策、学法律、授技能同步实施,被评为“全国终身学习品牌”。“点菜式”法治巡回宣讲、媒体公益普法、以案释法等“法律六进”活动走进千家万户,行政机关“谁执法谁普法”成为常规动作,法治教育纳入市委党校主体班成为固定课程。

五、创新治理换来百姓安

资兴市始终坚持以人民为中心的执政理念，认真抓好乡村治理，着力夯实基层综治网格，全面推进社会治理体系和治理能力现代化建设，切实保护人民群众的生命财产安全。

市委、市政府想群众之所想，在湖南省率先推行“一村(社区)一法律顾问”制度，免费为全市217个村(社区)聘请法律顾问。一开始村民并不理解，他们认为，几千年来都“衙门八字开，有理无钱莫进来”，法律法规是纸上的东西，还不是人说了算。但随着现实中法律顾问为村民们提供一次次法律咨询，用法律武器帮村民们排忧解难，维护权益，法律顾问已成为村民生活中不可缺少的“法律守护神”，得到村民们的广泛认可。

资兴市创新社会治理新模式，以综治中心为依托，建立了联调、联防、联动、联治、联创五项综治中心工作运行机制，大力推进“雪亮工程”，打造了“综治办+网格管理平台+视频监控平台+N”工作模式，做到了网格化管理城乡一体、重点部位电子监控全覆盖，实现了群体性事件预防处置，突发事件应急处置，重大活动安全保卫数据化分析、扁平化指挥。资兴市率先建立了以人民调解为主体的“三调联动”工作机制，设立县级人民调解指导中心，在全国首创行业调解托管运行模式，在全省率先推行了人民调解救助机制，打造了人民调解“资兴模式”，实现各类矛盾纠纷源头化解、就地化解，维护了社会稳定，构建了和谐社会，推动了乡村振兴。

多年来，资兴市坚持推进法治政府建设，有力保障了政府依法行政、依法决策，营造了公平正义、高效便捷、诚实守信的法治环境，创造了平安和谐、安居乐业的生活环境，法治成为推动经济社会健康快速发展的“成功密码”。

撰稿人：林建秀　雷建华

广 东 省

深圳市

前海创新潮，法治又一春

城市示范，法治先行。作为我国改革开放的“窗口”和“试验田”，深圳市一向以敢闯敢试、勇于创新著称。深圳市在建市之初就高度重视法治，良好的法治环境是深圳市另一个鲜明城市特质。深圳市今日之成就正是改革与法治相辅成、相得益彰的有力证明。在深圳市的法治大厦中，法治政府建设无疑占有举足轻重的地位。经过一代代深圳法治政府建设者的不懈奋斗，如今深圳法治政府建设已结出累累硕果。

一、厚积薄发，做“法治政府建设优等生”

深圳市是一座以法治为底色的城市。建设职能科学、权责法定、执法严明、公开公正、廉洁高效、守法诚信的法治政府，是深圳市长期以来为之奋斗的目标。

1994 年，深圳市在全国地方政府中首次提出建设法治城市的目标，自此，全市坚守信念、潜心苦练、真抓实干，历经 26 年法治“修行”，在重重考验中蜕变成长。2008 年，深圳市即出台了全国首部《深圳市法治政府建设指标体系（试行）》，同时建立了由市长任组长的法治政府建设领导小组，以此统领全市法治政府建设工作。近年来，深圳市先后出台《贯彻法治政府建设纲要的重点工作安排》《法治中国示范城市建设实施纲要》等，切实将法治政府建设作为中心工作进行谋划并推动。自 2009 年起，深圳市率先开展法治政府建设考评。自 2016 年起，深圳市每年制定全面、详尽的法治政府建设工作指引，方便各单位有效提升法治政府建设成效。

深圳市依法行政工作得到了相关上级单位和社会的积极认可，在 2013 年启动的全省依法行政考评中，深圳市连续 5 年被评为优秀等次，其中 3 次在地级以上城市中排名第一。2019 年，在“法治广东”考评中，广东省委全面依法治省办通报成绩，深圳市全省排名第二，考评等次优秀。深圳市因为表现突出、屡获佳绩，被《法治日报》誉为“法治政府建设优等生”。

二、刀刃向内，“优等生”背后的努力

念念不忘，必有回响。深圳市在法治政府建设方面取得的优异成绩来自服务人民的使命感，来自刀刃向内的勇气和不断创新的追求。

（一）转变职能，升级政务服务

近年来，深圳市在法治政府建设的航程中张开了“放管服”和“强区放权”这两张改革风帆，深入推动政府职能向高层次转变。

2013 年，在全国率先推进“先照后证、宽入严管”商事制度改革，为企业松绑，激发社会创业热情。2016 年，加快推进“放管服”改革：深化“多证合一、一照一码”改革；积极推行“双随机、一公开”，95% 以上的日常市场监管事项实施“双随机”抽查；推行政务服务“不见面审批”，覆盖毕业生居住证办理等民生高频服务项目，共计 300 个。

2016 年，以罗湖区城市更新改革为突破口，拉开“强区放权”改革大幕，有力调动了基层工作人员的积极性，释放了城市发展建设活力，从而较好完成了广东省“强市放权”下放的两批共 192 项省级管理权限的承接工作。

作为全国政务信息共享示范市，2018 年，深圳市针对业务量大、群众关注度高的税务、公安、人社等 300 多项事项，推出“不见面审批”和“全城通办”业务。同时，对高校应届毕业生落户、高龄老人津贴申请、企业投资项目备案等 40 项业务，推行无人干预自动审批服务“秒批”模式。在此基础上，强化电子证照和电子材料共享，创立“秒报”模式，即“无感申办”。目前，95% 以上的政务服务事项都可以网上办理，市民和企业通过“i 深圳”政务服务平台即可指尖办

事,省时省力,“秒批”事项已达300个、“无感申办”事项274个。最简手续、最快速度、最低成本,对内提高行政审批效率,对外提升群众获得感。

2020年3月,发布优化营商环境改革重点任务清单,提出210项改革举措,被称为“一号改革工程”重点任务清单。其中,围绕“一网通办、智慧秒批、精准服务”,重磅推出“十大智慧精准服务”,数字政府建设创新步伐不断加快。

(二)源头活水,加强立法保障

除了优化政务服务这股“活水”,深圳市还聚焦全市中心工作加大制度创新和供给,从源头上完善法治化营商环境的制度体系。

1992年7月1日,全国人大常务委员会授予深圳经济特区立法权。截至2020年9月,深圳市共制定法规241项,政府规章319项,从根本上保障了许多重大改革和创新的顺利进行。

近年来,围绕供给侧结构性改革、鼓励创新创业、引进和培育人才、加强城市管理治理和生态环境保护等重点领域,深圳市积极发挥立法引领、推动和保障作用,因地制宜构建符合治理需求、改革创新和民生需要的法律法规体系。

2020年,深圳市人大立法计划和市政府立法计划首次实现“三同步”,即同步草拟、同步审议、同步发布,确保高质高效用好用足经济特区立法权,为建设中国特色社会主义先行示范区,创建社会主义现代化强国的城市范例保驾护航。《深圳经济特区优化营商环境条例》《深圳经济特区科技创新条例》《深圳经济特区个人破产条例》等30多部法规经深圳市人大常委会审议通过或修改修订。深圳正着重在生物安全、应急物资储备、应急管理、绿色金融、社会信用、数据安全等领域研究起草有关立法项目。

(三)标准严明,规范行政执法

法律的生命在于实施。深圳积极推进行政执法规范化建设,促进严格规范公正文明执法。为将权力晒到阳光下,统一执法“度量衡”,积极推进行政执法规范化建设,完善行政处罚、行政强制、行政检查权责清单清理,全面推进行政执法“三项制度”,其中卫生监管部门大力探索的行政执法全过程记录模式取得良好成效,获得部委、省厅领导高度认可。在市场监管、交警、城管等部门得到广泛推广。

案例链接

在深圳，直播不仅是人们展示自我的新方式，更创新性地被运用到行政执法活动中。早在2013年，深圳市市场监管局就已联合深圳广电集团推出全国首档市场监管专题电视节目《市场发现》，受到广大市民的关注和好评。2017年深圳市市场监管局与深圳新闻网推出“星期三查餐厅”行动，构建“直击后厨，公开透明”的食品安全监管模式，形成了全民监管的良好氛围，对餐饮场所产生了很强的警示作用。2018年深圳市市场监管局打造了“九号查酒”食品安全与质量提升专项行动，每月选取9日、19日或29日的一天，组织全系统及检测机构选点开展酒类安全执法行动，并由深圳新闻网直播曝光，大大提高了执法效率和威慑力。2019年深圳市市场监管局与深圳电视台《第一现场》合作推出“星期一查电梯”行动，以现场执法检查与专家会诊相结合，将各类电梯安全检查现场客观完整地呈现给市民。深圳市市场监管局还相继推出“农产品任你查”“走进食品工厂”等多项“直播式执法”活动。

升级改造全市统一的行政执法电子信息平台，提高行政执法的规范化、标准化、信息化水平。由于金融企业密集“扎堆”，深圳市上线了金融风险监测预警平台，将全市24.4万家类金融企业纳入监测，融合海量数据信息，定期对接行政资源信息、投诉举报信息、公安信息、银行资金账户异动线索等数据，同时每日实时采集互联网公开信息，每天更新数据量达5000万条。

（四）约束权力，强化内外监督

近年来，深圳持续推进自我监督和接受外部监督工作，强化对行政权力的制约。全市行政机关负责人出庭应诉比例从2015年的4.1%提高到2019年的16.2%，尊重司法权威的意识及维护司法权威的自觉性不断加强。同时，行政机关败诉率持续下降，由2015年的15.2%下降至2019年的6.2%，5年平均败诉率仅为8.3%，全市行政执法和应诉工作整体状况持续向好得到充分体现。

在重大建设项目批准和实施、公共资源配置等重点领域，建立政策性文件与解读方案、解读材料“三同步”机制,主动公开及时回应社会公众关切的问题。在管好“钱袋子”方面,市财政局联合市政府采购中心于2019年8月发布通知,加强并完善政府采购项目合同备案管理工作,严格规范合同变更行为,推动合同标准化建设,让采购更加“物有所值”。此外,还组织市政府特邀行政执法监督员多次参与安全生产、商品食品抽检等领域执法监督活动,借助第三方角度提高监督公正性,收效良好。

(五)定分止争,注重前端化解

随着深圳法治环境持续优化,市民维权意识不断提高,市政府收到的行政复议申请案件数量也随之快速增长。近年来,深圳市每年平均复议案件数量约占广东全省复议案件数量的1/3。2020年,在受理后办结的2052宗行政复议案件中,维持1021宗,综合纠错率达32.1%,通过“刀刃向内”有力纠正了行政不当或行政违法行为。

为完善行政诉讼体制机制,深圳市于2015年正式启动行政案件集中管辖改革,全市行政案件分“两阶段”集中到盐田法院管辖。深圳法院围绕专业化建设、机制创新、智慧审判等多个方面进行审判体制机制改革,在监督依法行政、行政机关负责人出庭应诉、行政纠纷实质化解等方面均有明显实效。通过5年集中管辖改革,99.9%的行政案件得以实现跨区划管辖,有效破除行政诉讼主客场现象。

为深化多元化纠纷解决机制,减轻当事人诉累,深圳市各法院在立案庭均设立了诉调对接中心,邀请调解组织和调解员进驻,对适宜调解的纠纷引导当事人选择非诉讼方式解决,经调解达成具有民事合同性质的协议后,法院及时予以司法确认。在此过程中,在线司法确认工作室在全市各区多点“开花”,逐步铺开。各级法院、调解组织共同构筑诉调联动工作体系,促进司法效率极大提升,为市民带来更多便利。

为促进化解矛盾,定分止争,深圳市充分运用人民调解架设“民心桥”。在宝安区西乡街道,人民调解工作走出了新路径。该街道创立的“说事评理”新型人民调解模式,借鉴人民陪审员制度,汇聚民间智慧,以“情、理、法”相结合解决群众矛盾,被誉为新时代枫桥经验“宝安样本”,成为深圳市创新人民调解工作的缩影。

（六）守法诚信，培植法治环境

“来了就是深圳人。”如今，这句深圳城市口号后紧跟一句新宣言——“来了就做守法人”。深圳将“务实尚法”视为新深圳精神之一，对培植法治环境尤为重视。

“七五”普法以来，深圳市普法办、市司法局精心打造若干法治文化阵地，上线全市法治宣传教育星级基地地图，在深圳宪法公园建成全国首个公民宪法宣誓平台，建成全国首个民法主题公园和首家民法博物馆，为《民法典》颁布和实施献上重磅大礼，同时组建深圳“民法典宣讲团”开启1260场宣讲，营造了良好的普法教育氛围。

肩负“双区”法治建设和“法治城市示范”新使命，深圳市自我加压、争创一流，正在升级打造深圳市法治政府建设指标体系2.0版，推动深圳法治政府建设在新的起点再出发。

撰稿人：王　莉　檀儒伟　涂世琳

广 东 省

珠海市

以改革精神书写法治政府建设新篇章

多年来,珠海市秉承“敢闯敢试、敢为人先、埋头苦干”的特区精神,深入推进依法行政,加快建设法治政府,法治政府建设呈现亮点频出、创新发展的良好局面,形成了法治政府建设的“珠海经验”。

一、深化“放管服”改革,持续优化营商环境

作为改革开放后建立的第一批经济特区,珠海始终将简政放权、放管结合、激发市场主体活力、着力优化营商环境作为政府工作的重点,推动降低制度性交易成本,下硬功夫打造好发展“软环境”。

*深化行政审批制度改革。*经5轮行政审批制度改革、12批次调整,将行政许可(主项)从1264项减少为332项,精简率73.7%;全面清理取消市级非行政许可审批事项224项,分三批次清理规范市直部门行政审批中介服务事项89项,并公布保留市直部门行政审批中介服务事项47项;建设市级网上“中介服务超市”,减少“红顶中介”滋生土壤,减轻企业和群众负担。

*加强政务服务体系创新。*大力推广“移动办”,“粤省事·珠海”上线760项民生服务事项,累计办理业务超340万次;推广“网上办”,市级2205项依申请办理的政务服务事项,99%可网上申办,97%实现“最多跑一次”,89%实现“零跑动”;推动“免证办”,50%依申请办理的政务服务事项实现“免证办”;推

动“秒批办”，230 项业务实现智能“秒批”，累计办理 87 万次；推广“全城办”，市级 2268 项政务服务事项实现“全城通办”，群众办理量排名前 200 位的高频事项 100% 实现“全城通办”；推动“湾区办”，与深圳市等 6 市联合推出第一批 446 项网上“跨城通办”服务；推动“跨境办”，在商事登记、不动产、税务等领域推出跨境政务服务 338 项。

深化商事制度改革。在全国率先探索实行商事登记制度改革，率先颁布了《珠海经济特区商事登记条例》《珠海经济特区商事登记条例实施办法》《珠海市商事主体年度报告制度实施办法》等 12 部商事制度改革配套制度，形成较为完整的地方性法规体系，“一照一码、多证合一”“一址多照”“一照多址”等改革举措先后落地实施，为全国商事制度改革提供了宝贵经验和参考模式。

案例链接

商事登记制度改革的目的，一是降低准入门槛，给予商事主体更大自主发展空间，激发发展新活力；二是推动行政审批制度改革，加快转变政府职能，提升监管服务效能；三是赋予商事主体更多的信任，强化其自我约束意识，引导其依法登记、守法经营，进而推进企业信用体系及社会诚信体系建设。为了实现这些目标，珠海市在立法过程中对改革商事登记审批流程、放宽商事登记条件、强化商事登记后续监管、健全信用约束机制等方面进行了大胆的突破。与以前的企业登记制度比较，商事登记制度是对行政理念、行政程序、行政责任、信用体系的系统性重构。珠海市商事制度改革多项制度走在全国、全省前列，国家注册资本登记制度改革便是源自珠海市等城市先行先试的成果。

二、加强行政立法工作，完善依法行政制度体系

作为同时拥有经济特区立法权和设区的市立法权的城市，珠海市积极稳妥推进立法工作，充分发挥“立法试验田”作用，为国家和省的立法提供了特区经验。

加强重点领域立法。近年来，共出台地方性法规及法规性文件 149 部，出台政府规章 128 部，相关法规规章在各自领域均发挥了切实功效，引领和保障

经济社会持续健康发展。在市场经济体制改革领域,推动出台了《珠海经济特区商事登记条例》《珠海经济特区科技创新促进条例》《珠海经济特区民营经济促进条例》,为发展高附加值产业、高新技术产业和优势特色产业,激发市场主体活力提供法治支撑。在政府管理体制改革领域,推动出台了政府投资项目管理、相对集中行政处罚权、行政执法与刑事司法衔接工作等条例,依法行政制度建设取得较好成效。在社会建设领域,推动出台了社会建设、见义勇为人员奖励和保障、志愿服务等相关条例,为创新社会治理提供了制度供给。在生态文明领域,制定了《珠海市闲置土地处置办法》等规章,推动出台了环境保护条例、生态文明建设促进条例、前山河流域管理条例等法规,实行最严生态法治,有力引领和保障宜居宜业宜游城市建设。

着力完善民主科学立法机制。以良法善治为目标,提高立法质量为核心追求,出台《珠海市人民政府规章制定办法》《珠海市政府立法公众参与办法》等,规范行政立法程序全过程,健全行政立法的立项、起草、论证、协调、审议机制。建立立法协商制度,每部立法草案均通过多种方式征求政协委员意见。完善征求公众意见制度,每部草案均通过珠海特区报、门户网站向社会征求意见。在镇街和企业设立立法联系点,通过座谈会、听证会、书面函询等方式征集意见。发挥专家和法律顾问的作用,重点草案和重点制度都邀请法律顾问或者高校学者提出意见和建议。建立多元化政府立法起草机制,过半数法规、规章草案采取委托高校、专家模式起草。

三、规范行政权力,打造民主诚信守法政府

近年来,珠海深入推进依法行政,把权力关进制度的笼子里,强化对权力的制约监督,将政府工作全面纳入法治化轨道。

推进科学民主决策。先后出台《珠海市重大行政决策程序规定》《珠海市重大行政决策听证办法》《珠海市重大行政决策专家咨询论证办法》等制度,健全和落实重大行政决策的公众参与、专家论证、风险评估、合法性审查、集体讨论决定等程序,通过规范决策过程保障依法决策得到有效执行。畅通公众参与渠道,以深入推行重大决策听证制度为突破口,推动形成重大决策听证常态化机制,年均举行重大行政决策听证会 10 余场,内容涉及重大工程建设、民生

保障、城市管理等领域，让群众理解和支持政府施政。

加强政务诚信建设。建立珠海市政务诚信环境状况监测平台，运用互联网信息采集与数据挖掘技术，结合珠海市归集共享的数据情况，从信用信息归集公示情况、廉政守信情况、政务失信情况、联合奖惩情况、信用服务及应用、宣传和风险预警情况、信用创新七个方面，综合评价珠海市27家政府部门、1家司法机关、2家垂管部门的政务诚信建设情况，形成部门政务诚信综合指数，对指标进行实时监测和动态预警，实现对相关部门政务诚信的有效监管。

加强行政复议监督。2013年年底，启动行政复议改革，全面集中市一级行政复议权，将市直部门行政复议权统一收归市政府行使，采取“统一受理、统一审理、统一决定”模式办理案件。设立政府主导、部门和专家参与的行政复议委员会，对重大、疑难、复杂案件由行政复议委员会议决，充分保障了案件审理的中立性、公正性。珠海市在全省率先推行开庭审理行政复议案件，更好地保障当事人的程序权利，同时实行行政复议决定书网上公开，主动接受群众监督。近年来，行政复议成为珠海解决行政争议的主渠道，近八成当事人首选复议解决行政争议，综合纠错率20%以上，复议后诉讼比例仅为一成左右，行政复议公正性、影响力、公信力得到极大提升，充分发挥了行政复议的监督功能，促进行政机关依法行政。

四、改革行政执法体制，推动严格规范公正文明执法

严格规范公正文明执法是衡量法治政府建设成效最直观、最普遍、最可信的标尺。近年来，珠海始终坚持执法为民理念，坚持问题导向，不断推动执法机制创新，拓宽行政执法监督渠道，不断提升行政执法水平。

改革行政执法体制。以建立权责统一、精简高效的行政执法体系为目标，深入开展综合行政执法体制改革，统筹配置行政执法职能和执法资源，在农业、文化市场、交通运输、生态环境保护等领域实行同一领域同一部门综合行政执法；在城市管理等领域将某些重点领域内职能相近、执法内容相近、执法方式相同的不同部门的机构和职能整合，由一个部门相对集中行使行政执法权。在横琴新区大胆探索行政执法机构和职能整合的有效方式，设立全国自贸区第一个综合执法局，全面承接食品安全、环境保护、安全生产、城管国土、

文体旅游等17类不同领域不同部门的执法事项,集中行使27大类行政处罚权,形成在全国自贸区范围内整合机构最多、执法职能最广、执法层级最少、队伍种类最简、资源配置最优的综合行政执法体制。

加强行政执法规范化建设。健全以“双随机、一公开”监管为基本手段、以重点监管为补充、以信用监管为基础的新型市场监管机制,全面推广“双随机、一公开”综合监管平台,实现市场监管领域“双随机”抽查全覆盖,升级改造“全国信用信息共享平台(广东珠海)”网站,累计归集信用信息数据约12,314万条,建立市级联合奖惩机制。全面推行行政执法“三项制度”:行政执法公示制度深入推行,社会监督更加有力,群众办事更加方便;执法全过程记录制度有效实施,严格规范公正文明执法水平明显提高;重大执法决定法制审核制度普遍建立,行政违法行为大大减少。开展常态化行政执法案卷评查,对全市各级行政执法主体制作的行政执法案卷不定期进行评查,对存在问题及时督促整改。

五、发挥法治引领作用,推进粤港澳大湾区建设

粤港澳大湾区有“一个国家、两种制度、三个法域、三个关税区、三种货币”的独一无二湾区特质,在这样的条件下实现三地深度合作协调发展,需要不断创新,开辟出一条新路来。作为粤港澳大湾区重要门户枢纽、珠江口西岸核心城市,珠海突出法治的引领、规范和保障作用,建立健全粤澳协同发展新模式,不断丰富“一国两制”实践。

促进与港澳规则衔接。高标准、创造性地开发开放横琴,推动与港澳规则衔接和联通融通等前沿领域创新性立法。《珠海经济特区横琴新区条例》充分借鉴港澳经验,全方位创新体制机制,在国内首创决委会、管委会和咨委会“三位一体”的管理运作机制,将横琴与港澳在交通、资金、人才、商务、旅游、科教研发、公共服务等方面的合作内容法定化。出台地方性法规《珠海经济特区横琴新区港澳建筑及相关工程咨询企业资质和专业人士执业资格认可规定》《珠海经济特区港澳旅游从业人员在横琴新区执业规定》,规定港澳建筑领域企业和从业人员、港澳旅游从业人员具备规定条件可以在横琴新区范围内直接执业、提供服务,对于进一步密切内地与港澳交流合作、服务和支持港澳融入国

家发展大局具有重要意义。加快落实横琴粤澳深度合作区建设，构建珠澳共商共建共管的体制机制，探索更加灵活、开放的合作方式。

完善湾区法律服务机制。在全省率先出台《珠海市人民代表大会常务委员会关于促进市人民政府建设粤港澳大湾区优质公共法律服务体系的决定》，推动构建符合粤港澳大湾区建设需要的公共法律服务体系。设立横琴珠港澳（涉外）公共法律服务中心，推动横琴新区公共法律服务方式的国际化和多元化。建立涉港澳矛盾纠纷多元化解机制，成立涉港澳纠纷人民调解委员会，不断完善"珠港澳商事争议联合调解中心"建设，积极提供跨法域调解咨询和推介服务，加强珠澳两地家事纠纷、金融消费纠纷调解的交流合作。设立"一带一路"法律服务大数据中心和中拉企业法律服务中心，为大湾区企业"走出去"提供服务和保障。加速珠海仲裁国际化进程，颁布实施《横琴自贸区临时仲裁规则》；在全省率先深化仲裁体制机制现代化与国际化改革，建立决策、执行、监督相结合的现代法人治理结构，参与和推动全国商事仲裁机构的变革与进步；深入开展澳珠仲裁合作，推动"澳珠跨境仲裁合作平台"建设。

撰稿人：李　凯　袁国安　李　波

广 东 省

广州市南沙区

让法治成为城市发展的核心竞争力

近年来，广州市南沙区全面贯彻落实习近平法治思想，坚持目标导向、问题导向、结果导向，以“打造粤港澳大湾区营商环境示范区”为目标，以提升企业获得感为中心，对标世界银行营商环境评估标准体系，聚焦企业全生命周期深化“放管服”改革，全方位推进法治政府建设，着力营造稳定、公平、透明、可预期的营商环境。南沙区营商环境持续优化，市场活力和社会创造力不断增强。

一、制度先行，抓好法治政府建设“关键环节”

南沙区围绕法治政府建设全流程，紧紧抓住制度建设这个“牛鼻子”，坚持用制度管人，靠制度管事，以制度化推进法治政府建设的常态化，真正做到依法用权、依法决策、依法行政。

用职责清单明确法治建设责任。“推进全面依法治国必须抓住领导干部这个‘关键少数’。”南沙区制定了党政主要负责人履行推进法治建设第一责任人职责清单，明确“关键少数”的责任，让“关键少数”清楚地认识自身的“一亩三分地”。为了督促“关键少数”落实清单内容，实行了报告制度、述法制度、督察制度等“三个制度”。在广州市率先实行政府向同级党委、人大常委会报告法治政府建设重大事项情况，率先实行党政主要负责人履行推进法治建设第

一责任人职责述职制度,率先实行对法治政府建设全流程的督察。“三个制度”的实施,有力推动了法治政府建设各项工作的落实。

用法律顾问护航科学决策。加强与高等院校法学院合作,设立“南沙讲坛”,着力提高领导干部运用法治思维和法治方式的能力。加强法律顾问队伍建设,实现党委、政府部门、镇(街)、国有企业法律顾问全覆盖,合法性审核率达 100%。制定印发《关于规范南沙开发区(自贸区南沙片区)南沙区重大行政决策程序的意见》,细化重大行政决策事项、程序,强化督查督办,推进行政决策科学化、民主化、法治化。把制度建设贯彻到依法决策、依法行政的全过程,用细化、量化的规定确保“关键少数”不跑偏,始终在法治轨道上前行。

二、示范引领,助力法治政府建设“全面开花”

“榜样的力量是无穷的。”南沙区在法治政府建设方面,注重发挥法治示范的引领作用,以示范带发展,以点带面,辐射全区,从而推进法治政府建设上水平、上台阶。

多层次全方位开展法治示范建设。严格落实“坚持依法治国、依法执政、依法行政共同推进,坚持法治国家、法治政府、法治社会一体建设”的指导思想,更加注重法治政府建设的系统性、整体性、协同性。在区、镇、村三级着力开展法治建设示范创建活动,多层次全方位提升法治建设水平,有多个单位获得“国字号”荣誉。例如:在区层面,综合行政执法局荣获“全国法治政府建设工作先进单位”称号;在镇层面,南沙司法所、黄阁司法所、东涌司法所分别荣获“全国优秀司法所”“全国先进司法所”“全国法律援助工作先进集体”称号;在村层面,年丰村、深湾村分别荣获了“全国民主法治示范村”“全国乡村治理示范村”称号。

坚持法治政府建设先行。早在 2016 年,南沙区在全市率先制定印发了《广州市南沙区法治政府建设规划(2016—2020)》《广州南沙创建珠三角法治政府示范区工作实施和先行试点方案》等文件,坚持法治政府建设先行,全域建设法治政府,打造法治政府先行区。近年来,南沙区法治政府建设成效显著,是广州市唯一达到依法行政示范单位全覆盖的区,也是广州市唯一连续 2 年在法治广州建设考评中折桂的区,法治政府建设始终处于全市、全省领先

水平。

推进法治政府建设创新。截至2020年年底,南沙区累计形成689项制度创新成果,其中43项在全国复制推广,112项在全省复制推广,202项在全市复制推广。商事登记确认制、财政管理、土地节约集约利用3项工作获国务院督查激励。“跨境电商监管新模式”“企业专属网页政务服务模式”“智能化地方金融风险监测防控平台”入选“商务部最佳实践案例”。

三、改革创新,突破法治政府建设“重点领域”

南沙区聚焦企业全生命周期,深化“放管服”改革,协调统筹区内行政管理,坚持“一枚印章管审批”“一支队伍管执法”,构建起“无事不扰、有呼必应、应必高效”的管理执法服务模式。

(一)行政审批改革提速增效

2017年12月,南沙区成立行政审批局,集中行使分散在各审批部门涉及经济、建设领域等与企业主体密切相关的行政许可和服务事项,实现行政审批与事中事后监管相对分离,大幅提高企业投资便利化水平和政府行政效率。

在企业注册方面,实现最快十分钟办证照。在全国率先探索商事登记确认制改革,试点将商事登记由行政许可事项改为行政确认事项,最大限度将企业经营自主权交还给企业和市场,推动商事登记制度与国际商事规则接轨。依托“人工智能+机器人”全程电子化登记系统,做到“即时审查,立等出照”,大幅提升办理营业执照的透明度和可预期性。创新推出企业开办“一口受理6+X证照联办”模式,对企业开办需办理的“照、章、银、税、金、保”6个必办事项以及“X”个涉及后续准营事项实行“一口受理”。南沙区开办企业指标实现1个环节、0.5天、零成本。

在建设工程领域,实现“交地即开工”。实行“流水式、一站式、一条龙”审批服务模式,实现行政审批和服务事项“一个时间、一个地点、一个部门内部流水办”。试点企业投资建设工程项目审批改革,大幅精简审批程序、材料,实行容缺审批、告知承诺,从取得用地到施工许可证核发的审批时间由原来的约88个工作日压缩为13个工作日内完成,尤其是带方案出让的项目实现“交地即开工”。将社会投资类简易低风险工程建设项目从项目立项到房产登记全流程审批手续压减至 6 个，审批时限压减至 28 天，项目建设“零成本”，质量控制“100 分”。

（二）事中事后监管体系集中高效

2019 年 3 月，南沙区设立综合行政执法局，实施“一支队伍管执法、一张清单明责任、一个平台办案件、一套机制管保障”的综合执法模式。广东省政府赋予综合行政执法局对包括工商、质监、食品等 21 个领域集中行使 4605 项行政处罚权及与行政处罚权相关的监督检查、行政强制职权，由南沙区政府受理上述行政处罚以及相关行政执法决定所提出的行政复议申请，构建监管集中高效的行政执法及执法监督体制机制。

构建“有呼必应、无事不扰”执法体系。率先构建以信用为核心的监管新模式，全面推行“双随机、一公开”监管，建设全区统一的抽查工作平台和移动监管执法 App。制定市场主体轻微违法免罚清单，加强对企业和企业家保护力度。全面推行“三项制度”，实现行政执法信息全公开、行政执法全过程记录、行政执法决定均经法制审核，提高行政执法的规范化水平。推行“教科书式”行政执法模式，编制行政执法指导手册，规范行政执法裁量权。通过大综合执法，不仅避免了多个部门多次打扰企业，还避免了部门间相互“踢皮球”的问题，有效破解了“权责交叉、权责模糊”等问题，提高了行政执法的综合效果，带来了整体社会效益。

构建规范高效的执法监督体系。打造行政执法信息与执法监督网络平台，集中统一对 4605 项执法事项进行“网上监管”，切实解决执法系统多、监管系统多、执法标准多的问题，规范执法标准监督执法行为，营造更加公开透明、规范有序、公平高效的法治环境。建立府检联动机制，加强行政检察与行政执法监督衔接。连续 4 年对全区行政执法单位执法案卷进行全覆盖评查，执法规范化水平得到全面提升。

四、精细服务，打造让市场主体满意的“服务型政府”

南沙区把全面提升政务服务规范化、便利化水平，为企业和群众提供高效、便捷的政务服务，作为法治政府建设的重要组成部分，作为优化营商环境的关键一招。

企业办事“零跑动”。对与企业生产经营密切相关的事项进行全程电子化审批,全程不需要申请人跑窗口。截至2020年年底,实现依申请政务服务事项“办事不用跑率”达98%以上。建设了“网上政务超市”,实行智能引导企业办事,提升企业办事的获得感、体验感,上线了包括开旅馆、开药店、开餐馆等30多项高频服务主题。企业不用在多部门间来回跑动,只需在“网上政务超市”里自主购物式下单,足不出户,真正让办事像“购物”一样方便。

企业办事“零证明”。打造“无证明自贸区”,通过直接取消、数据查询、部门核验、告知承诺四种方式分类实施改革,不再需申请人自行提供相关证明,实现“无证明办理”。推行证明事项清单式管理,取消没有法律法规依据的证明事项,实现清单之外无证明。建立数据共享目录清单,列入共享目录的数据无须提供。建立“无证明自贸区”查询核验系统,运用区块链技术确保证明信息可追溯、不可篡改、安全可信。对书面承诺符合条件,愿意承担不实承诺的法律责任,不再要求提供证明。

法治体检“零费用”。印发实施《南沙区开展民营企业“法治体检”优化营商环境三年行动计划》,成立了南沙区法治体检工作领导小组,组建了以律所、商会、各职能部门等为主体的“企业法治体检团”,免费为辖区内民营企业和中小投资者权益保驾护航。运用上门走访、法治宣讲、现场咨询等方式,当好企业的“保健医生”,为企业健康有序发展提供有力法治保障。

政企互动“无阻碍”。着力搭建服务企业平台,做到全力办、马上办、专人办。建立商事服务“跨境通”机制,在全国率先将商事登记“无人审批+智能确认”改革范围拓展至我国澳门特别行政区,发出国内首张离岸自助打印的营业执照。建立“114政务百事通”助孵助园服务体系,为南沙各园区及孵化器配备一位服务专员,按照“专人定点、有呼必应、无事不扰、随叫随到”的原则,实现助孵助园零顾虑发展。设立企业家法治联合体,畅通政企信息沟通渠道。

五、集聚涉外高端要素,打造大湾区法律服务高地

为进一步提升粤港澳大湾区国际竞争力、为以更高水平参与国际合作和竞争拓展新空间,南沙区专门制定了《广州市南沙区法治营商环境建设纲要(2019—2021)》,全面部署、推动法治化营商环境工作,当好粤港澳大湾区法治

建设先行者和排头兵。

打造涉外法律服务高地。建立粤港澳大湾区暨“一带一路”法律服务集聚区，广州市首家域外法查明中心等多家高端法律服务机构入驻集聚区，打造集司法、仲裁、国际商事调解等于一体的国际化高水平法律综合服务基地。出台《广州南沙新区（自贸片区）法律服务集聚区发展扶持办法》，这是全市首个法律服务业专项扶持办法。广州市首家粤港合伙联营律师事务所、首家粤港澳合伙联营律师事务所落户南沙，提供“一站式”跨境法律服务，便利三地客户高效处理跨法域法律事务。

推动粤港澳三地规则对接。发布港澳专业人才资格认可“十条”，在执业医师资格认可、建筑专业人才执业备案、社工资格认可等方面与港澳互联互通，促进港澳专业人才在区内便利执业。在全国率先建立港澳籍人民陪审员制度，首聘港澳籍特邀调解组织和特邀调解员参与涉外商事案件调解。设立自贸区劳动人事争议仲裁委员会，率先试点聘任港澳籍劳动人事争议仲裁员。建立涉港澳案件行业协会先行调解机制、港澳商会协调机制、委托律师跨境送达试行制度等机制。率先实施当事人自主选择港澳和内地三种庭审模式进行商事仲裁的制度。

构建“1+3”知识产权保障体系。以“强创新、大保护、优服务”为着力点，构建知识产权“1办法+3平台”保障体系，强化知识产权创造、运用、保护、管理和服务全链条保障。出台了自贸区知识产权促进和保护办法，建立集行政执法、司法保护、信用监管、社会共治于一体的全方位知识产权保护体系。搭建了粤港澳大湾区知识产权运营服务集聚平台，上线了设计版权交易服务云平台，构建覆盖孵化育成、评估认定、转移交易知识产权运营新生态。搭建了中小微企业知识产权托管平台，提升中小微企业知识产权创造、运用、保护和管理能力。搭建了知识产权海外维权援助服务平台，组建海外维权专家库，为“走出去”企业提供海外专利布局建议和海外专利纠纷应对等服务。

案例链接

粤港澳大湾区知识产权运营服务集聚平台已集聚11,000多项专利成果和20多家知识产权服务机构。中小微企业知识产权托管平台已为首批200多家中小微企业提供知识产权托管服务。知识产权海外维权援助服务平台将与10多个海外国家的40多家知识产权服务机构建立合作关系。

撰稿人:曾普光　钟　景

广西壮族自治区

南宁市

法治护航高质量发展

“现在的南宁，看得见山、望得见水、记得住乡愁，让我们真切感受到了‘法治让生活更美好，让城市更具魅力，让首府更具核心竞争力’”，在2020年召开的南宁市“两会”上，各界代表纷纷“点赞”南宁法治政府建设取得的成效。近年来，南宁市委、市政府坚持以习近平法治思想为指导，把法治政府建设作为法治南宁建设的重点任务和主体工程，用法治为南宁市高质量发展保驾护航，生动诠释了“职能科学、权责法定、执法严明、公开公正、廉洁高效、守法诚信”的法治政府内涵，向时代和人民交出了满意的“南宁答卷”。

一、扬法治风帆，行稳致远

南宁市法治政府建设起步早、起点高、步子牢，一项项改革风生水起，一摞摞厚重的台账记录了法治政府建设的铿锵脚步。面对时代的呼唤、人民的期盼，南宁市不等不靠，苦练“内功”，努力展现出一个与时间赛跑、与法治同行、与民生共鸣的高效政府形象。

（一）高位推进，久久为功

“取乎其上，得乎其中；取乎其中，得乎其下。”南宁市深谙确立高标准的重要性，“一把手”领导切实扛起党政主要负责人履行推进法治建设第一责任人职责，把法治政府建设“五年有规划、年度有安排”作为开拓法治之路的“金钥匙”,先后于2006年、2011年、2017年制定了三个阶段法治政府建设规划,每年细化任务、逐年推进,稳扎稳打,使规范行政权力往实里走,服务老百姓往深里走。布局法治、厉行法治离不开练好法治内功,2011年出台南宁市人民政府常务会议学法制度,每年春节后第一次政府常务会议学法已形成惯例。

(二)抓铁有痕,掷地有声

“法治政府建设得好不好,市政府自己说了不算,群众说好才是好。”南宁市开展依法行政考评已有10多年的历史,2007年即建立起一套行之有效的考评体系。近年来引入第三方评估机制,使传统政府主导的评估模式转变为“政府主导+第三方评估”的评估模式,法治政府的评价体系注入了更多公众元素。建立依法行政考核末位约谈机制,由市领导对依法行政考核中排名末位的单位进行约谈,让法治政府建设步伐滞后的单位负责人“红脸出汗”。市政府每年召开法治政府建设新闻发布会,使法治政府建设以“看得见”“感受得到”的方式走进百姓视野。

二、把法治之舵,乘风破浪

坚持创新,是南宁市法治政府建设常抓不懈、常抓常新的不竭动力。南宁市在经济社会发展的进程中,坚持用创新促发展,用法治把好航行之舵。

(一)良法善治,科学民主立法聚民心

“良法是善治之前提”,政府向公众打开“心门”的重要端口就是问计于民。2006年南宁市物业管理办法的立法草案全文在报纸、电视公开征求意见,南宁市自此迈出了“开门立法”的坚实步伐。而今,“开门立法”已成为南宁市政府立法工作的“标配”,建立起覆盖“点”“面”的立法工作制度,人民群众的立法需求得到回应。在农村、社区、律师事务所、行业协会等建立了36个立法基层联系点,并深入立法基层联系点召开立法征求意见座谈会,委托第三方对热点、难点和风险点进行民意调查和评估。市政协每年召开若干次立法协商会议,邀请政协委员对重大立法项目进行协商,立法专家论证会或征求意见座谈会均邀请人大代表参加。至今,南宁市现行有效的地方性法规51部,政府规章70部,构建起与国家法规相配套的政策法规体系。

(二)智慧引航,数字政府提效能

“政府越讲法治,政务就越简约,服务就越集约。”各部门敢于向僵化的、烦琐的程序说“不”,借助科技力量,你追我赶,形成服务企业的“南宁速度”。在市民中心,建设了工程建设项目“一站式”服务区,依托“一窗受理、集成服务”“一家牵头、并联审批、限时办结”的审批模式,喊出响亮口号“拿地即开工”。目前从拿地后申办到办结施工许可证审批仅需 3 个工作日。打造中国(广西)自由贸易试验区南宁片区综合服务大厅,做到审批不出自贸试验区。在全国率先建成覆盖人社全业务的大集中“智慧人社”系统,建立援企惠企补贴“免申即办”兑现服务平台,实现“政策找人、补贴找企”。把扬尘污染防治作为打造“南宁蓝”的重点工程,建立“南宁市扬尘治理视频综合管理系统”,加上网格化管理等手段,“联合国人居奖”、首批“国家生态园林城市”等一批生态环保的美誉纷至沓来。

(三)科学决策,法律执行见成效

坚持把科学决策、民主决策、依法决策挺在政府职能履行的前面,做到逢决策必先进行合法性审查,用法治手段防止决策失误和行政乱作为。2016 年出台《南宁市重大行政决策程序规定》,以立法规范行政决策行为;组织各部门编制本部门重大行政决策的目录,由市委编制,市司法、财政、审计等部门联合审核后在网上公布,有效解决各部门对重大行政决策范围认识模糊的问题。2018 年建立了“南宁市行政立法和决策公开征求意见平台”,全市各级行政机关的立法草案、规范性文件草案、重大行政决策草案一律在该平台统一向社会公开征求意见,开通了公众参与政府立法、决策的“直通车”。在决策之外,打造一支规范、公正、文明的执法队伍,营造公平公正的执法环境是工作重点。2015 年在全市范围内推动行政执法公示制度、执法全过程记录制度、重大执法决定法制审核制度等工作,2016 年启用了“南宁市网上行政执法暨电子监察系统”,对各级各部门的行政执法行为进行全过程监管。“柔性执法”是很多执法部门探索的重点,执法部门在严管的同时积极推行人性化执法,力求惩戒效果和教育成效相统一。例如,南宁市电动自行车保有量超过 300 万辆,2014 年南宁交警推出“以学促管”“学罚结合”的电动自行车管理新模式,对于违反道路交通安全法律法规的骑行者不再“一罚了之”,而是充分遵循处罚与教育相结合的原则,利用交通违法学习站点对违法骑行人进行现场法治教育。这种前所未有的柔性执法方式收获了市民的赞誉,同时也带来了道路交通的巨大转变。

(四)借助“外脑”,法治政府建设拓视野

自2012年起,首次组织领导干部到有关高校举办依法行政研讨班,至今已连续多年拨出经费选派部门和县区领导干部到高等院校进行法治交流,使领导干部聆听到法治建设最前沿的声音。同时,法治建设的智库支撑不断丰富,2011年市政府聘任权威专家学者作为南宁市法治政府建设顾问,使法治政府建设始终紧跟时代发展的步伐。近些年,法治领域国际交流不断增强,与东盟国家在民商事仲裁等领域的法治交流日渐频繁,挂牌成立南宁国际仲裁院,北部湾公证处和10家律师事务所进驻中国(广西)自由贸易试验区南宁片区,为自贸试验区提供优质法律服务。

(五)多元共建,社会治理构和谐

社会安全稳定是保证经济社会高质量发展的基础,南宁市将法治政府建设的落脚点向市域社会治理聚焦,努力打造宜居宜业、安全幸福的城市。历年来,南宁市行政复议案件数居全区高位,2006年在全区率先建立了行政复议庭,将听证方式引入行政复议审理,2019年在全区率先实现全国行政复议工作平台在线办理案件。人民调解扎根于基层,坚持和发展新时代“枫桥经验”。在物业纠纷、医疗纠纷、道路交通事故纠纷、旅游消费纠纷、电力行业纠纷等领域建成行业性人民调解组织276个,成立了以“叶叔调解工作室”“老莫调解工作室”为代表的调解室9个;退休的社区书记、资深的人民调解员活跃在调解一线,“做得好、信得过、叫得响”的调解工作品牌充分发挥了社会稳定“第一道防线”作用。2019年成立了全区首家公办的励志专门学校——南宁市励志专门学校,对具有严重不良行为的未成年人开展教育矫正工作,构建起既有别于普通学校又有别于司法监所的管理体系和运行机制,在创新社会治理方面又迈出坚实一步。

案例链接

2019 年,“老石调解工作室”在南宁市公安局青秀分局仙葫派出所揭牌。“老石调解工作室”是青秀区警民联合人民调解委员会下属的驻扎在仙葫派出所的调解室,由调解经验丰富的退休职工老石担任主调解员,公安机关和其余调解员共同配合调解矛盾纠纷。在青秀公安分局,类似的调解室还有不少。警民联调调解室的成立,既发挥公安部门的专业优势,又整合社会调解力量,拓宽了矛盾纠纷调解的新路子,成为践行新时代“枫桥经验”的创新举措。

(六)以法惠民,法律服务入万家

创新推动法治文化与壮族文化有机结合,发布壮乡首府法治宣传员动漫形象代言人“阿洛”和“小智”,建设了一批体现壮族文化特色的法治宣传阵地,通过抖音推出《疫情防控齐参与》等系列普法山歌,全市范围内共建成 57 个法治文化教育基地、142 个法治示范村(社区)、127 个乡镇(街道)、254 个村(社区)电子法治宣传栏,形成了覆盖城乡的普法宣传阵地。精准抓住“谁执法谁普法”普法责任制落实这一关键点,梳理制定各部门的“普法清单”并进行动态管理和监督考核。自 2016 年以来,持续加强公共法律服务供给,让群众感受法律温暖,科学布局“市—县(区)—镇—村”四级公共法律服务实体和网络平台,全市 1808 个村(社区)实现法律顾问全覆盖,形成“城区半小时,乡村一小时”服务圈,全力助推脱贫攻坚和乡村振兴战略实施;不断扩大法律援助覆盖面,降低法律援助服务门槛,将更多困难群众纳入法律的庇护下,将公证、法律援助、仲裁、人民调解等业务搬到网上,群众可以通过网站、微信等方式申办事项,在家里就能享受到贴心的法律服务。

过往可鉴,当下可为,未来可期。站在全国法治政府建设示范创建的新起点上,南宁市将以习近平法治思想为指导,努力在法治政府建设的整体协调推动、制度的落实和执行、行政执法的“刚柔并济”、公众参与和外部监督等多方面发力,积极推动法治政府建设向更高层次转型,用法治政府建设的新成效助推城市治理体系和治理能力的现代化,使法治的发展与人民日益增长的美好生活需要同频共振,用法治护航南宁驶向更安全、有序、文明、美丽的未来。

撰稿人:黄　玲　周秀清

广西壮族自治区

巴马瑶族自治县

树示范提升瑶县品质 强法治大展寿乡宏图

近年来,巴马瑶族自治县(以下简称巴马县)党委、县政府树牢"越是贫困地区越要坚持高质量发展,越是贫困地区越要走开放发展之路"的理念,充分发挥民族区域自治优势,深入贯彻落实习近平法治思想,着力加强法治政府建设,取得了丰硕的实践成果、理论成果和制度成果,走出了一条独具特色的强法治助高质量发展道路。

一、打造法治化营商环境,助推寿乡高质量发展

巴马县委、县政府坚持"法治是最好的营商环境",充分发挥法治保驾护航、引领高质量发展的功能,对符合地方产业发展需要、支撑带动能力强的实体经济项目,依法施策、积极推进。

优化政务环境,做好"放管服"文章。不断深化改革,整合行政审批和服务职能,推进县、乡依申请政务服务事项统一进驻政务服务中心。将自治区要求的"企业开办手续3个工作日内完成,不动产登记5个工作日内完成,园区建设项目施工许可45个工作日内完成,企业投资项目施工许可60个工作日内完成",分别压缩到2、4、35、55个工作日内完成,压缩企业开办时间,企业设立登记时间由3日提速至0.5个工作日内办结。实行"一窗进出""一站式"办结,

创设社会事务无差别受理综合专窗,实行办事窗口容缺受理机制,大力推进“互联网+政务服务”,全县95%政务服务事项实现网上办理。

构建“亲清”新型政商关系,为企业发展“搭台唱戏”。积极搭建新型社会协作纳税平台,成立巴马巴投企业服务有限公司和纳税平台公司,为企业提供注册、纳税以及申请优惠奖励等“一站式”服务。针对互联网平台型企业、文化创意发展企业、微商运营企业等新兴经济的运营痛点,及时开发个性化服务产品,吸引新经济业态企业批量入驻。出台《巴马瑶族自治县发展总部经济优惠政策》,最大限度地提高企业和群众获得感,最大限度地激发市场活力和社会创造力,让市场竞争更公平,市场活力更充盈。

发挥法律服务功能,积极为企业把脉。充分发挥法律服务功能,通过设立县级公共法律服务中心、乡(镇)级公共法律服务工作站、村级法律顾问室,确保县、乡、村均聘有法律顾问,全力提供优质高效的公共法律服务。组织律师、基层法律服务工作者等积极走访园区和企业,定期开展法治体检,找准企业经营的“堵点”“难点”问题,有针对性地提供法律服务,促进企业依法依规有序运营,维护员工合法权益,为经济健康发展保驾护航。

二、创新纠纷调解“巴马模式”,营造美丽和谐旅居环境

创新发展“枫桥经验”,打造旅游纠纷调解新模式。巴马县积极创新发展“枫桥经验”,积极化解各类矛盾纠纷,取得显著成果。针对近年来外来游客的不断增多、旅游纠纷案件剧增的实际,创建巴马县国际长寿养生旅游胜地律师顾问团,在景区及景点行政村分别设立公共法律服务工作站、法律顾问室,选聘优秀律师、基层法律服务工作者担任景区、村法律顾问,为当地群众、游客、企业、个体工商户等提供一系列法律服务工作。创建旅游纠纷调解大格局,整合司法、工商、公安、市场监管、旅游执法等部门力量,下沉一线解决“候鸟人”融入当地出现的矛盾纠纷,在游客集中和“候鸟人”聚居的乡村成立“旅游纠纷调解工作站”“旅游纠纷人民调解委员会”“诉前联调工作室”,还选用熟悉“候鸟人”生活状况、德高望重的“巴马国际候鸟人协会”代表人士参与调解工作,探索建立出一套独具特色的旅游纠纷调解机制。每年10万人次的“候鸟人”与当地群众和谐相处,有效促进全县社会和谐稳定。2018年10月,全区旅游

纠纷人民调解组织规范化建设现场会在巴马县召开，巴马县旅游纠纷人民调解工作经验作为典型经验在全区推广，旅游纠纷调解“巴马模式”成为广西壮族自治区旅游纠纷调解一张亮丽的名片。

案例链接

2017年，辽宁游客刘先生到巴马县甲篆镇平安村达勒屯旅居，租住当地村民黄女士房屋。入住9个月后，双方因房屋租赁问题发生纠纷，多次协商未果。平安村旅游纠纷人民调解委员会调解员得知情况后，采取法情理相结合的调解方法，分别与当事人单独进行释法说理，引导双方换位思考、互谅互让。在调解员耐心细致的劝说下，最终双方握手言和。

创新社会治安综合治理。加强平安巴马“十治”专项行动，深入开展扫黑除恶专项斗争、禁毒专项斗争。强化社会治安防控体系建设，抓实“两区一带”社会治安，以“天网、地网、网络”为线，全面构建社会治安防控网，有效防控影响社会安定问题，确保人民安居乐业、社会安定有序。以乡镇综治中心为平台，积极创新法律援助制度，推行“百警联百村”“检察官入村”“一村一法官”“一村一法律顾问”制度，推进人民调解、行政调解、司法调解有效衔接的“三调联动”，充分发挥公安民警、检察官、法官、律师、公证员在助力脱贫攻坚和全县经济社会发展中的作用。在脱贫攻坚工作中，巴马县始终坚持构建“脱真贫、不返贫”的高质量精准脱贫体系，强化扶贫政策、涉农法律的宣传和落实，确保全县脱贫攻坚取得决定性胜利。近年来，群众安全感和满意度均排在广西壮族自治区和河池市前列。

三、强化法治宣传，描绘寿乡普法动人画卷

近年来，巴马县充分发挥民族区域自治优势、长寿资源优势，切实加强法治宣传教育，切实提高全民法治意识，尊法、学法、守法、用法蔚然成风，法治宣传教育成效显著。2019年1月，巴马县荣获全国普法办授予的“七五”普法中期先进荣誉称号。

落实普法责任制,创新普法形式。认真落实党政主要负责人履行推进法治建设第一责任人职责规定,严格落实“谁执法谁普法”普法责任制,将普法依法治理纳入全县绩效考评体系,“党委领导、人大监督、政府实施、全社会参与”的大普法格局基本形成。充分发挥少数民族特色优势,大力开展法治宣传教育活动,探索建立了“司法 + 普法”“执法 + 普法”“法律服务 + 普法”“互联网 + 普法”“山歌 + 普法”等法治宣传模式,使案件审判、行政执法、纠纷调解和法律服务过程成为向群众法治宣传教育的过程。深入宣传扫黑除恶斗争、食品药品安全、突发事件应急管理、国家安全、扶贫、疫情防控等工作重点领域相关法律法规,人民群众的法律素质得到了明显提升。

聚焦关键群体,普法成效显著。抓住领导干部这个“关键少数”,建立干部夜校培训制度、领导干部法治专题培训会制度、党委理论学习中心组集体学法制度和政府常务会定期学法制度。每年固定开展全县干部法律知识考试和干部学法用法考试,参考率参学率合格率均在 99% 以上。抓住青少年这个关键群体,要求法治副校长每年深入校园开展法治讲座的次数不少于一次,法治教学计划、法律教材、课时、师资“四落实”的目标基本实现,同时加强青少年法治教育实践基地建设,推进法治教育与法治实践相结合,构建学校、家庭、社会“三位一体”的青少年法治教育体系。开展送法进军营活动,激发广大官兵学法用法热情。开展送法进企业活动,为企业发展保驾护航。利用“12 · 4”国家宪法日、“三八国际妇女节”、“国家安全日”等节日开展宪法宣传、妇女维权、环境保护等行动,同时利用彩虹桥志愿者开展“法治进景区”等一系列活动,让法治春雨滋润人们的心灵,惠及千家万户。

撰稿人:覃卫革　覃金萍　覃利珍

海南省

海口市

多维度推进法治政府建设 打造新时代法治之城

作为海南省省会，海口市是海南自贸港建设的核心城市。近年来，海口市委、市政府坚持以习近平法治思想为指导，以法治政府建设为抓手，深入推进依法行政，持续深化改革，形成了一批在全国、全省具有示范效应的法治政府建设品牌。

一、提升党的领导统领高度，凝聚法治最强动力

海口市始终坚持党对法治政府建设的领导，高位统筹推进，层层压实责任，为法治政府建设提供有力组织保障。

（一）在加强组织领导上聚焦用力

始终把党的领导贯穿于法治政府建设的各个方面，将法治政府建设与改革发展稳定各项工作同部署、同推进、同督促、同考核、同奖惩。海口市委成立市委全面依法治市委员会，高位统筹协调推进法治政府建设；市政府研究出台《海口市法治政府建设工作方案》，立足全局、着眼长远，具体量化 46 项重点任务和 114 项主要措施，对法治政府建设作出全面部署和具体安排。

（二）在引领示范带头上持续加力

市委、市政府主要负责同志坚持以上率下、示范引领，认真履行推进法治

建设第一责任人职责,强调要把法治政府建设作为法治建设的主体工程,将法治政府建设抓好、抓实、抓出亮点,示范带动各级各部门依法行政、依法办事。

(三)在强化督察考核上精准发力

积极发挥督察考核的指挥棒和风向标作用,采取年度考核与专项督察、定时督察与不定时督察相结合的方式精准实施督导检查,对工作不力、问题较多的政府部门及时约谈、责令整改、通报批评,真正把责任压实、督察抓实,以督察考核倒逼法治政府建设责任落实。

二、加快简政放权改革“速度”,营造一流营商环境

海口坚持对标一流,以法治手段深入打造服务型政府,“减”审批、“加”服务、“除”壁垒,推动政府权力“瘦身”、市场“强身”,以政府职能的切实转变优化海口营商环境。

(一)做审批“减法”,给市场主体减负

着力在企业聚集区域推动行政审批改革,大力挖掘简政放权潜力、释放改革红利。探索推行“一枚印章管审批”改革,开展食品生产“承诺即入”审批改革,同步实施“零跑腿”“容缺受理”等审批措施,让企业和群众少跑腿、办成事,切实把“审批权力”转化为“审批服务”。

(二)做服务“加法”,为政务服务提效

借助“12345”海口市民服务智慧联动平台,将全市83条政府部门热线全部归口“12345”,实现“一号对外”。创新推出“12345+营商服务”模式,为企业提供线上“一站式”审批、咨询、查询等服务。海口高新区为132家重点企业、112个项目配备了78名“企业秘书”,提供公司注册刻章、项目建设审批、用水用电用气用网等10项“贴身”服务。全面实行准入前国民待遇加负面清单管理制度,在重点园区深入推行“极简审批”改革,最大限度降低企业制度性交易成本。

案例链接

近年来，海口高新区在推动驻区企业项目建设的过程中发现，企业人员对办理项目建设程序、审批流程等工作环节不了解，且工改事项的特殊性使现行的审批模式在持续压缩审批时限、精简环节上仍存在一定的难度，从而在一定程度上影响了项目的快速推进。针对以上问题，海口高新区按照先建后验模式进一步深化了“极简审批”改革，在强化审管联动的基础上，简化提前介入、容缺预审的条件，上线运行“极简审批和企业服务平台1.0”，推出10项专业证照“秒批秒办”事项，使开工前审批效率进一步提升90%以上。同时探索实施“拿地即开工”制度，在拿地的同时即发放规划许可和施工许可。海口高新区“极简审批”改革措施入选《国务院办公厅关于部分地方优化营商环境典型做法的通报》。

（三）做壁垒“除法”，促营商环境升级

出台《海口市优化营商环境行动计划（2019—2020年）》，建立服务民营经济发展联席会议制度，探索设立服务民营企业发展专项基金，对不利于民营经济发展的法规规章及规范性文件开展清理工作，大力促进民营经济发展。借助优化营商环境工作联席会议机制，63家企业与政府各职能部门面对面，摆问题、谈建议，市政府围绕企业反映的“堵点”“痛点”“难点”，制定了128项具体措施。引入第三方对全市营商环境开展评估，向社会公开部门营商环境工作绩效评估内部排名，用刚性约束倒逼营商环境提升。

三、提高重点领域立法“精度”，打造精品良善之法

海口科学谋划立法项目，积极拓宽立法渠道，创新优化立法机制，注重发挥政府立法对深化法治政府建设的引领和推动作用。

（一）突出海口特色，立有用之法

注重对接民生、服务海口发展，谋划安排了一批适应生态建设、城市更新、招商引资等重大发展需求的立法项目。不仅出台了全国第一部湾长制地方立法《海口市湾长制规定》，还先后推动出台《海口市湿地保护若干规定》《海口

市生活垃圾分类管理办法》等 14 件地方性法规和《海口国际投资促进局设立和运行规定》等 11 件政府规章,切实以良法保善治、促发展。

(二)坚持开门立法,立精品之法

出台《海口市政府立法基层联系点管理办法》,在乡镇、街道、律所、高校等单位建立 11 个基层联系点,让立法直达基层、更接地气。《海口市湾长制规定》在立法过程中先后召开各种征求意见座谈会 20 余次、专家论证会 4 次,开展实地调研 10 余次、立法协商 1 次,组织开展的立法听证会受到社会各界的广泛关注和好评。

(三)创新立法机制,立良善之法

建立计划编制衔接、规章终止审查、规章征询意见及意见反馈、通报问责、社会第三方评估、实施情况报告、立法后评估七项工作机制,确保立法的科学性、民主性和合法性。出台《海口市政府立法项目委托起草管理办法》,有效解决立法项目委托条件、委托程序、委托协议不规范等问题。积极探索建立和完善地方立法质量和绩效评估机制,在《海口市政务服务监督管理暂行办法》评估中,在全省率先采取的"公共政策研究机构 + 律师事务所"的评估方式收到良好效果,初步摸索了一套行之有效的政府规章评估模式。

四、加强科学民主决策"准度",增强政府公信力

海口市不断健全决策机制,规范决策程序,优化决策方式,不断提升政府公信力执行力,切实维护人民群众合法权益,保障社会公平正义。

(一)严格程序,为行政决策扎紧"制度笼"

出台《海口市人民政府行政决策程序规定》,在规范行政决策程序范围、建立合法性审查"双审查"等方面实施了一系列创新举措。凡涉及经济社会发展全局、社会涉及面广、专业性强、与群众利益密切相关的事项,一律列入重大行政决策事项清单管理,严格落实公众参与、专家论证、风险评估、合法性审查和集体讨论决定等程序,进一步提升政府决策的规范化、科学化。

(二)合法审查,为行政决策筑牢"防火墙"

实行司法行政部门和法律顾问参加市政府常务会、市长办公会、专项问题会制度,保证政府决策合法、合理、有效。实现市、区、镇(街道)、村(居)四级法

律顾问全覆盖，全方位落实行政决策合法性审查制度。建立重大决策合法性审查提前介入机制，将涉及面广、决策风险高、投资额度大、法律关系复杂的涉法事务的合法性审查关口前移，市政府法律顾问在部门谋划阶段提前介入，主动地做好法律论证，及时向市委市政府提出法律建议，做到早发现、早防范、早处置。定期开展重大决策后评估工作，在全省率先委托社会第三方对市政府主要负责人的行政决策事项进行第三方合法性评估，提升行政决策质量和效率。

（三）风险评估，为行政决策装上“安全阀”

出台《海口市重大决策社会稳定风险评估实施暂行办法》《海口市深入推进重大决策社会稳定风险评估工作方案》等制度，优化细化风险评估程序。针对城市规划、土地利用等经济社会发展和人民群众切身利益的重大决策事项，制定重大决策风险评估实施方案，聘请第三方或专家进行评估论证，按要求提交市政府常务会议集体讨论决定，确保重大行政决策始终在法治轨道上运行。

五、加大公正文明执法“力度”，绘就群众幸福底色

（一）扭住执法体制改革这一核心不放松

制定《海口市深化综合行政执法体制改革工作实施方案》，在“多规合一”综合行政执法改革的基础上，深入推进跨领域综合执法改革，逐步将政府各工作部门所有的行政执法事项划由综合行政执法局承担，实现“一支队伍管执法”。

（二）抓住公正文明执法这一重点不走样

印发《海口市全面推行行政执法公示制度执法全过程记录制度重大执法决定法制审核制度实施方案》，将办结的行政许可、行政处罚等案件信息一律在“信用海口”网站公示。配备执法记录仪和相关音像记录等设备，对现场检查、行政强制等环节实时记录，做到行政执法全程记录、全程留痕、可回溯管理。梳理确定重大行政执法决定事项向社会公布，制定重大行政执法决定法制审核规则，初步建成“透明、规范、合法、公正”的执法权力运行体系。

（三）盯住行政执法监督这一关键不松劲

出台《关于改进和加强行政执法工作的实施意见》，紧扣营商环境建设需求开展“双随机、一公开”抽查工作，推行跨部门联合监管，综合运用执法评议、案件

评查等多种方式,始终保持“向下”压力,不断提升事中事后监管的规范化水平。

六、发掘矛盾纠纷化解“深度”,谱写社会治理新篇章

海口市坚持把基层治理作为法治政府建设的重点领域来抓,创建“全业务、全时空”公共法律服务体系,积极构建共建共治共享的社会治理格局。

(一)深度打造依法化解矛盾的社会氛围

以点带面织密法治宣传教育网,相继建成一批法治文化公园、教育基地以及各村(居)“三个一”普法阵地(法治讲堂、法治宣传栏、法治图书角)。相关部门创作法治文艺作品40余部进行巡回演出,建立50多个普法微信公众号、20余个普法微博,深入开展普法宣传“六进”活动,在群众中掀起普法热潮,形成了办事依法、遇事找法、解决问题用法、化解矛盾靠法的良好法治社会环境。

(二)深度延伸化解矛盾纠纷的服务网络

在纵向上成立覆盖区、镇(街道)、村(居)的人民调解委员会,在横向上成立交通、旅游、医疗等领域的行业性专业性人民调解组织,选聘近500名专职人民调解员,把人民调解的触角延伸到社会治理末梢。以市区级公共法律服务中心为龙头,街道服务站为骨干,社区(村)服务点为补充,建立四级公共法律服务实体平台共500余个,为群众提供“窗口化、综合性、一站式”公共法律服务。推动成立海口国际商事调解中心,建立商事调解与诉讼、仲裁的对接机制,有力保障海南自贸港建设。

(三)深度健全化解矛盾纠纷的机制建设

围绕队伍建设、动态管理、绩效考核等问题出台《海口市加强专职人民调解员队伍建设工作实施方案》等10项规定,充分调动专职人民调解员工作积极性和主动性。建成海口市法律服务网络平台,实现办审批、找律师、办公证、寻法援、要调解“一键获取”。建立调解室、警务室、法律顾问室“三室联调”机制和镇(街道)、区、市三级矛盾纠纷研判机制,最大限度地将矛盾纠纷化解在基层、消除在萌芽状态。

撰稿人:戴光明　冯锦川

重 庆 市

永川区

法令行则棠城治
筑牢法治基石助推高质量发展

近年来，重庆市永川区委、区政府深刻认识、准确把握建设法治政府的重大意义、本质要求和主要任务，以行政决策法治化为重点，以权力监督法治化为抓手，大力推进营商环境法治化和社会治理法治化，法治政府建设在激发市场活力、解决民生问题、推动生态环境质量根本性好转、引领社会风尚、化解矛盾风险等方面的作用日益凸显。

一、推进行政决策和监督法治化，有效规范行政权力运行

在全面依法治国深入推进的大背景下，政府自身建设、社会和谐进步、公民权利保障等需要，对权力运行法治化、规范化水平提出了更高要求。

*实行“四个一律”工作机制，合法性审查实现全覆盖。*建立起以“重大行政决策未按规定履行公众参与、专家论证、风险评估等程序一律不予合法性审查，未经合法性审查一律不上会研究、一律不签批实施、一律不下发执行”为内容的重大行政决策合法性审查“四个一律”工作机制。制定重大行政决策程序规定、重大行政决策目录管理等一系列制度，为权力套上“紧箍咒”。组建专家咨询团、执业律师服务团、公职律师服务团，法律顾问覆盖区、镇（街）、村（居）三级，全程参与重大行政决策。合法性审查延伸覆盖至区政府会议纪要。

推动"关键少数"全员述法,法治建设职责全面落实。严格落实党政主要负责人推进法治建设第一责任人职责,首推"关键少数"全员述法,述法主体范围扩展至处级以上领导干部,述法工作纳入年度目标考核。常态化开设"法治永川大讲堂""政府法治微课堂"等学法课堂,组织宪法宣誓、法治理论考试、旁听庭审等法治实践活动,法治思维逐步成为政府工作人员的主要办事思维。

出台"一制度一办法",层级监督实现质的转变。先后出台《依法行政建议书制度》和《行政执法监督约谈办法》,刚柔并济地啃下"硬骨头"。依法行政建议书制度突出"柔",旨在指导帮助镇街、部门解决在依法行政工作中存在的问题;行政执法监督约谈办法突出"刚",旨在制止纠正行政执法过程中的违规行为。建立委托执法"永川规则",真正实现镇街"一支队伍管执法",全区形成了"综合行政执法+部门专业执法+联合执法"的执法新格局。

推进行政复议规范化建设,行政争议得到实质化解。健全完善集体会商会审、立案工作规则、办案程序规定、听证规则、平台运行管理规定等制度,严格执行重大、疑难、复杂案件一律公开听证制度,强力推进行政复议规范化建设,案件办理质量和效率显著提升。

打造政务热线平台,政务服务"总客服"作用发挥明显。主动将权力运行置于群众监督之下,通过设立热线等方式打通社情民意的"最后一公里"。专设的政务热线电话"49812345"和涉企执法投诉热线"49479736"已成为民意"直通车",老百姓的咨询、意见或投诉均可得到及时回应和办理。

二、推进营商环境法治化,优质高效服务经济发展

永川坚持"法治是最好的营商环境",依法打造近悦远来的营商环境最优区,大刀阔斧推进"放管服"改革,大力削减行政审批事项,大幅缩短企业开办时间,为企业松绑、为创新助力、为公平护航。

始终秉承"营商环境好不好,企业说了算"的理念,凝聚思想共识。2018年,成立由区委书记、区长同时出任主任的"双主任"民营经济促进委员会,设立民营经济促进中心,并以全区"最强阵容"具体负责营商环境集中整治和优化。永川区还开展了以"五破五立"为主要内容的解放思想大讨论活动,全面推行"营商环境好不好,企业说了算"的考评机制,以在年终绩效中占20分的

高权重强化考核。

始终兑现“做的要比说得好，干的要比签得好”的承诺，吸引产业集聚。为强化企业发展的制度保障，相继送出“创新驱动 30 条”“大数据发展 20 条”“制造业高质量发展 18 条”“高端数控机床发展 17 条”等惠企“政策红包”；编制民营企业法律服务产品清单，量身定制 8 大类 29 个专项法律服务方案，实现涉企法律服务清单化项目化，积极兑现“做的要比说得好，干的要比签得好”的承诺，优质的营商环境成为招商引资的突出优势。

始终按照“让不可能变成现实”的要求，跑出“永川速度”。积极创建“无证明”城市，跑出深化行政审批改革“永川速度”。推行“一窗受理，集成服务”，二手住房交易实现“即办即取”。“多图联审、多规合一、多测合一、测验合一、区域评价”，一般社会投资项目的审批时间不超过 50 个工作日，小型社会投资项目压缩至 35 个工作日以内，带方案出让土地的项目压缩至 20 个工作日以内。实施“100 天开工改革”，一批重大工业项目均实现了 100 天内开工。

始终围绕“让数据多跑路、群众少跑腿”的目标，打造“服务公社”。为推动政务服务更主动、更透明，运转效率更快捷，打造了以政府为引导、以企业为主体、由市场运作的“服务公社”体系，让“一网能办”、“就近能办”和“最多跑一次”成为现实，平台政务咨询、办理量达到 800 户/周，线下服务网点拓展约 2000 家，签约 900 余家，被形象地喻为“政务淘宝”。

始终着眼宽严相济的执法理念变革要求，制定“七条规定”。针对多头执法、重复执法、执法不公等影响企业正常生产经营活动的突出问题，对症下药出台《规范行政执法服务民营经济七条规定》，在把关上做“加法”、检查频次上做“减法”、监督约束上做“乘法”，一般性、常规性检查限定时间，所有行政处罚均报区司法局备案审查，重大涉企处罚事前备案。

三、推进社会治理法治化，着力打造共建共治共享格局

永川区立足战略发展全局，积极主动适应新形势，着眼群众新需求，传承和发扬“枫桥经验”，走出了一条具有新时代特征和永川特点的基层社会治理新路。

创建“乡贤评理堂”，打造“三治融合”新载体。7 道程序层层选，20 字标准

严把关,遴选乡贤评理员,建成220个“乡贤评理堂”——成为推动法治的坚实平台、深化德治的重要窗口、促进自治的有效载体,引领乡风文明、普及法律政策、调处矛盾纠纷、反映社情民意、倡导移风易俗作用充分显现,民事民议、民事民办、民事民管蔚然成风。

案例链接

永川区积极培育富有地方特色和时代精神的新乡贤文化,“乡贤评理堂”是其践行新时代“枫桥经验”,创新基层社会治理机制的一个典型案例。自2017年始,在党组织领导下,按照“群众推荐、村民评议、初评公示、走访复核、镇街审核、正式公示、区级认定”七个步骤和“崇德尚法、为人正派、热心公益、处事公道、群众公认”五项要求遴选乡贤评理员,以就地就近服务本乡本土村民为原则,把乡贤评理堂建在村委会、乡贤评理员家中或乡村大院,强化制度保障,让乡贤评理堂成为推进乡村治理、助推乡村振兴的基础平台,带动乡亲形成遇事找法、解决问题靠法、化解矛盾用法的良好氛围,实现“小事不出院、矛盾不上交、邻里更和谐”的价值取向。

做大“法治茶话会”,开启“以案释法”新模式。永川区组建了以法官、检察官、法律服务工作者、行政执法人员、乡贤评理员等为核心的普法讲师团,以案释法分析讲解法律知识,用“小案例”发挥“大作用”。如今,具有永川特色的“法治茶话会”已成为促进乡村治理体系和治理能力现代化的一部分,在全市推广。

创设“民调中心”,成为民营企业“定分止争平台、安心和谐家园”。永川区创新设立民营企业纠纷调解中心,整合人民调解、行政调解、司法调解、仲裁调解、复议调解五大调解资源,健全诉调对接、访调对接、警调对接,形成了“五调联动”“三调对接”工作机制,多次成功化解人数众多、案情复杂的涉企矛盾纠纷。

建设“平安综治云”,开辟智慧治理新路径。永川区采取“政府全额出资,群众取电用网”的方式,筛选重点行业、重点区域、重点人群中的公共安全风险点，在全区布设11,000余个网络摄像头，将治安、应急、城管、消防、交通等10大主要公共安全领域和各行政村（社区）属地视频监控分类纳入平台，搭建“1+10+N+X”实战应用体系，实现前端“镜头看”、后台“云在算”。“平安综治云”成为及时处置风险、准确研判形势、实施科学治理的有力抓手和有效工具，入选全国政法智能化建设优秀创新案例，获评2020年重庆市大数据智能化应用优秀案例。

纠纷越来越少，治理越来越好，是永川区持续推动法治乡村建设的真实写照。这些年来，永川区共建成民主法治村（社区）102个，荣获2018年度“全国法治区县创建活动先进单位”称号；“12368”人民调解工作法在全国全市推广，基层社会治理走上了法治化的道路。

永川区是一座互联互通的枢纽之城、产城景融合的活力之城、正在崛起的希望之城！百万永川人将坚持以习近平新时代中国特色社会主义思想为指导，深入学习贯彻习近平法治思想，全面落实中央决策部署和市委市政府工作要求，以更加高效务实的举措推进法治政府建设，努力把永川区打造为成渝地区双城经济圈法治示范城市。

撰稿人：黄永健

重 庆 市

渝中区

法治护航“母城”再出发

近年来，渝中区紧紧围绕习近平总书记对重庆提出的“两点”定位、“两地”“两高”目标、发挥“三个作用”和营造良好政治生态的重要指示要求，在重庆市委、市政府领导下，结合自身优势、特点，书写了转型升级再出发的大文章。转型升级中的渝中区，坚持以习近平新时代中国特色社会主义思想为指导，深入学习贯彻习近平法治思想，将政府工作全部纳入法治轨道，坚持用法治思维和法治方式履行政府职责，以法治政府建设为引领，促进政府治理能力现代化，助推渝中高质量发展、高品质生活。

一、优化法治化营商环境，转型升级有广度

良好的营商环境是建设现代化经济体系、促进高质量发展的重要基础，也是政府提供公共服务的重要内容。

渝中区市场主体多且活跃，所以渝中区首先要从优化营商环境入手推动转型升级。近年来，渝中区加快推进“互联网 + 政务服务”，推行政务服务“一件事一次办”，优化办事流程，企业和群众办事时间减少 77%，申报材料减少 58%，跑动次数减少 83%。建成工程建设项目审批服务大厅，90% 以上的审批服务事项实现“一窗通办”。企业注册登记开展便利化改革，开办时间压缩至 1 个工作日。在全国率先开展市场主体信用风险分类监管试点，被国务院评价

为“深化商事制度改革成效显著；落实事中事后监管等相关政策措施社会反映良好的地方”。

良好的营商环境，离不开高效的服务型政府建设。2019 年 4 月，渝中区开启“企业服务年”模式，通过区级领导带队走访服务企业、提升企业反映问题化解率、搭建交流合作平台等诸多方式，用全年时间服务区内企业，助力企业加速发展。先后开展优化营商环境、政务服务“跨省通办”等领域规范性文件专项清理 10 余次，清理不符合《优化营商环境条例》规定的规范性文件 13 件，兑现产业扶持资金近 5 亿元，累计为企业和个人减税 23 亿元，减免社保费 13 亿元，清理规范环境监测服务费等 44 项行政事业性收费项目。同时，协调渝中区解放碑商会等 34 家商会，建立律师事务所和民营企业对口服务机制，推进“法律进民企”服务，鼓励和引导各律师事务所对口联系一家辖区民营企业，量身定做法律服务方案，引导民营企业建立制度化、规范化、法治化的运行模式。

加快推进自贸区法治建设中，率先探索将“营改增”一般纳税人申报表的“一主表、九附表”汇总简化为一张“基础数据表”，填写项目由 530 项减少到 91 项，办理时间缩短 90% 以上。这个改革创新案例如今已作为重庆自贸试验区第一批改革试点经验在全市范围复制、在全国推广。

二、提升依法行政水平，转型升级有高度

推进依法行政，让政府工作在法治轨道上开展，关键要从政府决策的源头抓起，确保政府的行政决策程序正当、过程公开、责任明确。渝中区严格执行《重大决策程序实施办法》《区政府工作规则》等一系列行政决策制度，落实重大行政决策“五不”要求，即“未经调查研究不决策，未经广泛听取意见不决策，未经专家咨询不决策，未经合法性论证不决策，未经集体讨论不决策”。

建设法治政府，就要用刚性的决策程序套住行政权力的笼头，使依法决策、科学决策、民主决策成为常态。建立“重大行政决策三级合法性审查”机制，对全区重大决策、项目、合同等事项，由承办单位重点审、法律顾问依法审和司法局全面审，构建了重大行政决策合法性审查工作三重保障。自 2019 年以来，全区对环重医创新生态圈建设、区块链产业创新基地接入等近 500 项重大决策实施了三级合法性审查，提出各类法制审查建议 2000 余条，涉及资金上

百亿元。

为加强涉企规范性文件监督管理,在重庆市率先探索行政规范性文件后评估制度,逐步形成了第三方参与的规范性文件实施后评估工作,全面评估清理和废止"带病红头文件"52 件,废止不利于民营企业发展文件 25 件,以合法有效的制度政策保障全区经济秩序的健康稳定。

三、推进旅游综合执法改革,转型升级有热度

朝天门、解放碑、洪崖洞、李子坝轻轨穿楼……历史与现代交融的渝中区备受境内外游客喜爱,全区共有文旅企业 1.1 万家,2019 年接待游客 6730 万次,实现旅游收入 460 亿元。渝中区旅游业转型升级、持续保持热度的背后,还有在全市率先开展的旅游综合执法改革。

自 2016 年起,渝中区开始逐步建立"1 + 3 + N"全域旅游综合执法管理体制,建立以执法检查、调解处置、司法审理为一体的旅游执法保障体系。整合 11 个执法部门力量,在朝天门、解放碑、洪崖洞等重点网红旅游景区设立旅游综合执法检查岗,依法严查旅游市场"常见病"。其中,区公安分局成立渝中区旅游警察支队,负责全区旅游治安工作。原区工商分局挂牌成立重庆市工商行政管理局渝中区分局旅游市场管理局,并配备专职工作人员负责对辖区内旅游市场开展监管执法和消费者权益保护工作。区法院设立全市首个"旅游巡回法庭",配备旅游纠纷审理专业团队,负责全区旅游民事案件的调解、审判工作。此外,还专门成立全市首个旅游纠纷调解委员会,负责对辖区疑难复杂旅游投诉开展调解工作,及时化解旅游矛盾纠纷,维护旅游者、旅游经营者的合法权益,其组成人员分别来自律师工委、旅游协会和保险公司。

全域旅游综合执法管理体制的建立,整合了执法资源,强化了联合执法,突出了重点区域。不少旅游市场顽疾得以整治——"两江游"秩序更加规范,旅游购物点宰客行为受到严处,"一日游"市场监管加强,人偶拉客合影乱象得到遏制。以执法检查、调解处置、司法审理为一体的旅游执法保障体系,有效改善了旅游环境,维护了市场秩序,让渝中全域旅游热度不减。近 3 年,渝中区共处理正式投诉 995 件,接听投诉咨询电话 2000 余个,累计挽回游客经济损失 100 余万元。

案例链接

2019年年底，根据市人大代表“尽快治理三轮车乱象”的建议，渝中区政府在制定“三轮车限行”方案过程中，针对三轮车治理社会敏感度强、关注度高的实际情况，坚持依法履行公众参与、专家论证、风险评估、合法性审查和集体讨论决定重大行政决策程序。正因为决策中广泛听取意见，渝中区才能明确此次限行不搞“一刀切”，而是采取分类规范残疾人和快递三轮车的方式对三轮车问题进行治理。对残疾人三轮车，由残联统一核发残疾人专用标识176个，确保车辆专用标识和驾驶人残疾证明“两对应”；对快递业三轮车，由邮政管理部门统一核发快递专用标识569个，确保专用标识、车辆牌证、车辆保险“三齐备”。这样既保障了残疾人代步、邮政快递运输等方面民生需求，又化解了社会矛盾。

四、创新社会治理法治化，转型升级有温度

在经济社会发展转型升级中，渝中区坚持法治服务保障城市发展战略，创新社会治理方式，构建城市综合管理法治化和共建共享社会治理新格局，不断提升老百姓获得感幸福感安全感，彰显城市发展温度。

创新实施城市管理“五长制”。设置街长、路长、巷长、楼长、店长共计1万余人，形成街、路、巷、楼、店“责任田”机制，搭建由点到面、从平面到立体的综合治理体系，以高质量的城市管理工作带动了城市品质不断提升。如今，“出门就上班、随时查问题”的“马路办公”理念已深入人心。据统计，全区已累计开展巡查21万余次，发现解决问题18万余个。“五长制”工作模式已在全市推广。

积极践行“枫桥经验”，不断完善诉调、访调、警民联调“三调”对接机制。建成了全市首个“诉调对接·速裁中心”，20%的案件通过诉前解决；建立“一站式司法确认”工作机制，经人民调解员调解达成协议的，速裁法官当日即出具司法文书，极大提高了矛盾纠纷化解效率和公信力。区公安分局成立矛盾纠纷调委会，实现12个派出所警民联调全覆盖。大阳沟派出所实行律所对接联调联处模式，将“枫桥经验”与“廉政爱民”传统融合发展，成功实现了矛盾化

解在基层、社区平安不出事、便民服务不缺位的“枫桥式公安派出所”要求,获得“全国首批枫桥式公安派出所”称号。渝中区治安纠纷人民调解委员会驻大阳沟派出所调解工作室获“全国模范人民调解委员会”称号。

不断创新矛盾纠纷化解机制,打造“专群结合”人民调解网络。在全市率先建立道路交通纠纷、医患纠纷、物业纠纷、家事纠纷、劳动争议、建筑纠纷、旅游纠纷以及商事纠纷等14个行业性专业性调解组织,全区专职调解员达139人。2018年以来,行业调解组织调解纠纷7303件,占渝中区调解纠纷案件数的72%。

深入推动“七五”普法,着力构建全民“大普法”工作格局。严格落实“谁执法谁普法”普法责任制,常态化开展“法律八进”活动,推进青少年“关怀式”普法,深化“互联网+法治宣传”服务模式,创新开展“学法领跑者”等掌上普法活动。各执法单位制作的60余部法治公益动漫视频在重庆电视台5个频道滚动播出,其中《逃不掉的老赖》荣获全国第13届法治动漫展播活动一等奖。

法治既是市场经济的内在要求,也是其良性运行的根本保障。渝中区将持续加强法治政府建设,不断促进社会公平正义,努力打造一流营商环境,为区域转型升级高质量发展提供不竭动力。

撰稿人:阳　玮　高振新

奋力推动法治政府建设率先突破

“只少风帆三五叠，更余何处让江南。”泸州市“十三五”发展规划明确提出建设“全省领先、全国一流”法治政府的目标，坚持以创新激发内生动力，抓住关键环节和“关键少数”，坚定不移推动政府各项工作纳入法治化轨道，为“醉美泸州”酝酿出最亮丽的法治底色。

一、聚焦第一责任，树立法治建设表率

泸州市坚持抓住领导干部这个“关键少数”，落实法治建设第一责任人职责，充分发挥头雁作用，推动各级政府不断深化法治建设。

坚持落实法治责任。为明确在法治建设中“关键少数”该肩负怎样的责任，将“抓法治”“抓发展”“抓党建”作为统筹全市工作的三大抓手列入综合目标考核。制定《市县（区）政府及部门主要负责人履行推进法治建设第一责任人职责清单》，明确32项职责，每年年底第一责任人照单述职交账。

坚持提升法治素养。制定《泸州市人民政府领导干部学法制度》《泸州市人民政府常务会议会前学法制度》，“十三五”期间，市政府常务会议学法76次，学习各类法律法规160件。每年组织政府及部门班子成员到法院观摩庭审活动，现场接受法治教育。在全省率先推行科级领导干部任前考法，凡未参加考试、考试不合格或成绩失效的一律不得提拔任用。自2018年举办首场考试

以来,全市已组织 13 批 3422 名干部考法,合格率 88.63%。

坚持完善制度保障。创新制定《将依法治理纳入干部管理任用工作八项制度》,将依法治理履职情况纳入干部管理任用,用制度保障推动"关键少数"落实推进法治建设责任,推动法治政府建设各项工作落地落实。

二、聚焦制度建设,严把决策法治关口

泸州市不断完善法治政府建设制度体系,加强地方立法和规范性文件管理,严格决策程序,创新决策机制,推动行政决策质量和适法性程度不断提高。

突出地方立法特色。《立法法》赋予更多地方立法权以来,泸州市以"立良法、促发展、保善治"工作思路出台具有地方特色的地方性法规 7 部、政府规章 3 部。例如,《泸州市中心城区山体保护条例》是全省首部城区山体整体性保护条例,《泸州市白酒历史文化遗产保护和发展条例》是一部以保护和弘扬白酒文化为特色的地方性法规。

着力完善决策机制。坚持从制度建设入手规范重大行政决策,形成了《泸州市重大行政决策程序规定》《泸州市重大行政决策目录管理暂行办法》,以及专家论证、实施后评估、全过程记录等方面的系列配套办法。创新建立"三方会审"机制,重大决策事项提请市委常委会审议决策前,必须事先提请市纪监委机关、市司法局和审计局进行合法合规性审查。"三方会审"机制以严格纪律规矩红线、守住法律法规底线、经得起监督检验为目标,将重要决策、重点项目、重大投资、重大招商等 12 类决策事项纳入审查范畴,实现"三重一大"事项全覆盖。自 2019 年实施"三方会审"机制以来,已审查重大决策事项 185 件。

规范政府文件管理。探索形成规范性文件制定主体正负清单,明确规定列入负面清单的 322 个单位不具备规范性文件发文权限。创新编制规范性文件程序、实体审查清单,明确征求公众意见、公平竞争审查结论等 22 项审查内容。自 2018 年以来,市级备案审查 157 件行政规范性文件,其中不予备案 25 件,函告整改 49 件。

全面落实法律顾问。切实规范政府法律顾问选聘、审查以及考核评价机制,解决聘而不用、顾而不问的问题。市政府聘任知名法学专家、律师组成法

律顾问团，市、县、乡三级党政机关普遍入驻法律顾问、公职律师，参与地方立法、决策咨询、合同审查、规范性文件论证等涉法事务，促进行政机关运用法治方式提升风险防范能力。自 2018 年以来，市政府法律顾问团共提出法律建议 720 余条，采用转化率达 87%。

三、聚焦职能转变，推进政府权力瘦身

泸州市用政府权力的“减法”，换来市场活力的“乘法”，在持续深化投资项目审批、商事登记、不动产登记等重点领域不断释放法治建设红利，形成营商环境更加便利快捷、服务更加高效精准、权力运行更加阳光透明的良好态势。

持续深化行政审批制度改革。在区县成立行政审批局，集中行使省市下放、区级划转的行政管理事项，实现“一枚印章管审批”。推进工程建设项目审批制度改革，审批时限减少 198 个工作日，实现审批提速 69%。创新开展企业投资项目信用承诺制，将投资项目核准、建设用地规划许可等 6 类许可时间压缩到 6 个工作日以内，单个项目为企业缩短办事日程 90 天以上。不动产登记申请材料减少 116 项，精减率 71.6%，“不动产登记‘60 分钟领证’”经验在全省推广。

持续深化“最多跑一次”改革。围绕打造最佳政务服务示范城市，充分运用“互联网 + 政务服务”，加快推进“一门、一窗、一次、一网”办理，政务服务实现优化提速，100% 政务服务事项实现了“最多跑一次”，企业开办、不动产登记等行政许可审批事项网上可办率为 93%。2018 年，泸州市深化行政审批“最多跑一次”改革做法被国家发改委推广。

持续深化“减证便民”改革。2019 年泸州市在全省率先开展“零证明城市”建设，以当事人告知承诺、直接取消、数据共享、部门协查等方式解决证明材料的提交问题，真正由“群众跑”变为“部门找”。全市共取消行政审批和公共服务事项索要的证明事项 6923 项，全面实现证明事项“零保留”的目标，为办事群众减少各类证明材料约 150 万份。2020 年“零证明城市应用系统”上线后，市民凭身份证、企业凭社会统一信用代码即可办理各类政务服务事项。

持续深化商事制度改革。建立企业开办小时清单制，将涉企政务服务事项分类别、分层级梳理为 1 小时、3 小时、6 小时办结事项清单，实行审批部门

“倒计时”服务,被国务院办公厅通报表扬。2019 年,全国压缩企业开办时间工作经验交流会在泸州召开。在中国(四川)自由贸易试验区川南临港片区探索试行“准入即准营”清单制、涉企证照“套餐式”注销等制度,累计形成制度创新成果 320 项,生产型出口企业出口退税服务前置、增值税小规模纳税人智能辅助申报等经验在全国复制推广。高效的服务吸引“金凤凰”纷至沓来,仅 3 年时间川南临港片区就吸引 7086 家企业入驻。

四、聚焦规范执法,防止权力任性

行政执法是法治政府建设的“最后一公里”,人民群众感受最直接、最真切。泸州市大力开展行政执法规范化建设,深化行政执法体制改革,创新行政执法方式,不断提升严格规范公正文明执法水平。

大力推行综合执法。稳妥推进市场监管、生态环保、交通运输、农业农村等领域行政执法改革,探索联动综合执法。建立“9 + 1”综合行政执法模式,城管部门统一行使 9 个部门涉及城市管理领域的行政处罚权,将 90% 的编制下划至区级,实现了执法重心下移、集中统一执法。在全市区县、乡镇(街道)成立综合行政执法机构,实现行政执法权限下沉。

率先试点“三项制度”。圆满完成国务院行政执法“三项制度”试点任务,成功探索出三项经验做法:一是行政执法公示“五个必”,即必须公开执法主体和人员、权力清单和责任清单、“双随机”抽查清单、执法决定书、行政复议决定书;二是行政执法全过程记录“六个齐”,即齐备的音像设备、执法办案场所、档案管理场所、法律构成要件、法律文书和证据资料;三是重大执法决定法制审核“七个一”,即建立一套制度、编制一张执法目录清单、明确一份岗位责任、刻制一枚专用印章、规范一套文书、编制一本台账、整理一套档案。

不断创新信用监管。建立健全“政府承诺 + 社会监督 + 失信问责”机制,引入第三方信用服务机构对市级部门、区县、乡镇(街道)政务诚信建设进行评价。以“信用 + 监管”为基础,首创事前事中事后“三维联动”信用监管机制“泸州模式”,加强对行政行为相对人的监管。2019 年,泸州成功创建为国家社会信用体系建设示范城市。

案例链接

为约束和规范医保行为，泸州市龙马潭区制定《医保诚信记分暂行办法》，将定点医药机构诚信记分情况与其定点授权、次均费用、总控费用、门诊特殊疾病端口等进行挂钩运用，守信激励，失信惩戒。监管机构严格按照调查取证、初步认定、结果告知、异议处理、审查确认等程序进行记分，并按规定采取失信惩戒措施。该办法试行以来，已查处医保失信机构 77 家、暂停定点资格 8 家、取消定点 3 家、追回基金 82.6 万元，并将严重失信行为责任主体纳入失信联合惩戒对象名单。龙马潭区“以法立信、以法治信”，通过健全实施诚信监管制度，净化了医药行业，避免了医保基金流失，减轻了患者就医负担。

积极探索柔性执法。在监管过程中，执法单位注重运用多种手段来引导行政相对人，让管理更有温度。探索包容审慎精准执法，分类编制企业分类监管目录，依法编制不予处罚、减轻处罚、从轻处罚、从重处罚四张清单。在自贸区川南临港片区推行事前提醒告知、事中轻微违法约谈与告诫、事后严重违法行政处罚的行政执法“三段式”监管模式，获得入驻企业高度认同。

五、聚焦法律服务，提升群众法治获得感

公共法律服务是法治政府建设的重要内容，是保障和改善民生的重要举措。泸州市持续完善“覆盖城乡、便捷高效、均等普惠”的公共法律服务体系，加强法治宣传的教育预防作用，强化调解的定分止争功能，不断提升人民群众的法治满意度和获得感。

全域推进公共法律服务。推进公共法律服务实体、热线、网络三大平台的提档升级，市县乡村四级“一站式”“窗口化”综合性公共法律服务平台全部规范运行，高品质打造(自贸区)公共法律服务中心、建筑业法律服务中心。“一村(社区)一法律顾问”实现全覆盖，法律服务延伸到基层。成立服务民营企业“法治体检”服务团，免费提供法律服务。

全力打造法治宣传品牌。认真落实“谁执法谁普法”普法责任制，深入推进“法律八进”活动。实施“一区县一品牌”行动，形成独具特色的“法娃”卡通

形象普法、“向日葵”法治夏令营、警盾公益宣讲团等普法品牌,打造奢香法治公园、宪法广场、青少年法治教育基地等 185 处主题鲜明的法治文化阵地。突出宣传《宪法》《民法典》等重点法律,开展快闪活动、微信有奖知识竞赛、微视频等丰富多彩的宣传活动。2019 年,泸州市被评为全国“七五”普法中期先进城市。

全面提升纠纷化解能力。认真学习借鉴“枫桥经验”,健全矛盾纠纷多元化解机制。深入推进诉调、警调、访调对接,在法院、派出所、信访部门设立调解室 61 个。成立医疗纠纷、民营企业纠纷、校园矛盾纠纷等专业性、行业性调解委员会 199 个,市医疗纠纷人民调解委员会被评为“全国模范人民调解委员会”。

“雄关漫道真如铁,而今迈步从头越。”挂上示范引领的云帆,泸州法治政府建设必将乘风破浪,实现全方位突破,为“醉美泸州”增加更为醇厚的法治底蕴,助力实现 2035 年法治国家、法治政府、法治社会基本建成的远景目标。

撰稿人:王亚强　尹国涛

云南省

牟定县

开拓边疆民族地区法治政府建设新路子

牟定县地处滇中腹地，素有“彝族左脚舞之乡”“中国民间文化艺术之乡”“腐乳之乡”“匠人之乡”的美誉。近年来，牟定县立足“边疆、民族、山区、贫困”的县情实际，积极探索创新，把法治思维贯穿政府工作全过程和各方面，全面建设法治政府，释放法治红利惠民生促和谐，为决战脱贫攻坚、决胜全面小康提供了坚强法治保障。牟定县在群众安全感和执法满意度方面多年位居全省前列，2018 年在全省率先实现脱贫摘帽，成功创建云南省民族团结进步示范县，2019 年被命名为“云南省先进平安县”。

一、坚持高位推动，牵牢法治政府建设“牛鼻子”

（一）强化党的领导

建设法治政府，核心在党。牟定县始终坚持把党对法治政府建设的领导放在首要位置，在县委的统一领导下，全力推动法治政府建设。组建县委全面依法治县委员会，设立立法、执法、司法、守法普法 4 个协调小组，调整充实县委全面依法治县委员会办公室，制定委员会、协调小组工作规则和办公室工作细则，健全完善依法治县工作考评、约谈、述法、督察、备案等制度机制，打通了党领导立法、保证执法、支持司法、带头守法的各环节、全过程。

(二)强化统筹部署

将法治政府建设摆在工作全局的重要位置统筹谋划。紧紧围绕《法治牟定建设指标体系(试行)》《牟定县全面推进依法治县工作五年规划(2016—2020年)》《牟定县法治政府建设规划暨实施方案(2017—2020年)》《牟定县关于在全县公民中开展法治宣传教育的第七个五年规划(2016—2020年)》的"1+3"法治牟定建设规划体系,推动各级党政主要负责人落实法治建设第一责任人职责,坚持做到重要工作亲自部署、重大问题亲自过问、重点环节亲自协调、重要任务亲自督办。强化人财物保障,每年定期召开专题会议,听取法治政府建设汇报,安排部署法治政府建设任务,研究解决工作中的矛盾和问题,推进法治政府建设纵深发展。

(三)强化督察考核

积极发挥督察考核的指挥棒和风向标作用,将法治政府建设纳入县委工作目标责任制考核,纳入"干在实处、走在前列"大比拼内容,纳入各级党政领导干部年度述职重要内容,并将考核结果作为衡量工作实绩的重要依据。紧盯法治政府建设热点痛点难点问题,认真组织开展法治政府建设全面督察和专项督察,推动行政监督与纪检监察监督等贯通协调,对工作不力、问题较多的乡镇、部门,及时约谈、责令整改、通报批评,真正把法治政府建设责任压实、督察抓实。

二、坚持严格规范,夯实依法行政"硬基础"

(一)充分发挥示范引领作用

抓住领导干部"关键少数"和行政执法人员"关键多数",夯实法治思维和依法行政能力"硬基础"。制定完善国家工作人员学法用法制度和旁听法院庭审活动等实施意见,坚持党委(党组)理论学习中心组学法制度,把法律学习纳入干部教育培训计划和年度述法考核重要内容,认真开展领导干部任前法律考试和年度法治政府建设知识测试,促进领导干部学法用法制度化、规范化、常态化。自2016年以来,先后组织开展领导干部法治讲座110余场2140余人次、行政执法人员通用法律知识培训170余场4550余人次、宪法集中宣誓500余人次、领导干部任前法律知识考试163人次,领导干部和行政执法人员的法治思维和法治意识明显提升。

（二）切实加强行政规范性文件管理

坚持将行政规范性文件的起草论证、公开征求意见、合法性审核、集体审议决定、向社会公开发布、评估清理等作为加快法治政府建设的重要措施强力推进。制定下发了《关于认定行政规范性文件的指导意见》《关于全面推行行政规范性文件合法性审核机制的实施意见》等系列文件，建立健全工作机制，有力保证了行政规范性文件在各领域的作用发挥。坚持定期开展行政规范性文件集中清理，确认并公示行政规范性文件50件，公布现行有效的行政规范性文件24件，切实从源头上防止违法行政行为。

（三）不断提高依法决策水平

坚决防止“拍脑袋”决策、“拍胸脯”决策，科学制定县政府工作规则及政府常务会议、专题办公会议等议事规则，严格执行公众参与、专家论证、风险评估、合法性审查、集体讨论决定等法定程序，依法作出《牟定县农村殡葬改革实施方案》等重大行政决策事项50余项。全面推行法律顾问制度，县政府带头建立以司法行政人员为主体、吸收法学专家和律师参加的法律顾问队伍，全县71家党政机关、企事业单位、人民团体和89个村（社区）实现法律顾问全覆盖，法律顾问参与重大行政决策、重要合同签订、行政执法监管、矛盾纠纷化解、法治宣传教育等工作实现常态化，法律顾问“防火墙”作用充分发挥。

三、坚持协同推进，紧盯法治政府建设突破口

（一）注重提升行政执法效能

行政执法的成效是检验法治政府建设成色的重要指标。牟定县注重建章立制，积极推进严格规范公正文明执法，全县执法公信力显著提升。深化行政执法体制改革，全面加强市场监管、环境保护、安全生产、城市管理等重点领域执法，认真落实行政执法责任制，行政执法人员均须通过全省行政执法资格考试，取得行政执法证件才能上岗。全面推行行政执法“三项制度”，聚焦行政执法的源头、过程、结果关键环节，审核确认公示行政执法主体资格49个，公示执法人员1386名，执法事项6785项，并动态公示执法结果信息；注重执法全过程留痕，查封、扣押等强制措施实现100%全过程音像记录；全面落实法制审核制

度,重大行政执法决定法制审核率达 100%,实现行政执法全过程记录、可回溯管理。严格落实行政机关负责人出庭应诉有关规定,自 2017 年以来,县政府领导出庭应诉率均达 100%。认真开展行政执法案卷评查,实行案卷质量约谈制度,评查效果显著,推动全县行政执法规范化水平全面提升。

(二)注重法治用人导向

加大对法治人才的培养使用,引进 2 名法律专业人才担任县政府办副主任,县司法局 1 正 4 副班子成员全部具有法律专业背景,其中 4 人具有法律职业资格。同时选调 9 名公务员、招聘 12 名司法辅警充实到县司法局,各行政执法单位均配备 1 ~ 3 名专兼职法治人员,为建设法治政府提供了坚实的人才保障。

(三)注重营造浓厚法治氛围

弘扬法治文化、普及法律知识、传播法治理念、倡导法治精神,法治宣传接地气,百花齐放聚人心。深入实施“七五”普法规划,严格落实“谁执法谁普法、谁主管谁普法”的清单式普法责任制,建立法官、检察官、行政执法人员、律师等以案释法制度,推动形成新时代普法工作大格局。坚持日常普法与集中普法相结合,深入开展“12·4”宪法日系列活动及“法律六进”等活动,深入运用“五用工作法”,300 余首普法左脚调、140 余支左脚舞文艺表演队成了“法治播种机”。加强青少年法治宣传教育,县青少年法治教育基地被团省委命名为“青少年维权岗”。坚持把社会主义核心价值观融入法治建设,成功举办首届“法治牟定·和谐家园”书画摄影作品展,规划建设县、乡、村法治文化广场(公园、长廊)11 个,为法治宣传日常化、亲民化提供普法阵地,人人学法用法的氛围日趋浓厚。

四、坚持转变职能,把稳法治政府建设风向标

(一)着力打造法治化营商环境

坚持把深化“放管服”改革作为优化营商环境的“先手棋”,“减”审批、“加”服务、“除”壁垒,推动政府权力“瘦身”和市场“强身”,以政府职能转变优化营商环境。扎实推行“一部手机办事通”App,全县网上大厅入库事项 1220 项,网上可办率达 100%。全面取消非行政审批事项,承接上级下放行政审批

事项 132 项，取消行政许可事项 20 项，保留行政许可事项 244 项，最大限度向市场放权。取消各类证明材料 356 项，把 17 家行政主管部门涉及的 122 项行政许可事项划转到县行政审批局集中审批，初步实现“一家受理、一次审查、一章审批”，全县行政审批综合提速效率达 70% 以上。清理行政审批中介服务事项 30 项，做到“清单之外无中介”。认真落实“企业开办时间 3 天行动”，实现企业开办 2 个工作日内办结，企业注销“一网”办理。建立营商环境红黑榜、市场主体不良记录黑名单等制度，信用体系和信用信息一体化平台建设走在全省前列。全面落实“营商环境提升年”各项任务，市场活力有效激发，2020 年新增市场主体 1632 户，增长 17.73%，一个个“大”项目在牟定落地生根、开花结果。

（二）着力加强行政权力制约监督

始终坚持“法定职责必须为、法无授权不可为”准则，念好行政权力运行的“紧箍咒”。制定实施政府权责清单制度，梳理行政职权 6785 项、责任事项 51,727 项、追责情形 44,289 项，加快阳光政府、廉洁政府建设，加大政府信息公开力度，共公开政务信息 14,184 条。自觉接受人大和政协监督，主动接受媒体和社会公众监督，强化行政复议监督，实行审计监督全覆盖，形成了科学有效的监督体系，保证政府工作始终沿着法治轨道运行。

（三）着力依法有效化解矛盾纠纷

始终坚持和发展新时代“枫桥经验”，构建多元化解矛盾纠纷基层治理新机制。“一村一警一助理”农村警务机制改革经验在全省、全州推广，得到人民日报、新华社内参等主流媒体集中宣传报道。江坡镇委托执法、新桥镇综合执法改革试点为全省首创，一批“看得见的管不着、管得着的看不见”的农村违法行为得到及时有效制止和查处，牟定县被列为省政府 16 个基层立法联系点之一。创新行业调解机制，设立道路交通事故等 6 个行业调解委员会，共调解纠纷 1200 余件，调解成功率 99%。运用手机 App 调解纠纷签订了全州首份电子协议书，建成全州首家诉调对接中心，开设司法确认绿色通道，成功化解民商事纠纷 1050 余件。加快公共法律服务体系建设，创新基层治理机制，坚持政治引领、法治保障、德治教化、自治强基、智治支撑，注重线上线下两手抓、网上网下一体办，从小微处着手绘出共建共治共享同心圆。“民主法治示范村（社区)”“无信访村(社区)”“无发案村(社区)”等创建活动深入推进。2019 年,牟定县被评为“云南省先进平安县”,人民群众获得感、幸福感、安全感大幅提升。

案例链接

“一村一警一助理”农村警务机制,即每个行政村派驻一名包村民警,兼任村党组织副书记或村(社区)主任助理,指导开展好辖区综治维稳、服务群众等工作;每个行政村聘用一名书记或主任兼任警务助理,协助社区民警做好信息情报收集、简易警情处置、公共安全管理、治安防范等基础工作。2016 年 5 月,牟定县同步实现了全县 7 乡镇 89 个村(社区)“一村一警一助理”全覆盖。县人民政府统一对警务助理开展培训,颁发聘书、工作证、工作服和工作手册,配发装备,年底进行统一考核评价。警务助理充分发挥人熟、地熟、事熟优势,认真履行情报员、调解员、巡逻员、协管员、宣传员、服务员“六大员”职责,有效破解警力不足与做实“空心村”治安防控、服务空巢老人、关爱留守儿童等难题,使基层警务模式更好适应当前经济社会发展需求并取得了良好的社会效果。

撰稿人:刘兆枝　易凯春　李建波

西藏自治区

昌都市

推进法治政府建设
保障经济社会高质量发展

昌都市位于西藏自治区东部，素有“藏东明珠”的美称。近年来，在自治区党委、政府的坚强领导下，昌都市委、市政府团结带领全市各族群众坚定信心、抢抓机遇、务实创新，改革发展稳定各项工作取得了巨大成就。在推动经济又好又快发展、促进社会和谐稳定的同时，昌都把推进法治政府建设摆在工作发展重要位置，系统谋划、久久为功，努力打造城市法治新名片。

一、始终坚持强化党的领导，把准法治政府建设方向

在推进法治政府建设工作中，昌都市始终把坚持党的领导放在首位，以习近平法治思想为指导，认真贯彻落实党中央、国务院关于法治政府建设的决策部署和西藏自治区党委、政府的工作要求，切实把党的领导贯彻到法治政府建设的全过程和各方面，确保法治政府建设正确方向。市委、市政府高度重视法治在促发展、保稳定方面的重要作用，市委书记、市长等党政主要负责人认真履行推进法治建设第一责任人职责，切实将法治政府建设扛在肩上、放在心上、抓在手上，当好“施工队长”，统筹谋划和落实好法治政府建设的各项任务，健全完善法治政府建设领导机制、责任机制、推进机制，及时研究解决重大问题。

二、打好简政放权攻坚战,全力打造优质营商环境

近年来,昌都市多措并举,在推进“放管服”改革方面下功夫、破难题、补短板,取得明显成效。

(一)坚持在“放”上下功夫

全面清查审核市、县(区)两级行政审批事项,建立并动态管理昌都市市级行政审批目录,市级行政审批事项由最初的394项精简为186项。全面取消非行政许可事项,动态管理市、县两级权责清单,目前保留行政职权4034项,并在政府门户网站进行公布。全面推行“营改增”,累计发放“多证合一”新版营业执照5093份、“两证整合”新版营业执照1.52万份,为中小企业、个体工商户减免税额4843.7万元。

(二)坚持在“管”上破难题

严格执行“双随机、一公开”制度,加强对下放事项后续监管,优化保留事项流程和环节,基本实现了市场主体准入与后续监管无缝对接。

(三)坚持在“服”上补短板

大力推进“互联网+政务服务”,筹建昌都市公共资源交易中心,强化投资项目在线审批监管平台运用,推行“一厅式”办公,将受理、承办、审核、批准、办结5个环节精简至受理兼审查、审核兼审批2个环节,办理时限进一步压缩。同时,设立“经济开发区点对点招商引资服务窗口”“蓝天圣洁产业办理绿色通道”“高校毕业生就业创业办理绿色通道”等,政府服务水平大幅提高。

案例链接

2020年6月,西藏某科技公司到昌都经济开发区考察后,对其营商环境非常满意,决定在这里投资建混凝土外加剂生产线。昌都经济开发区积极协调市场监管部门,通过专班对接和企业登记全程电子化流程,仅用27小时即实现了从洽谈政策、考察用地到确定投资建厂及申报入驻、登记注册的高效对接,切实提高了招商服务质量和水平。数据显示,截至2020年8月1日,昌都经济开发区完成注册手续企业919家,注册资本235.08亿元,完成入库税收32.05亿元,贡献了全市约40%的税收。

三、以权力运行法治化，推动法治政府建设工作顺利开展

昌都市牢固树立执政为民理念，把规范决策行为作为规范行政权力运行的重点，坚持科学决策、民主决策、依法决策，确保各项行政决策符合法治化要求、反映人民意愿。

（一）不断完善重大行政决策程序制度

制定出台《昌都市人民政府运行规则》《重大行政决策责任追究办法》《重大决策和重大活动社会稳定风险评估实施办法》，将公众参与、专家论证、合法性审查、风险评估集体讨论决定等决策程序纳入政府议事规则，规范行政决策流程和决策行为，强化决策法定程序的刚性约束。完善重大行政决策合法性审查机制，不经合法性审查的议题，不得提交政府常务会议集体讨论。

（二）推动重大行政决策公众参与平台建设

严格执行《政府信息公开条例》，大力推进土地征收、供给侧结构性改革、财政预决算等重点领域信息公开，保障人民群众知情权、参与权、监督权。畅通政府与群众的互动渠道，开通“12345”政府服务热线，收集处理群众咨询、建议、举报、求助和投诉。

（三）全面落实法律顾问制度

制定了《关于健全和完善政府法律顾问制度的工作意见》《昌都市人民政府法律顾问工作规则》等，充分发挥法律顾问、公职律师在重大决策中的作用，使其对重大涉法事务出具专业法律审核意见，为依法科学决策把好法律关、事实关，确保重大决策的合法性。

（四）健全行政权力监督体系

市政府自觉接受党内监督、人大监督、民主监督、司法监督，主动接受市人大常委会的询问和质询，落实重大事项、重大决策出台前向市人大常委会报告、向市政协通报制度。及时研究办理人大代表建议和政协委员提案，办复率为100%。

四、扎实推进严格规范公正文明执法，努力提高行政执法效能

昌都市坚持把公平正义作为执法工作的生命线和体现行政机关执法公信

力的重要保障,大力推进执法标准化、规范化建设,让人民群众在每一次行政执法中感受到公平正义。

结合执法新要求、问题新导向,市公安局持续推进权力运行制度化,规范权力运行机制,出台《昌都市公安机关常见刑事案件证据指引》《执法监督建议书》《纠正违法通知书》《昌都市公安机关治安行政案件裁量标准》等21项制度规范,规范全市公安民警执法行为。

推进"两统一"制度改革,分别以市、县级公安机关为单位建立案件管理中心,对各执法办案部门侦办的所有案件各个环节进行审核,对发现的程序和实体问题提出审核意见及整改措施,办案部门按照审核意见对案件进行整改,确保案件定性准确、证据客观全面。

五、以法治思维创新社会治理,全力保障社会和谐稳定

昌都市坚持运用法治思维和法治方式推进社会治理,不断夯实维护稳定的社会基础,筑牢民族团结、社会和谐的铜墙铁壁。

(一)推进矛盾纠纷大调解

创造性提出"865"基层调解工作新机制,充分发挥基层人民调解组织"第一道防线"的作用。近年来,昌都市深入贯彻落实《人民调解法》关于妇女比例的规定,实现了调解组织妇女调解员全覆盖。自2018年以来,全市人民调解组织共排查纠纷3490件,调解各类民间矛盾纠纷506件,调解成功502件,成功率99.2%。2019年劳动人事争议仲裁机构共受理欠薪案件140起,帮助1442名农民工追讨工资3024.83万元,结案率达100%。

(二)创新"双联户"工作机制

全面推行"双联户"服务管理模式,创建了联户单位18,874个,实现了全市所有城乡居民全部参与、一户不漏。并结合昌都实际,创造性提出"凭星定绩"考核机制,推行"流动红旗"和"末位惩戒"制度,创办了《昌都户长》季刊。2019年,全市"双联户"组织共排查化解矛盾纠纷601起,投入治安巡逻45.8万余人次;帮扶困难家庭3.2万余户12.1万余人,为群众办好事实事1.7万余件,投入资金2亿余元,发放小额信贷7950笔5亿余元,7950户群众受惠;兴办经济实体45个,带动群众致富278户1564人,实现增收224万元。

（三）推进“智慧昌都”建设

为适应新时代维护稳定、促进发展的形势需要，牢牢把握互联网科技提升社会治理、促进经济高质量发展的趋势，实施“智慧昌都”战略，提出了“一年打基础、两年见成效、三年立标杆、五年创一流”的目标，大力促进信息技术在综治维稳、经济发展、城市管理、民生改善、电子政务、生态环保等领域的广泛应用。

（四）实施“百村整治、千村提升”计划

立足增强村（居）党组织创造力、凝聚力和战斗力，实施“百村整治、千村提升”计划，对软弱涣散村（局）党组织进行整顿，对多个村（居）党组织进行优化提升。计划通过 3 年的努力，把全市村（居）党组织建设成“听党话、跟党走，善团结、会发展，能致富、保稳定，遇事不糊涂、关键时刻起作用”的坚强战斗堡垒。

六、着力加强普法宣传教育，法治理念持续深入人心

昌都市坚持把全面普法作为法治建设的基础性工作，秉持“干部多讲法，群众多学法守法，部门就好执法”的理念，扎实推进普法与依法治理工作。深入开展“百名法学家百场报告会”活动，组织开展专题法治培训，采取“走出去”的方式，连续在天津、成都等地举办法治政府建设培训班、依法治国专题研讨班等，300 余名干部学习了先进地区的相关经验。

深化全民法治宣传，依托“法律七进”“12・4”宪法宣传周等载体不断深化普法与依法治理。创新法治宣传方式和载体，“互联网 + 法治宣传”工作深入推进，市县两级普法办通过公众号及时推送普法信息 2560 余条。建成法治文化主题公园 1 座和法治文化主题广场 1 座。编撰昌都市《“七五”普法宣传读本》等法律读本。“七五”普法期间，全市共组织开展各类形式的法律宣传活动 9755 场次，举办各类法治讲座及培训 3126 场次，发放各类法治宣传资料 173.3 万份、法律书籍 85.2 万册，设立法治咨询点 10,745 处，解答群众法律咨询 51,960 余人次，受教育群众达 293.5 万余人次（其中线上受教育群众达 15 万余人次），法治宣传教育覆盖面达 100%。昌都市普法办被评为全国“七五”普法中期先进集体。

随着法治政府建设水平得到全方位、全要素提升,昌都市域影响力、吸引力和竞争力必将进一步增强。昌都市将再接再厉,深入推进法治昌都、法治政府和法治社会一体建设,乘风破浪、一路向前,为经济社会高质量发展和社会持续和谐稳定营造更加优良的法治环境。

撰稿人:靖新阁　刘积军

陕西省

西安市莲湖区

新时代法治政府建设的“莲湖样本”

近年来，西安市莲湖区按照新时代法治政府建设的要求，灵活整合各方资源，从制度体系化、流程再简化、执法标准化、服务模式化、解纠一体化和治理品牌化六个方面锻造推进法治政府建设的重要抓手，逐渐探索和形成了新时代法治政府建设的“莲湖样本”。

一、制度体系化：治疗“四拍式”决策的良药

*提高政府决策能力。*近年来，莲湖区逐步建立健全了重大行政决策程序、合法性审查等30余项工作制度，严格执行公众参与、专家论证、风险评估、合法性审查、集体讨论决定等重大行政决策程序。从顶层设计和基础运行层面，不断完善政府工作机制，优化管理制度，提高依法决策水平，从而提升领导干部运用法治思维和法治方式开展工作的意识，助推法治政府建设不断深化。

*让权力在阳光下运行。*注重建立规范性文件监督管理长效机制，制定并落实《莲湖区规范性文件管理办法》，探索创新规范性文件起草、调查论证、社会风险评估、合法性审查、“三统一”、备案、清理七项制度，健全区级部门、专家学者、法律顾问参与规范性文件的论证咨询、合法性审查机制，符合建设法治政府的实际需要，提高了规范性文件科学化管理水平。

让专业人做专业事。为全面推进法律顾问建设,莲湖区通过制发《莲湖区加强政府法律顾问工作实施意见》,完善法律顾问聘任、备案等六项具体机制,将法律顾问工作经费纳入财政预算,区级四大班子及全区党政群机关实现法律顾问全覆盖。自2016年以来,政府各类法律事务审查数量达880余件,法律顾问累计参与1000余人次,出具法律意见1000余份,法律顾问咨询论证、审核把关作用有效发挥,政府行政决策水平不断提升。

如今,法治元素已经渗透到莲湖区行政体系运行全过程,撬动了区域各方面各领域的改革,所有重大决策事项提交区政府常务会议讨论前,必须经法制机构审核把关,做到涉权、涉法、涉诉事项"逢文(事)必审",坚决扎紧制度的笼子。2020年,针对国有土地上房屋征收补偿政策的重大调整,以政府决策合法性审查为防火墙,锚定旧城区更新改造这一关系群众切身利益的民生工程目标,将合法性审查贯穿项目建设全过程,在系统性防范政府法律风险的同时,有力维护了人民群众合法权益。

二、流程再简化:建设法治化营商环境新高地

为方便企业群众办事,莲湖区行政审批服务局创造性地梳理绘制了"自然人、法人全生命周期树",推出140个"一件事一次办"套餐,只需联系一个部门、提交一套资料,真正实现"一次联办、一口出件"。例如,针对新开办企业,可一次性办理营业执照、公章刻制、银行开户、税务登记、行政许可以及养老社保等相关事项。又如,针对新生儿,可一次性办理出生医学证明、户口登记、城乡居民医保登记、预防接种登记4个关联事项。据统计,推行"一件事一次办"以来,莲湖区审批承诺时限平均减少60%,提交材料平均减少42%。

案例链接

"自然人、法人全生命周期树",就是以生命树的形式梳理自然人从出生到身故4个阶段36个主题、59个事件、200个事项以及法人从设立到注销3个阶段26个主题、68个事件、489个事项的办理地点、所需材料等。这项改革突破了部门视角的传统改革模式,形成了以群众办事视角为方向的新方法,有效解

决了市民办事查询不方便、办理流程不熟悉等难题，通过逻辑匹配、资源整合、流程优化等方式，让市民的“一件事”办理起来更便捷，实现了老百姓办事流程的“再简化”。

善于运用法治观念和法治手段打造营商环境新高地。2017 年，莲湖区被列为陕西省首批相对集中行政许可权改革试点区，在全省首批组建了区行政审批服务局，实现“一枚印章管审批”。2018 年 7 月，莲湖区投资 4.55 亿元，建成面积 2.69 万平方米全省一流的区级市民中心，深化“一网、一门、一次”改革，集中审批服务事项 975 项，其中 96.6% 的事项实现“最多跑一次”，“网上办”比例达到 91%，累计办件量达 200 余万件，群众满意率达 99.81%。“自然人、法人全生命周期树”、“不见面审批”远程踏勘平台、政务服务事项微店交易模式 3 项改革措施被省营商办推广，连续 12 年被评为全省城区经济社会发展“五强区”。

三、执法标准化：推进严格规范公正文明执法

为了打破城管执法领域长期存在的“整治—反弹—再整治—再反弹”怪圈，探索建立了城管标准化执法体系，确立检查权、调查权、处罚权和强制权，从体制和机制上保障城管执法体系的标准化运行；着力从实体和程序两个方面打造城管服务的标准化体系，建立起 31 个部门共 470 项城市管理服务标准；不断完善城管执法领域行政处罚自由裁量权基准制度，共有效细化 225 条相关法律法规，固化 620 条行政处罚标准，尽可能压缩处罚过程中的裁量空间，实现行政处罚的法治化。

以行政执法“三项制度”的推行和落实，完善行政执法标准化体系。莲湖区各执法单位围绕行政执法的源头、过程、结果等关键环节，不断健全行政执法公示机制，实现行政执法过程全程记载、可回溯管理，严格落实重大执法决定法制审核全覆盖的要求。此外，还率先推行“特邀行政执法监督员”制度，创新行政执法监督方式，拓宽行政执法监督渠道，加强对行政执法人员和执法行为的监督力度，时刻盯紧行政执法薄弱环节和易发的风险点，大幅提升了全区

行政执法工作的法治化水平。

*以监管模式的数字化,助力行政执法标准化体系建设。*打造数字化智慧监管模式,探索建立城管领域社会征信系统,构建了“一处失信、处处受限”的社会综合治理格局。建立城管领域守信联合激励、失信联合惩戒制度,试点创建10条城管领域社会诚信建设示范道路。近10年来,共办理城管领域违法违规案件6万余起,申请法院执行非诉案件4300余起。经国家统计局西安调查队调查显示,莲湖标准化执法公众知晓率达98%,支持率达95%,94.5%以上的受访者认为,标准化执法开展后莲湖区环境秩序明显好转。

*以行政执法的实效性,巩固行政执法的标准化体系。*为了有效缓解城管执法过程中可能存在的强制手段不足等现象,探索建立了城管行政执法与刑事司法衔接机制,引入“三室一庭一队”工作模式,建立全国首家城管巡回法庭、城管执法公证室,同时引入公安城管执法警务室、交警城管执法警务室,创新开展“律师驻队”工作。

四、服务模式化:基层法律服务的经验与推广

2013年,率先在西北地区建立区级公共法律服务中心。目前,辖区内共建成9个街道公共法律服务工作站、131个社区公共法律服务工作室,开展“3+2”公共法律服务,将普法宣传、矛盾化解、法律援助等职能下沉到社区,延伸到群众身边。7年来,累计为群众提供法律咨询8.9万人次,举办培训讲座1万余次,办理法律事务27万余件。2016年以来,进一步延伸建立了派出所公共法律服务工作站,共接待群众咨询13,470余人次,接受派出所交办及当事人申请的轻微治安案件和民事纠纷637起,达成书面调解协议410余件,提供法律援助130余件,为群众挽回和避免经济损失800余万元。

2015年,在设立公共法律服务中心的基础上,提炼和打造社区法治“1133”工作模式,即每个社区配备1名法律顾问,每周1次举办法治日活动,建立司法局、街道、社区三级指导监督制度,统筹市级补助、区级专项、街道自筹三级经费保障,让群众不出社区就能享受法律服务。各社区法律顾问积极发挥作用,通过全方位、多层次的法律服务,推动社会治理重心向基层下移,实现了政府治理、社会调节和居民自治的良性互动,为区域经济社会持续健康发展提供了

优质的法律服务保障。莲湖区公共法律服务中心先后荣获“全国司法行政系统先进集体”“陕西省人民群众满意的政法单位”“全国公共法律服务先进集体”等荣誉称号。

五、解纠一体化:劳动纠纷化解的多元与统一

自2015年起,为了解决好纷繁复杂的劳动关系纠纷,莲湖区人社局成立了劳动者维权服务大厅,陆续引进工会、法院、公安、工商、司法、住建等相关职能部门,形成各负其责、齐抓共管、互动有力、运转高效的多元一体化劳动争议机制,综合处理各类劳动争议案件。其中,公安莲湖分局负责快速受理莲湖区人社局移送的涉嫌拒不支付劳动报酬罪案件;区司法局设立法律援助窗口,提供法律援助服务,指导人民调解委员会参与矛盾化解工作,派驻公证工作室提供行政执法公证服务;区住建局负责加强劳务用工监管,依法及时将恶意欠薪企业清出本地建筑市场;区市场监管局负责加强市场监管,把是否发生劳动关系矛盾作为企业依法经营、信用评定的重要内容;区总工会负责加强宣传国家劳动保障法律法规,健全完善基层单位工会组织;区法院通过与区人社局建立裁审衔接机制,形成案件审理合力。

如今,走进莲湖区劳动者维权服务大厅,多元化的职能部门一应俱全,各类劳动纠纷都能迅速被分流到相应的部门“诊断”,也可根据复杂程度进行多部门“会诊”,为一体化解决老百姓在劳动领域的纠纷提供了极大的便利。自多元一体化劳动争议解决机制运行以来,调处劳动纠纷的品质和效能得到了显著提升,总体上实现了小纠纷不出“室”,小争议不出“庭”,大纠纷不出“厅”,全力将矛盾化解在基层。截至2020年年底,该机制累计处理劳动争议案件1.4万余件,共涉及金额2.2亿余元。

六、治理品牌化:打造基层社会治理“萤火虫”品牌

莲湖区地处市中心,流动人口多、社会面管控难度大。针对这些问题,全区坚持“党建+平安”,践行新时代枫桥经验,着力加强群防群治队伍建设,组织离退休老党员、老干部、老职工成立社区“萤火虫”志愿服务队,叫响“退休不

褪色,离岗不离党”口号,鼓励他们发挥余热参与社会治理和平安建设,逐渐形成了基层社会治理的“萤火虫”服务新品牌,为全方位建设高水平的法治莲湖打下坚实的基础。

“自从社区有了‘萤火虫’志愿巡逻队,小区里的治安环境好多了,大家的心里也更踏实了。”莲湖区劳动一坊社区居民纷纷点赞。在莲湖区,“萤火虫”志愿服务队在查找安全隐患、检查消防器材、调解邻里矛盾等一系列社区治理领域,像萤火虫一般照亮了群众的平安归家路。近年来,全区共有 1.2 万名“萤火虫”志愿者活跃在 131 个社区,被群众亲切地称为“社区平安守护者”,累计化解邻里纠纷 1537 起。莲湖区社会治理水平持续向好,群众安全感不断提升。

撰稿人:崔卫红　张　文

甘 肃 省

嘉峪关市

以良法善治绘就幸福底色

党的十八大以来,嘉峪关市坚持以习近平法治思想为指导,按照法治甘肃建设总要求,着力构建科学立法、严格执法、公正司法、全民守法的法治建设新格局,不断推动政府职能转变。法治政府建设基础牢固,营商环境显著改善,决策公信力和执行力明显增强,政府治理体系和治理能力现代化水平得到了提升,形成了一批法治品牌和工作亮点。

一、高瞻远瞩,绘"法治蓝图"开新局

一个城市的发展,离不开法治的支撑。嘉峪关市认真贯彻落实中央和省委省政府决策部署,把加强党的领导、注重顶层设计、创新工作举措贯穿到法治政府建设的全过程各方面。

(一)组织领导到位

充分发挥市委全面依法治市委员会总揽全局、协调各方领导作用,下设立法、执法、司法、守法普法 4 个协调小组和依法治市委员会办公室,各负其责、共同发力,为推进法治政府建设提供组织保障。严格落实党政主要负责人推进法治建设第一责任人职责,形成了主要领导负总责、分管领导亲自抓、业务部门具体抓,人人有责任、层层抓落实的工作机制。

(二)规划落实到位

认真谋划落实法治政府建设各项工作,在全省率先出台《嘉峪关市法治政府建设实施方案(2016—2020 年)》,细化目标任务,明确时间进度和责任单位,科学绘制法治政府建设“施工图”。坚持每年印发法治政府建设工作要点,为基本建成法治政府提供坚实有力的制度保障。

(三)统筹安排到位

法治政府建设报告成为市人大和市政府全体会议、常务会议中的重要内容。适时组织召开全市法治政府建设工作会,安排部署重点工作,研究解决难点问题。专题召开创建全国法治政府建设示范市推进会,对照示范创建工作定目标、定责任、定时限,实行时间倒逼、挂图作战,逐项找问题、补短板、强弱项,努力实现“全省领先、全国有位”的工作目标。

二、尊法学法,抓“关键少数”树标杆

“指挥棒”树立法治导向,“关键少数”起到关键作用。嘉峪关市以抓领导干部尊法学法为重点,开展多层次多形式的学法教育活动。

(一)突出“关键少数”

制订学法计划,编印学法资料,采取会前学、专题学等方式组织领导干部学法。市委常委会会议、市政府常务会议学法实现了制度化、规范化和常态化。自 2019 年以来,市委常委会会议、市委理论学习中心组学习会、市政府常务会议共组织学法 32 次,举办全市领导干部法治讲座 22 次;各部门组织学法 400 余次,举办法治讲座 200 余次。出台《嘉峪关市市管领导班子和领导干部年度述法实施办法》,全市 80 余个市管领导班子和 600 余名领导干部落实年度述法制度。

(二)突出任前考核

出台嘉峪关市《人大常委会任命干部任中法律知识培训和考试办法》《领导干部任前廉洁从政和依法行政法律法规知识考试办法》《人民政府及其各部门任命的国家工作人员宪法宣誓实施办法》,明确领导干部任前必须过法律关和进行宪法宣誓。近两年组织任命干部法律知识培训和考试 7 次,任前干部法治考试 740 余人、宪法宣誓 8 批次 2200 余人、参加法院旁听庭审 26 场次。

（三）突出示范引领

强化“一把手”在推进法治政府建设中的示范引领作用，制定《嘉峪关市关于开展“一把手”讲法活动实施方案》，每月确定1名部门主要负责人在“法治雄关”栏目解读本单位所执行的法律法规，同步在嘉峪关市广播电台播放。

三、放管结合，用“法治引领”助发展

营商环境一头担着城市发展，一头担着企业未来。嘉峪关市将法治思维和法治方式贯穿于深化简政放权、放管结合、优化服务等方面，用法治引领和护航经济社会发展。

（一）推进“放管服”常态化

成立市政务服务管理局作为市政府工作部门，调整优化审批职能，梳理权责清单，减少审批服务制度性成本。主动承接省级政府部门取消、调整和下放的行政审批事项，将全市办理依申请类政务服务事项需要提交的3720件证明及相关材料精简至1360件，精简幅度达63%。

（二）打造“无证明城市”

深入开展容缺受理、“不来即享”、“最多跑一次”等工作，纵深推进“放管服”改革。印发打造“无证明城市”工作方案，5次公布告知承诺制证明事项363项，全市采用承诺制办理证明事项18,900余件。

（三）深化商事制度改革

全面实行市场主体住所申报登记制，允许“一照多址”“一址多照”。大力实施全程“线上办”，推广应用电子营业执照及特殊重要事项预约办理和绿色通道。各类市场主体已发展到27,752户，注册资本900.86亿元。在甘肃省部门协同监管平台办理涉及“证照分离”4种改革事项企业登记业务252件。

四、科学立法，以“良法善治”凝共识

有“良法”，方能有“善治”。嘉峪关市不断加强地方立法工作，为全面深化发展改革提供制度保障。

(一)坚持党对立法的领导

深入推进科学立法、民主立法、依法立法,加大立法统筹协调力度,着力提高立法质量和效率。建立并实行立法计划提请市委常委会会议审议通过,立法过程中的重大事项及时向市委请示制度,形成党委领导、人大主导、政府依托、社会参与的立法工作格局。

(二)完善立法工作机制

紧密结合经济社会发展需要,采取委托第三方起草和部门人员参与相结合的方式起草法规规章(草案)。完善群众参与地方立法机制,建立群众对法规规章意见采纳情况反馈制度,确定 10 家立法联系点听民意、纳民智,立法草案公开征求意见率达到 100%。

(三)有序推进立法工作

坚持每年"颁布一部、审议一部、起草一部、调研两部"的思路推进城市建设与管理、生态环境保护、历史文化保护等方面立法,小切口选题,做到有特色、能操作、真管用。为落实习近平总书记视察嘉峪关市时对文化保护传承的重要指示精神,巩固全国文明城市成果,促进旅游发展,出台《嘉峪关市市容和环境卫生管理条例》《嘉峪关市黑山岩画保护条例》。全市现已出台 3 部地方性法规和 6 部政府规章,地方立法工作实现里程碑式突破。

五、依法决策,促"治理效能"再提升

行政决策是行政权力运行的起点,也是法治政府建设的重点。嘉峪关市以完善决策工作机制为重点,大力推行政府法律顾问和公职律师制度,有效防范和规避行政决策失误的风险。

(一)健全依法决策机制

修订《嘉峪关市人民政府重大行政决策程序规定》,对决策事项、范围、程序进行了明确规定,有效提升了行政决策的质量和效率。坚持把公众参与、专家论证、风险评估、合法性审查和集体讨论决定作为法定程序,强化法定程序刚性约束,保障决策权力依法、规范、阳光运行。

(二)建立重大决策台账

对重大项目实行领导包抓责任制,明确责任领导、牵头单位、协作单位和

完成时限。按照一个重大项目、一个市级领导、一套工作班子、一个实施方案，严格落实市级领导包抓项目责任制，切实解决项目建设中的困难和问题，确保各重大项目按时间按要求顺利推进。

（三）重视发挥“外脑”作用

印发嘉峪关市《关于全面建立政府法律顾问制度的意见》《法律顾问工作规则》《法律咨询委员工作规则》，成立法律专家决策咨询委员会、建立公职律师库，全市党政机关实现了法律顾问全覆盖。法律专家围绕“六稳”、“六保”、疫情防控、复工复产、重大项目建设、优化营商环境等工作，提出了切实可行的意见建议500余条，有效保障了政府决策的科学性。

六、公正执法，提“行政效能”展形象

依法行政，重在“法之必行”。嘉峪关市以推进行政执法透明化、规范化、法治化为着力点，健全执法制度，完善执法程序，加强执法监督，提高执法效能。

（一）推进综合执法体制改革

2015年按照减少层次、整合队伍、提高效率的原则，率先在全省组建市市场监管局和市综合执法局。2019年进一步优化城市管理执法，组建市场监管、生态环境保护、文化市场、交通运输和农业等领域综合行政执法队，积极推动执法力量下沉和更大范围综合执法，做到“同城只设一支执法队伍”。

（二）全面实行“三项制度”

印发《嘉峪关市行政执法公示执法全过程记录重大执法决定法制审核制度实施方案》，全面推行行政执法“三项制度”。组织开展“回头看”和案卷评查与观摩交流活动，促进严格规范公正文明执法。在全国行政执法综合管理监督信息系统公示执法主体45个、执法人员1207人、执法监督人员176名、行政许可案件18,424件、行政处罚案件793件，配备执法记录仪838台，法制审核人员82名。

（三）有效化解行政争议

畅通行政复议渠道，引导当事人依法、有序、理性表达利益诉求，综合运用调解、协调、和解等方式化解行政争议。妥善处理行政诉讼案件，依法履行出庭应诉职责，认真执行法院生效裁判。自2019年以来，妥善处理行政复议案件

36件,行政应诉案件172件,行政机关负责人出庭应诉率达到70%以上,居全省前列。检察建议办复率达到100%。

案例链接

近年来,电动自行车驾驶人擅闯红灯、随意变道、酒后驾驶等不规范行为屡见不鲜。为加强电动自行车管理,维护道路交通秩序,预防和减少道路交通事故,市政府制定了《嘉峪关市电动自行车管理细则》。市市场监管局对电动自行车销售人员进行集体约谈,签订"电动自行车销售行业约谈承诺书"。引导广大市民主动购买合标电动自行车,并设立举报、投诉受理平台。市公安局组织开展电动自行车登记管理工作,让全市电动车都能拥有自己的"身份证"。这规范了电动车销售市场,遏制了危险驾驶、盗窃、交通肇事等行为。

七、强化监督,让"阳光政府"暖民心

依法行政,立法是基础,执法是关键,而监督则是保障。嘉峪关市将强化行政监督、促进运行规范作为良法善治的重要抓手。

(一)监督形式多样化

自觉接受市人大及其常委会监督,认真办理人大代表意见建议,定期报告重点工作。近两年组织承办人大代表建议、政协提案、代表选民日建议880余件,办理率达100%。完善对行政机关违法行政行为投诉举报登记、督促办理、调查处理和反馈回应制度,依法及时调查处理违法行政行为。

(二)信息公开常态化

以"公开为常态、不公开为例外",实行行政审批标准化、行政权力清单化,不断提高行政透明度。主动公开机构设置和职能、规范性文件、政府工作报告、政府重要会议、人事任免及行政审批、财政预决算和"三公经费"、食品药品安全、教育卫生、征地拆迁等事关群众切身利益的重点领域信息,着力打造阳光政府。自2019年以来,公开政务信息共433,386条。

(三)督察检查规范化

建立群众满意度调查、日常考核、现场抽查等方式的法治政府建设考核评

价机制。采取抓亮点、找问题、看实效、审执法、随机查等方式对各部门进行考核。2016年出台《嘉峪关市管领导班子和领导干部政绩考核办法》,将法治政府建设成效纳入全市领导班子和领导干部政绩考核指标体系,与经济社会发展同部署、同督促、同考核。2017年委托第三方评估机构对法治政府建设情况进行了全面评估,为全省推进法治政府建设作出了有益的探索。

时代呼唤法治,人民期盼法治。嘉峪关市将纵深推进法治政府建设,营造公平公正、竞争有序的法治环境,不断推进政府治理体系和治理能力现代化,在新征程上为全面建设社会主义现代化国家提供有力法治保障。

撰稿人:焦多宏　张兴虎　陆怀天

青 海 省

西宁市

法治助力“绿色发展幸福城市”行稳致远

近年来，西宁市始终坚持以习近平新时代中国特色社会主义思想为指导，深入学习贯彻习近平法治思想，坚持把法治政府建设作为推进全面依法治市的主体工程和重点任务，以深入开展法治政府示范创建活动为载体，紧紧围绕党中央和省市委决策部署，聚焦中心抓谋划、压实责任抓落实、对标先进抓提升，法治政府建设走出了一条具有地方特色的法治建设之路，法治政府建设展现出前所未有的“加速度”，为更高水平建设绿色发展样板城市和新时代幸福西宁提供了坚实的法治保障。

一、坚持党对法治政府建设的领导，在推动法治政府建设统筹谋划上见成效

西宁市委、市政府主要负责人切实履行推进法治建设第一责任人职责，强化在法治轨道上推进改革、在改革中完善法治的理念，始终把法治建设扛在肩上、落在实处，依法全面履行政府职能，把政府各项工作纳入法治化轨道，切实把党的领导贯彻到法治政府建设全过程各方面。

*加强统筹协调，强化组织领导。*市委、市政府高度重视法治政府建设，坚持高位推动、示范引领，全面贯彻落实党中央、国务院和省委省政府关于法治政府建设的决策部署。坚持党对法治政府建设的领导，市政府主动向市委报

告法治政府建设中的重大问题，及时消除制约法治政府建设的体制机制障碍，健全完善法治政府建设领导机制，强化考核落实责任，将法治政府建设与经济社会发展同部署、同推进、同督促、同考核、同奖惩，推动法治政府建设有效落实。

抓住"关键少数"，增强法治思维。始终抓住领导干部这一"关键少数"，强化"一把手"法治建设责任意识，主动扛起推进法治政府建设的政治责任。落实市委中心组学法、政府常务会学法制度，将领导干部法治学习纳入意识形态工作考核，推动落实党政主要负责人年终述法制度，对领导干部实行"凡训必测、凡提必测、后备必测"，全面提升领导干部的法治能力，自觉在法治轨道上想问题、作决策、办事情，带头营造办事依法、遇事找法、解决问题用法、化解矛盾靠法的法治环境，全面提升依法执政、依法行政的能力和水平。

严格对标对表，落实规定动作。用准用实考核督察的"指挥棒""风向标"作用，使其真正发挥督促、倒逼、问责、激励作用。针对突出问题、抓住关键环节，扎实开展本区域食品药品监管执法司法专项督察、营造法治化营商环境保护民营企业发展专项督察、法治政府建设全面督察等其他重点领域法治建设督察。将考核结果与年度目标责任考核等次挂钩、与领导班子目标责任（绩效）考核挂钩，激励引导各级领导干部敢担当、善作为，抓紧抓实法治政府建设，进一步提升法治政府建设工作的刚性约束。

二、依法全面履行政府职责，在推动经济社会高质量发展上见成效

"西宁最大的特色是外科手术式改革，敢于在体制机制上动刀子，将分散在多个部门的审批权，连职能带编制进行全部划转，构建了完整的审批服务'内循环'，是在体制机制上较为深刻的一场变革。"

构建审批服务新模式。将市级所有行政审批事项依法按照关联程度整合为"商事登记审批服务""建设项目审批服务""社会事务审批服务"三大审批功能区，连职能带编制进行全部划转，实行"一窗受理、一站服务、一章审批"。对具有承接关系和互为条件的审批事项重组整合，开展"打包式"审批服务，推行"超市化"服务，行政审批实现了由"物理整合"到"化学反应"的转变。明确网上审批事项层级划分，建设"一网多端"网上审批大厅，一、二、三级事项网上审批率达90%。

营商环境持续优化。高标准制定出台《西宁市优化营商环境总体规划

(2020—2025 年)》,推出西宁市优化营商环境 2.0 版,初步形成优化营商环境“1 + 8”政策配套体系,构建“亲清”新型政商关系。推行企业开办“一照一章一户一票”全链条服务,实现企业设立登记网上“零见面”办理,设立全省首个营商环境微型服务站,成功打造辐射商圈近千家企业的“一站式、零距离、高效率”的政务服务体系。积极参加全国和全省营商环境评价,形成“评价—改进—再评价—再提升”的动态提升机制,持续优化营商环境,激发市场主体活力,推动营商环境提质升级。

政务服务实效明显。深入推进“互联网 + 政务服务”,主动为企业开辟“绿色通道”实行容缺受理。推行“一件事”“一次办”协同办理;探索试行医疗卫生、食品餐饮等“主题式”套餐审批服务,实行树木伐移许可事项“线上勘验”创新模式;推行企业设立“三一三零”模式(“三一”,即一窗受理、一站服务、一次告知;“三零”,即零费用、零表单、零见面),实现建筑企业资质、安全生产许可等28 项事项全流程网上办理。行政审批事项办理时长在法定时限上平均缩减45.7%,网上政务服务能力、政务服务效率和群众满意度不断提升。

案例链接

为办理水电气过户手续,现在甘肃兰州工作的西宁市民黄先生特地请了三天假回到西宁,让他没想到的是,到了西宁市民中心,他仅用一天时间就把所有手续办完了。“没想到这么快就办完了,来之前还担心三天也不一定能办完。政府的服务水平真是越来越高了。”黄先生对市民中心办事效率由衷感叹。市民中心负责人表示,以前不动产过户、水电气过户要分开办理,群众需要在多个窗口来回多次申请,办结时间长达 8 个工作日。自大厅升级强化“一站式”服务功能后,群众只需要持房产过户受理通知书即可办理水电气过户,真正实现了“一站式”办事、“一条龙”服务,当日办结。

西宁市民中心自投入运营以来,一直致力于提高政务服务效能,全面推行企业和群众办事线上“一网通办”、线下“只进一扇门”、现场办理“最多跑一次”政务服务模式,不断提升服务群众、服务企业、服务社会的能力。市民中心服务能力提档升级正是西宁市近年来全力推进“放管服”改革成果的缩影。

公共法律服务体系不断健全。围绕打造普惠均等的法律服务环境，拓宽法律援助渠道，不断提升法律服务水平，逐步完善公平有序的公共法律服务体系。“12348”公共法律服务热线实现与“12315”消费者维权热线、“12355”青少年维权热线的有效对接联动。“律师预约”与“在线公证”服务为西北首创，先进经验在全省司法行政系统推广。开辟军人军属法律援助通道，成立全市退役军人公共法律服务工作站，为军人军属提供法律咨询，维护军人军属合法权益，实现应援尽援。

三、以良法促发展保障善治，在推动地方特色立法上见成效

西宁市坚持把“生态优先、绿色发展”作为幸福城市成长坐标，提出了依法打造“绿色发展样板城市”的发展举措，走出了一条整体实现绿色发展的新路。

严格遵循立法原则，把牢立法政治方向。始终坚持党对立法工作的领导，将党的主张转化为法规规章规定内容，严格落实党委提出的立法工作要求，及时向市委报告立法过程中的重大问题、重要事项，把党的全面领导贯彻落实到立法全过程，从立法角度保障党的路线方针政策和省委市委重大决策的贯彻实施，把党的领导贯彻落实到政府立法全过程，确保立法工作始终坚持正确政治方向，为推动全市改革发展提供了有力法治保障。截至2020年，共制定出台地方性法规36件，地方政府规章102件。

着眼于地域特色，聚焦重点领域立法。按照党委领导、人大主导、政府依托、公众参与的立法工作格局要求，为促进加快建设绿色发展样板城市，实现城市发展与生态环境相融合、人与自然和谐相处，西宁通过立法形式把关于建设绿色发展样板城市的决策主张固化为地方性法规，制定出台全国第一部规范建设绿色发展城市方面的地方性法规《西宁市建设绿色发展样板城市促进条例》；在提高质效、务实管用上下功夫，《西宁市物业管理条例》《西宁市文明行为促进条例》等一系列地方性法规规章相继出台。一个又一个创新举措的实施，一项又一项标志性成果的取得，正在为西宁市绿色发展增添活力。

四、强化行政权力多元化监督,在推动立体化权力监督制约上见成效

强化对行政权力的制约和监督是法治政府建设的关键所在,必须依法规范行政权力运行,使行政权力永远体现人民意志、接受人民监督。

自觉接受人大、政协监督。政府主动接收人大法律监督和政协民主监督,认真办理人大代表建议和政协委员提案,用法治方式回应群众关切、保障人民权益、增进民生福祉。近5年来,办理省人大代表建议104件、省政协提案128件,答复率和协商率达到100%;办理市人大代表建议687件、市政协提案718件,答复率和协商率达到100%。相应工作得到了有关人大代表的充分肯定,施政水平、工作效率和服务质量不断提高。

加强审计监督。积极推进"党政同审""一拖N"审计,确保实现经济责任审计全覆盖;疫情防控期间,采取"进一家门、办多项事"的方式,对财政专项资金、捐赠款物的规模、分配和管理使用等情况提供审计监督保障;切实做好绿色发展审计,使用ArcGIS专业软件对公益林造林图斑等数据进行叠加、查询、统计分析,精准发现问题。不断织密制度的笼子,促进依法行政、规范用权。

全面强化社会监督。西宁市"12345"民生服务热线始终坚持用"一条热线温暖一座城",切实提高人民群众的获得感、幸福感和安全感。有效整合环保"12369"、安全生产"12530"、文化稽查"12318"、电梯物联网"96365"等全市19条非警情类热线资源,实现"一号对外、统一受理、按责转办、限时办结、统一督办、分析研判",形成受理、直办、转办、督办、反馈、回访、归档7个标准化闭环运行模式,全力打造群众满意的服务热线品牌,热线知晓率和满意度显著提升,荣获2020年第四届全国"12345"政府服务热线"先锋奖",全国政务热线运行质量综合排名省会城市第13名。

五、坚持严格规范公正文明执法,在推动执法资源有机整合上见成效

行政执法水平和质量关系到人民群众切身利益,必须坚持有权必有责、有责要担当、失责必追究,坚持按照建立权责统一、权威高效的行政执法体制的要求,深化行政执法体制改革,严格规范公正文明执法。

行政执法体制改革不断深化。按照中央综合行政执法体制改革要求，结合西宁市实际，加强内外部沟通协调，优化执法环境，全面完成生态环境保护、交通运输、农业农村、文化市场、市场监管五大领域综合行政执法体制改革，积极推进基层综合行政执法改革的衔接工作。推动行政执法资源的有机整合，减少执法队伍种类和执法层级，坚持执法重心下移，推进行政执法权限和力量向基层延伸，确保执法统一性、协调性，积极营造良好的执法环境，不断夯实市场主体稳健发展的法治基础。

行政执法"三项制度"稳步实施。行政执法公示制度深入推行，行政执法全过程记录制度有效实施，重大执法决定法制审核制度逐步完善建立，行政违法行为大幅减少，公众对行政执法的满意度大幅提升，严格规范公正文明执法水平明显提高。制定出台全省首部规范辅助执法行为的《西宁市行政执法辅助人员管理制度（试行）》；持续开展年度第三方评估行政执法案卷，及时纠正执法工作中存在的突出问题，不断提高执法质量和案卷标准，倒逼行政执法部门严格规范公正文明执法。

六、切实维护群众合法权益，在推动社会矛盾纠纷高效化解上见成效

完善多元化矛盾纠纷解决机制。在全省率先建成"线上＋线下"诉调对接调解App平台，率先开展全省律师调解工作试点，设立全市首批律师调解工作室（中心）16家。构建以人民法院为主导，以人民调解为基础，行政机关、行业协会、金融监管机构、律师等多部门、机构共同参与的多元化纠纷解决机制，在人民法院设立人民调解室，基本实现诉调对接在各类案件、各行各业的全覆盖。

行政复议工作进一步加强。积极推行行政复议案件听证制度、案审制度、"三次调解"制度，制定出台《西宁市行政败诉重大风险案件挂牌督办制度》。通过强化沟通、协同配合，紧盯纠纷点，打好"组合拳"，综合运用书面审查、实地调查、听证、专家论证、回访等手段办案，增强复议决定说服力和公信力，及时纠正违法行政行为，保护公民、法人合法权益，倒逼相关部门公平公正办案，充分发挥行政复议的定分止争功能。

鞍马犹未歇，战鼓又催征。西宁市始终坚守"生态优先、绿色发展"的幸福

西宁成长坐标,紧紧围绕全面落实“四个扎扎实实”重大要求,深入实施“五四战略”,奋力推进“一优两高”,聚焦“高原绿”“西宁蓝”“河湖清”等六大建设行动,充分发挥示范标杆引领、辐射带动作用,不断推动法治政府建设水平高质量发展,让良法善治绘就幸福西宁城市底色。

撰稿人:施　祥　刘　祎

新疆维吾尔自治区

克拉玛依市

法治政府建设绘就平安幸福蓝图

随着全面依法治国的深入推进，位于准噶尔盆地西北边缘的克拉玛依市勇立潮头、先行先试，把推进法治政府建设作为重中之重，依法行政制度体系日益完备、简政放权更加深入、决策机制不断健全、执法活动逐步规范、行政争议有效化解，政府工作透明度和公信力得到有力提升，良好的法治环境成为克拉玛依市的核心竞争力。有了法治作保障，一大批有识之士选择克拉玛依、扎根克拉玛依、奉献克拉玛依，让这座伴随新中国石油事业发展而崛起的边疆城市焕发出更加璀璨的时代光芒。

一、依法而治，为决策指南

克拉玛依市委、市政府深入学习贯彻习近平法治思想，紧紧围绕全面依法治国总目标，奋力推进克拉玛依市治理现代化，努力建设人民满意的法治政府。从2008年开始，在全疆率先建立了依法行政工作年度考核制度，逐年签订依法行政责任书，制定落实《克拉玛依市法治政府建设实施方案（2016—2020）》，擘画法治政府建设蓝图。充分发挥“关键少数”的示范带动作用，推动《克拉玛依市党政主要负责人履行推进法治建设第一责任人职责规定》落实落地。各级政府及其部门运用法治思维、法治方式、法治手段分析问题、解决问题成为常态，遇事找法、依法维权的观念已深入人心，尊法学法守法用法在全社会蔚然成风。在全疆率先出台《克拉玛依市重大行政决策管理暂行规定》《克拉玛依市党政机关推行法律顾问制度和公职律师制度实施办法》等制度。市政府及其部门在重大行政决策过程中,严格落实公众参与、专家论证、风险评估、合法性审查、集体讨论决定等程序,提高了行政决策公信力和科学化水平。近 5 年来,持续壮大的党政法律顾问团队成为依法行政的“助推器”、科学决策的“智囊团”,为科学民主依法决策提供了坚实有力的法治保障,支撑克拉玛依市法治政府建设换挡提速。

二、良法善治,为发展开路

克拉玛依市重视立法及时跟进经济社会发展,突出地方治理重点领域立法,建立基层联系点制度,设立 8 个立法工作联系点,让立法直达基层、直通群众、更接地气,为全市经济社会高质量发展提供优质法律服务和坚实法治保障。

守护生命财产安全。克拉玛依市特殊的地理环境造成年平均大风天数在 60 天以上,一场大风造成的经济损失动辄千万元以上。2019 年全疆首部大风灾害防御方面的地方性法规《克拉玛依市大风灾害防御条例》实施,以保障人民生命财产安全为出发点,推动气象灾害防御工作的规范化、法治化管理,充分体现了“以人民为中心”的立法理念。

留住石油工业记忆。城市因油而生、因油而兴,2020 年《克拉玛依市石油工业遗产保护条例》的实施,使克拉玛依市承载的石油记忆得到法律保护,实现了对石油精神的传承发展。

守护寻常百姓生活。近年来,家庭养犬引发的扰民、卫生、伤人、疫病防治等问题越来越突出,违规养犬和不文明养犬行为已成为公众舆论和市民投诉的热点。《克拉玛依市养犬管理条例》的出台呼应百姓关切,规范了养犬行为,提升了城市品质。

加大污染防治力度。以习近平生态文明思想为指导,制定《克拉玛依市大气污染防治条例》,对大气污染防治实行网格化管理,坚决打赢“蓝天保卫战”。

三、诚信引领，为经济助力

2012年开始，克拉玛依市委、市政府以法治为引领不断优化营商环境，启动信用体系建设，着力打造一个不想失信、不能失信、不敢失信的社会环境和制度环境。长期位于全国262个地级市城市信用监测排名200名之后的克拉玛依市，经过8年多的努力，目前已跃居全国信用监测排名第25位。随着党政机关数据信息及各类社会数据信息全面整合，不断探索建立“互联网＋信用＋监管”模式，由“四库一网一平台”构成的信用信息管理系统建成并投入使用，企业信用建档率达到99%，为政府部门在社会治理、宏观经济调控、市场监管、行业管理等领域提供决策数据支持和信息服务，给守信者带来便利，给失信者警示限制。此外，还在政府采购、工程建设、食品药品安全、安全生产、房地产及物业、公用事业、住房公积金等重点领域积极开展探索创新和实践应用，让信用逐步成为克拉玛依市创新社会治理、维护社会稳定的有效手段。

全力加强事中事后监管。在推行“双随机、一公开”与诚信体系相结合的监管模式的同时，坚持“放权不放手、监管不缺位”，将企业、个人信用与审批服务相结合，建立了企业综合信用等级评价、信用承诺、全社会联合奖惩等制度。依法互通共享，打破部门垄断和信息“孤岛”，规范认定并设立市场主体信用“黑名单”，大力推进信用分级分类监管，持续用好失信联合惩戒这把“利剑”，按市场主体信用情况确定合理的分类抽查比例和频次，进一步提高了对社会的服务和监管水平。特别是通过研发“互联网＋信用＋监管”手机应用程序，以统一社会信用代码形成的二维码为标识，为监管部门提供了企业信用的精准“画像”，从而在“事中事后”监管中真正做到有的放矢。

清理妨碍统一市场和公平竞争的各种规定和做法。针对市场准入负面清单贯彻落实情况开展精准核查，严格落实公平竞争审查制度，将公平竞争审查作为制定政策的必要环节，持续清理废除现有政策中涉及地方保护、指定交易、市场壁垒等方面的内容。近年来，纳入清理范围的行政规范性文件和政策性文件9886件，其中废止453件，对妨碍公平竞争的政策措施应改尽改、应废尽废，加大了优化营商环境力度，激发了市场活力和社会创造力。

与此同时，制定《克拉玛依市行政执法错案责任追究办法》，对办错案的行政执法人员不仅要追究行政责任,还要追究经济责任;出台《克拉玛依市行政处罚自由裁量基准指导意见》,确立了行为人"首次违法行为轻微并及时纠正,没有造成危害后果的",依法不予行政处罚的标准,提升了行政处罚自由裁量的精准化程度。通过践行"宽严相济"的执法理念,把法治与诚信作为营商环境建设的最硬内核,强化市场主体合法利益的保护,减少对企业的干扰,以诚信换红利,既营造了更加公开透明、规范有序、公平高效的营商环境,也在很大程度上维护了政府公信力。

四、优化服务,为改革增色

作为全疆"最多跑一次"改革试点城市,克拉玛依市将服务型政府建设纳入法治轨道,以群众、企业困扰为问题导向,全面深化"放管服"改革,公布权力清单和责任清单,下放行政审批权、规范行政权力运行,简化流程,增加透明度,提高办事效率。

2008 年,在全疆率先启动行政机关职权清单编制和梳理工作,出台《克拉玛依市行政权力清单和责任清单监督管理办法》,不断规范权责清单管理,明确政府的权力边界。截至 2020 年年底,41 家市级部门共梳理确认行政权力 4350 项,切实做到"法定职责必须为、法无授权不可为",清单之外无权力。

聚焦"互联网 + 政务服务",全面推行行政审批制度、商事登记制度、不动产登记制度、工程建设项目审批制度、住房公积金、医疗服务等方面的一批改革举措,2490 项政务服务事项目录向社会公布。以数据共享推动业务协同,依托"综合平台"整合功能,建设完成四级联动的政务服务平台和政务服务移动客户端,实现了全程电子化服务和各级各部门信息互联、数据共享。以企业和群众关注度高、办件量大的事项为突破口,整合、精简办事流程,汇总编制办事一本通,形成"企业和群众一表申请、政府部门并联审批、综合窗口统一出件"模式,强化线上线下服务融合。目前,市、区两级政务服务事项网上可办率高于 80%,受理审批和服务事项扩大至 1300 余项,群众和企业办理时限平均压缩 42%,报件资料平均压减 35%,企业开办时间压缩至 2.5 个工作日,高频政务服务事项基本实现"一件事一次办"。同时,推动基层整合审批服务执法力量改革,481 项政务服务事项下放至乡镇(街道)、村(社区)。

案例链接

克拉玛依市在商事登记制度改革中探索形成了一套实践证明切实有效的经验做法。2020 年 1 月 1 日起实施的《"最多跑一次"工作规范:服务大厅现场管理规范》《电子政务服务门户网站建设规范》《政务服务并联审批管理规范》等健全完善了标准化管理体系。《"最多跑一次"工作规范》《政务服务事项编码规则》《电子档案归档管理标准》3 个系列标准,作为全疆地方标准予以发布。2020 年 11 月,由于深化商事制度改革实现便民利民可复制,在国务院第七次大督查中受到通报表扬。

五、突破创新,为民生护航

坚持法治惠民深入人心。注重从让人民群众满意的事情做起,从人民群众不满意的问题改起,推出一系列便民、利民举措,逐步破解立案难、执行难的问题,让公平正义渗透到人民群众工作生活的各个方面。

2013 年年初,市委市政府创新提出个人法律费用保险制度的构想,通过政府为弱势群体和低收入人群购买保险和商业保险相结合的方式,引导和鼓励人民群众通过法律途径解决诉求,从根本上扭转"信访不信法"的思维定式。2015 年 6 月,个人法律费用保险项目正式在落地,成为国内第一个建立此项保险制度的城市,为提升克拉玛依市化解矛盾纠纷能力,促进社会公平正义探索出一条新途径。

个人法律费用保险不仅覆盖了现有的援助对象,还将低收入人群全部纳入援助范围,实现了对法律援助范围和对象的延伸和拓展。律师代理费、立案费、邮寄送达费、司法鉴定费、执行费等诉讼期间产生的法律费用得到充分保障,进一步减轻了受援人负担、降低了维权成本、节约了司法资源,最大限度地依法化解社会矛盾。个人法律费用保险制度实行以来,已为 9 万余名享受低保者、残疾人、老年人、儿童、外来务工人员、低收入人员等特定人群投保。近 5 年,为产生法律纠纷的 2326 人次办理了指派理赔,为受援人员支付法律服务费用 585 万余元。

将法治思维和法治创新应用于公共法律服务领域,增强了老百姓的获得感、幸福感、安全感,也成为化解矛盾、维护稳定的生动实践。立足新时代,克拉玛依市将法治理念贯穿市域治理的各个环节,全力推进依法行政,加快建设法治政府,着力营造公平公正、竞争有序的法治环境,激发了全社会干事创业新活力,提高了群众幸福指数,让法治成为城市高质量发展的最亮底色。

撰稿人:周　静　张伟萍

3

第三部分

单项示范项目

北 京 市

通州区

坚持规范化引领，打造行政复议“副中心样本”

近年来，通州区立足北京城市副中心发展，以法治政府建设为抓手，充分发挥行政复议化解争议、监督行政、救济权利功能，全面开展行政复议规范化建设，科学设置规范化目标任务、基本原则、方式方法，实现通州区行政复议工作跨越式发展，在服务经济社会发展、推动政府依法行政、维护人民合法利益中发挥了重要作用。

一、区委区政府高位推动，为加快行政复议规范化建设提供了坚实的组织保障

高位推动，为复议规范化建设提供组织保障。在区委区政府重要会议上研究讨论行政复议工作，已经成为一项工作制度被固定下来。区委常委会、区政府常务会每年 2 次听取行政复议工作报告，每年召开涉行政复议的专题会不少于 4 次；遇到重大疑难案件，会随时进行研究，随时听取案件办理进度、办理结果。2019 年 6 月，通州区全面依法治区委员会正式成立，行政复议工作被纳入全面依法治区和法治政府建设大局中统筹谋划布局，这使行政复议的角色定位更加明确，功能作用更加突出，机制运行更加高效。

理论先行,为规范化建设提供理论支撑。为做好规范化建设的理论指导,通州区先后委托专家团队承担《通州行政复议 20 年工作研究》《行政复议典型案例评析》《通州区行政复议规范化建设》等重点课题并完成成果转化,为正式启动规范化建设奠定了理论基础。同时,积极利用首都法律智库优势,集中一大批法学专家、研究机构参与规范化建设,先后邀请30 余名国内著名行政法学专家参与制度设计,多家专业研究机构参与课题论证。充分的理论研究,确保了通州区行政复议规范化建设方案的高起点、科学性和可行性。

大胆创新,将副中心打造成复议改革"试验田"。先后印发《关于进一步加强行政复议工作的意见》《关于实行行政复议"三公开"制度的意见》,并于 2019 年正式以区政府办名义印发《通州区全面推进行政复议规范化建设的工作方案》,推动复议规范化进入实质性建设阶段。一系列创新举措在通州区先试先行,为全国行政复议体制改革提供了"副中心范式"。

二、"四个规范化""五大标准体系",逐渐形成行政复议规范化建设的"四梁八柱"

针对如何科学搭建行政复议的制度体系,通州区交出"四个规范化""五大标准体系"的答卷。"四个规范化"即空间规范化、流程规范化、队伍规范化、文书规范化;"五大标准体系"即坚实的基础保障体系、畅通的复议受理体系、高质高效的审理体系、完善的决定执行体系、统一的标准文书体系。在此基础上,行政复议的基础保障进一步夯实。

空间规范化建设彰显复议特色。2019 年,伴随机构改革,通州区行政复议接待室搬入 560 平方米的办公新址。新址统筹考虑"办公需求、办案需求、纠纷化解需求"进行规范化建设,实现空间和功能的双重规范化。在功能用房上,设有立案接待室、听证室、调解室等数十间功能用房,基本满足了复议功能化的需要。在设施配备上,配置证据展示台、远程视频系统等先进设备,辅助案件高效办理。在装修风格上,多采用暖色系进行搭配,使争议双方一进入办公区就能感受到"简洁、庄重、温馨"的氛围,有利于减少对抗情绪。新址空间布局,既不同于严肃、紧张、对抗性的"司法"风格,也非简单的"行政化"样式,而是突出复议特色,本着“复议为民、化解纠纷”的初心,突出人文关怀,为有效化解行政争议创造条件。

“十年磨一剑”,队伍建设逐步走向规范化。通州区行政复议队伍长期以来面临人员严重不足的窘境,人数最少时仅有 1 人。经过不断努力,目前这一状况得到根本性改观。在机构设置上,行政复议实现“一科一室”的突破,“一科”即行政复议应诉指导科,“一室”即行政复议接待室。“一科一室”分工配合,实现良性互动。在人员配置上,复议队伍由最初的 1 名人员,扩充至 10 名,并设有 4 名辅助人员,基本满足了复议工作的需要。复议队伍坚持走专业化道路,拥有 5 年以上丰富复议经验的人员占比 80% 以上;同时,高度重视对新入职人员的培养,通过“传帮带”“结对子”等方式,为新入职人员配备经验丰富的“老人”,帮助新人尽快提升业务能力,实现办案经验、团队精神的有序传承。

加强复议信息化建设,全部档案实现信息化管理。高度重视复议信息化建设,自审理行政复议案件以来的所有复议案件,全部建制归档,实现档案管理信息化。对于新产生案件,为复议接待室配备了高清扫描仪,及时将证据材料导入平台,以提高办案效率。同时,通州区还建成区、镇(街)复议接待咨询远程信息系统,使复议接待咨询更加便利。

三、发挥化解行政争议“主渠道”的独特优势,推动行政争议案结事了

相对于其他纠纷化解方式,行政复议具有快捷、高效、便民的制度优势和内部层级监督优势。如何充分发挥这一优势,实现行政争议的实质性化解,不仅是复议制度本身的要求,也是副中心建设的必然要求。为此,通州区围绕推动纠纷实质性化解,从事前、事中、事后等进行了全链条的制度设定。

在立案受理“黄金期”下好“先手棋”。“为之于未有,治之于未乱。”立案受理的窗口期往往是预防纠纷爆发的“黄金期”。复议部门主动作为,提前发现纠纷隐患,往往能够通过较少的投入,避免纠纷的进一步扩大、矛盾的进一步激化。为此,通州区在收到复议申请、正式立案之前,建立了约谈、谈话制度、纠纷排查制度、纠纷预警响应制度。对于重大敏感类、“同源类”复议申请,

开展纠纷的"溯源排查",第一时间和申请人沟通、约谈被申请人,了解基本情况。对于存在重大纠纷隐患的案件,坚持走在隐患爆发的前面,建立与相关职能部门的协同联动机制,通过联动座谈、专题研究等方式,提出针对性的化解方案,实现未诉先办。

案例链接

2020 年 7 月,通州区人民政府行政复议接待室陆续接待来自某小区业主共计 40 余人次的咨询,并收到行政复议申请书 11 份,主要是申请撤销街道综合执法队盖章的《清理整改"私搭乱建"告知书》。该告知书中称部分业主存在未经规划许可"私搭乱建"的违法行为,需及时清理整改,否则就强制恢复原状,并标有业主具体门牌号。

批量性咨询且复议申请高度同源,引起复议工作人员的重视,在第一时间启动预警机制。经初步了解,该小区 310 户居民均涉及同类问题,且已经产生了上百次的"12345"投诉,如果不及时处理,可能会引发群体性事件。为避免纠纷进一步扩大,复议接待室与纠纷"赛跑",紧急约谈了街道及相关单位,释明问题及可能发生的风险。经认真梳理,行政复议接待室认为,只有尽可能地从源头化解争议,才能防止事态进一步扩大。为此,行政复议接待室在保障当事人权益的同时,积极引导申请人与被申请人通过案前、案中调解、和解,以解决争议。最终,经过不懈努力,该告知书涉及的 24 户业主,最终进入案件实体审查程序的案件仅有 8 件,并均于案件审理期限内自愿撤回行政复议申请。

在立案后当好"保障人"。对于已经立案受理的复议案件,建立多项制度,积极做好事中化解。建立谈话制度,通过约谈被申请人负责人、约谈申请人等方式,了解案情,释法明理。建立听证制度,对于当事人申请听证或因案情复杂、社会影响较大需要听证的,由复议机关主持开展听证,让当事人充分表达意见。建立被申请人主要负责人签批制和案件办理分管领导负责制,通过设定"硬指标",要求被申请人主要领导亲自签批,分管领导亲自参与案件调查、谈话和调解、和解,以提高被申请人重视程度,提升办案效率,促进争议化解。通过上述一系列制度设定,积极引导当事人合理表达其诉求、充分展示其观点、保障其正当性权利,最终推动案中化解。

在审理中做专家意见的“听取者”。2018 年,制定出台《行政复议委员会工作规则》,明确在复议案件审理中及时引进专家意见。专家参与案件审理,不仅能够提升复议案件办理质量,还能够通过专家释法,有效降低重大疑难案件的化解难度。坚持专家咨询与行政首长负责制相结合,扩大专家参与案件审理范围,探索专家全过程参与复议审理,建立专家意见不采纳时说明理由制度。通过不断实践,专家参与案件审理的比例不断提高。2019 年,区政府行政复议接待室累计受理复议案件 176 件,其中律师、专家等参与论证的占比 50%,大部分意见均被采纳,不予采纳的意见全部进行了说明。

在倒逼依法行政中做“监督员”。复议案件审理完毕,并不代表纠纷化解工作完结,仍需要对纠纷产生的各种原因进行深入分析,对政府行为存在的瑕疵、不适当履职等问题,进行及时纠正。为做好这一工作,通州区广泛适用行政复议建议书/意见书制度,对行政行为存在的问题加大释法力度,通过类案指导、个案监督督促各级政府部门规范行政行为,减少纠纷发生。2018 ~ 2020 年,累计针对信息公开、拆迁拆违、部门执法等多个领域制发行政复议意见书、建议书 32 份,取得良好效果。同时,推行“阳光复议”工程,在全市率先公布《通州区行政复议工作报告(1999—2017)》和《通州区行政复议十大典型案例》,并在北京市通州区官网开辟“行政复议公开”栏目,将行政复议报告、决定和典型案例向社会公开,自觉接受社会监督。

四、整合改革重组后的司法行政资源,实现“1 +1 >2”功效

2019 年,新的通州区司法局组建。改革重组后,如何实现通过优势互补,实现“1 +1 >2”的功效,成为一项重要课题。为此,通州区在拓宽渠道和制度融合两个方面进行了实践创新。

在拓宽渠道方面,2019 年 8 月,依托镇(街)公共法律服务站,在全区 17 个街道、乡镇建立行政复议接待咨询分中心,实现复议接待咨询镇(街)全覆盖,打通服务基层群众“最后一公里”。分中心既负责立案咨询、材料初审,又即时

就地调解化解,预防了矛盾激化和上交。

在制度融合方面,整合人民调解、行政调解、行政复议、法律援助等力量,成立通州区行政争议调处中心,充分发挥调解在化解行政争议中的重要作用。按照“应调尽调”的原则引导申请人通过案前调解、和解化解争议,行政复议效率和争议化解效果得到提升。

“路漫漫其修远兮,吾将上下而求索。”通州区行政复议规范化建设,只是城市副中心奋勇争先、开拓进取大江大浪中的“尖尖一角”。新征程上,通州区将以习近平法治思想为引领,牢牢把握新时代行政复议功能定位,努力将行政复议打造成为副中心法治政府建设的助推器、营商环境的试金石、法治社会的培育器、依法治区的重要抓手,持续高位推进行政复议规范化建设,在制度化、信息化和职业化等方面进行新探索、形成新经验,为全国基层政府行政复议规范化建设提供“副中心样本”。

撰稿人:张琴琴　程　剑　莫天新

北京市

平谷区

创建“街乡吹哨、部门报到”三协同执法链机制

位于北京市东北部的平谷区境内，以花岗岩为代表的矿产资源高达20多种。如此丰富的矿产资源，吸引了大量无视禁采令的违法分子铤而走险。尽管区政府对矿洞进行了封堵，成立专门护矿队，多次开展专项打击行动，仍未能有效阻止盗采，长期盗采导致大量山体、河道、耕地遭到破坏。此外，伴随产业升级和城市化进程产生的环境污染、违法建设、安全生产等问题严重掣肘了生态涵养区的发展命脉。

2017年开始，平谷区高擎“党建引领”大旗，深入开展“双安双打”专项行动（安全生产、安全稳定、打击违法犯罪、打击破坏生态行为），“不变体制变机制”，创新构建“街乡吹哨、部门报到”三协同执法链，将执法主导权“下放”乡镇，打通基层行政执法“最后一公里”，困扰平谷区多年的顽瘴痼疾得到有效根治。

一、对症下药，探索构建“街乡吹哨、部门报到”“三协同”执法链机制

盗采盗挖现象之所以屡禁不止，归根结底是因为没有形成有效的执法机制，行政执法没有发挥其应有的“利器”作用。造成这一问题的原因是多方面的：一是责任与权力不匹配；二是响应联动机制不健全；三是监督考核不到位；

四是担当意识不足与能力不够。构建系统、完备的工作机制是有效打通基层行政执法“最后一公里”难题的密匙。“街乡吹哨、部门报到”“三协同”执法链正是一套完整的运行体系,体现为党建引领下的“13433”框架,即一套规则体系、三种执法链模式、四张清单、三重保障、三个平台。

(一)党建引领发挥核心作用

党的领导是法治政府建设的根本保证。面对基层治理顽疾,区委于2017年年初启动“勇于担当”主题实践活动,向全区3.8万名党员干部发出号令——“挺起腰板,跑步前进”,全力破解底线问题。在街乡成立“吹哨报到”临时党支部和街乡实体化综合执法平台党支部,赋予属地基层政府执法的召集权、指挥权、考核权、评价权,将党的核心领导力作为政府及所属部门全面履职的推动力。在制度构建中,将党纪法规中的追责规定转化为监督问责警示清单。

(二)一套规则体系提供制度保障

通过对丰富的执法实践进行提炼、总结,制定了《平谷区综合执法工作规则》,规定了“三协同”执法链模式、清单机制、执法程序、行刑衔接、考核及责任追究等内容。同时,制定了《关于进一步加强乡镇街道实体化综合执法平台建设的实施方案》《平谷区综合执法考核细则》等一系列制度规范,形成以《平谷区综合执法工作规则》为核心的制度体系。

(三)三种执法链模式实现执法和监管的闭环

三种执法链模式分别为“街乡吹哨、部门报到”“一门主责、其他配合”“部门要求、街乡落实”,根据需要可以自由组合适用。其中,“街乡吹哨、部门报到”赋予街乡开展执法的召集权、指挥权、评价权、考核权,解决了街乡产生执法需求后召集、指挥、调度问题,典型表现即盗采盗挖的联合执法。“一门主责、其他配合”解决了多个部门报到后执法的协作问题,最具代表性的执法实践是过境大货车治理,由交通局(治超办)主要牵头负责,与路政、环保、交通支队、治安、农业、城管等职能部门联合属地政府,在主要路线和卡口24小时全时全域联合执法,列出“人车证货”监管权力清单62项,凡是涉及运输砂石,必追溯其源头。“部门要求、街乡落实”主要解决部门集中查处违法后与街乡发动社区村委会共同进行常态化治理的问题。以水污染治理为例,平谷区曾多年因国家地表水断面考核不达标，影响了全市的考核成绩，区领导曾因此被问责。2017 年，区政府决心要完成水断面达标任务。根据水面全域治理特征，区政府决定实行“部门要求、街乡落实”执法模式，由区环保、水务、农业部门根据各自职责，联合水流流经的属地政府，全面排查污染源排放清单，建立污染源信息数据库。数据库内详细收录了养殖场户地理信息、位置坐标、养殖概况、粪污治理和资源化利用方式等内容。职能部门将工作要求下发各街乡，由街乡统一落实，这就是典型的“部门要求、街乡落实”模式。

三种执法链模式在具体操作中既可以单独适用，也可以两两结合或循环运用，形成发现违法、组织调度、共同执法、常态治理的全链条闭合式解决机制。

案例链接

2017 年 1 月，平谷区在盗采频发地金海湖镇实行“街乡吹哨、部门报到”执法链机制。即在属地政府成立“吹哨报到”工作指挥部和临时党支部，成员单位包括公安、国土、水务、环保等 16 个部门，其中公安、国土、水务部门为常驻成员单位；由金海湖镇党委书记任总指挥、临时党支部书记。建立了联防联保、安全生产检查、突击巡查、废弃矿洞清运等八项工作方案和重大案件会商、重大问题协调、周例会、周巡查四项工作制度的“8 + 4”工作法。金海湖镇在盗采、运输、堆放、加工、销售、使用等各环节，全链条摸排隐患，形成问题清单、执法权责清单后，立即“吹哨”，通过落实“执法坐席”“30 分钟响应”机制，部门准时“报到”，从各自监管领域入手，全面查处每个违法环节。

此外，之前从未参与砂石盗采查处的经管站、税务、住建等部门均“报到”，分别就土地承包合同、涉税问题、非法搅拌站查处履行监管职责。区政府督查室对工作进展情况进行督查。各部门执法情况、工作进度通过绩效清单——“工作周报”进行全面展示。

(四)四张清单构成基础内核

以清单管理实现权责法定、执法严明,避免“乱吹哨”。第一,问题清单实现“底数清”。例如,在打击砂石盗采工作中,梳理全域盗采易发区 88 个,堆放点 203 个、搅拌站 29 个。在治理水污染工作中,排查全境生活污水、工业污水、养殖污水等排污口 285 个。第二,权责清单实现“权责明”。通过执法情境、执法空间、执法对象确定法律依据,明确执法主体及其法定职权和责任,避免属地“乱吹哨”、部门推诿扯皮。目前,已梳理重大综合执法事项 41 项,权责清单 2299 项。第三,绩效清单实现“下评上”。以部门的执法实绩形成绩效清单,街乡依据绩效清单考核评价部门执法效果。第四,警示清单实现“问责严”。列出 30 项警示清单,明确问责方式,提前预警。四张清单贯穿于每个执法链条,实现了分解治理问题、明确条块权责、激活行政执法权力、助推部门高效执法的目的。

(五)三重保障助推机制运行

第一,行刑衔接提供强制力保障。公安部门提前介入案件查办,弥补了行政执法部门在证据收集、人员控制强制措施等方面的不足,对全面侦破案件起到了至关重要的作用。同时,检察机关前移监督端口,对公安侦办案件进行监督和指导。2017 年全区行刑衔接案件数量较 2016 年上升 440%。第二,以模拟问责为推动力。对盗采盗挖、违法建设、生态环境等治理不到位但未达到问责条件的 38 家单位、55 名干部进行模拟问责,3 名区级领导公开检讨。通过抓住“帽子、位子、票子”,真正让领导干部“红脸”“出汗”,主动作为、敢于作为、有效作为。第三,以绩效考核为评价标准。一方面,实行党政一体化考核,赋予属地考核评价权,列入部门绩效;另一方面,提升依法行政考核权重至 40%,对部门人均执法量、职权履行率等进行全面考核,大大提升执法力度。

(六)三个平台提供有效依托

第一,实体化提升枢纽效率。各街乡全部建立符合“五实”要求(办公场所实、力量配置实、制度机制实、人员责任实、问题解决实)的实体化综合执法平台,1109 名执法人员按照“在哪吃饭、在哪干活、在哪考核、听谁指挥”的要求下沉执法。第二,信息化平台提升执法精度。研发执法信息化平台和手机App，将41项重大综合执法事项、2299项职权清单及下沉人员全部嵌入执法信息平台，街乡通过信息平台可直接向执法人员“吹哨”。第三，可视化响应调度平台实现执法信息整合的快捷高效。实现监管信息精准采集，快速上报、监管要素精准分析，监管点位、执法人员精准定位。三个平台互为补充，实现第一时间“吹哨”、第一时间“报到”、第一时间执法。在非洲猪瘟防控工作中，平台成功为政府督查室、农业局、交通局等相关部门提供了数据保障，累计收集整理相关数据上万条，提升了执法协作效率和信息化管理能力。

二、多领域实践，验证“街乡吹哨、部门报到”机制可复制、可推广

（一）执法效果显著，具有示范性

大量执法难题得到解决。“三协同”综合执法机制自运行以来，累计开展“吹哨报到”综合执法活动1400余次，不仅解决了生态环境保护、安全生产、食品药品安全、街面秩序整治等领域存在的大量执法难题，还将其广泛应用于“疏整促”“农村人居环境整治”“接诉即办”“棚户区改造”等社会治理问题的攻坚克难。

政治效果、法律效果、社会效果全面提升。2017年，平谷区行政执法考核在北京市5个生态涵养区中排名第一；2018年，平谷区依法行政考核、行政执法检查量均排名全市第一，并荣获北京市政府法制工作先进集体荣誉称号；2019年，全区万人发案率创近3年历史新低，群众安全感全市排名第三。严格、高效、文明执法全面树立了法治政府的公信力，“违法违规，老本无归；合法合规，不会吃亏；尊法尊规，多得实惠”的法治观念以一种简单朴素的形式植入百姓心中，群众由之前的“四个不相信”转变为“四个相信”，即“相信勤劳能够致富、相信公平正义、相信法治权威、相信平谷美好未来”。

被地方立法采纳并入选院校教学案例。“吹哨报到”机制被2020年1月1日起正式实施的《北京市街道办事处条例》吸纳，该条例赋予街道办事处统筹协调、指挥调度区政府部门及其派出机构的权力。同时，该机制成为中国社会科学院、中国浦东干部学院、北京市委党校等院校教学案例。2019年7月，该

机制入选中组部组织编写的《贯彻落实习近平新时代中国特色社会主义思想在改革发展稳定中攻坚克难案例》。

(二)机制成果被认可,具有典型性

得到党中央和北京市委的认可。"吹哨报到"三协同执法链机制被北京市委提升为党建引领"街乡吹哨、部门报到"创新机制,成为北京市委2018年1号改革课题,现已延伸至"接诉即办"城市治理创新模式。2018年11月,习近平总书记主持召开的中央全面深化改革委员会第五次会议,对北京市委"街乡吹哨、部门报到"基层治理体制机制创新给予充分肯定。

获得专家学者肯定。专家学者围绕"三协同"执法机制发表了多篇理论文章。大家普遍认为该机制是一个可复制、可推广、成本低的改革成果,在没有改变现有体制的前提下,通过依法赋权、优化机制,实现了执法主体的权责统一,推动了政府职能的全面履行,是一项"小切口、大成效"的改革。

(三)在各领域广泛应用,具有可推广性

"街乡吹哨、部门报到"机制自构建以来,先后应用于"生态桥"农业循环模式、"佛见喜梨"农村经济发展模式,并成为"12345"接诉即办和"说事评理议事普法中心"基层矛盾化解的核心机制。在2020年新冠疫情防控中,平谷区以党建为引领,以"街乡吹哨、部门报到"为基础,建立"四报到"工作机制("街乡吹哨、部门报到,村居吹哨、干部报到,支部吹哨、党员报到,网格吹哨、全员报到"),分批组织2200余名区直部门、企事业单位干部下沉一线,动员回村居报到党员、社会工作者、志愿者等3000余人共同战"疫",构筑起一道党建引领、法治保障、全民参与的防疫长城。同时,重点在复工复产复课、野生动物疫源防控、医疗垃圾清运等领域集中组织开展"一门主责、其他配合"的三协同执法,通过启动行刑衔接工作机制,仅用9天就破获一起涉嫌销售、跨区存放17万只过期口罩案件,成为疫情期间全国市场监管"联合双打行动"公开发布的典型案例。再如,平谷区围绕垃圾分类吹响执法"集结哨",历时4个月,全区厨余垃圾分拣率由3.4%提升至15.8%,交出了一份漂亮的成绩单。

"三协同"机制紧紧抓住严格执法这一核心,撬动了基层治理机制中的关键环节,以有力的实践数据和效果,充分证明了其在提升基层执法效能、破解底线难题中的长效性和可复制性，有力推进了协同高效、合理行政、权责统一的法治政府建设，有效保护了平谷区的绿水青山。

撰稿人：贾志全　杨桂梅　王艳丽

让依法行政走上智能化、智慧化道路

近年来,滨海新区坚持以习近平新时代中国特色社会主义思想为指导,认真落实全面依法治国基本方略,按照天津市委、市政府的部署要求,在加快推进法治政府建设进程中,探索实践智慧赋能,促进法治滨海、智慧滨海的深度融合,高水平建设行政执法监督平台,深入落实行政执法“三项制度”,推动法治政府建设不断取得新成效。

一、执法记录全程化、执法监督实时化、执法考核智能化,努力打造“服务执法实践、功能创新领先、具有新区特色”的亮点工程

(一)倾力打造行政执法监督平台

滨海新区行政执法监督平台于 2015 年 11 月上线运行,这一“服务执法实践、功能创新领先、具有新区特色”的亮点工程,已成为滨海新区全面提升行政执法规范化、信息化水平和进一步提高行政执法监督效能的重要依托,是贯彻落实行政执法“三项制度”的有力抓手。

目前,滨海新区行政执法监督平台的建设和使用,已经实现全国行政执法综合管理监督信息系统国家级应用和省级应用的功能,提前达到了行政执法“三项制度”中关于全面推进行政执法信息化,加强信息化平台建设、推进信息共享和强化智能应用的工作要求。

该平台是集行政执法、执法监督、法制业务于一体的信息化系统，实现了对全区91个执法主体的执法业务在线指挥和实时监督考核。平台建设以“两个六”为目标，即实现“执法动态、执法监督、执法考核、法制业务、执法依据、统计分析”六大功能，重点监督“行政处罚、行政许可、行政收费、行政强制、行政征收、行政检查”六类执法行为。

（二）构建多角度、全覆盖和高效率的监督架构

该平台设计为“一二三四”系统架构。“一”即一套系统，按照“互联网＋”的思路，依托国家超级计算天津中心、电子政务网，借助GIS、云计算等技术，建成全区统一的行政执法监督信息系统；“二”即两级平台，建成区级行政执法监督平台与各管理委员会、各委局、各街镇执法监督分平台，并实现实时互通；“三”即三类监督对象，监督各开发区管理委员会及其执法部门、各委局、各街镇全部行政执法行为、执法主体和执法人员；“四”即建立运行法律法规、执法主体、执法人员和权力清单四大数据库。平台的设计从业务领域和地域等方面实现了行政执法监督的多角度、全覆盖和高效率。

（三）实现行政执法监督全程化、实时化和智能化

该平台在建设模式、基础数据建设、使用方式和实现目标等方面可归纳为“二三二三”，即两个一体化建设，三个编码化数据，两个移动化工作模式，实现三个目标。具体而言，两个一体化建设，即“执法监督＋执法办案”业务一体化建设和区平台与区属部门、街镇平台一体化建设运行；三个编码化数据，即执法依据编码化、执法事由编码化和权责清单编码化；两个移动化工作模式包括执法办案移动化和执法监督移动化；实现三个目标，即执法记录全程化、执法监督实时化和执法考核智能化。

案例链接

编码化为行政执法智能化发展奠定基础。编码化的实质是行政执法业务的数字化。主要包括执法依据、执法事由、权责清单编码化。执法依据编码化，就是由平台制定法律法规编码体系，按照法律、行政法规、地方性法规、部门规章、地方政府规章等法律位阶对法律法规进行分类，赋予每一部法律法规

> 的条、款、项、目一个唯一的代码;执法事由编码化,则是由平台制定执法事由编码体系,通过对法律法规条款的整理拆分,形成了执法事由、规范性条款、处罚依据等基本信息,在案件办理过程中,根据法律依据确定适用的执法程序、规定的处罚类型、限定的处罚幅度,并与权责清单相关联;权责清单编码化,是指由平台制定权责清单编码体系,权责清单编码由区域代码、行业类别、行政类别、使用级别、业务分类与职权序列号组成。利用该平台,一线执法人员不仅可以快速准确地获得相关执法信息,还可以利用便携设备移动执法,提高执法及时性和精准度。

二、行政执法监督平台规范、高效、务实的功能价值,在落实"三项制度"中得到充分展现

(一)促进规范执法

与有效落实行政执法公示、执法全过程记录、重大执法决定法制审核"三项制度"工作要求对标对表,该平台通过强有力、全方位的监督,推动全区各执法单位严格规范公正文明执法。与区政务网和"信用中国"平台对接,统一对执法信息进行公示。将执法人员的行政执法案卷文书、地理位置、行动轨迹、办案流程、审批意见、现场音视频等资料进行全过程留痕和实时记录传输,一线移动执法终端与平台有效对接,执法信息同步向平台传输,实现了执法全过程记录、全过程监督。将一般程序案件法制审核设定为必经程序,未经法制审核,执法决定无法作出,并将法制审核情况纳入总体行政执法监督考核。办案系统预制"填空式"电子文书,设定文书"审核—盖章—打印"流程,保证案卷文书要素齐备、填写规范、归档完整,自动关联执法依据和处罚幅度,确保法律文书填写准确、量罚适当,确保了重大行政执法决定逐一法制审核。

(二)提升执法效能

行政执法监督和行政执法信息化一体建设,在规范统一行政执法流程和执法文书的基础上,开发建设行政执法指挥调度信息化应用,配合一线移动执法终端和执法现场音视频记录设备使用,支持执法信息同步向平台实时传输,有效保障行政执法部门对执法人员开展执法活动的现场指挥和及时调动,通

过执法信息实时传输提高执法效率。全区执法人员在办案平台上开展行政执法工作,确保行政执法每一环节、每一个“动作”均在平台系统中留痕,实现可追踪可回溯。行政执法数据“上云”,通过国家超级计算天津中心提供技术支撑,实现了各类行政执法信息的“云存储”,方便数据的共享和使用,推动了高效执法。

通过平台对行政执法部门及人员的权责范围、依据适用、执法流程等实现事前控制,通过执法动态监督、案件抽查等手段实现事中监督,通过自动考核评价及案卷评查等方式实现事后考评。平台具有对移动执法终端使用频次、执法人员执法轨迹等进行技术监控的功能,以及对执法部门履职率、执法人员执法参与度等指标进行统计分析的功能,同时结合当前政府重点工作和行政执法工作实际,动态设定考核考评指标,实时客观计算考核结果,有效防止行政执法不作为,为法治政府建设和优化法治化营商环境提供了信息化监督保障。

(三)凸显应用服务

第一,服务立法。平台对法律法规适用情况和执法权责履行情况进行大数据分析,为上级立法机关科学立法提供参考。第二,服务决策。平台对移动执法终端使用频次、执法人员执法轨迹实时监控,通过对执法参与率、人均执法量、履职权责覆盖率、案件查处率以及办案质量等指标进行系统分析,有效服务领导科学决策。第三,服务队伍建设。平台的法律法规库和模拟执法练习模块,为执法人员随时随地学习业务知识、有效提升执法能力提供帮助、创造条件。

该平台的建设运行,实现了执法办案信息化、执法监督实时化、执法调度可视化、执法案卷电子化,全区行政执法质量水平显著提高,执法参与率、履职率稳步提升,有效促进全区各行政执法部门及执法人员履责尽职、依法行政和规范执法。

三、依托平台建设运行推进规范文明高效执法

(一)完善行政执法监督工作领导机制

区委书记、区长一起抓、亲自抓行政执法工作,强力推动行政执法监督平台建设和改造升级。制定《天津市滨海新区行政检查暂行办法》,依托平台运

行推行“诚信免查、多查合一、最多查一次”制度,对重点监管领域管住管好,对一般监管领域“无事不扰”,为打造具有新区特色的法治化营商环境提供制度支撑。区长每个月听取全区行政执法情况汇报分析,提出工作要求。滨海新区把提升行政执法水平、改造提升平台功能、完善执法监督考核指标体系纳入全区年度20项攻坚计划,实施重点推动。实行末位约谈制度,区政府分管领导牵头相关部门,已先后组织4次对执法月考核连续排名靠后的开发区管理委员会、区直部门和街镇等20余个单位负责人进行约谈。依托平台抽查执法案卷,组织开展政府系统行政执法“典型差案”评查。

(二)将行政执法监督纳入区级考核体系

结合区平台功能和运行情况,先后制定滨海新区行政执法监督平台监督考核细则、行政执法监督平台使用管理规定、行政执法监督平台音视频记录细则等一整套制度体系,使全区依托平台开展行政执法监督有据可依。建立行政执法监督月考核、月通报制度,树立全区行政执法监督的权威性。

(三)为行政执法提供配套保障

区财政局每年拨付专项经费用于平台日常运维工作。为全区各行政执法单位配备车载视频记录设备75套、自携式执法记录仪222套、“执法通”终端手机535部,以满足行政执法单位日常执法使用需求。同时,大力开展执法办案和平台终端应用业务培训,5年来共组织集中培训上百场次,参加人员达2.5万余人次,全区在岗行政执法人员的执法效能和规范化水平显著提高。

四、推动法治滨海和智慧滨海深度融合,在推进法治政府建设进程中持续释放创新动力

行政执法监督平台的建设运行,为研判、推动全区行政执法工作提供了强大数据支撑,有效促进了各执法部门的担当作为,成为推进法治政府建设的基础保障和重要抓手。平台以其创新性、可复制、可推广的特色亮点,受到广泛关注,先后荣获“全国智慧司法十大创新案例”“全国‘数字法治、智慧司法’信息化大比武二等奖”。

滨海新区已将行政执法监督平台的改造升级纳入全区攻坚计划与重点任

务，积极打造智慧之城的智慧执法、智慧监督和智慧决策。建立全区各执法单位执法对象库、执法人员库和检查事项清单并实行动态管理，为精细监管、精准执法提供有力支撑；与行政审批、政务服务、“互联网＋监管”、“8890”便民服务响应系统和网格中心平台对接，对群众投诉举报违法问题的执法处置情况形成有效监督；设置信息数据转换推送模块，有效破解各平台数据壁垒、重复录入等问题，推动信息顺畅共享；实现行政罚款在线支付，有效解决程序烦琐、处罚执行难等执法困扰。

滨海新区将持续推动法治滨海和智慧滨海融合发展，打造行政执法监督平台升级版，在推进法治政府建设进程中持续激发创新动力，为推进新时代高质量发展，加快建设生态、智慧、港产城融合的宜居宜业美丽滨海新城，提供坚实法治保障。

撰稿人：孙建华　刘金海　邱　凯

山西省

右玉县

传承弘扬右玉精神　法治护航绿色发展

右玉县是“右玉精神”的发源地。新中国成立70多年来，右玉县历届县委、县政府团结带领全县人民，一任接着一任干，一张蓝图绘到底，把昔日的“不毛之地”建设成了如今的“塞上绿洲”，全县林木绿化率由不足0.3%提高到现在的56%，创造了令人惊叹的生态奇迹，孕育、形成了宝贵的“右玉精神”。习近平总书记先后六次对“右玉精神”作出重要指示。70多年来，右玉县党员干部群众坚持以法治引领保障推动生态文明建设，打造了“绿水青山”变成“金山银山”的成功范例。

一、坚持高位谋划，以法治理念绘制生态文明建设蓝图

在这场只有起点、没有终点的绿色“接力”中，凝聚了法治理念共识。右玉县地处毛乌素沙漠的天然风口地带，气候长期寒冷干旱，曾经风沙成患、山川贫瘠，霜冻冰雹、水土流失等自然灾害频发。新中国成立以来，从第一任县委书记提出的“右玉要想富，就得风沙住；要想风沙住，就得多栽树”的发展思路，到第五任县委书记主导制定的第一个《右玉县流域治理根治“五害”的五年规划》，右玉县走出了一条规划引领、法治保障的生态文明发展之路。

一任接着一任干，一张蓝图绘到底的工作举措，形成了生态文明建设制度保障。70多年来，尽管发展环境、工作重点、工作方法在不停地变化，但21任

县委、县政府都认准一个理——种树是满足人民群众生存发展需要的治本之策，法治是确保工作思路得以贯彻落实的根本保障。右玉县于20世纪50年代出台《一九五三年至一九五七年林业生产计划》，随后又相继出台《关于植树造林安排意见》《关于建立护林防火机构、颁布“护林员证”的通知》《关于开展全民义务植树运动的决定》《右玉县“人均一棵树、一乡一条路、一村一片林”绿化实施方案》《右玉县国家生态文明示范县建设规划（2016—2020）》《右玉县建立和执行保护发展森林资源目标责任制的意见》《关于在实施乡村振兴战略中落实“四三四”工作机制加强乡镇、村（社区）法治建设的实施意见》等政策规定，构建起县委领导、政府负责、部门分工、社会协同、全民参与、法治保障的生态法治化工作机制和生态文明建设体系。

久久为功、利在长远的执着与坚持，使右玉县守住守牢了生态环境底线。右玉县建立了科学的干部考核指标体系和绿色GDP指标体系，不断加大生态保护、环境改善等考核权重，实行自然资产离任审计和生态环境损害责任追究机制。在项目开发、招商引资、发展产业过程中，右玉县始终严把环评关，明确建设项目环保审批“三线一单”。特别是在招商引资中，坚决做到“三个不得引进”，即不得引进国家产业政策明令禁止调控的项目、不得引进对生态环境有破坏或造成污染的项目、不得引进掠夺开发资源的项目，将环境保护从“末端治理”变为“源头控制”。

二、坚持以人民为中心，以法治思维营造全民生态法治环境

坚持推进全民普法。深入开展“七五”普法宣传，推进“法律六进”活动，选派政法干警兼任各中小学校法治副校长，让法治进校园、进课堂。全面推行“一村一法律顾问”制度，建设法治文化一条街、法治文化公园、法治文化广场、户外LED法治宣传等生态法治文化阵地，实现法治宣传城乡“全覆盖”。进一步强化生态法治意识，在全社会广泛开展“法治右玉”全民守法普及教育行动，不断夯实生态法治建设的群众基础。

抓住法治建设“关键群体”。坚持完善领导干部学法制度，县委理论学习中心组、县政府常务会议把宪法法律作为集体学习的必学内容。不断加强对各级领导干部、生态环境主管部门干部职工的林业法律法规宣传培训。坚持

发动全民保护生态,建立县、乡、村三级环境保护网格化监管机制,机关干部每年都参与义务植树、护林防火等工作。建立县、乡、村三级一站式解纷中心,着力构建"三共""四化"的社会治理模式,充分发挥党员干部在法治建设中的示范带动作用。

案例链接

右玉县第五任县委书记庞汉杰下乡时,经常会拿起鞭子和牛倌、羊倌们一起放牧,并利用这个机会给他们讲有林才能生存、爱护树木、护林光荣、毁林可耻的道理。他大抓护林工作,使"护林者赏,毁林者罚"的政策家喻户晓。在他的推动下,右玉县各公社及各村普遍制定了护林公约,并以青年和基干民兵为骨干,成立了大大小小的护林组织,全县共建立了162个护林带,分片划界,分工包干,做到了有林就有护林队。

培育全民生态法治文化素养。采取举办文学摄影展、发展环保团体、组建绿色志愿者队伍、评选绿化造林模范等方式,坚持以产兴城、以文载城、以绿润城、以法护城,切实把弘扬法治精神融入全县工作各领域、各方面。

三、坚持制度"治本",以法治方式统筹山水林田湖草治理

统筹山水林田湖草系统治理。70多年来,右玉县始终以久久为功、利在长远的耐心和耐力,以法治方式统筹山水林田湖草系统治理,实行环保工作党政一把手亲自抓、负总责,用最严格制度最严密法治保护生态环境,以"良法"保护生态建设成果。突出制度"治本",制定出台大气污染防治、水污染防治、土壤污染防治、燃煤污染控制、森林资源管理、野生动植物资源保护等一系列规范性文件。进一步加快生态文明体制改革,重点探索建立绿色生产和消费的法律制度和政策导向,构建国土空间开发保护制度,逐步完善生态廊道和生物多样性保护网络,推动实现人与自然和谐共生的现代化,还自然以宁静、和谐、美丽。全县造林面积连续10年年均增长3万亩以上,环境信息公开率达100%,2017年以来每年空气质量优良天数基本保持在290天以上,杀虎口出

境断面水体水质和全县集中式饮用水水源地水质均保持在《地表水环境质量标准》中的Ⅲ类水质标准，生态文明建设法治化成效开始显现。

一体推进治气、治水、治山。依法治“气”。全面推进“蓝天守护”工程，制定出台右玉县《大气污染防治行动计划》《煤改气、煤改电实施方案》《关于在县城建成区范围开展禁燃禁放集中统一行动的实施方案》等文件，实施大气污染防治行动计划，重点推进工业废气、车辆尾气、餐饮油烟、秸秆焚烧和建筑扬尘治理，全面淘汰黄标车及老旧车，县城建成热电联产联供210万平方米，集中供热普及率达89.8%，县城燃气普及率达57%。依法治“水”。深化水污染防治，严格水体保护，及时制定出台右玉县《水污染防治行动计划》《全面推行河长制实施方案》，全面加强水库、河道、饮用水水源地水质监测，推进城镇污水垃圾基础设施和农村生活污水处理系统建设，县城污水处理率达98.19%。依法治“山”。以国家京津风沙源治理、天然林保护、“三北”防护林工程、退耕还林、通道两侧荒山绿化为重点，实施全县域宜林荒山全部绿化。建立了矿山生态恢复治理项目库，全面加强土壤污染状况调查，大力实施土壤污染防治行动和修复工程。

构筑坚实的生态环境执法体系。积极推进综合执法体制机制改革，组建农业综合行政执法队、生态环境综合行政执法队，列为县委全面依法治县委员会成员单位。认真推行行政执法“三项制度”，持续组织生态环境、交通运输、住建、林业等部门开展联合执法，使各职能部门步调一致、相互监督约束。成立森林派出所，组建森林消防专业队、森林资源保护巡查队和乡村护林员队伍，提升执法工作专业化水平。坚持全面推进严格执法、公正司法，集中开展了饮用水水源保护区污染防治、自然保护区、生态环境领域等公益诉讼和破坏环境资源犯罪专项立案监督等活动。注重加大行政执法和刑事司法有效衔接，制定出台《“携手清四乱保护河库生态”百日会战行动方案》等，有效加强了行政机关和司法机关打击犯罪工作合力。

四、坚持改革创新，以法治保障打造绿色产业

2017年4月，山西省政府批准右玉县成立全省首家生态文化旅游示范区。右玉县紧紧抓住这一重大政策机遇，制定出台《深入贯彻落实省、市支持和推

动右玉高质量发展实施意见及行动计划的工作方案》,全力推进 105 个重大转型项目,投资总额 178.23 亿元,以项目的高质量建设引领经济高质量发展。进一步发挥右玉县生态文化旅游示范区的“引擎”作用,编制完成了《右玉生态文化旅游示范区总体规划(2017—2030)》《全域旅游发展总体规划及旅游重点项目策划》《右玉县土地利用总体规划(2006—2020)调整方案》。同时,修订完善了招商引资优惠政策,从土地、财税、人才、服务保障、奖励激励等方面制定了 21 条具体优惠措施,通过实行“一枚印章管审批”,推进行政审批工作标准化、信息化、协同化和便民化,着力打造“六最”营商环境,游客接待人次和旅游总收入均实现了 30% 以上的增长,良好的生态环境已经成为右玉县人民最普惠的民生福祉。

推进生态法治建设是新时代建设美丽中国的必由之路和筑基之举,也是促进社会公众形成生态保护自觉意识的重要条件。右玉县将坚持以习近平新时代中国特色社会主义思想为指导,认真学习贯彻习近平法治思想、习近平生态文明思想,在更高起点上积极探索生态文明建设法治化的路径和方法,进一步促进生态法治建设长效化、行政执法规范化、全民守法常态化,使生态文明建设拥有更加健全、更加完备、更加严格的法治保障。

撰稿人:刘　钰　高存斌　董　燕

内蒙古自治区

锡林郭勒盟

高擎行政执法之剑　护佑草原平安吉祥

锡林郭勒盟地处祖国正北方，是一个以蒙古族为主体的边疆民族地区，地域辽阔，执法面广、线长，执法半径大，长期以来，执法不作为、执法冲突、执法监督乏力等基层执法难问题凸显。面对执法难点、堵点和痛点，锡林郭勒盟精准发力，以信息化为引擎，织密五张大网，全面推行行政执法“三项制度”，攻坚克难，取得良好效果。

一、织密五张网，纾困执法难题

制度网——规范引领，重塑执法基本框架。 2018 年 6 月，制定印发《全盟推行行政执法三项制度实施方案》和《全盟行政执法公示办法行政执法全过程记录规定和重大行政执法决定法制审核办法的通知》，细化工作目标、工作任务、部门职责。建立健全以司法行政、财政、市场监管、政务服务等责任部门为主体的全面推行行政执法“三项制度”工作协调机制，及时协调解决问题。2020 年 2 月，内蒙古自治区印发《内蒙古自治区行政执法公示执法全过程记录重大执法决定法制审核办法》（以下简称《审核办法》），锡林郭勒盟对照《审核办法》补短板、找差距，要求各执法主体在行政许可、行政处罚、行政强制、行政征收征用、行政检查等行政执法行为中全面推行行政执法“三项制度”。此外，结合锡林郭勒盟综合执法体制改革实际，印发《关于综合行政执法规范化建设

的指导意见》,让执法与监督同步、权力行使有约束,打造"教科书式"执法模式,推进行政执法"三项制度"实施进入快车道。

公示网——网络支持,提升公示透明度。"两线"齐发力——"线上"借助锡林郭勒盟云计算和大数据中心,逐项厘清事前、事中、事后公示内容。一是依托政府门户网站集中公布权责事项、行政事业收费事项、行政审批中介服务事项等"八张清单",并实行动态管理。二是于2019年7月,依托智慧司法云平台搭建内蒙古自治区首家"行政执法公示平台",平台覆盖盟直36个行政执法单位、13个旗县市(区)政府门户网站,按照"谁执法、谁公示"原则,执法主体主动发布执法信息。目前,各行政执法主体编制完成《执法主体基本信息公示》《执法人员信息公示》《行政执法流程图》《执法权责清单》《随机抽查事项清单》《行政执法相关的政务服务事项》《行政执法结果公示》7张清单,累计公布执法权责事项62,788项、随机抽查事项4486项、行政执法相关的政务服务事项3409件及行政执法结果3548件。平台设置检索功能,群众可通过输入关键词进行检索,方便执法信息查阅。"线下"行政执法人员统一佩戴并出示带有二维码的执法证件,群众可通过扫描执法证件二维码确认执法人员身份,对执法过程进行监督。各办事大厅、服务窗口等实体平台全过程公示执法主体信息、工作职责、工作流程等,增强执法可视化效果。

记录网——影像留痕,增强执法能见度。在全盟范围推行自治区"法治政府建设智能化一体平台"和移动执法终端"智能法务通"的使用,实现行政执法案件全过程音视频留痕、可回溯管理。执法中,执法人员运用"智能法务通"实现执法全过程语音提示,固定执法流程,对执法案件全过程音视频记录并实时上传。在简易程序案件中运用"智能法务通",可实现现场回传审批事项、电子签字确认并现场打印执法文书,告知相对人维权和救济渠道,当事人对执法满意度即时进行评价,执法文书和执法过程上传至行政执法监督平台,接受监督和考评。目前,该平台已录入执法主体数据803条,执法人员数据5637条。以锡林浩特市林业和草原局为例,锡林浩特市境内有国家级草原自然保护区、湿地公园、火山地质公园等,草原面积2095万亩,林业用地121.5万亩,林草面积占总面积的95%。由于草原管护面积大、交通不便、执法任务繁重和执法力量不足,每年草原上乱采乱挖、违法放牧等现象频现，仅依靠执法人员日常巡查很难发现。为破解这一难题，市林业和草原局运用信息化手段构建森林草原生态“空天地”一体化网络监控系统，以大型全息视频监控（监控范围辐射 50 万亩草场）、无人机等为载体，收集和捕捉信息，实时上传执法指挥中心。如果发现疑似的草原违法情形，指挥中心就会立即定位并进行研判，调动附近执法人员开展执法检查，现场执法人员凭借“执法三件套”可在 30 分钟之内完成现场取证、案件录入、立案申请、远程审批等执法程序。简易程序案件可通过便携式打印机现场打印行政处罚决定书并当场执行。整个办案流程上传至法治政府建设智能一体化平台，实现执法全程留痕、可回溯管理，执法模式从传统“人盯、眼看”向“天眼”“全天候”新模式监管转变。

案例链接

“执法三件套”是指综合执法记录仪、移动智能终端、便携式打印机。综合执法记录仪上有摄像头、胸卡式执法证（证件应载明执法人员单位、姓名、执法证号、二维码等内容），主要功能是亮证执法，对执法过程录像，实现行政执法事中公示，群众可通过扫描证件上的二维码，辨别执法人员身份。移动智能终端是一款定制的智能手机，其可对执法全过程进行语音提示，对执法现场进行全程记录，实现执法现场的调查取证和全过程音视频留痕。此外，移动智能终端支持电子签名，并实行“一案一码”，当事人可通过扫描简易文书上的二维码下载制式文书。执法文书现场签字确认后，可通过便携式打印机直接打印。

审核网——法治保障，降低案件纠错率。全盟有 63 名律师、51 名公职律师担任各级政府、部门法律顾问，行政执法部门成立法制审核机构，对案件违法事实是否清楚、法律法规适用是否准确、自由裁量是否合理等进行全面审查，审查通过后方能制发行政处罚决定书。重大行政执法案件必须经过集体讨论，60% 以上行政执法部门设立法制审核委员会或案件审理委员会，集中对重大行政执法案件进行研判，经集体讨论后形成重大执法决定审核意见。目前，执法部门结合执法类别、执法层级、所属领域等，细化了重大执法决定法制审核范围,明确合法性审查的内容,将行政处罚较大数额的罚款界定为自然人处以2000元以上、法人或其他组织处以30,000元以上。同时,法治政府建设智能一体化平台将重大执法决定法制审核列入重大执法监督列表,作为重大行政执法案件办理必经程序。如果法制审核没有完成,将无法进入行政处罚决定、处罚执行、结案、公示等环节。

*监督网——"3+N"模式,提升执法监督效能。*动态留痕、静态监控,构建"3+N"即"一网通、一线通、实体监督+N"行政执法监督模式。"一网通"——"法治政府建设智能化一体平台"中的"行政执法监督平台",全面展示了行政执法案件各个环节,实时跟踪监督执法案件办理进度,对已完成的执法环节,系统会显示"绿色√",实现了执法监督部门对执法案件从立案、调查取证、处罚决定、处罚执行、结案、公示等环节全程监督和管理。此外,系统会对每个执法案件进行打分,执法监督部门可根据具体打分情况,及时发现问题并进行反馈,提升了执法案件办理的规范、合法和合规性。"一线通"——建立"12348"热线电话监督平台,接听法律热线,坐席律师对群众反映的问题集中研判,将投诉事项转交有关部门和单位办理,同时启动行政执法监督程序,对办理事项实时跟踪和督办。"实体监督"——全盟13个公共法律服务中心建立了蒙汉双语"行政执法监督"窗口,安排专人接待、解答群众对各类行政执法的投诉和建议,对疑难复杂问题登记,组织有关部门、律师等进行研判,并逐级上报。此外,建立了行政执法考核评价机制,将考核内容纳入依法治盟、法治政府考核评价体系,考核结果上报盟委行署。定期开展案卷评查,及时通报和曝光违法行政典型案例。开展"选聘行政执法义务监督员"工作,全盟共选聘行政执法义务监督员1162名,逐步形成群众监督、舆论监督、法律监督层层递进、相辅相成的行政执法监督网络。

二、坚持点面结合,强化培训效果

高素质的行政执法队伍是全面推行行政执法"三项制度"取得实效的关键。目前,全盟共有行政执法人员1万余人,为强化执法队伍建设,开展了多形式多层次实务培训。

*点——结合各层级行政执法主体需要,制定"菜单式"培训。*举办"每周一

课”，设置“法网专栏”，开设“微课堂”“驻在式辅导”等方式开展差别化培训。2020 年 7 月组织重点行政执法单位人员赴区外学习考察行政执法“三项制度”先进经验，点对点与先进地区进行对接，深入挖掘本部门推行行政执法“三项制度”的路径。

面——全域开展行政执法“三项制度”“撒网式”培训。2019 年 6 月举办全盟法治政府建设培训班，专题学习行政执法理论与实务，对行政执法“三项制度”进行解读，各旗县市（区）政法委书记、政府分管旗县市（区）长、盟直各单位分管负责人和法制机构责任人 350 人参训；同年 12 月，依法治盟办举办法治政府示范创建暨行政执法“三项制度”远程专题培训班，对示范创建的指标体系、评价办法进行详细解读，1500 人参加培训。2020 年 7 月，围绕“行政执法‘三项制度’暨综合行政执法规范化建设”，“线上 + 线下”同频对全盟 500 余名业务骨干进行培训。

三、全方位宣传，营造舆论氛围

注重发挥舆论引导作用，通过电视上“播”、网络上“载”、微信上“传”、报纸上“刊”、街道社区“挂”和乌兰牧骑“演”等多角度宣传行政执法“三项制度”。

“播”——自治区、盟级多家主流媒体公开报道 2019 年在锡林浩特市举办全区、全盟行政执法“三项制度”暨法治政府信息化建设推进会情况，为推进行政执法“三项制度”营造正面舆论氛围；锡林郭勒盟蒙语广播，采访播报“三项制度”内容，让广大蒙古族同胞知悉“三项制度”内涵。“载”——区内外多家网站转载报道锡林郭勒盟行政执法“三项制度”推进工作；2019 年 12 月 4 日，开展宪法宣传暨推进行政执法“三项制度”网上答题活动，普及“三项制度”基本知识，扩大网络宣传的覆盖面。“传”——通过“蒙汉双语 12348”微信平台推送“三项制度”工作内容。截至 2020 年年底，锡林郭勒法律服务网注册用户 6974 个，浏览量 17,523 人次，“12348”微信关注人数 8 万余人。“刊”——《锡林郭勒日报》专题专版宣传“建设法治政府全面推行行政执法三项制度”并对“三项制度”进行解读。“挂”——利用城镇公共场所 LED 电子显示屏、社会服务机构服务大厅显示屏、社区街道普法宣传挂图等推送“三项制度”宣传内容。“演”——将法治元素融入乌兰牧骑演出,送法进农村牧区演出330余场次。

撰稿人:周晓慧

上 海 市

长宁区

“一照多址”“一证多址”改革激发市场活力

“一照多址”和“一证多址”是长宁区为解决辖区内连锁企业多、扩张速度快，证照办理进度却相对缓慢问题开展的一次积极探索和大胆尝试。这项工作有三个特点：快、稳、优。经过几年来的不断探索、延伸和完善，这一创新举措为众多企业在减材料、减环节、减时限、减审批等方面带来了极大便利，成为长宁区近年来优化营商环境8张改革特色牌之一。

一、快：提高速度效率是关键

“一照多址”和“一证多址”的第一个特点是“快”。“快”到什么样的程度？区市场监管局相关负责人介绍，企业如果新增一家门店，在提交相应材料并办理手续后，当天可领照，3天可领证！企业的反映最为直观：“过去，每新增一个网点地址，注册时间都需要1个月，现在只需在营业执照上新增地址，当场就可以完成备案。‘一照多址’的政策，大大降低了企业网点扩张的时间成本。”大幅缩短时间的背后，是长宁区做了充分的前期准备工作。

2016年7月，原上海市工商局出台《关于支持长宁区加快推进上海市“互联网+生活性服务业”创新试验区、上海虹桥航空服务业创新试验区、上海虹桥时尚创意产业集聚区建设的若干意见》，长宁区率先在全市试点实施“一照多址”登记制度。当时，通过“一照多址”大幅简化了办理流程和材料，实现了经营场所备案立等可取。

对于第一批参与试点的企业来说,长宁区的“一照多址”政策对其帮助很大。某美容连锁企业在成立后发展很快,一年可以在全市新增几十家的门店,相比于普通美容美发店差不多10年才开10家而言,这样的发展速度可以说是倍数增长。而刚“出炉”的“一照多址”政策正好迎合了他们的发展需求。该企业作为一家“互联网+生活性服务业”的内资企业,在长宁区经备案后,只要在营业执照上记载“住所”登记项后标注“一照多址试点企业”8个字,并在《企业经营场所备案通知书》或《非经营性营业网点备案通知书》上记载企业试点“一照多址”的全部营业场所或非经营性营业网点即可,无须另行申请分支机构营业执照。许多“一照多址”试点企业表示,原先申请设立分支机构所需时间较长,现在只需在两个通知书上新增地址,当场就可完成登记。环节缩短了,材料简化了,省去的不仅是时间,还有许多人力和财力。

之后,长宁区市场监管局继续推出了食品经营许可证的“一证多址”改革。2019年4月,凭借“一照多址”积累的经验,长宁区试点开展食品经营许可证“一证多址”。在这之前,一个门店按照正常食品经营许可证手续办理的话,从网申到现场核查,再到提交材料,材料通过以后,才能走后续的审批流程,整个流程需要大概7个工作日。而现在提交申请后,大约只要3个工作日就能完成审批。

二、稳:可持续发展是王道

无论是“一照多址”还是“一证多址”,长宁区在推出这两项举措的同时,都没有盲目追求快速推开和片面强调经济利益,而是寻求构建更为健康、更为长效的可持续发展模式。

“‘一照多址’可以很好地减轻企业负担,却只有‘互联网+生活性服务业’内资企业可以享受,非互联网企业、外资企业就不行吗?”这是在“一照多址”座谈交流会上,互联网企业代表反映的问题之一。在“一照多址”推进工作中,长宁区积极走访辖区内的园区和企业,召集企业代表、众创空间、街镇、园区等单位召开座谈会,认真听取相关意见建议。各类调研走访也显示,快速、简单、高效地办好各类证照一直是广大企业的普遍诉求。

面对企业、园区的"花式吐槽"和意见建议，长宁区又积极着手政策"升级"工作。《长宁区推进示范区建设开展"一照多址"试点备案监管办法》（以下简称《监管办法》）正是长宁区结合"网络市场监管与服务示范区"的创建契机，在原上海市工商局的指导下，应运而生的"好办法"。

首先，在《监管办法》出台实施的同时，推出了2.0版本的"一照多址"，让制度适用范围大幅扩大：企业类型不再局限于内资企业，行业不再局限于"互联网＋生活性服务业"，分支机构或其他非经营性网点所在区域不再局限于长宁区。目前，在长宁区市场监督管理局登记管辖的内资公司、非公司制企业法人、合伙企业、个人独资企业在长宁区内设立其他营业场所时可实行"一照多址"登记备案。这进一步降低了市场准入门槛，对深化商事制度改革，优化营商环境，打造大众创业、万众创新，推进三个创新试验区发展，推进网络市场监管与服务示范区创建，释放发展潜力和活力具有重要意义。截至目前，长宁区的"一照多址"试点企业38家，"一证多址"企业6家。这些数字每年都在稳步递增。

其次，在降低市场准入门槛的同时，区市场监管局对企业和门店的监管始终如一。尤其是，长宁区积极贯彻落实《监管办法》中有关"双随机"的监管要求，迅速建立健全了"一照多址""一证多址"事中事后监管机制。区市场监管局依托长宁区事中事后综合监管平台，推行以"双随机、一公开"为基本手段、重点监管为补充、信用监管为基础的新型监管机制，进一步优化营商环境，服务区域经济发展。据统计，自"一照多址""一证多址"政策实施以来，长宁区市场监管局累计制定抽查计划95条，对于38家"一照多址"企业，双随机抽查数10家，共16次，占比26%；对于6家"一证多址"企业，双随机抽查数3家，共11次，占比50%。

案例链接

"一照多址"改革前，企业应当分别向各经营场所所在地的登记机关申请分支机构登记、领取营业执照。改革后，分支机构设立登记简化为经营场所备案，企业只需向总部所在地的登记机关申请经营场所备案，由登记机关在总部营业执照“住所”登记项后标注“一照多址试点企业”,并出具《企业经营场所备案通知书》或《非经营性网点备案通知书》即可。“一证多址”与之相类似,食品经营许可实行告知承诺审批,由许可机关在食品经营许可证上标注“一证多址试点企业”,并在《一证多址企业食品经营许可公示信息表》上记载企业各分支机构的经营场所即可。

“一照多址”将名称预审、企业登记两个环节简化为经营场所备案一个环节,申请材料减少至3份,同时申请多个经营场所备案的,相同材料可以只提交1份,并实现当场办理。食品经营许可“一证多址”不仅申请材料减至2份,而且免去了现场核查。

三、优:改革创新永远在路上

2020年,全球航空运输业因为新冠疫情影响都受到空前打击。为了尽可能挽救损失,上海某航空食品有限公司虹桥中心计划把经营模式转型成“空餐+地餐”。经过长宁区市场监管局、上海海关和上海市经济和信息化委员会等多个部门共同努力,该中心在拥有国境口岸卫生许可证的同时,也获得了食品生产许可证,实现了“空餐地享”,帮助企业向走出困境迈出了坚实的一步。“一址两证”的诞生,更是见证了长宁区继“一照多址”“一证多址”后的又一次创新探索,也是长宁区市场监管局对食品行政审批制度的进一步改革。

从最早的“一照多址”到“一证多址”,再到后来的“一址两证”,长宁区不断围绕优化营商环境,切实服务企业所需,持续扩大服务范围,几乎每年都有一个质的飞跃。

《监管办法》是2017年10月长宁区市场监管局在“一照多址”刚刚试行仅一年后,依据国务院《“十三五”市场监管规划》,结合一年多的改革成果,迅速出台的相关举措。到2018年,2.0版本的“一照多址”让更多企业享受到了政策便利。紧接着,顺应更多企业需求,长宁区在走访调研企业过程中,了解到企业除了“一照多址”,还有更多关于相关行业许可证的需求。于是,长宁区市场监管局立足自身,以食品安全许可证为起点,在2019年试点开展食品经营许可证“一证多址”并广受好评。

除了探索扩大相关经营许可证的“一证多址”试点范围外，长宁区市场监管局在改革创新初见成效的情况下，还在不断探寻更多新途径，解决新问题。目前，食品经营许可证“一证多址”试点工作仅针对与总公司在同一辖区的分支机构，大部分连锁食品经营企业跨区网点较多，试点范围虽有受益但是其受益幅度不够大。在推进食品经营许可证“一证多址”跨区试点后，未来企业有望在上海市所有符合“一证多址”试点范围分支机构，均可以由同一受理机关受理登记，大大压缩企业办事成本。

问需企业所求，优化营商环境，顺应时代发展，不断改革创新。近年来，长宁区在贯彻落实“互联网＋”发展战略，支持和加快推进上海市“互联网＋生活性服务业”创新试验区、上海虹桥航空服务业创新试验区、上海虹桥时尚创意产业集聚区的发展过程中，扎根基层探寻新径，为区域经济社会建设与发展不懈努力。“一照多址”“一证多址”的显著成效，正是长宁区积极探索互联网企业规范经营经验之路的硕果之一。可以预见，这项工作在今后还将有更为广阔的发展前景，为长宁区当好改革发展排头兵带来更大助力。

撰稿人：陈容超　李红亮

上 海 市

闵行区

智慧科技赋能法治政府建设

深入推进依法行政，加快建设法治政府是推进全面依法治国的重点任务之一。近年来，闵行区始终坚持把法治政府建设置于高质量发展的大局中来思考和谋划，在深化“放管服”改革方面作出积极探索。

一、新机遇：“智慧技术＋法治政府建设”背景下市场监管改革

加快建设法治政府，“放管服”改革是“先手棋”和“当头炮”。在智慧技术、大数据、物联网、云技术发达的今天，如何运用智慧技术服务于依法行政，闵行区开拓出一片新天地，构建智慧市场大脑——“云中心”，开创了“一体化、专业化、全覆盖、高效能”的法治市场监管模式，“敢放、善管、优服”的改革溢出效应逐渐显现。2015 年，闵行区市场监督管理局正式挂牌成立，在上海市郊区县中率先完成原工商、质监、食药监、物价检查的职能、机构及人员整合。改革后的闵行区市场监督管理局着眼“整合、磨合、融合”，完善工作运行体系，逐步形成权责清晰、运转有序的工作架构。2018 年 4 月，以完善市场监管体制机制为着力点，以形成大市场、大监管、大服务的新格局为切入点，以提升人民群众获得感和满意度为落脚点，正式启动“智慧监管 · 云中心”项目建设，“一体化、专业化、全覆盖、高效能”的法治市场监管模式初步建成。平台于 2019 年 4 月正式上线，包含“一个中心”“九大系统”。“一个中心”即应急指挥中心；“九大

系统”指主体信息、综合监管、远程监控、智能预警、投诉举报、稽查办案、数据分析、效能评价、社会共治9个系统。

二、大作为:“智慧监管·云中心”在市场监管中的运用

(一)大数据信息助力“放管服”改革

为提高市场监管的科学性和有效性,闵行区把大数据作为事中事后监管工作创新发展的新引擎。在“智慧监管·云中心”主体信息系统建设中,以辖区20万余户的市场主体信息为基础,纵向整合注册、许可、备案等各类信息,横向打通区内30余个委办局等相关数据,归集100多个关键信息字段,建立“专属经济户口库”,重构企业的“一企一档”。在市场主体“家底”清晰可见的基础上,进一步厘清监管责任、明确监管措施、统一监管标准,用公正监管管出公平、管出效率、管出活力。

让数据多跑路、企业少跑腿。为客观反映企业不同时期的动态变化,闵行区将监管信息、电子档案、人证比对信息等归并,实现对企业全生命周期经营情况的客观数据记录,并通过全要素的信息检索实现精准服务对接。例如,对于实施“告知承诺制”的企业,因企业在作出承诺时相关证照及现场平面图等信息已被采集,执法人员通过监管App对企业进行事中事后监管,省去了现场查勘环节,企业作出承诺后就可获得许可证并开展经营活动。自2018年以来,通过科学分析市场主体需求,先后推出《优化营商环境十二条措施》和《优化营商环境新十条措施》等,在市场准入方面,进一步扩大企业实施“告知承诺制”的范围,打通“一网通办”各项通道,减少材料提交,全程网上办理,实行证照联办;在监管制度上,进一步完善以“双随机、一公开”为基本手段的监管机制,减少对守信经营企业的打扰;在监管方式上,着力推进智慧全流程在线监管。2020年,全区净迁入各类市场主体6884户。

(二)创新集中统一监管机制

“云中心”的核心是应急指挥系统,该系统结合移动执法终端系统,将辖区内各市场主体、执法人员、执法车辆等信息进行数据汇总、分析,集快速响应、平战结合、指挥有力等全面协调功能于一身,实现了现场监管执法与后方应急指挥中心的实时视频通信,实现了高清音视频、数据等多媒体业务的实时同步

传输,实现了可视化快速应急的精准调度与各级高效协同,实现了指挥中心的实景实时反馈调度指挥,推动现代市场监管流程再造、队伍管理升级,打造感知泛在、研判多维、指挥扁平、处置高效的业务系统。

案例链接

"云中心"的具体运作机制是在 GIS 地图上对 20 万余户市场主体的分布进行网格化管理,将辖区 4 个街道、9 个镇、1 个市级工业区划分为 14 个一级网格,以市场主体为基础统一成"一张网",每一个大网格中又设立 42 个二级网格,根据二级网格的特点合理配置执法人员。应急指挥中心与监管人员手机端实现系统对接和数据的双向推送,实现管理网格化、工作任务化、监管智能化和指挥实时化,真正做到"无缝衔接"和"监管合力"。

(三)以智慧技术引领规范监管

在监管案例处理流程上,云中心系统从案件线索开始,生成了涉案主体独一无二的二维码,帮助各环节承办人员知晓目前案卷的流转情况,审批、案卷定位、案件办理过程一览无遗。案件无论在哪一个环节流转上存在疑点,只要扫一扫二维码,责任主体清晰可见。稽查办案系统借助二维码技术实现对案件的全流程管理,通过制度和技术保障规范执法流程,最大限度降低执法弹性,将执法权力关进"数据铁笼"。

同时,云中心系统借助科技手段实现"证据采集、网上审批、电子用印"三个电子化,监管视频、音频等都内嵌为电子程序,归集、整合移动监管的全过程记录,纳入监管行为信息库,进一步规范执法流程,强化对监管的"监管",让任务执行全过程"看得见、可追溯"。截至 2020 年年底,共录入线索 6050 条,办结线索 5865 条,其中立案 3418 件、不予立案 2562 件,平均处置天数 25 天,共计上传执法视频时长 5016 小时,上传各类视频、照片、音频等执法文件 25,628 个,行政执法能力和水平得到显著提升。

(四)技术推动监管流程再造

原来闵行区市场监管涉及工商、质监、食药监、物价等不同业务,检查项目多达1000多项,通过智慧监管的数据分析、压缩和调整,最后保留339项、38个专业表单,同时又针对每个项目制定了必要和常用的检查名录,列在一张综合表单上,把原来的"填空题"转换成"选择题",大幅缩短检查时间,对涉及的其他表单项目也可同时开展检查,实现了监管记录可留痕、可追溯。最终,这些表单都归并到了智慧监管App上,并根据监管任务要求实现动态调整。在云中心PC端发布双随机检查任务,监管干部通过移动监管App接收任务、处理任务和反馈结果。

(五)智慧技术实现全天候无缝隙监管

云中心系统依托互联网、物联网和视频监控等技术手段,通过接入全区学校食堂、中央厨房、老年助餐点、农村办酒、桶盒饭生产企业、中型以上餐饮企业、药店7类高风险重点场所(共计1951户)的视频监控,覆盖了传统工作8小时以外的监管盲区,通过探头上的智能分析系统,实时捕捉违规行为,紧盯食品、药品、电梯、消费维权等领域,全方位实现非现场监管。

三、高赋能:智慧技术助推依法行政

(一)智慧技术提升事中事后监管效能

"云中心"项目以大数据信息和智能技术为依托,变"被动执法"为"主动执法",让管理更精细化。通过大数据整合破除信息壁垒,优化整合了原先工商、质监、食药、物价等多个业务信息系统数据,将市场主体相关的注册、许可、监管、处罚等信息梳理归类,建立"一企一档"的立体画像,充分展示企业从出生到注销的全生命周期,完整地管理、服务整个企业生涯。从流程上,基于主体信息系统的基础信息、许可证信息以及企业监管记录等数据实施管理与风险分析,梳理经营范围、经营规模等静态风险因素和生产经营条件保持、生产经营过程控制等动态风险因素,并对监管频次、限期消除隐患、许可证有效期等方面的安全风险预警信息实现全面监控。尤其聚焦防控盲点,紧盯食品、药品、电梯、消费维权、证照临期等领域,实行全方位监控、分类别监管,力求将风险隐患消灭在萌芽状态。这种全方位、全周期的监管大大提升了事中事后监管的效能。

(二)智慧技术提高人民群众获得感

云中心系统架起了密切联系市场、群众的桥梁,有助于切实做好消费维权。基于对各类投诉举报平台的数据分析,云中心利用风险监测机制,对突发的群体性消费纠纷、投诉举报集中场所等形成预警任务,推送给执法人员,再通过执法人员上门检查、行政约谈等方式,及早介入,努力做到精准防范苗头性和区域性风险。依托微信公众号实现社会共治,将原来官方微信订阅号进行升级拓展,开设"便民服务""信息查询""企业办事"等模块,实现了农村办酒席备案、企业信息查询、后厨视频直播、小额有奖举报、执照遗失办理、电梯维保管理、广告上传帮手等使用功能的汇集,同时将政府监管信息与微信公众号对接,进一步提高信息透明度,实现从政府单一监管模式向"企业自治、行业自律、社会监督、政府监管"的社会共治转变,在提高公众参与的同时提升他们的获得感。

(三)智慧技术打造法治化营商环境

依托云中心建设,让营商环境更有序,企业经营更公平。一是从任意执法到规范监管。2019 年 1 月,出台《智慧监管云中心标准化管理手册》等规范性文件,明确了执法装备该怎么用、执法过程该如何规范、执法结果该如何记录等问题。从案件的"一案一码",到"证据采集、网上审批、电子用印"三个电子化,通过制度和技术保障规范执法流程,大大减少自由裁量权,最大限度提升执法公平和公正。二是从检查事项模糊化到检查事项清单化。为基层监管配备执法记录仪等信息化移动装备,全面整合检查项目,将原来 1000 多项检查项目压缩优化到 300 多项,确保涵盖目前的基层业务检查需求。此外,在优化检查表单时,将以往"填空题式"的检查项目转变为"选择题式",监管干部在现场通过勾选方式快速完成一次日常监管。同时梳理检查项目对应法条、罚则,进一步严密执法程序,规范执法环节,切实从源头上杜绝执法的随意性。

通过科技赋能、数据说话,实现监管的法治化、可视化、阳光化,让企业和百姓有了更多的获得感、幸福感。闵行区将持续加强法治政府建设,不断促进社会公平正义,打造"最好的营商环境",为市场主体平等竞争、蓬勃发展厚植土壤,为区域经济迈向高质量发展提供不竭动力。

撰稿人:冯　啸　金海民

稳预期、促公平、惠民生
营造最优法治化营商环境

南京是江苏省省会，东部地区重要中心城市之一，长三角重要组成城市之一。近年来，南京市运用法治思维精准深化改革创新，强化服务保障，为打造一流营商环境持续加注法治力量。2020 年 10 月，国家发改委发布全国营商环境评价领域首部国家报告《中国营商环境报告 2020》，南京入围 15 个标杆城市行列。

一、稳预期，营造最稳定的制度环境

（一）法治建设科学统筹

南京市委、市政府高度重视法治建设。2016 年，制定实施《南京市法治政府建设实施规划（2016—2020 年）》，明确提出 7 个方面 162 个目标任务，其中半数以上涉及法治化营商环境建设。几年来，市委常委会、市政府常务会议每年专题听取法治政府建设工作报告，研究立法计划、行政应诉、重大决策公众参与、政府合同管理等法治政府建设重点工作，各项部署均已高质量完成。

（二）制度供给稳定优质

南京市现行有效与营商环境相关的法规、规章、规范性文件40 余件。先后制定实施知识产权保护、投资建设项目审计、商品交易市场管理、技术市场促

进等地方性法规,政务数据管理、政府投资项目招投标、建筑市场、科学技术奖励、行政执法监督等政府规章。继 2018 年出台优化营商环境 100 条,2019 年又发布了新 100 条。2021 年年初,市委、市政府出台《南京市优化营商环境政策 100 条(2021 年版)》,市政府审议通过《南京市优化营商环境办法》,为全市营商环境建设提供坚实的双重制度保障。

(三)专项清理及时规范

2018 ~2020 年,相继开展审批制度、商事制度、职业资格、投资体制改革、证明事项、环境保护、知识产权、公平竞争等领域专项清理,共修改或废止市政府规章 86 件、规范性文件 149 件,取消市设证明事项 32 项,取消、简化和优化审批事项 30 项,取消强制备案事项 13 项,有效维护了法治统一。出台规章、规范性文件后评估办法,计划用 3 年时间对全市现行有效的 83 件政府规章、224 件规范性文件开展后评估,其中将涉及优化营商环境领域的规章和文件作为评估重点。

二、促公平,构建最有序的市场环境

(一)创新创业环境优良

自 2018 年起,市委一号文件连续 4 年聚焦创新名城建设。2020 年是南京市确定的"企业服务年",围绕奋力夺取疫情防控和实现经济社会发展双胜利的目标,每月 18 日定期举行"企业家服务日"早餐会,这也是"企业家服务日"主题活动之一。市委、市政府主要领导轮流与企业家座谈,助力企业更好更快发展;各级各部门争当服务企业"店小二"的同时,更加重视以法治手段解企业之困,解群众之难,用法治的温情、温度增强企业和群众的满意度、获得感。2020 年全市净增高新技术企业 1667 家、总数突破 6300 家,入库科技型中小企业 10,042 家、增长 50.2%,新增独角兽企业 3 家、瞪羚企业 197 家。新增市级新型研发机构 100 家、总数达 410 家,新增孵化和引进企业 3538 家。

案例链接

“真没想到，通过‘订单’就让我们拿到了近700万元的贷款！我们要用足用好这笔资金，让企业在逆境中加快发展！”南京某医疗器械有限公司负责人激动地表示。这是南京市六合区法律服务助力企业复工复产一个缩影。“融资难、融资贵”问题一直是困扰中小微企业发展的“瓶颈”。急企业所急，六合区司法局联合省内有关律师事务所研发“订单融资”法律产品，聚焦国（央）企上游中小企业优质订单，将传统的供应链金融提前，无须提供抵押物，扩大融资渠道，纾解中小企业融资困难。在首次“订单融资”评审会上，有两家企业顺利通过融资订单风险审核，预计融资1000余万元，另有10家中小企业订单已进入融资风险审核环节；截至2020年年底已帮助8家中小企业融资3000余万元。同时，该产品在企业融资源头嵌入法律服务，对融资全过程进行法律风险把控，并设立不良收购专项基金，实现融资过程风控闭环，将贷款不良率控制在0.5%～0.8%，降低经营过程法律风险。

（二）依法监管成效明显

为积极回应企业期盼，南京市始终坚持在法治框架内明晰政府和市场的边界，规范行政权力运行。全面实行市场准入负面清单，实施涉企收费目录清单动态管理并向社会公示。2020年7月，在全国率先制定实施《南京市社会信用条例》，对守信的市场主体创新创业给予经费支持、孵化培育，对失信的市场主体在卫生医疗、城市交通、户籍办理等领域采取限制惩戒措施；信用监管和“双随机、一公开”执法监管有机衔接的新型监管机制成效显现。

（三）依法行政举措务实

加大涉企重大行政决策的公众参与力度，近3年有百余件市委市政府相关文件经过合法性审查程序，各级政府也逐步完善了政府合同合法性审查机制。深入推进公平竞争审查制度、法律顾问制度全面有效覆盖，取得了良好的社会效果。进一步规范涉企执法行为，对全市713个行政执法主体，1.7万名行政执法人员信息全部进行网上公示。进一步加强行政复议和应诉案件工作，在街镇层面建立了100个行政复议基层联系点，实现受案“零距离”，有效保护了市场主体的合法权益。

(四)政务服务规范高效

在全国率先开展“不见面审批”改革,探索出“外网受理、内网办理、全程公开、快递送达、网端推送、无偿代办”的审批新模式。推进实施以重点投资事项“一事通”等“十个一”的“宁满意”工程,受到《人民日报》等媒体的高度关注。“我的南京”政务服务 App 实名用户超过 400 万名,集中近 300 项移动办事服务。在国务院办公厅电子政务办公室发布的《省级政府和重点城市网上政务服务能力调查评估报告(2019)》中,南京市在重点城市中位列第二。

三、惠民生,提供最优质的服务环境

(一)法治保障护商安商

开展全市法治化营商环境专项督察、营商环境问题线索督查,及时通报涉企政策不落实典型案例。建立保护民营企业合法权益联系协调工作机制,对民营企业的报警求助,严格落实首接首办责任制。推进产权保护更加有力,建立民营企业知识产权保护联络机制,提供产品识别、取证鉴定等便利渠道,成功获评首批国家知识产权强市、国家知识产权保护中心等 4 项国家级品牌。保障破产退出更加顺畅,设立破产管理人协会和援助基金会并行的管理人行业自治“两会”模式。高水平建成江北新区法治园区,最高人民法院第三巡回法庭、南京海事法院、江北新区人民法院和检察院等相继入驻,有效推动江苏自贸区南京片区法治保障新模式不断完善。

(二)市场活力有效激发

南京市始终以市场主体的获得感和满意度为目标,在加大简政放权、加强依法监管、提供高效便捷服务上想点子、下功夫,用法治智慧激发市场活力,守护公平竞争。通过推行工程建设项目审批制度改革,对符合条件的项目压缩时限、减免费用、豁免审查、不见面办理。转变执法理念,提升监管效能,南京市市场监管局制定实施轻微违法行为予以免罚办法,规定对企业登记备案、广告等 13 类监管事项中的 55 项轻微违法行为免予处罚,通过责令改正、批评教育、指导约谈等措施实施审慎监管。

（三）法律服务惠企便民

围绕创新名城建设，连续两年持续深化法治服务环境提升计划，整合各类优质法律服务资源。建成市、区、街三级公共法律服务体系，推进公共法律服务进园区、进企业，开展“法润南京”“法律体检”等专项活动，为企业提供全生命周期法律服务。推动“诚信守法企业”创建活动。建设南京河西·建邺法律服务产业园，推动“法律服务＋产业＋互联网”深度融合，打造法律服务最佳生态圈。成立国际商事、商会等各类调解机构，推进“一村（社区）一法律顾问”制度，发动政法机关干部、“三官一师”、法学会会员“进网入格”，积极推动依法化解社会矛盾纠纷。建成市、区两级非诉讼服务中心，实行进城务工人员法律援助容缺受理制度，以远程会见方式有效解决疫情期间律师“会见难”问题。持续开展“法企同行”“中小企业法律服务专项行动”等活动，举办劳动纠纷处理、知识产权保护、融资风险规避、合同风险识别等法律知识公益讲座，帮助企业有效增强了法律风险防范意识。

撰稿人：印晓虎

江 苏 省

南通市

“一支队伍管执法”的南通样本

江苏省南通市位于长江入海口、江海交汇处，是中国首批对外开放的14个沿海城市之一，与上海市、苏州市隔江相望。近年来，南通市紧紧抓住推进全面依法治国的时代契机，以勇立潮头的江海精神，秉承“包容会通、敢为人先”的城市精神，落实“凡属重大改革都要于法有据”的法治理念，勇当改革先行者、探路者，奋力书写综合行政执法体制改革国家级试点的南通答卷。

一、绘就蓝图：行政执法体制改革的创新路径

自2001年推进相对集中城市管理处罚权行政执法体制改革开始，南通市在城市管理、市场监管、文化旅游等不同领域以及市、县、镇（街）不同层级展开积极探索。2015年，牢牢抓住被确定为国家级综合行政执法体制改革试点地区这一契机，构建“以整合规范执法主体、相对集中行政执法权、推动执法重心下移、完善基层执法制度体系和创新执法监管方式”为主要内容的行政执法工作体系，全面推进部门内部、跨部门跨行业和区域性综合行政执法改革。

（一）市级层面：一个部门一支队伍管执法

通过精简、整合、协同，对市级部门内部及所属机构的执法职能进行系统整合，重点解决市级部门内部执法权分散问题。除法律法规有明文规定或不宜实施集中执法的以外，部门内部行政执法职能全部集中到一支队伍或一个

处室行使,理顺部门内部行政执法权责关系。2016 年 4 月,出台《关于市级部门综合行政执法体制改革工作方案》,在市本级全面推进“一个部门一支队伍管执法”,共梳理市级行政执法权力事项 3770 项,其中行政处罚 3593 项,行政强制 177 项。2018 年,进一步深化城市执法体制改革,改进城市管理工作,实现住房和城乡建设领域的统一执法。2019 年,率先完成交通领域综合执法改革,将路政、航政、运政、地方海事等行政执法职能全部归交通运输综合执法支队行使,实现行政职能回归机关、执法职能综合行使的改革目的。

(二)县级层面:一个领域一支队伍管执法

南通市相继在如皋、海安、如东、海门、启东、通州 6 个县(市)、区推进跨部门、跨领域的综合执法改革,重点选取市场监管、公共卫生、文化旅游、资源环境、农林水利、交通运输、城乡建设、城镇管理、社会事业等领域,整合行政执法职能,精简执法队伍种类,集中检验检测、硬件设施等各类资源,强化执法保障,提高执法效率和监管水平。各县(市)、区结合各自实际,将综合行政执法改革与政府职能转变、权力清单制度建设、加强事中事后监管有机结合,普遍建立起执法队伍的新格局。如皋市率先对县级 18 个部门、26 支执法队伍和 32 个执法科室进行了整合,组建了农业、交通、城市管理、市场监管和社会事业综合性执法队伍,全面建立执法配合协调运行机制,打通执法堵点。

(三)街道层面:一个街道一支队伍管执法

南通市按照“跨部门、相关联、可承接”的原则,在城市管理相对集中处罚权基础上,联合市场监管、建设、环保、公安等相关部门,统一集中行政执法权,市辖区全部街道实行综合行政执法。组建街道城市管理综合执法局,市辖区各相关部门根据下放执法权限,向街道派驻执法人员,执法队伍由街道统一管理、统一调配,对外统一以街道城市综合执法局名义开展工作。实现街道“一支队伍管执法、一套清单管权责、一个机制管检查”。每个乡镇街道通过建立健全乡镇街道与县直部门行政执法案件移送及协调协作机制,完善“依据权责清单追责”等六项机制,落实行政执法公示、执法全过程记录、重大执法决定法制审核三项制度,实现“问题在基层处理、诉求在基层解决”。

(四)镇级层面:一个区域一支队伍管执法

南通市始终践行以人民为中心的发展思想,深入推进简政放权,推动执法重心下移,把更多资源下沉到基层,对基层行政管理体制和运行机制进行重构,全面整合原乡镇设置的“七站八所”,组建“一办七局两中心”,并将综合执法局作为必设机构,最大限度“瘦身”基层政府行政结构。按照“权责一致、能放即放”的原则,在城市管理、项目投资、安全生产、社会治安、民生事业等方面,依法赋予镇政府部分县级经济社会管理权限。将与基层社会管理关系密切、现有力量和能力能够有效承接的行政执法事项,直接交由镇实施。如皋市长江镇于2012年4月成立长江镇便民服务中心、综合执法局和社会管理服务中心。经过多年探索,先后承接1238项县级行政执法事项,构建“一枚印章管审批、一支队伍管执法、一个平台管服务、一个中心管治理”的基层政府新架构,将执法管理划分为“城市管理、安全生产、劳动监察”三大网格,实现信息资源全掌控、监督管理全覆盖、服务措施全方位。

通过一系列行政执法体制改革措施,南通市各类行政执法主体更加集中,基层执法力量有效加强,执法综合效能显著提升,多头执法、多层执法、执法扰民等突出问题基本得到解决。

案例链接

地处黄海之滨的吕四港镇是启东市第一大镇,也是江苏省委省政府确定的首批经济发达镇。吕四港镇先后承接25个县级部门的1250项行政执法权力事项,将原有“七站八所”等34个部门职能归并,改为设置“一办七局两中心”,机构精简率达70%,做到了把由市场负责的放给市场、社会能办的交给社会,政府把该管的管住管好。2019年吕四港镇实现规模工业应税销售145.96亿元,同比增长8.2%;服务业应税销售达66.2亿元,同比增长26.2%。吕四港镇通过下放权限与职能转变,使全镇企业和群众都实实在在享受到了体制改革带来的红利。

二、综合执法体制改革收获丰硕成果

南通市在法治框架内,以系统化改革思维、集成化改革理念整体推进“一支队伍管执法”改革,成效显著。2016年,全国、全省综合执法体制改革现场会先后在南通召开；2017年，南通市“一支队伍管执法”改革被纳入国务院办公厅《“放管服”改革丛书》；2018年，国务院第五次大督查通报表扬南通市推进综合执法的典型经验。

（一）“五个指头”攒成“一个拳头”，执法主体大幅精简

通过编制、公布执法监管责任清单等一系列改革措施，部门内部、相关部门之间和一定区域内的行政执法职能、机构和人员实现有效整合，执法责任更加明晰。改革后，市级部门承担执法职能的机关和事业单位由65个调整为35个，承担执法职能的内设机构由43个调整为17个，执法队伍由30支调整为18支，总体精简42.4%。6个县（市、区）将县域范围内分布在10多个部门的执法机构整合组建了5～7支综合性执法队伍，乡镇（街道、园区）只保留1支执法队伍，执法过程中出现的推诿扯皮、重复处罚等积弊得到有效破解，“多头管、都不管”变成“一头管、管到底”。

（二）“最后一公里”变成“最先一公里”，执法重心全面下沉

坚持机关做“减法”、基层做“加法”，全力推动执法资源和执法力量向基层一线下沉，切实解决机关臃肿、基层薄弱问题。全市市场监管领域下设执法机构，实行“一镇街一分局”，共设立市场监管分局99个，县级市场监管80%以上力量下沉至基层执法；交通运输、农林水利等实行“一片区一中队”；生态环境执法领域68%的执法编制安排到乡镇（街道、园区）；结合基层整合审批服务执法力量改革，累计向镇街下沉执法人员2376名，每个镇街配备不少于6名具有行政执法资格人员，并配备一定数量执法辅助人员。探索由综合执法局统一开展执法工作，行政事业人员统筹使用、分类管理，最大限度整合人力资源，激发执法队伍活力。改革后，基层执法力量整体增加20%以上，执法工作始终处于一线，“精机关、强基层”的预期目标基本实现。

（三）“规范执法”升级“智慧执法”，执法效能显著提升

2020年，南通市以国家级市域治理现代化试点为契机，建成市、县、乡三级贯通的区域治理现代化指挥中心，推动大数据、云计算和人工智能等现代信息技术与综合行政执法深度融合，实现信息归集整合、统一调度指挥、精准执法监管，初步探索建立“大数据＋指挥中心＋综合执法队伍”全域综合行政执法新模式。建设数据共享“一中心”，着力打通数据壁垒。归集全市各级各部门

数据信息资源,汇聚 10 个县(市)区、65 家市级部门单位的百亿条数据,高效整合网格化、"雪亮工程"、"12345"热线、物联感知等渠道的事件信息资源,实现监管执法信息的全量归集。推动"雪亮工程"视频资源共享,实时调取全市 10 万路监控视频,为发现违法线索提供可视化支撑。打造联动指挥"一平台"开发综合执法应用平台,建设综合执法平台,开发执法信息库、联动指挥模块、监测预警分析等板块,实现市、县、乡三级互联互通。2019 年,全市市场监管领域执法案件 5644 件,同比上升 11.8%,城市建设领域执法案件 20,365 件,同比上升 5.2%,农业领域执法案件 500 件,同比上升 63.4%,市场秩序得到有效规范,群众法治满意率达 93.2%。

撰稿人:吴燕燕

浙 江 省

金华市

减证便民开先河　改革攻坚强智治

“水通南国三千里，气压江城十四州。”金华，这座人文蕴藉、气度不凡的城市，积淀着先行求索的底蕴，砥砺着创新进取的锐气。在推进法治政府建设的征程中，金华市委、市政府坚持以习近平法治思想为指导，全面践行以人民为中心的发展思想，大力实施“无证明城市”改革，实现了从市县乡村“随意开具证明”到“非法定证明全取消”、从办事机构“索要证明”到“主动证明”，从群众办事“各跑一次开证明”到“全程办理无证明”的转变，打造了法治政府建设的金华样本。

一、画好“工笔画”，精准改革绘蓝图

“天下大事，必作于细。”金华市“无证明城市”改革，就是从百姓身边的“小事”和“细处”着手，着力解决群众在办事过程中需要提供奇葩证明、循环证明、重复证明的问题，破解群众办事的堵点、难点、痛点。

2018 年年初，金华市委、市政府贯彻落实国务院持续推进“减证便民”改革行动和浙江省深化“最多跑一次”改革、加快推进政府数字化转型等部署要求，将实施“无证明城市”改革，纳入当年全面深化改革和法治政府建设的重点工作计划，列为年度综合考评的重要内容。按照“试点先行、全市推开”的思路，义乌市从“取消复印件、消灭复印机”入手，率先探索实施“无证明”改革，并于

2018 年 8 月初步建成“无证明城市”。金华市级层面组织改革专班全程跟踪、总结提炼义乌试点经验,谋划改革路线图,于 2019 年 2 月宣布在全市范围内部署实施“无证明城市”改革,着力把义乌试点“盆景”转化为全市“风景”。

通俗地讲,“无证明”就是在金华市域范围内,申请人(企业和群众)到政府部门(单位)、公用事业单位、服务机构办事,无须再由申请人到相关单位开具证明,而是通过直接取消、告知承诺、数据查验、部门核验等途径,实现证明事项“无证明”方式办理。改革首先从群众办事高频事项入手,如执业药师注册所需的“社会保险证明”等 861 项证明被直接取消,不动产权属证明等可通过大数据查验的高频事项也无须再开具证明。

同时,改革延伸到社会治理各个领域,市发改委推出“标准地”改革,从土地招拍到开工建设,全程代办、专业服务,最终实现企业“零次跑”;市财政局打造“政策超市”,让企业“少跑腿”,让政策“找得到”,让流程“看得见”,财政奖补资金兑现进入快速通道;市市场监管局在全国率先从商事登记网上办,扩大到公章刻制、银行开户、发票申领、社保登记等全流程网上办,开办时限从 5 个工作日压缩到 1 个工作日等。“无证明城市”改革,为金华迈入高质量发展“快车道”添加了助推剂。

案例链接

2019 年 6 月 24 日,香港特别行政区居民蒋女士在东阳市白云街道“365”便民服务中心用了不到 5 分钟,就领到了浙江省老年优待证。改革前,港澳同胞办理老年证需要港澳方面相关证明,现在仅需提供一张红底照片和居住证,即可当场受理、当场办理。蒋女士喜出望外:“现在我感觉自己终于落叶归根了,‘无证明城市’改革真的便民。”一项改革成效如何,群众有没有实实在在的获得感,就是在这样一件件的小事中见真章。

“小智治事,中智治人,大智治制。”任何一项改革均需从制度层面着力解决基础性、关键性、要害性问题。金华市“无证明城市”改革聚焦制度建设,规划长远发展,制定了《金华市“无证明城市”改革工作申报承诺监管实施意见

（试行）》《金华市“无证明城市”改革工作部门核验办理实施意见（试行）》《金华市“无证明城市”改革工作责任追究和容错纠错管理办法》3 个规范性文件。还出台了金华市《“无证明城市”改革工作专班工作管理办法》《“无证明城市”改革工作联席会议制度》《“无证明城市”改革工作首问责任制度》《“无证明城市”改革工作业务培训管理办法》等配套制度。市本级和各县（市、区）普遍建立 10 多项工作制度，全市各部门出台制度共 192 项，编印“无证明城市”改革工作教科书。通过系列改革配套制度，保障“无证明城市”改革工作稳步推进，及时把改革经验转化为制度化成果，保证改革工作有序、常态化运行。

二、拆解“权力壁垒”，自我革命促发展

“无证明城市”改革，最重要的就是从群众的视角思考政府改革，用群众的语言设定改革目标，以群众的感受确立改革标准，改革成效最终由老百姓来评判。

为把承诺变成现实，金华市专门成立由市长担任组长的改革工作领导小组，多次专题研究深化“减证便民”行动、全面实施“无证明城市”改革工作。市、县（市、区）、乡镇（街道）和市政府各部门组建了改革工作专班，村（社区）明确了改革工作专员，还成立了市县督查员、“两代表一委员”办事体验官和部门联络（代办）员三支队伍，形成市县乡村四级联动和机关部门、公用事业单位、服务机构协同互动的工作体系。

坚持“主动瘦身”，简政放权是基础。“无证明城市”改革，是一场刀刃向内的政府自身革命，也是打造最优营商环境、擦亮招商引资名片的有效途径。通过大力简政放权，变“管得多”为“放得多”，实实在在为群众减了负、为企业松了绑、为市场解了锁，激发了市场主体的活力，激发了人民群众创业创新的潜力。改革前，经营者申请营业执照，必须提供“住所合法使用证明”，全市每年办件量在 20 万件以上。改革后，申请营业取消了“住所合法使用证明”，推行住所（经营场所）登记告知承诺制，事后将相关信息上传行政执法平台，加大核查监管，事前监管变为事后监管，既方便了群众企业办事，又维护了市场秩序。2020 年，金华全市新增市场主体 18.93 万户，总量已经超过 118.4 万户，位居浙江省第二。改革有力推动了“企业开办零见面”和“全程网上办”，让企业少

跑95万次,减少各类证明材料203万份,降低企业开办成本约1800万元,擦亮了营商环境的金名片。

在"瘦身"的过程中,强化清单梳理标准化,根据"事项清理全面彻底、证明名称规范准确、取消方式科学可行"的要求,市县纵向对接,县级部门之间横向对标,并编制县级证明事项清单模板,市县之间以及县级之间实现了证明事项、取消方式和取消数量"三统一"。截至2020年年底,全市共直接取消证明事项861项、告知承诺取消613项、数据查询取消1081项、部门核验取消1497项。对以数据查验、部门核验、告知承诺方式实现"无证明"办理的事项,逐项制定操作办法,简化优化办理流程,统一"无证明"办理事项的传输途径、方式和时限。对直接取消、告知承诺的证明事项,组织开展法律论证,避免法律风险。

拒当"甩手掌柜",督查监管是保证。围绕落实改革方案,制定时间表、任务图、责任书。用好督查利器,坚持改革推进到哪里,督查就跟进到哪里。完善督查台账,到点验收,对账销号,切实做到件件有跟踪、件件有回音、件件有着落。结合事中事后监管,强化告知承诺信用化,促进告知承诺制的落实和社会信用体系的建设。办事申请人办理过程中涉及告知承诺的,由办理部门提供告知承诺表格,办事申请人填写后即可办理相关事项。事后监督部门通过实地考核或部门核验的方式核实承诺信息是否属实。如果发现存在虚假承诺,则将申请人纳入失信体系。义乌探索建立了事中事后监管中心,以信用监管为核心,拓展信用在审批监管等领域的应用,加大对证明取消后各事项的监管力度。

三、加快"数字化转型",高效清廉谋新篇

实施"无证明城市"改革,目标就是要打造"两优一高"城市,即营商环境最优、便民服务最优、机关效能最高。金华市以"互联网+政务服务"为依托,加快政府数字化转型,以"数据跑腿"代替"群众跑腿",以"我为你证明"代替"你向我证明",由政府部门和公共服务单位主动替代解决证明问题,把复杂的证明事项简单化,让更多的政务从"现场办"变成"网上办",让人民群众享受到更便捷的政府服务,有更多获得感。

“无证明城市”改革倒逼加速了“数字政府”建设，减少了办事群众与证明出具部门的直接接触，从源头上消除了证明开具部门权力寻租空间、铲除了滋生腐败的土壤。同时，通过数据化应用实现干部规范用权、规矩办事，形成主体清晰、权责明确、上下联动、运行高效的工作格局和办理路径，确保了权力透明运行，进一步推进了法治政府、法治社会一体化建设。

聚力关键突破，厚植发展优势。数据支撑是实现“无证明城市”的关键所在。金华探索建立高效的数据共享机制，集中攻坚研发“无证明城市”查询核验系统。利用省级1300多个数据共享接口实现“数据回家”。从高频事项入手，围绕数据查验、部门核验两种方式，按照“横向归集、纵向打通”的要求，打破了信息孤岛、打通了数据壁垒，织就了一张上连省级、下接县市、部门联通的数据共享网络。

业务协同主题化，推动“一件事”联办。以公民、企业全生命周期“一件事”主题应用为形态，以群众需求和用户体验为导向，针对出生证明、死亡证明等高频证明事项，创新开展婴儿出生“一件事”、退休办理“一件事”、逝者身后“一件事”、企业开办“一件事”等主题化协同联办。例如，新生儿出生证、落户登记、医保参保登记、市民卡、预防接种证、生育保险待遇办理等9个事项实现在医院“一站式”联办，全程仅需填一张表格、花一个小时。义乌还先后整合了47项“一件事”，实现了“婚姻一件事”“不动产联办一件事”“落户一件事”等与“无证明”办理密切关联工作的创新办理。

“无证明城市”改革在实现全域化、全天候、全方位政务数据共享后，又向银行、保险、通信运营商等机构推进。针对金融机构网络与政务外网不联通问题，组织部分试点银行开展互联难点破解、数据安全管控等工作，打通银行、保险网络的数据，推动业务协同向社会领域延伸。经过政府、监管部门和银行保险机构三方近4个月的通力协作，全市银行保险系统“无证明城市”改革成功落地，通过“数据撑腰”促进“服务弯腰”，让“机构跑腿”代替“消费者跑腿”，真正实现“最多跑一次”甚至“一次都不跑”，有效提升了个人和企业客户的金融服务效率。截至2020年年底，全市已完成26家银行和8家保险公司、市保险协会的联网工作，其他保险机构通过保险协会实现数据共享。同时，针对三大通信运营商办理个人通信业务时涉及的身份证及姓名变更证明，创设性地在查询核验系统中建立专门的姓名及身份变更数据库,由公安机关定期推送数据,供三大通信运营商直接查询获取相关证明信息,有效解决夜间、周末、节假日等非工作时间的信息核验问题。

撰稿人:叶俊俊

全力打造办理建筑许可最优营商环境

舟山市充分依托群岛新区和浙江自贸区政策体制优势，积极开展法治政府建设，全力推进工程建设项目审批制度改革试点，以法治方式营造一流营商环境，形成了具有舟山特色的可复制、可推广的改革创新经验。

一、以法治化为基础

2018 年 5 月 14 日，国务院办公厅印发《关于开展工程建设项目审批制度改革试点的通知》，将 15 个地市和浙江省作为试点开展工作。舟山市认真贯彻落实党中央、国务院和浙江省部署要求，把工程建设项目审批制度改革作为打造一流营商环境的“牛鼻子”来抓，成立由市委、市政府主要领导任双组长的领导小组，组织 28 个部门(单位)协同作战、合力攻坚，确保改革工作合法有序推进。

健全制度体系。为解决舟山市各县(区)、功能区审批管理事项存在项目名称、申报材料、办理时限不统一、各部门缺乏统筹协调机制等问题，舟山市先后出台了 52 个审批制度改革配套文件，从根本上保障审批改革工作，明晰行政审批部门、中介服务部门、测绘机构等单位的部门职责、工作规程，规范审批行为。这些配套文件明确了政府和企业哪些应该为、哪些不能为、哪些必须为，实现政府与企业的良性互动，让政商关系在“清”的前提下“亲”起来。

优化行政审批。聚焦企业和群众反映突出的“多头跑”“来回跑”问题,深挖堵点和痛点,舟山市开展了一场刀刃向内的自我革命,取消审批事项4项,下放审批事项40项,调整审批时序25项,将46个审批事项整合为9个办理环节。针对改革中涉及突破法律法规及政策规定等问题,按照程序上报建设部门备案,如将质量安全监督手续和施工许可证实行合并办理,行政审批部门在收到建设单位施工许可申请材料后,同时出具《建筑工程施工许可证》、《工程质量监督登记证书》和《建筑工程施工安全报监书》。2018年,浙江省根据舟山市改革实践经验,出台了进一步优化建筑工程施工许可管理工作指导意见,在全省范围内进行了推广。

强化监管保障。加强事中事后监管,建立以“双随机、一公开”监管为基本手段、以重点监管为补充、以信用监管为基础的新型监管机制。加强信用监管,构建“一处失信、处处受限”的联合惩戒机制。建立健全中介和市政公用服务管理制度,对中介服务行为实施全过程监管。如将中介服务事项纳入管理平台,根据已制定的中介服务管理办法,严格规定业务标准、服务内容、服务质量等内容。加强对公共服务部门的管理,将供水、供气等市政公用服务全部入驻政务服务大厅,为建设单位提供“一站式”服务,将市政公用服务报装事项全部纳入审批流程,严格把控市政公用服务事项的审批时限。

二、以数字化为手段

围绕“时间上能不能再压缩、程序上能不能再优化、材料上能不能再减少”三个问题,在改革中形成了一套新的审批管理体系,通过再造审批流程、精简审批环节、完善审批体系等举措,全面提高审批效能。

案例链接

2018年5月29日,全国首个工程建设项目全流程全覆盖审批管理系统在舟山开通。“该系统实现了‘一窗受理’,让数据在网上跑、主管部门在网上办,成为舟山市的一大创新之举,也走在了全国前列。”浙江省住房和城乡建设厅相关负责人介绍,舟山市工程建设项目全流程全覆盖审批系统的开通,标志着浙江省工程建设项目审批制度改革取得阶段性突破，也是为浙江省政府数字化转型、建设数字政府积极探路。

实现“一个全流程”。根据项目类型、投资类别、规模大小等不同情况，将工程建设项目分为11类，不同类型的项目按照不同的审批流程办理相应手续。把工程建设项目审批流程划分为立项用地规划许可、工程建设许可、施工许可、竣工验收4个阶段，按照能并则并原则进行优化。如将房地产类项目整合为三个阶段办理，立项用地规划许可和工程建设许可合并为一个阶段，将从立项到竣工验收所涉及的56个事项全部纳入审批流程中。同时每个审批阶段确定一家牵头部门，实行“一家牵头、并联审批、限时办结”。

实现“三个全覆盖”。在工程建设项目类别上，覆盖房屋建筑和城市基础设施等工程，除了特殊工程和交通、水利、能源等领域的重大工程以外，都纳入改革范围，既包括政府投资工程，也包括社会投资工程；在办理事项上，既覆盖用地预审、工程规划许可、施工许可、环境影响评价等行政许可事项，又覆盖设计方案审查、施工图审查、供水、供热、供气等技术审查、中介服务、市政公用服务以及备案等所有类型事项，做到审批过程全在线、无纸化；在应用范围上，覆盖各部门和市、县(区)、乡镇(街道)，实现统一受理、并联审批、实时流转、跟踪督办、信息共享。

实现统一信息平台。改革前，很多审批部门都建立了各自的审批信息系统，但往往都互不联通。舟山市在现有信息平台的基础上，开发建成“横向到边、纵向到底”的工程建设项目审批管理系统，实行跨部门、全流程、全事项、无纸化“一网通办”审批，企业投资项目审批时间减少到40个工作日。如整合各部门空间规划形成“一张蓝图”，用整合后的规划统筹发展推动工作，协同项目生成；提供“一个窗口”集成服务，解决了项目业主在多个部门间“多头跑、来回跑”的问题；实行“一套申报材料完成多项审批”运作模式，企业投资项目全流程报批所需申请材料由原来的286项减少至58项，全程申请材料无重复。

三、以创新化为重点

舟山市以便民利企为改革目标,不断创新服务理念、服务内容、服务方式和服务制度,全面推行“三联合、一承诺”机制,突出联审联办联验,最大限度减轻企业负担,取得了良好的效果。

推行施工图联合审查。为解决以往施工图审查过程中涉及审查机构多、耗时长、手续烦琐、图纸重复提交等一系列问题,采用“互联网 +”施工图联合审查模式,由住建、人防等 4 个部门通过政府购买服务的方式,共同委托一家综合图审机构统一审查,将消防设计审核、人防设计审查、气象设计审核并入施工图联合审查。2019 年 10 月,为进一步简化行政审批、优化行政审批服务,提升行政审批效率,实行房屋建筑工程和市政基础设施工程施工图自审承诺制,在满足其他审批条件的前提下,建设单位只需将《施工图自审承诺书》和全套施工图上传至施工图联合审查系统,当天就能拿到《建设工程施工许可证》。

推行联合测绘模式。以往由于各部门测绘技术标准不统一,同一项目建设单位需要委托不同的机构进行测绘,形成的测绘成果难以综合利用。该市在充分调研的基础上,推行规划核实竣工测量、房屋面积实测、宗地图测量联合测绘模式。2018 年 5 月,浙江省建设厅根据舟山市联合测绘改革经验,出台了《建筑工程建筑面积计算和竣工综合测量技术规程》,明确了竣工联测联核坐标系统和测绘内容、精度、成果样式等要求,从根本上解决各部门测绘标准不统一导致重复测绘的问题,减少了因多头测绘花费的时间、费用成本。比如,普通工业厂区(以 5 幢为例)测量时间从原来的 9 天减少到 4 天,普通住宅小区(以 10 幢为例)测量时间从原来的 19 天减少到 12 天,真正做到了为企业省心、省时间。

推进“竣工测验合一”改革。针对建筑工程项目竣工验收环节普遍存在的验收部门多、申报材料多、办理程序复杂和企业往返跑腿多等问题,2017 年 9 月,舟山市开展建筑工程“竣工测验合一”改革试点工作。2018 年 1 月,建成了全省第一个建筑工程“竣工测验合一”信息系统并试运行。浙报舟山国际传媒文化交流中心仅用 20 天时间就完成了以往需要三四个月的竣工验收。截至 2020 年年底,在全市范围内已有 182 个项目在审批管理系统中运行“竣工测验合一”信息系统,平均竣工验收的审批时间为13个工作日,竣工验收时间缩减80%以上,基本形成了可借鉴、可复制、可推广的“舟山模式”。

推行施工许可承诺制改革。过去建设单位在取得土地、规划等部门审批结果文书后,需要先进行施工图审查,并办理质量监督手续,提供保证安全施工具体措施、施工合同等申请材料后方可获得建设工程施工许可证,至少耗时15个工作日,影响建设项目开工时间。为了切实破解这一难题,舟山市将工程质量安全责任落实等内容纳入施工许可承诺范围,事后对承诺内容进行监管,申报材料从26项精简至7项,企业仅需提交3项,即报即办,一次出证,实现了施工许可证办理的“无纸化”“零跑腿”。

四、以便捷化为目标

营商环境便捷化是营商环境政策的落脚点,也是打造最优营商环境需要解决的难点。舟山市探索推出了一系列看得见、摸得着的创新举措,真正把便民服务做到企业“心坎上”,让企业和群众切实从改革中提升获得感。

审批进度“站点化”。在工程建设项目审批管理系统中采用地铁站“运行图”模式,以工程建设项目为单位,根据各项目的具体情况、各阶段所需办理的审批事项和涉及的审批部门等内容,系统自动合成专属“运行图”,向建设单位实时展示审批事项办理情况、项目运转情况,明确当前所办事项、办理部门以及办理意见。建设单位可以及时根据“运行图”下载已办理完成的批复文件,并针对审批部门提出的办理意见对申请材料进行修改,同时为下一步办理事项作出指引,使整个项目办理现状更直观。

申报材料“菜单化”。建设单位根据项目类别分阶段“点单”需要办理的事项,由工程建设项目审批管理系统根据事项目录自动合成当前阶段所需提供的材料清单,通过合并各事项间存在的重复材料,提取上一阶段部门已经出具的审批结果等方式,最大限度简化了企业所需填报信息,企业投资项目申请材料由原来的286项精减至58项,精简约79.7%。

审批监管“手掌化”。在工程建设项目审批管理系统中开发移动端App功能,实现全流程审批移动监管与实时提醒,对项目办理环节、材料、办结情况等全面监管与查阅,同时实现在线上传项目现场照片、勘查结果等功能,如竣工验收阶段,联合测绘机构可以直接通过手机 App 反馈测绘现场照片、视频信息,审批部门不用去现场也能直接了解项目真实情况,从而进一步强化工程建设项目事中事后监管。

证书打印“自主化”。通过工程建设项目审批管理系统,各审批部门可直接采用电子印章,生成电子证照。同时在办结证书中由审批管理系统自动形成独立二维码,审批部门可以直接通过二维码校验核实证书的真实有效性。通过利用“一网受理、数据共享、网上联办、证书自动生成、短信提醒、二维码校验”等功能,企业可以自主打印带二维码的证书,实现“不见面审批”、企业办事“零跑腿”。

撰稿人:应 莹

旅游综合执法破解基层执法“九龙治水”

黟县位于著名风景区黄山脚下，是皖南古村落、徽文化的典型代表。发展旅游业30多年来，黟县坚持改革创新的发展理念，坚定不移走文旅融合发展之路，不断营造良好的旅游环境。2016年以来，黟县紧扣法治政府建设要求，坚持“试点先行、以点带面、稳步推进”原则，以旅游管理领域行政执法改革为先导，着力破解行政执法“九龙治水”难题，对各种“旅游乱象”进行有效治理，探索出一批可复制、可推广的县域旅游综合执法典型经验。

一、相对集中涉旅行政处罚权，扭转“七八个大盖帽，管不好一顶破草帽”局面

旅游是黟县的经济支柱，口碑是旅游的命脉，好口碑离不开好的市场秩序。过去，旅游市场监管和执法牵涉多个部门，存在管不了、管不好的问题。黟县开展旅游综合执法试点后，积极探索权责明确、执法有力、行为规范、保障有效的旅游市场综合监管机制，促进了旅游产业健康有序发展。

*体制创新，破解“管不了”难题。*旅游行业管理主要涉及市场、物价、交通、旅游、公安、体育、文化、文物等执法部门，但以前这些执法部门分头执法，各管一摊，一遇到具体旅游纠纷，游客并不知道具体该找谁解决，于是有了“七八个大盖帽，管不好一顶破草帽”的尴尬。黟县下决心破解这一难题，将上述8个

部门88项涉旅行政处罚权进行集中,由新设立的旅游管理综合执法机构集中行使。改革后,景区服务质量得到大幅提升,年游客接待量和旅游总收入均实现两位数增长,最美乡村成了秩序最祥和、最规范的景区。

制度创新,回应“管不住”困局。围绕《黄山市旅游管理相对集中行政处罚权暂行办法》,出台《重大执法决定法制审核目录和内容清单》《旅游综合执法局办案工作制度》等,明确权责清单,理顺投诉受理、执法办案、监督管理等程序,执法改革政策体系初步形成。强化协调联动,建立旅游管理相对集中行政处罚试点工作联席会议制度,定期协调处理8个涉改部门案件受理、转办矛盾争议,协同推进案件办理。加强驻点指导,全面推行旅游综合执法法治指导员制度,从涉改部门选派8名执法骨干担任法治指导员,全面负责执法人员培训、重点案件指导工作。

评价创新,交出“管得好”答卷。将旅游服务质量、游客满意度纳入对旅游管理综合执法局的工作绩效考核,并邀请第三方进行抽样调查。3年来,共办理各类涉旅案件104起,行政相对人均未提起行政复议和行政诉讼请求,也未接到一起针对旅游执法人员的不满意投诉,旅游市场未发生重大舆情,接受了国家多轮高A级景区的暗访评估、首批全域旅游示范区和全国旅游标准化试点单位的考核验收,旅游管理综合执法试点工作获得好评。

二、“景区吹哨、中心调度、部门报到”,旅游市场监管、投诉受理、执法、查处、反馈实现“五统一”

运用信息化手段构建网格化体系。组建社会治理综合指挥系统,开发旅游综合执法智慧指挥平台,以景区为基本网格单位,全面梳理各涉旅单位执法职能,建立“基层网格常态巡查、职能部门定期检查、发现问题及时报告、指挥中心响应调度、执法单位到场执法”的“景区吹哨、中心调度、部门报到”的旅游综合执法网格体系,通过“一网清”系统报到确保人员即时在线,每日巡查轨迹不少于3公里,每天巡查时长不少于1.5小时(以App平台系统记录为准),每月做到微网格巡查全覆盖,实现在线实时监管巡查、部署交办、跟踪督办、办结销号及结果追溯,有效提高执法效率。

及时化解各类涉旅矛盾纠纷。建立完善与司法部门的诉调对接机制，通过景区旅游巡回法庭、"作退一步想"工作室和黟县民宿业人民调解委员会，及时化解游客矛盾纠纷，实现"小事不出景区、大事不出乡镇"。2016～2020年，共接到旅游咨询502起，调处各类涉旅纠纷193起，游客满意度达100%。目前，全县8个乡镇17个景区都设置了"作退一步想"工作室，起到了很好的调解作用。

案例链接

2019年5月，游客王女士来黟跟团旅游期间意外摔伤。王女士随后投诉景区，认为景区在旅游行程中未尽到安全提示责任，要求景区对自己的各项损失承担全部赔偿责任。黟县旅游综合执法局根据"作退一步想"工作调解机制，组织了由法官、旅游纠纷人民调解员、旅游保险理赔中心工作人员共同参与的联合调解，经过一个上午的调解，王女士和景区握手言和，降低了双方的时间和精力成本。

探索旅游综合执法"五个一"工作机制。一个统一受理的投诉平台、一个权责明确的执法主体、一个专业高效的处理体系、一个健全完善的监管体系、一套科学合理的考核评价。旅游综合执法解决了旅游管理领域内各部门权责不清、无人执法、多头执法等问题，执法办案从原来的推诿扯皮到现在有案必查，促进了旅游市场监管、投诉受理、执法、查处、反馈实现"五统一"。

三、全面开展执法改革提质增效，实现工作合力最大化、执法联动最优化

将旅游综合执法提质增效工作作为实施国家五大领域综合行政执法改革的重要抓手，将旅游综合执法工作纳入部门及乡镇党政领导班子和领导干部政绩考核指标体系，强化对旅游综合执法提升工作的领导和督查指导。加强制度顶层设计和部门协调，构建全县"一盘棋"的工作格局。

有效开展执法联动。发挥旅游综合执法协调机制作用，聚焦景区"黑导"、

拉客宰客、影响旅游环境车辆等方面,加强部门联动,与县扫黑办、公安、交通等部门重拳出击,连续印发《关于严厉打击道路旅客运输市场非法营运行为的通告》《关于严厉打击扰乱旅游治安秩序行为的通告》《关于重点整治三、四轮机动车违法上路行驶、非法营运行为的通告》等文件。2019 年,集中办理了一批典型案件,首次处罚"黑导"4 人;首次适用《治安管理处罚法》对拉客扰乱秩序行为实施行政拘留 3 人、约谈训诫 26 人次,并对民宿客栈业主因违法拉客追溯处罚 4 人;首次查扣影响旅游环境车辆 11 台次,有效净化旅游市场环境。

全面加强综合保障。抓经费保障,旅游综合执法工作经费列入政府财政预算,每年设立 30 万元专项经费,严格执行罚缴分离和收支两条线管理制度,统一执法制式服装、标志、执法执勤车辆。抓队伍建设,整合景区员工、联防队员、消防队员、村委等力量,参与综合执法网格化管理事件前端信息收集,同时通过招录、购买服务、选调、接收退伍军人等方式,累计新增执法人员 10 人。抓能力提升,开展综合执法业务培训,累计组织执法人员参加综合执法培训及考试 30 余场,培训人员 300 余人次,目前,执法队员均取得旅游综合执法资格。

有效引导诚信经营。为推进"放管服"改革,突破民宿领域审批许可"瓶颈",由旅游部门牵头,联合公安、市场、卫健、消防等职能部门,在全市率先开展民宿联合审批发证工作。通过微信推送、媒体宣传、景区播放等多种渠道,加大旅游综合执法宣传力度,制作播放综合执法宣传片,加深群众及游客对旅游综合执法的认识和理解。利用"信用黄山"信用平台建立旅游"红黑榜"。

黟县旅游综合执法试点工作是贯彻落实五大领域综合行政执法改革、践行全面依法治国的生动案例。黟县将以旅游综合执法示范创建为契机,持续推动旅游综合执法提质增效,努力打造可复制、可推广、可借鉴的县域旅游综合执法"黟县样板"。

撰稿人:周莹莹　徐　靖

山 东 省

淄博市

严细精实构建标准化体系
打造行政复议规范化建设“升级版”

近年来，淄博市牢固树立“行政复议要保证质量，关键是要有执行标准”的理念，开启了将行政复议制度设计与标准化体系设计有机结合，以标准化推动行政复议规范化建设的“破冰之旅”。淄博市的行政复议标准作为山东省服务标准化试点项目通过了省发改委、省质监局的考核验收，这标志着淄博市以标准化推进行政复议规范化建设的探索取得了实质性成果，创新打造出了行政复议规范化建设的“升级版”。

一、全面架构，“五大支柱”立起“严细标准”

为探索破解行政复议流程、工作规范等标准不明确、群众知晓率低、同类案件审理结果差异化等难点问题，淄博市坚持问题导向，经过积极探索，确立了创新标准化建设、打造行政复议规范化建设“升级版”的路子。

2015 年 1 月，淄博市行政复议标准化试点项目被确定为 2015 年度第一批省级服务业标准化试点项目，正式启动行政复议标准化建设工作。在国家服务业组织标准化工作指南的基础上，淄博市创新形成了符合行政复议工作特点的模块化结构。行政复议标准体系共设置“行政复议基础保障标准体系、行政复议立案标准体系、行政复议审理标准体系、行政复议决定标准体系、行政应诉标准体系”五大支柱体系,下设20个子体系,共计222个标准项。在行政复议总体流程框架的基础上,梳理立案工作规程、审理工作规程等行政复议工作流程15项,规范创新立审分离、繁简分流等行政复议工作制度130项。同时,对行政复议立案、审理、决定、送达等所涉及的法律文书进行梳理,形成了70种法律文书样式,规范统一全市行政复议法律文书格式和文号。

二、提质增效,“六项创新”筑就“亮点标准”

在行政复议标准化建设过程中,淄博市重点推出六项创新举措,着力推动行政复议公开、公正、质效统一。

(一)规范行政复议便民联系点工作

制定《淄博市行政复议便民联系点工作规范》,以镇、办司法所为依托,规范建设行政复议便民联系点,发挥行政复议宣传、咨询和引导职能,进一步畅通行政复议受理渠道。

(二)完善立审分离工作制度

制定《淄博市行政复议立审分离工作制度》,明确立案工作和审理工作职责,明确从立案工作到审理工作案件材料转交的时间节点及转交材料清单,保证立审环节有机衔接,确保案件审理公正。

(三)建立“简案快审,繁案精审”的审理机制

除明显复杂的案件外,案件受理后按照简易程序办理,明确简易程序案件和普通程序案件的办理流程。简易程序以书面审理为原则,提高案件办理效率;案情复杂、争议较大的案件适用普通程序,经集体讨论后作出决定,保证案件审理质量。为最大限度发挥行政复议的调解、和解功能,积极创新制定多项标准,共设置了“行政复议调解规定”“行政复议和解规定”“行政复议案前化解制度”“行政复议调解书格式文本”“行政复议和解协议书格式文本”5个标准项。通过实施行政复议调解、和解制度,促进了行政争议的柔性解决,缓和了申请人与行政机关的对立情绪,节约了行政成本和申请人的救济成本,实现了案结事了、定分止争。

(四)完善行政复议庭审制度

在听证工作的基础上,制定出台《淄博市行政复议庭审办法》,规定对重

大、复杂或者争议较大的行政复议案件，组织行政复议案件当事人通过陈述、举证、质证、辩论等形式进行公开审理，完善庭审程序。在审理人员的组成上，规定可以由1名行政复议委员会成员参加听证。

案例链接

2020年6月11日，淄博市司法局开庭审理某物流运输公司不服开发区管委会行政处罚的行政复议申请。由于案情复杂，处罚额度较大，按照庭审工作标准体系中规定的6个标准项，严格遵循“繁案精审”这一创新审理机制：在庭审前向当事人送达了“庭审通知”，庭审过程中书记员宣读了“庭审纪律”，主持人核实了庭审参加人的身份，申请人和被申请人分别进行了陈述与答辩，并就事实、程序和法律适用进行了举证、质证和辩论等。庭审结束后，根据庭审笔录，结合在案证据，依法作出了行政复议决定，支持了申请人的合理诉求。

（五）实行决定书公开制度

制定出台《淄博市行政复议决定书公开制度》，除涉及个人隐私、国家秘密、商业机密，以及申请人或第三人不同意公开且有正当理由等特殊情况外，其他行政复议决定通过淄博市司法局网站进行公开，接受社会公众的监督。

（六）实现行政复议办案场所标准化

设计全市行政复议标识，在全市行政复议办案场所统一悬挂。按照“两科四室”的标准，规范建设行政复议立案接待室、庭审室、调解室、档案室等办案场所，保证立案接待场所和办公区域相隔离，实现庭审、调解同步录音录像，立案接待全程全时监控。

三、再接再厉，“探索之旅”升级“更高标准”

行政复议标准化工作是行政复议规范化建设的有力提升，是深化行政复议体制机制改革的有益探索。自行政复议标准体系实施以来，淄博市行政复议受案渠道更加畅通，行政复议工作流程更加科学，化解行政争议主渠道作用更加突出,倒逼依法行政的制度功能日益彰显。2017~2019年,全市共受理行政复议案件2006件。2017年,全市行政复议案件数首次超过全市法院同期一审行政诉讼案件数。2018年,复议案件调解和解率达27.16%,综合纠错率达46.37%。2019年,全市复议案件调解和解率达36.11%,综合纠错率达55.74%。连续3年行政复议决定履行率达100%,充分实现服判息诉、案结事了。

"标准助推创新发展,标准引领时代进步。"下一步,淄博市将继续调整完善行政复议标准体系,提升标准化建设工作实效,以标准化工作为抓手,推动行政复议规范化建设。

撰稿人:张　勤　赵　刚

山东省

济宁市

健全规范性文件合法性审核机制

“红头文件”是否规范，审核机制发挥着关键作用。近年来，济宁市把“做实做强做优审核工作”作为主攻方向，在健全规范性文件合法性审核机制上频频发力，探索建立了“1 +4”规范性文件合法性审核模式、规范性文件合法性审核白皮书制度等，从源头上保证了行政机关权力运行的法治化、规范化。

一、流程再造，全面提升起草部门对审核工作的重视程度

2018 年 5 月，国务院办公厅出台《关于加强行政规范性文件制定和监督管理工作的通知》。同年 12 月，又出台《关于全面推行行政规范性文件合法性审核机制的指导意见》。一年之内围绕规范性文件合法性审核工作连续出台两个重要规定，足以体现国家层面对该项工作的重视程度。

根据上述规定，2019 年 1 月 7 日，济宁市印发调整后的合法性审核送审材料明细，从细节入手，调整了规范性文件起草及送审流程，尤其将“起草规范性文件要广泛听取企业、行业协会、商会意见”“合法性审核时限一般不少于 5 个工作日，不超过 15 个工作日”等新规定融入新流程，增加所有文件草案均需起草部门组织公平竞争审查的规定，济宁市成为在国内首批完成合法性审核流程再造的地级市。

二、打造"1 +4"合法性审核模式,全面提升文件起草和审核质效

2019年,探索建立了"1 +4"规范性文件合法性审核模式,即"全链条审核机制"和"立项预评""指标量化""全面审核""动态跟踪"四审工作法,旨在全面提升文件起草和审核质量,持续提升行政规范性文件法治化工作能力和水平,为经济社会发展提供高质量法治保障。

"全链条审核机制",改变了传统意义上的小审核概念,构建了大审核格局,将合法性审核贯穿立项预评估、部门起草内审、市司法局合法性审核、公文签批印发报备、后评估及清理等全过程,形成闭环式管理,充分体现法治思维。

"立项预评"是将审核关口前移,组织政府法律顾问、公职律师、专家学者对部门的立项建议提前介入,参与调研,提供专业意见,出具预评估报告。

"指标量化"是建立送审文件的规范标准,明确合法性审核应当报送的7大类材料明细、30项具体指标,特别要求部门内审材料中包含公平竞争审查报告、初步合法性审核意见以及领导班子集体讨论会议纪要;专业性、技术性强的规范性文件,必须提交专家论证报告、风险评估报告;涉及市场主体的规范性文件,必须提交广泛征求社会公众意见以及听取企业、行业协会、商会意见的材料等。

"全面审核"是围绕规范性文件制定和监督标准,组织部门座谈、专家论证、风险评估,化解分歧,充分发挥规范性文件合法性审核基层联系点作用,广泛听取企业、行业协会、商会等对规范性文件草案的意见建议。各基层联系点覆盖机关事业单位、学校、企业、行业协会、商会等,充分保证了规范性文件草案能够接收来自方方面面的意见。

案例链接

“以前只是在电视上见过立法，感觉立法与我们老百姓距离很远。没想到立法还能征求我们老百姓的意见。”在山东省济宁市嘉祥县大张楼镇，当地老百姓在参与镇政府开展的规范性文件征求意见工作后赞不绝口。

作为规范性文件合法性审核基层联系单位，大张楼镇政府积极探索出一套从发放讨论稿到征求意见、研讨研判，再到商定最终意见建议的征求意见闭环系统，让合法性审核征求民意有章可循，让各项决策更符合民生诉求。被确立为基层联系点以来，大张楼镇针对《济宁市医疗纠纷预防和处理办法》《济宁市人民政府办公室关于优化建筑业营商环境促进企业创新发展的十条意见》《济宁市支持城镇老旧小区改造十条措施》等规范性文件草案，广泛征求了各方面意见。

“动态跟踪”是对文件施行效果进行跟踪调查评价，开展后评估工作，提出保留、修改、废止等意见，根据法律、法规、规章和国家、省、市政策的变化，动态管理济宁市行政规范性文件，确保了规范性文件的鲜活生命力，使政府决策能够真正服务于经济民生。

三、首创合法性审核白皮书制度，省司法厅发文推广济宁经验

针对规范性文件起草中的常见、共性问题制作“错题本”。2020 年 1 月，印发《关于建立规范性文件合法性审核白皮书制度的意见》，白皮书制度正式建立。该制度系省内首创，拟每年年初制作上一年度规范性文件白皮书，阐述上一年度合法性审核方面的制度完善情况，对市政府规范性文件的制发情况进行分析，总结合法性审核过程中曾经发现的问题并作出原因分析、提出合理化建议等。

规范性文件合法性审核白皮书制度，是健全合法性审核机制的重要环节，也给相关部门、单位敲响了警钟，督促其提高规范性文件起草和审核质效。2020 年 5 月，济宁市 2019 年度合法性审核白皮书正式制发，除在合法性审核专项督察过程中向有关部门、单位进行反馈之外，还通过司法行政部门网站向

社会公示。2020 年 6 月 30 日,山东省司法厅印发《关于转发济宁市〈关于建立规范性文件合法性审核白皮书制度的意见〉的通知》,在全省宣传推广。

四、法治政府建设全面铺开,注重审核质效,服务社会发展

济宁市政府围绕服务全市经济社会发展大局,坚持“管用、实用、好用”原则,注重与制定文件所依据的法律法规相一致,与地方经济社会发展重点任务相结合,与文件施行效能相统一,与审核管理信息化相承接,全面提高文件质量和效能。充分利用法治政府建设契机,督促各县市区同步提高规范性文件制发及审核质效,所辖各县市区在规范性文件合法性审核工作上纷纷作出积极探索。

微山县创新实施“3 +2 +6”评估模式,即运用专题研讨、专家论证、公众参与的评估方式和问卷调查、图表分析的评估方法,对文件的合法性、合理性、协调性、可操作性、效益性、技术性六个方面进行综合分析评估,确保文件的实施效果。金乡县构建起“司法所工作人员 + 法律顾问 + 镇街骨干”合法性审核团队,重点围绕镇街规范性文件、重大行政决策、以政府名义签订的各类合同协议等,进行合法性审核。邹城市打造“如影随形”合法性审核品牌,凡重大行政决策、规范性文件,须起草部门合法性审核机构先行审核再报司法局二次审核,政府各部门、各镇政府及街道办事处制发的行政决策、行政文件,须由本单位审核机构审核后才能发文,确保行政决策“零差错”。

撰稿人:高　雷　刘亚男　赵月正

湖南省

邵阳市

推行“一村一辅警” 加强基层法治建设

近年来,邵阳市委、市政府坚决贯彻党中央、国务院关于加强法治政府建设、加强社会治安防控体系建设的总体部署,创新基层社会治理,积极构建“一村一辅警”农村警务新机制。邵阳市公安机关切实履行主体责任,聚焦夯实基层法治建设基础,在全市共 3299 个行政村建立辅警工作站,每村配备一名辅警,全力助推平安乡村建设和基层法治建设,通过警力前移,打通农村警务“最后一公里”,全面增强人民群众的获得感、幸福感、安全感。

一、各级部门高位推动,立足基层夯实基础

进入新时代,人民群众对美好生活需要日益增强,给基层社会治理带来新课题。邵阳市由于农村地域广阔,经济基础薄弱,社会治理难度大。在农村,青壮年大多外出务工,可用于群防群治的力量明显不足,村组撤并后,村民人数增多,农村基层治理力量相对减少,民间矛盾纠纷调解、特殊人员管理服务任务与治理力量短缺的矛盾凸显。再加上公安机关警力严重不足,警力比仅为 6.1‰,农村派出所的平均警力仅为 5.8‰,为全省最低水平。

“一村一辅警”建设从最初的创新探索到现在的发展壮大离不开市委、市政府高度重视、全力推动。2016 年以来,邵阳市委、市政府部署开展了“公安消防三年大建设行动”,投入 11 亿元实施公安基层基础建设 3 年行动,体系化布

局“一村一辅警”工作,对全市共3299个行政村建立辅警工作站,每村配备一名辅警,实现全覆盖。围绕实现“一村一辅警”扎根基层,服务群众的目标,通过专业队伍和人民群众的有机结合,将辅警重点充实到治安防控最薄弱、最需要的广大农村,不断解决基层治理新情况新问题新困难,最大限度发挥驻村辅警作用,就地解决涉及群众切身利益的矛盾问题,打通了农村警务“最后一公里”,在实践中摸索探寻出一条乡村治理、警务改革的破题之路。

二、不断优化工作措施,强化保障全面落实

工作有遵循。中共中央办公厅、国务院办公厅《关于加强和改进乡村治理的指导意见》和湖南省委《关于全面加强基层建设的若干意见》为“一村一辅警”建设提供了制度遵循。邵阳市以此为引领,制定出台相关配套制度措施,不断夯实“一村一辅警”的制度基础,使这项工作始终在规范化、法治化轨道上推进发展。

经费有保障。省、市、县三级按照“财政保障,分级负担”原则保障辅警基本工资、工作站建设、运行等经费。2019年、2020年连续两年省财政按0.5万~1.5万元每村的“一村一辅警”专项经费补贴到位,市、县按驻村辅警人均每年不低于4万元的标准列入财政预算并逐年增加,2019年人均已达到或超过4.5万元,每个工作站每年按3000~5000元标准提供经费保障。健全完善辅警福利和劳动保险制度,按规定缴纳“五险”,解决了辅警队伍后顾之忧。省里下拨的“一村一辅警”省级专项经费专款专用,用于全体“一村一辅警”的工资保险支出。

管理有机制。明确驻村辅警以及治安防范组织员、矛盾纠纷调解员、情报信息采集员、法律政策宣传员、便民利民服务员、警务下沉联络员、交通安全协管员、乡村义务消防员“八员”职责定位;围绕统一招录、教育培训、日常管理、考核评估等,建立了一系列规范的工作制度并不断完善,自主开发数字化“一村一辅警”管理平台、手机App掌上警务平台,有效提升了辅警队伍战斗力和管理效能。出台《邵阳市“一村一辅警”绩效考核办法》,压实公安局局长、派出所所长“一把手”管理职责。对辅警的培训实行市局、县局、派出所“三级培训”,开办“辅警夜校”增强了辅警队伍的整体素质。

生活有归属。优先聘用本村或邻村人员为驻村辅警,方便辅警吃住在当地。外地人员应聘为驻村辅警的,派出所在辅警工作站配备生活用品,联系村部或村办学校、企业搭餐,为驻村辅警提供日常生活保障。

激励有导向。参照民警警衔机制建立辅警衔层级晋升机制,设置层级津贴,拓宽了辅警队伍晋升通道,营造了留人留心的政策环境。对驻村辅警在工作中涌现出的先进个人和优秀事迹利用各种媒体开展大力宣传,以评选"十佳一村一辅警"活动为抓手,在全市社会营造"一村一辅警"良好工作氛围,有效增强驻村辅警职业荣誉感和归属感,激励辅警扎根基层、立足本职、忠诚履职。

理论有创新。成立"一村一辅警"研究所,聘请知名高校的5名专家为特聘研究员,建立起一支专业的"一村一辅警"建设、管理、研究团队,全体公安民警积极建言献策,在探索实践中破题开路,为"一村一辅警"长远发展提供理论支撑。

三、工作成效不断凸显,基层法治稳步推进

提升了农村平安建设的新境界。实施"一村一辅警"后,全市165个农村基层派出所的平均警力从6.8名提升到19.9名,增加了2.95倍,长期困扰基层警力不足的问题得到有效缓解。"一村一辅警"已成为农村基层治理的"流动探头"和群众身边的"守护神",为全市基层综合治理格局增添了新的力量,提升了农村平安建设的水平。各县市区积极推动驻村辅警进入村支两委,协助村组干部参与村务管理,促进村干部和基层党组织的和谐关系,多名驻村辅警因工作突出、群众满意被基层党组织吸收为中共党员;组织开展学校、重点单位的护卫工作,履行维稳防控职责,推动刑事、治安案件数量持续下降。

案例链接

驻村辅警既是社会治理组织者又是社会矛盾调解员,发挥了社会润滑剂的作用,实现了对基层矛盾纠纷的调处由“事后处置”到“事前预防”,实现了“小事不出村,大事不出镇,矛盾不上交”,“有人管、管到位”的全面转型。2020年1月至7月,3200余名辅警共走访群众182万余人次,调解纠纷1.7万余起,为群众办实事11万余件(次),协查行政案件2499起,协破刑事案件554起,化解民转刑案件405起,协助开展交通疏导5.8万余次,排查各类安全隐患2.6万余起,开展法制宣传12万余次。

创造了服务群众、服务基层的新成果。“一村一辅警”工作站建到群众身边、服务到群众家里,辅警常年吃住在村里,扎根在基层,成为守在老百姓身边的“警察”和全天候的“服务员”,实现了警务服务关口前移。无论刑事、治安案件或突发事故灾害,警辅人员都能第一时间赶到现场,第一时间处置。驻村辅警开展全天候巡逻防控,配合乡、村工作,参与村务管理。推行“户籍代办制”,驻村辅警上门服务,为群众代办身份证、户籍事项。实践证明,推行“一村一辅警”,有效回应了群众关切,密切了党群、干群关系,大大提升了人民群众满意度和安全感。

撰稿人:潘帅成　吴善成

湖南省

岳阳市

以良法善治保护“一江一湖”生态文明环境

生态文明建设工作的法治化和规范化，是全面依法治国基本方略在生态文明建设领域的具体体现和贯彻实施。近年来，岳阳市落实长江经济带“共抓大保护、不搞大开发”要求，突出“一江一湖”生态建设，坚持生态优先绿色发展，把生态文明建设纳入法治化轨道，坚持科学立法、严格执法、公正司法同步推进、无缝对接，进行了一系列制度创新，以生态环境依法治理留住绿水青山，用绿色发展赢得金山银山。

一、坚持高位统筹，精心绘制生态法治建设蓝图

岳阳市委、市政府高度重视生态法治建设，将其作为生态文明建设的重要抓手，把生态文明建设摆在发展全局的突出位置。自2016年以来，市委常委会议、市政府常务会议共研究生态法治和生态文明建设议题20余次，出台《中共岳阳市委关于推动长江经济带生态优先绿色发展的决议》《岳阳市长江经济带生态优先绿色发展行动方案》《中共岳阳市委　岳阳市人民政府关于加快绿色发展建设生态强市的实施意见》《岳阳市生态环境保护“十三五”规划》等文件，坚持以生态法治推动生态文明，牢固树立“绿水青山就是金山银山”的理念，全面吹响生态优先绿色发展“进军号”，久久为功，坚定不移将一张蓝图绘

到底。

二、坚持立法先行,科学构建特色生态法规体系

岳阳市自 2015 年 12 月正式获得地方立法权以来,注重发挥立法的引领和推动作用,将生态文明立法作为首选课题,为生态文明建设提供坚强法治保障。先后出台的 6 部地方性法规和 3 部地方政府规章,均从不同角度对生态文明建设作出规范。例如,《岳阳市城市规划区山体水体保护条例》为充分发挥岳阳江湖交汇、山水交融的优势,就如何对城市规划区内山水格局进行整体管控、分级保护作出规定;《岳阳市东洞庭湖国家级自然保护区条例》填补了岳阳市国家级自然保护区"一区一法"的制度空白,为洞庭湖综合治理提供重要制度保障和支撑;《岳阳市扬尘污染防治条例》用最严格的制度控制扬尘污染;《岳阳市城区禁止燃放烟花爆竹管理办法》为解决烟花爆竹燃放带来的严重大气污染问题,在城区全面禁止燃放烟花爆竹;《岳阳市城市二次供水管理办法》保证了城市高层住户生活饮用水安全和供水质量;《岳阳市城市绿线管理办法》对提升城市品位、改善人居生态环境具有举足轻重的作用。此外,还有《岳阳市铁山水库饮用水水源保护条例》等多个生态文明立法项目纳入立法计划,具有岳阳特色的生态文明制度体系逐步完善。

三、坚持执法从严,切实维护生态环境监管秩序

岳阳市强化生态法治权威,做到了"实打实"压紧责任、"点对点"专项整治、"硬碰硬"严格执法。

(一)突出责任,履行环保职责有担当

出台《岳阳市环境保护工作责任规定(试行)》《岳阳市一般及较大环境问题(事件)责任追究办法(试行)》《岳阳市人民政府办公室关于加强环境监管执法的实施意见》,进一步明确和落实各级各部门的环境保护工作责任,建立"党政同责、一岗双责、齐抓共管、失职追责"的责任体系。在全市全面实施"河长制""湖长制",实现市县乡村四级河(湖)长全覆盖,做到河(湖)长巡河(湖)常态化、制度化。在平江县首推"山长制",实现了"山有人管、树有人护、责有

人担”，有效保护了森林生态。

（二）突出问题，整治生态环境有作为

一是依法治“气”还一片蓝天。推行大气污染防治特护期制度，加强区域协同，通过分时段、有侧重的严管、严查、严考、严惩等防控措施，有效防止或减少重污染天气的出现。出台《岳阳市机动车排气污染防治暂行办法》，切实防治机动车排气污染。严格落实《岳阳市城区禁止燃放烟花爆竹管理办法》，依法查处违法燃放烟花爆竹的行为，全市空气质量明显好转。二是依法治“水”护一江碧水。严格水体保护，率先启动国家公职人员违规参与涉砂等6类经营性活动专项整治行动，集中清查公职人员1148名，均按规定处理到位；深入开展违规使用长江岸线资源、长江干线非法码头等专项整治，全面暂停洞庭湖区河道采砂，取缔非法砂石堆场、码头256个，查获非法采运砂船只36艘；扎实推进湘江保护与治理“一号工程”、洞庭湖水环境综合治理五大专项行动，实现县城以上城镇污水处理设施全覆盖，所有园区均已配套建设工业污水集中处理设施。三是依法治“土”守一方净土。出台《实施乡村振兴战略三年（2018—2020）行动方案》《岳阳市农村空心房整治实施方案》，按照“拆、建、管”并重思路，以农村“空心房”整治为抓手，推动生态大修复、建房大集中、面貌大提升、乡村大振兴。

（三）突出联动，推动“两法衔接”有合力

在湖南省率先出台《关于深化公安、环保部门环境执法联动的指导意见》，将公安、环保联动执法制度化、规范化。深入推动环境保护行政执法与刑事司法衔接工作，健全完善法院、检察院、公安、环保及相关行政机关的联席会议、信息交流、线索移送、案件通报、个案会商等工作机制，确保执法司法信息及时互通，切实解决联而不合、通而不畅、商而不定等制约“两法衔接”的短板问题。

（四）突出重点，保护重要区域有力度

切实加强对湖南东洞庭湖国家级自然保护区等生态功能重要区域的管理和保护力度，创新管理方式，对湖南东洞庭湖国家级自然保护区核心区实施封闭管理，该管理模式被国家林业和草原局、世界自然基金会（WWF）列入长江流域湿地保护的十大经典案例。重拳出击、铁腕施治，先后查处毒杀保护动物案件31起，收缴狩猎枪支28支，移送司法机关22起，刑事处罚16人，治安处罚15人，行政处罚11人，扎实推进生态环境整治。探索多元化生态保护补偿机制。2014 年,保护区实施了我国首批生态效益补偿试点工作;2017 年,岳阳市君山区林业部门与保险公司达成野生动物致害责任保险试点项目服务协议。保护区先后被国家林业和草原局、教育部、团中央联合授予"国家生态文明教育基地",被世界自然保护联盟(IUCN)评为全球首批 23 块绿色保护地之一,被誉为"拯救世界濒危物种的希望地""人与自然和谐相处的典范"。

四、坚持司法保障,坚强有力护航生态文明建设

生态司法是生态环境治理体系的重要环节,岳阳市坚持以强有力的司法保障守护绿水青山、捍卫生态底线。

(一)积极推动环境资源案件专业审判

岳阳市中级人民法院设立环境资源审判庭,推行环境资源刑事、民事、行政案件归口审理和专业化审判;君山区人民法院组建洞庭湖环境资源法庭,实行洞庭湖流域环境资源案件跨区域管辖。全市两级法院积极发挥环境资源审判职能作用,严厉制裁和惩处生态环境违法犯罪行为,多个案件获最高人民法院充分肯定。君山区法院审理的"水污染公益诉讼案"入选 2018 年最高人民法院"环境资源审判保障长江经济带高质量发展十大典型案例";岳阳楼区人民法院审理的"何某非法杀害珍贵濒危野生动物刑事附带民事案"入选 2019 年联合国环境规划署十大环境资源交流案例。

案例链接

2014 年 11 月至 2015 年 1 月,何某、钟某在湖南省东洞庭湖国家级自然保护区收鱼时,与养鱼户及帮工人员商定投毒杀害保护区内野生候鸟,由何某提供农药并负责收购。此后,何某等人先后多次在保护区内投毒杀害并收购、贩卖野生候鸟。岳阳楼区人民检察院以何某等 7 人犯非法猎捕,杀害珍贵、濒危野生动物罪,向岳阳楼区人民法院提起公诉。岳阳市林业局提起刑事附带民事诉讼,请求 7 名被告人共同赔偿损失 53,553 元,岳阳楼区人民检察院支持起诉。本案系非法猎捕、杀害珍贵、濒危野生动物刑事附带民事诉讼案件,体现了打击环境违法行为中的多部门协作的积极成果。

（二）积极支持检察机关提起公益诉讼

岳阳市委、市政府出台《关于切实加强检察机关公益诉讼工作的通知》，岳阳市人大常委会通过了《关于深入推进检察公益诉讼工作的决定》，成立湖南省首个公益损害与诉讼违法举报中心，组建了东洞庭湖生态环境资源检察院，设立了11个驻生态环境部门检察室，部署开展"守护一江碧水，岳阳检察在行动"专项检察监督，严厉打击长江和洞庭湖流域发生的非法采砂、非法捕捞、非法排涝、非法猎杀珍稀野生动物资源及破坏饮用水水源地生态环境等违法犯罪行为，实现市县检察机关对生态环境保护领域的全覆盖。截至2020年年底，全市检察机关共办理各类生态环境保护公益诉讼案件665件，发出诉前检察建议472份。

撰稿人：任育平　张　韬　周　梅

广 东 省

东莞市

以改革与法治相融相促
推动商事制度改革深入发展

东莞市以商事制度改革作为切入点,牵引带动多领域变革,深入推进高效政府、廉洁政府、服务型政府建设。率先推广企业集群注册、住所信息申报、“全程电子化+网上审批中心”、“银政通”一体机等便利化制度成果,全面提升企业开办经营便利度。打造市场监管协同创新平台,推进智慧监管、协同监管、信用监管三大工程,构建起“一平台三工程”的法治化、全链条化的市场监管体系。前端准入和后端监管统筹推进、双向发力,使东莞成为全国商事制度改革机制设计最系统、机制迭代最迅速、机制闭环最完善的地区之一。持续推动法治政府建设成果惠及民生,不断提升人民群众的获得感、幸福感和安全感。

一、在法治轨道内推动改革,以改革的成果反哺法治

2012 年,东莞市就被国家赋予改革试点重任。东莞市勇于刀刃向内,主动优化审批程序,率先试点“先照后证”、注册资本认缴制改革,为广大市场主体松绑解套。两项试点经验均被国务院《注册资本登记制度改革方案》吸收,为改革的全面推开提供了实践样本。

2014 年 3 月,全国商改全面铺开,千帆竞渡、百舸争流。东莞因地制宜推

出一系列独具特色的改革品牌，多项改革走在全国前列。例如，为了解决住所证明“出具难”问题，创立“住所信息申报 + 负面清单”登记管理模式，一般行业的市场主体自行申报住所信息即可办理营业执照，超过 90% 的新设市场主体享受了登记便利。又如，针对一些创业者和新业态企业无固定办公场所的办照难题，创立集群注册登记模式，允许托管公司为多个集群企业提供地址托管、商务秘书服务，近 4 万户市场主体通过集群注册扎根东莞。

改革好不好，群众办事的体验感是最直接的评判指标，而网上政务无疑是最能提升办事体验感的有效举措。东莞推行“全程电子化 + 审批中心”登记改革，运用电子签名技术，通过智能推荐经营范围，上线“标准地址库”，实现办照零跑动。设立“银政通”设立企业自助服务一体机，在 11 家商业银行的 185 个网点部署应用。推行企业档案网上查询，无须预约及窗口排队，在手机上即可查询企业登记档案。与中国法律服务香港有限公司、中国委托公证人协会等机构合作，探索港资企业全程电子化登记，畅通了港资企业在莞设企的“快车道”。东莞市的全程电子化改革，贯穿从企业设立前到企业成立后，从内资到港资，从单一商事登记到企业开办全流程，让“数据跑路”代替了“群众跑腿”。

案例链接

东莞“银政通”设立企业自助服务一体机，整合优化商事登记、税务办理、社保登记、公章刻制等业务流程，实现从单一的办事窗口到全程电子化网上办，再到银行网点办理的第三类场景服务，为群众办事提供了多种选择。办理企业注册登记时，通过简单的信息填报、加上“刷身份证 + 刷脸”等操作，在两小时内就可以在一体机完成设立登记开立公司银行账户，完成税务信息申报，提交公章刻制申请等业务。2019 年，“银政通”设立企业自助服务一体机以总分第二名的成绩被广大市民评选为“十大市民点赞案例”。

为进一步便捷外商投资，东莞积极争取成为全省首批“银政通”改革试点城市，港澳两地投资者在当地合作银行提交商事登记申请材料，委托银行代办商事登记，在东莞市内对应银行的网点即可领取具有金融服务功能的电子营业执照,实现商事登记的就地受理及远程办理。在莞港两地正式启用简化版香港公证文书。东莞市场监管、司法、商务、公安、港澳事务、金融监管等部门针对简化版公证文书统一用证做法,实现单点突破、全面优化的改革效果。

二、“放得开,管得住”,改革始终践行法治政府理念

如果商改的上半场是比谁放得宽,那么下半场就是比谁管得好,放管结合,这是法治政府建设的内在要求。商事制度改革后,市场主体保持高增长态势,新技术、新业态持续涌现,市场监管的难度和复杂性不断提升。东莞市融入“互联网+”思维和社会共治理念,打造市场监管协同创新平台,推进智慧监管、协同监管、信用监管三大工程,有效解决了监管力量不足,以及监管理念、手段、机制滞后于便利化改革步伐等问题,为商事制度改革后市场监管格局的重塑和市场体系的构建探索了新的路径。

智慧监管工程是共治的基础支撑。2017 年 12 月,东莞商改后续监管正式融入“智网工程”,在全市社会服务管理“智网工程”的有力支撑下,近万名网格员成为辅助市场监管的重要力量。网格员既是“哨兵”和“侦察兵”,又是“服务员”,将大量问题隐患化解在萌芽阶段,大大减轻了许可监管部门的压力。东莞还自主开发了协同监管信息化系统,监管部门在系统中接收处理网格员上报的问题线索,跟进市场主体后续监管。截至 2020 年年底,网格员累计完成核查任务 105.7 万户,发现上报违法线索 33.9 万条。各部门累计发证 24 万份,经营许可整体发证率超过七成,形成“人在网中走、事在格中办”的日常监管格局。

大数据监管是大势所趋。依托互联网、大数据、物联网、人工智能、区块链等新技术推动监管创新,将数字技术全流程、全周期融入社会共治,变人治为智治、人防为技防,让监管资源的分配更加科学、合理和充分,全面提升监管精准性。针对食品安全问题,东莞以学校食堂为突破口,开发首个融合“边缘计算+人工智能+区块链”技术的“明厨亮灶”智慧监管平台。平台包括部门、学校、供应商、家委会等应用端,依托学校前端的边缘服务器和系统加入的 AI 算法分析,智能检测分析学校食堂管理过程情况,当出现问题则启动风险预警和分级处置机制,一般预警由学校先行处理,逾期不处理、反复性或问题严重则

上报部门介入处理，同时将食堂部分视频、经营管理等信息通过小程序的形式对外共享查看，充分发挥社会主体的辅助管理作用，协力构筑食品安全防火墙。

协同监管工程是共治的核心内容。东莞突破传统的政府一元治理视角，充分加强政府部门监管协同，发挥和依靠协会、第三方机构、企业、公众等多元力量，形成市场治理综合体，全面提升监管联动性。东莞有行业协会671家、商会258家、联合会30家，普遍存在专业化程度不高、实施行业治理的能力不强、协会之间各自为政等问题，在服务会员健康发展、引导行业有序竞争等方面的作用有限。商协会是政府和市场主体之间的桥梁和纽带，东莞市选取12家商协会开展共建共治试点工作，提升党建引领、协同治理、规范经营、信用管理、承接部门管理事项等"五大能力"，建立商品房认购"两天无理由退定"模式、发布首个协会电梯维保行业成本指引、组建汽车行业消费调解站等亮点频出，形成了"一会一品牌"特色效应。2020年1月，东莞市成立全国首个市场监管共建共治联合体，组织发动涉及餐饮、食品、质量、标准、计量、知识产权、电子商务等与市场监管领域密切相关的56家优秀商协会组建东莞市市场监管共建共治联合会，创新"联合会指导协会"工作方式，促进商协会间互相协作、资源共享、经验互换，实现政府、协会、企业的多方共赢。

信用监管工程是共治的有效手段。依托协同监管、智慧监管积累的基础数据，绘制全面多维的企业信用画像，完善跨部门企业信用信息共享机制，支持社会各方多维互动，打好守信激励、失信惩戒"组合拳"。组建企业信用体系建设联席会议，出台《东莞市企业信息公示和信用约束管理暂行办法》，制定《企业信息公示清单》，涵盖43个部门、520个涉企信息目录。制定《企业信用约束管理清单》，涵盖99类约束管理对象、262条约束措施。自主开发企业信用信息公示系统及其微信端，将涉企信息整合归集于相应企业名下，面向公众提供"一站式"信息查询、证明打印服务，累计归集公示全市40个部门涉企信息1884.79万条。开发东莞市"双随机、一公开"联合抽查工作系统，推动各单位应用系统进行"一单两库"信息化管理，覆盖抽查事项953个，检查对象名录库408个，全市38个部门13,616名执法人员，实现双随机抽查流程化、留痕化，为推进企业信用分级差异化监管奠定坚实基础。以约束管理的联合惩戒系统为根本,将各部门联合奖惩备忘录信息化,嵌入业务处理系统,按约束清单和备忘录,共享失信企业信息、反馈约束应用结果,通过信息化让失信企业一处失信、多处受限。仅市场监管共享的经营异常名录和严重违法失信企业信息就达到31万条,包括银行在内的多个部门在申领税票、银行账户交易等方面实施联合限制或禁入,打通了商业银行和职能部门的联合惩戒路径,“一处违法、处处受限”局面逐步形成。

三、改革是最大动力,法治是最大红利

从试点先行到全国样本,东莞商事制度改革亮点纷呈,成为诠释东莞城市精神的一个生动案例。2012年至2020年,东莞开办企业从10多个环节缩短为3个环节,最快1个工作日可以完成企业开办所有手续。市场主体从56万户增长到130万户,全市市场主体连续8年保持年均10万户以上的增长,初次来莞创业者每年净增逾10万人,市场主体、企业数量均位列全省地级市第一,成为名副其实的“活力之城”。

2016年至2018年,东莞开办企业便利度连续3年位居全省前三、地级市第一,2016年、2018年,先后两次因商事制度改革领域成效突出获国务院督查激励,2019年,“一平台三工程”纳入全省优化营商环境改革供借鉴的11项改革举措。

2018年11月,全国首个商事制度改革体验馆在位于东莞东城同沙的商事制度改革综合试验基地正式开馆,东莞致力以此打造法治政府建设示范基地,让“东莞样本”看得见、摸得着、可复制、可推广。

商事制度改革是东莞市近年来持续大力推进法治政府建设的缩影,改革迸发出强大的能量,法治惠及了广大市场主体和人民群众,大大提高了城市品质。当前,东莞市正面临粤港澳大湾区建设、深圳建设中国特色社会主义先行示范区和建设省制造业供给侧结构性改革创新实验区“三区叠加”的重大历史机遇,加快推进法治政府建设将为东莞市抢抓重大历史机遇,建设“湾区都市、品质东莞”提供强大的法治支撑。

撰稿人:邵雄锋　赖宇诗　凌　瑜

广 东 省

江门市

"小改革"撬动"大变革" 以"多证合一""证照分离"改革优化营商环境

江门市位于广东珠江三角洲西侧,下辖三区四市,素有"中国第一侨乡"美誉,是粤港澳大湾区重要节点城市,历来有"敢为人先"的精神传统。近年来,江门市坚持以习近平新时代中国特色社会主义思想为指导,深入贯彻落实习近平法治思想,坚持以人民为中心的发展思想,充分运用法治思维和法治方式,以深化"多证合一""证照分离"改革为突破口推进法治政府建设,以简约"一纸证照"撬动全方位"放管服"改革,着力打造市场化、法治化、国际化一流营商环境,实现改革与法治同向发力、相得益彰。

一、落实"三个坚持",强化法治保障改革发展

在改革过程中,始终坚持重大改革于法有据,把好改革法治关,善用法治思维和法治方式攻坚克难、破题增效,坚持在法治下推动改革、在改革中完善法治,注重改革项目的创新性、引领性和典型性。

一是坚持党政统领改革。市委、市政府统揽改革全局,将"多证合一""证照分离""双随机、一公开"等改革纳入党委政府重点改革任务和重大行政决策事项。所有改革事项经过征求社会公众意见、专家论证风险评估和合法性审查,并提交市委常委会会议、市委深改委会议、市政府常务会议研究审定。

二是坚持改革于法有据。严格按照法律规定、法定程序和上级文件批复,抢抓全国小微“双创”基地示范城市、全省“证照分离”改革试点市等赋予江门的先行先试机遇,结合全面深化改革和经济社会发展实际,先后出台《江门市“证照分离”改革事项目录》等10多份政府或部门规范性文件,在法治框架下推动“多证合一”“证照分离”及其他营商便利化改革。

三是坚持以法治检验改革成效。深入开展法治江门建设、依法行政考评、“谁执法谁普法”履职报告评议等法治考评活动,并将考评结果纳入地方党政领导干部考核、地区和部门年度绩效考核等工作中,将法治工作提升到前所未有的高度,以法治成效全面检验和引领改革创新、担当作为。

二、破除“三大壁垒”,“多项全国率先”推动准入便利

通过党委政府高位推动、部门担当作为、信息开放革命,实现审批标准重构、流程重置、机制重组,破解企业群众创业办事难办事烦问题。

一是破除行政壁垒。依靠信息共享、业务协同,推动“多证合一”证照整合,先后实施4轮“多证合一”改革,持续走在全国前列。在全省率先推行商事登记“微信+智能化审批”,统一建立登记事项标准库,杜绝各级部门人为增设准入条件,实现全程零人工、无差别、标准化办理,微信智能办照最快只需5分钟,提交材料压减近80%,并率先实现银行智慧柜员机智能办照。2020年1月,推广应用营业执照全自动换发系统,将商事登记银行代办升级为智慧自助办照,实现营业执照就近办、马上取。

二是破除区域壁垒。在不突破粤港澳三地市场准入制度规则的前提下实行“离岸受理”,极大减少港澳企业办事跑动成本。采取“上级授权、下级承揽、责任上行”方式,实现开办企业“一网通办”“同城通办”,外资企业“一局多点、远程核准”。整合社会资源,前移服务窗口,全市378个银行网点均可代办商事登记业务。同时,积极融入粤港澳大湾区建设,主动在粤港澳大湾区商事规则互联互通上先行先试,率先在全国实现一般外资外贸企业证照全面整合和商事登记、外资备案、税务跨境离岸办理,港澳投资者在港澳本地即可申领江门执照、外资备案和办税,70多家港澳资企业通过该方式落户江门。2020年2月上线“智能湾区通”,将微信智能办照延伸至港澳,港澳投资者通过微信实现

远程身份认证、离岸智能办照、执照快递上门，无须往返两地，在家中即可办理江门营业执照。

三是破除信息壁垒。大力推进审批事项“网上办”，上线运行江门市电子证照系统，已发布135种高频电子证照，并已应用在424项政务服务事项，审批事项“网办率”逾95%，实现跨层级、跨部门、跨区域互认共享。打通公安、市场监管、税务、银行等部门数据共享渠道，开办企业实行“一窗办、一网办”，2019年5月，全面实现开办企业1天办结，比国家要求的5天压减了80%。2020年5月上线“江门市场监管智能许可”平台，实现食品经营许可核发、变更、延续、注销等业务全程“一网办理、智能审批”。

法治的效能日益凸显，改革的红利不断释放。实施改革以来，江门市市场主体发展活力和社会创造力持续激发，市场主体总量由2015年改革前的25.8万户激增到2020年的57.6万户，数量翻了一番多。

三、立足“三个对标”，“多个全省最优”引领准营升级

2017年5月，江门获批除自贸区外、珠三角唯一的“证照分离”改革试点城市，并率先在全市三区四市同步全域推行改革，着力在破解准入不准营问题上先行先试。

一是对标上级授权依法改革。严格按照法律规定、上级授权，全面梳理公民、法人或者其他组织能够自主决定，市场竞争机制能够有效调节，行业组织或者中介机构能够自律管理，行政机关采用事后监管等其他行政管理方式能够解决的事项，形成《证照分离改革事项目录清单》，经重大行政决策风险评估、专家论证后，推开试点改革。

二是对标自贸区精准改革。改革之初，聚焦市县两级事权和高频审批事项，以告知承诺、优化审批服务为主要改革方式，实施134项后置审批分类改革，审批办理时间、申请材料平均压减近50%、30%，改革事项为全省最多、企业受惠面最广，业务量占全省试点地区逾八成。2020年，进一步推动“证照分离”全覆盖试点改革，推出省市两级共275项审批事项，着力全覆盖破解准入不准营难题。

三是对标社会关切稳步改革。江门市是传统食品药品产业大市，其中食

品生产企业总量排名全省第二,社会公众对食品安全高度关注。坚持“风险可控、逐步放开”原则,2019 年率先推行 3 轮食品药品许可承诺制改革,涵盖 4 大类 9 个许可事项,成为全国实施承诺制审批事项最多的地区之一。改革使大量小餐饮、小副食店受惠,从“幕后”走向“台前”,纳入监管的“笼子”,有效推动监管资源由事前审批向事中事后监管转移。

四、运用“三个监管”,“社会多元共治”实现有效治理

坚持放管结合、以管促放,确保市场准入准营“前端”放得开,事中事后监管“后端”管得住,以更大力度的“管”促进更大力度的“放”,用法治管出公平竞争规范有序的市场秩序。

一是率先实施“双随机、一公开”监管。研发跨层级跨部门市县两级 160 个部门通用的抽查系统,建立起抽查清单审查、抽查系统应用、抽查任务考核等配套机制,推动“双随机、一公开”抽查制度化、规范化、常态化。江门成为全国跨部门“双随机、一公开”联合监管改革试点市,经验被全省复制推广,多次受邀参与国务院“双随机、一公开”监管、“互联网 + 监管”等重大制度编制。

二是实行信用联合监管。在全省率先实施跨部门信息共享和联合惩戒,在许可审批、政府采购、工程招投标、融资授信等重点领域对 3600 多家企业及个人进行失信惩戒、守信激励,倒逼 320 多家企业及个人改正违法失信行为,取得良好社会效果。

三是推动社会多元监管。探索推进“互联网 + 现场直播”监管执法模式,以食品药品安全为试点推行“一监到底”网络直播执法活动 77 期,抽查对象通过“双随机、一公开”抽查随机确定,抽查过程邀请人大代表、政协委员现场监督,4 个网络平台同步全程直播,社会公众广泛参与,吸引 1800 多万人次参与、观看,实现由“少数人监管多数人”向“多数人监督少数人”转变,构建政府监管、媒体及社会公众共同参与的多元共治格局,形成“谁执法谁普法”的生动实践。

案例链接

2019年4月以来,江门市市场监管局创新推出"一监到底"网络直播执法活动,通过"南方+""网易"等网络平台对该局检查农贸市场、商场超市、餐饮服务单位、药店、学校食堂等执法活动进行直播,每周一期的监管执法直播既是执法人员的培训课,又是市民群众的普法课。透过直播镜头,市民可以跟随执法人员深入食品、药品生产经营市场主体第一线了解其管理是否规范,食品、药品是否安全放心等情况。凭借网络调查、现场直播、多方监督、落实"回头看"等创新做法,全面打造文明执法、透明执法的"江门样本",树立监管部门执法公信力,开创食品药品安全执法新模式。

五、构建"三套制度","江门探索实践"实现复制推广

改革实践经验不断上升为制度规范,有效巩固了改革的法治化成果,为法治政府建设提供了制度保障。

一是构建起"多元化便利"的商事登记制度。建立"同城通办","一窗办、一网办",银政直通车,江港澳直通车,微信智能办照等营商便利化改革制度,从业务受理、流转、审核等环节明确流程规范,制定检查督察、绩效通报等配套实施细则,促进各项改革工作标准规范、落地见效,实现窗口马上办、网上全程办、微信智能办、银行自助办、跨境离岸办。

二是构建起"诚信优先"的准营审批制度。建立了食品药品许可、房地产开发企业资质核准、公共场所卫生许可等一批重点领域承诺审批制度,形成"信用核查在先、诚信优先发证,现场检查在后、失诺依序退出"的承诺审批新格局。

三是构建起"全流程规范"的"双随机、一公开"监管制度。建立健全事前计划审查、事中规范检查、事后督查问责等12项基本抽查制度和工作推进制度,规范"双随机、一公开"监管各环节、全过程,推动"双随机、一公开"监管制度化、规范化。

改革发展和法治建设只有进行时,没有完成时。江门市将继续坚持以人民为中心的改革取向,坚守改革法治底线,在法治下推进改革,加快推进"证照

分离”全覆盖试点改革,建立完善改革标准规范,全面推动市场主体准入、准营、监管、退出的企业全生命周期改革,全力打造法治化营商环境;在改革中完善法治,完善相关机制制度,巩固改革法治化成果,全力打造法治政府建设的“江门样本”。

撰稿人:林伟雄　李保军　李百尧

优化法治通关环境　助推边境贸易发展

成立于2003年8月的广西崇左市地处祖国南疆，与越南接壤，边境线长533公里，素有“打开门就是越南，走一步就进东盟”的美誉，是我国对接“陆路东盟”的重要前沿。辖区内有一类口岸5个，边民互市点14个，是全国一类口岸最多的地级市。近年来，崇左市委、市政府坚持以习近平法治思想为引领，以法治政府建设为切入点，创新优化法治通关环境，助推边境贸易快速发展。

一、全面优化贸易通关法治环境

崇左市立足转变政府职能，不断推进“放管服”改革，理顺政府与市场、政府与社会关系，为推进通关法治化提供了坚实保障。

（一）创新机构职能配置

崇左市机构改革按照“瘦身”与“健身”相结合的要求，全面完成中央、自治区要求的规定动作，在确保市县机构改革工作与中央、自治区改革方案有效衔接、基本对应的前提下，力求因地制宜，在重点领域自我加压、重点突破。结合崇左服务业发展实际，设立了崇左市服务业发展委员会，将各相关部门的服务业职责统一交由市服务业发展委的一个部门管理，加大对服务业产业发展统筹协调力度，助推全市商贸物流等服务业高质量发展，补齐第三产业发展短板,为发展边境贸易做好服务。结合实际,制定出台了《崇左市大力培育商贸物流企业做大做强若干政策试行办法》,为做大做强口岸经济提供政策保障。

(二)强化统筹协调机制

为解决边贸职能管理机制不通畅问题,崇左市整合行政管理资源,把职能相近的广西凭祥重点开发开放试验区管委会、广西崇左北部湾办公室、中国(广西)自由贸易试验区崇左片区工作领导小组办公室,归由市商务口岸局管理,确保权责更清晰、职能更明确、管理更到位、工作更顺畅,实现一个部门兼管开放合作,有效提高了边关行政管理的效率和水平。

(三)深入推进简政放权

将一批涉及口岸通关管理的审批权限下放边境县(市),在全国全区率先将边境贸易、边境旅游、边境旅游服务三类出入境通行证审批等业务下放至凭祥市,有效扩大了边境口岸自主管理权限,增强了口岸管理改革创新的活力。进一步精简审批项目,友谊关口岸报关单、报检单合二为一,报关报检项目由原来的229项减少到105项,精简率达54.2%。

二、机制创新助推边境贸易发展

结合边贸发展需求,及时梳理边境贸易发展遇到的政策、法律障碍,制定出台相关制度,通过加强通关机制创新,实现了通关便利化。

案例链接

近年来,为优化营商环境,提升通关便利化水平,崇左市在友谊关口岸实行“提前审结、卡口验放、陆路口岸智慧通关新模式”。用车牌识别取代刷IC卡;用指纹、人脸生物特征识别技术自动读取,取代货车驶入卡口通道下车刷卡、盖章;将运输工具备案、舱单申报、报关单申报、缴税、单证放行等工作“前伸”至货物入境前完成;将中越车辆货物装卸过驳“后延”至凭祥市内货场完成,无须查验车辆可“即进即出”;将海关、边检放行指令集成到一条栏杆上,实现"二检合一"。通过改革,友谊关口岸卡口通行时间从原来的平均 5 分钟缩减至平均 30 秒,缩短 80% 以上;不需查验的进口货物整体通关时间由原来的平均 2 ~ 3 小时缩短至平均 10 分钟,缩短 90% 以上。

(一)创新智能化通关机制

创新推进"智慧口岸"建设,探索规范高效的监管模式,制定出台《友谊关口岸通关机制创新工作方案》《智慧口岸建设方案》《压缩整体通关时间工作方案》等文件。友谊关口岸成为全国沿边口岸首个实现全信息化智能通关和全国首个"提前审结、卡口验放"的沿边口岸,在全国率先实现一个卡口通道、自动验放 8 种业务类型的"多卡合一"创造性突破,口岸通关时间大幅缩减。整体通关时间由原来的平均 2 小时缩短至 10 分钟,车辆进出卡口时间由原来的 2 ~ 3 分钟缩短至 30 秒左右,每年可为企业降低成本费用 2 亿元以上。通过不断改善通关环境,边境口岸通关效率大幅提升,货物量大幅增长(见表 1)。

表 1　与国内有关跨境贸易指标对比

单位:小时

指标数据项	崇左市	全国	北京市	上海市
出口边境审核时间	10	20.7	24	18
进口边境审核时间	15	35.7	34	37

(二)创新"边贸 +"模式

为用足用活国家边贸政策,依法推进边贸改革,先后制定出台了《崇左市加快贸易商品落地加工的若干措施》《崇左市实施加工贸易倍增计划若干优惠政策试行办法》,大力推进"边贸 + 进出口加工""边贸 + 跨境旅游""边贸 + 电商"等发展模式,最大限度地释放边贸改革"红利",促进地方经济发展,助推边民脱贫致富。创新实施越南车辆直通厂区模式,互市商品经海关查验后,直接由越南货车拉到边境地区相关工业园进行加工,由原来"越南进境大货车卸货—中国面包车或农用车分装—过驳中国大货车装货—边境工业园区企业卸货"模式,改为直通模式,减少车辆过驳次数,降低运输成本 3000 ~ 6000 元/车。

(三)首创国检试验区

2016年全国唯一的国检试验区“中国—东盟边境贸易凭祥检验检疫试验区”落户崇左,率先实施“全申报+风险监控+问题追溯”监管模式,实现有效监管和便利通关的高度统一。通过“‘双随机’抽查+巡检”、联合式查验等监管模式,创新推行先行先试政策,边民互市申报实现全程无纸化,申报只需20秒,送样检测周期从原来的1~2天缩短为2小时,通关时间缩短近60%,实现农产品“快验快放”“快进快出”。制定出台了《进出境商品快验快放管理办法》《进出境商品风险防控机制建设方案》等文件,建立完善进出境商品的长效管理机制。

整合申报项目是关检业务融合的“第一枪”,是关检融合标志性的改革举措,因其改变了企业现有报关流程和作业模式,广大进出口企业的感受最直接。崇左辖区海关部门经过梳理整合,将原报关、报检共229个申报项目合并精简至105个,统一了国别(地区)、港口、币制等8个原报关、报检共有项的代码,其中7个采用国家标准代码或与国家标准建立对应关系。海关简化整合进口申报随附单证,将原报关、报检74项随附单据整合成10项,102项监管证件合并简化成64项。

(四)创新推进跨境劳务管理

近年来,随着口岸经济快速发展,边贸加工企业规模持续壮大,企业用工荒问题十分突出。为破解企业用工难、用工贵等问题,崇左市充分利用国家赋予的试点政策。在2017年实施跨境劳务试点工作,与越南有关地方签署了《开展中越跨境劳务合作协议》,出台了《崇左市境外边民入境务工管理实施细则》等系列文件,首创“三证合一”规范管理模式,合法引进越南劳动力到崇左务工;设立了跨境劳务法律服务联系点,为用工企业和务工人员提供法律咨询、政策解答、法律援助、纠纷调解等法律服务。同时,注重加强依法管理,率先在全国建立中越跨境劳务法治宣传服务队和中越跨境劳务法治宣传教育基地,常态化对境外劳务人员进行法治宣传教育,增强境外劳务人员遵纪守法意识,确保越籍劳工“引得进、管得住、可持续”。几年来,累计办理跨境劳务手续超36万人次,没有发生一起重大涉外劳务纠纷案件。此外,外籍劳工凭边境地区通行证即可享受周到、便利的金融服务,解决现金兑付、资金流转等难题。

创新开展跨境劳务合作管理模式,促进跨境劳务合作“三证”(《体检合格证明》《务工证》《外国人出入境证》)、“两险”(人身意外伤害险、因病医疗险)、“一中心”(凭祥境外边民务工管理服务中心)及务工人员管理规范化。一是开发越籍务工人员考勤和监管管理系统。从获得停留务工审批后到入厂务工前,由公安边防大队对越籍务工人员进行人脸、指纹、姓名等信息采集,由用工企业通过管理系统进行日常考勤,辖区派出所边防大队等部门均可通过管理系统实现随时监控。二是制定跨境劳务人员办证审批办法。建立境外边民务工管理中心,为境外边民入境务工提供“一站式”服务,将体检、务工审批、停留审批等事项实现网上办理、无纸化办公,节约办证成本。三是银行业金融机构向越籍务工人员发放个人银行卡并代发工资,提供结算、提现等金融服务。允许在凭祥重点开发开放试验区范围内务工的越籍劳务人员凭《外国人出入境证》或越南身份证办理中国银行卡,并为其提供代发工资、提供结算、提现等金融服务,有效解决了越籍务工人员跨国存钱难的问题。四是为越籍务工人员购买商业保险,化解后顾之忧,同时也有效避免了外籍务工人员出现意外情况时引发涉外问题。

三、深化对外法治交流与合作

近年来,崇左市注重加强对外法治交流与合作,构建联防联调联解和共建共治共享机制,为边境贸易发展营造安全稳定的社会环境。

(一)加强跨国执法司法合作

为了提升国际执法合作水平,崇左市立足边关实际,主动作为,注重加强对外法治交流与合作。分别与越南谅山省、高平省签署了《共同建设平安边境合作备忘录》,与越南谅山省司法厅签订《司法行政合作协定》,共同推动双边法律服务。公安、卫健、人社等行政执法部门与越方建立了警务、卫生、跨境劳务等执法合作交流机制。特别是双方公安部门完善了跨国警务合作机制,联合开展反恐、禁毒、反走私、反洗钱等各方面合作,加大了联合执法打击力度,连续 6 年举办“中越联合集中销毁毒品”专项活动,共销毁毒品 1447 多公斤。共筑边境安全防护网,共促贸易发展同心圆,为促进边境贸易快速发展提供了法治保障。

(二)加强跨国法治交流与服务

先后与越南、泰国等4个东盟国家9个国际友好城市加强法治文化交流。自2016年以来,已连续举办四届"中越同携手·法治筑和谐"涉外法治宣传活动,不断提高中越双方边民的法治意识,成为对外法治宣传文化品牌。为了推动边境村屯友好共建,促成中方边境县(市)村屯与越南8对村屯建立了友好关系,引导双方边民遵法守法。在口岸、边贸点、涉外产业园区建立13个涉外法律服务工作站,定期或不定期组织中越律师深入外贸企业开展法律培训、法治体检等活动,为外贸企业健康发展提供法治保障。同时,应驻越南中国企业的要求,组织法律专家和律师走出国门,主动为驻越南的中国企业提供法律帮助。

(三)建立跨国纠纷联调联解机制

近年来,随着边境贸易、劳务输送等日趋增多,两国边民时常发生矛盾纠纷。为破解边民纠纷难沟通、难调解等问题,崇左市积极创新工作思路,以人民调解为平台,建立中越双方联合调解边民纠纷工作机制。从2011年起,在广西率先探索开展跨国民间纠纷联合调解工作,2015年与越南有关地方签订《联合解决边境民事纠纷调解备忘录》,先后出台《崇左市跨境(越南)人民调解工作制度》《崇左市深化跨国民间纠纷人民调解工作方案》《崇左市进一步加强中越陆地边境地区涉外民间纠纷调解工作实施意见》等文件,健全完善民间纠纷联调联解机制。同时,推动建立公安边防、法院、海关等多部门参与的"三位一体"多元化联调联解机制,推进跨国纠纷联调联解制度化常态化,最大限度把矛盾纠纷化解在边境一线。截至2020年年底,全市共建立涉外调解委员会85个,涉外调解员512名,其中外籍调解员36名,共受理中越民间纠纷441起,调解成功435起,调解成功率达98.6%。

撰稿人:邵雄锋　赖宇诗　凌　瑜

重 庆 市

南川区

评选“最差”给干部履职念起“紧箍咒”

实践中，一些行政部门“门难进、脸难看、事难办”等作风问题严重影响政府形象，尤其是机关承担行政审批和公共服务职能的科室看似权力不大，实则是权力的关键执行者。“中梗阻”不除，服务群众的“最后一公里”就无法畅通。从2014年开始，南川区创新探索“最难办事科室群众评”行政权力监督机制，直指行政权力的不作为、慢作为、乱作为，推行“自下而上”的评价方式，为干部履职念起“紧箍咒”，“评”出了好服务、好环境。

一、变“评最优”为“评最差”，通过给“差评”倒逼科室“好好干”

为调动机关科室的工作积极性，2014年南川区委、区政府开展了“最难办事科室群众评”活动，将具有行政审批和行政服务职能的近100个科室作为评议对象，每季度评出10个“最难办事科室”。对服务不到位、效率上不去、百姓不满意的职能科室及负责人通报曝光，倒逼整改。随着干部作风好转，活动调整为每半年评一次。评议对象也根据机构改革科室职能变化进行适时调整，2020年“最难办事科室群众评”评议对象包括38个部门单位的105个科室，不仅涵盖了全区所有部门单位中具有行政审批和行政服务职能的科室，同时根据广大群众建议，新增了水、电、气等与民生密切相关企业的重点业务科室。

“评最优”是正面激励,“评最差”是反向倒逼。“最难办事科室群众评”一石激起千层浪。在“差评”的倒逼之下,各单位开始主动厘清权责边界,持续规范和优化行政权力运行,强化自身责任意识,“差生”变成了“优等生”。

案例链接

“最难办事群众评”刚开始,南川区车管所就在2015年第一季度评选中“上榜”。“办事环境差,秩序混乱,群众办理驾照很不方便。”车管所针对这些群众反映最强烈的问题,立即着手花大力气整改,重新选址新建了宽敞明亮的办事大厅,成功创建成区县一等车管所,让群众可以就近申领驾照,很快从“上榜”名单中退出。

在2019年第二次评比中,南川区车管所再次“上榜”。这次问题更多:对群众态度冷漠,不愿解释、相互推诿;管理较乱,一次性告知制度执行差;办理机动车检验程序复杂,有“串串”(黄牛)揽年审业务;体检机构部分人员有收“红包”的现象。该所通过走访群众,得知多数问题是社会服务机构的不称职带来的。车辆检测和驾驶员资格体检两个社会服务机构的管理并非一家之责,不清楚内部职责划分的群众就这样直接给了车管所“差评”。可仔细分析,虽然是“九龙治水”,但车管所也确实有一定的责任。痛定思痛,车管所主动牵头联合其他部门推出一系列提升服务的举措:建立查验车辆的预约机制,规范业务办理秩序,停业整顿一家机动车检测站,暂停整改不到位的体检机构业务办理等。通过整改提高了综合服务水平和能力,最终赢得群众认可。

二、变“关门评”为“开门评”,好不好让“群众说了算”

长期以来,行政机关的考核评价更多是在系统内闭环进行,考核结果的公正性和可信度难以保障。实践证明,评估主体与评估对象的利益关系越直接,评估所反映的客观事实就越真实,结果也更让人信服。南川区“最难办事科室群众评”主动打破“自己人评自己人”这一封闭的传统评价模式,引入外部评价机制,评议的主体以利益关系最为直接的服务对象为主,请群众为评议科室“打分”,变“关门评”为“开门评”。

科学设计 3 种评议方式，包括定向评议、抽样评议、其他评议。定向评议：由服务对象、市场主体业主、重点项目牵头单位（主要包括几个园区管委会、平台公司、高指部等）负责人、特邀监察员、政风行风监督员、乡镇街道班子成员等群体组成定向评议名单库，从中抽取 1000 人，通过邮寄评议表进行定向评议。抽样评议：通过《南川日报》（每期 1 万份）和"阳光重庆网"发布评议表，开展群众评议。从收回的评议票中分类随机抽取 150 份，合计 300 份纳入结果统计。其他评议：参评科室干部职工因吃拿卡要等违规违纪问题被群众举报，经查实的，在总票数中按每人次加 5 票，受到纪律处分的，直接评为"最难办事科室群众评"第一名。

严格把控监管环节。为保障评议的公正性，坚持"三随机"，即随机抽取监督员、随机抽取定向评议人员、随机抽取抽样评议票。坚决遏制刷票行为，对《南川日报》评议票，通过笔迹、事例表述等进行甄别；网络评议票，相同 IP 地址只记一票，刷票现象一经发现从严处置。统计全程监督，从区党代表、人大代表、政协委员及优秀党员中，抽签确定监票人和计票人，抽签决定监、计票分组；抽取 2 名政风行风监督员负责评议票的启封、汇总等全过程监督。

三、变"笼统评"为"具体评"，利于评改"对号入座"

针对传统行政效能考核中存在的指标设置笼统、指向性不强等问题，南川区"最难办事科室群众评"聚焦行政审批、行政服务等窗口单位服务人员，将行政不作为、乱作为、慢作为这些群众反映"机关病"最集中的方面，细化为"冷、懒、推、乱、贪"5 个重点评议指标，明确指标的内涵和外延。在公告中采用列举法，详细罗列了每项指标具体表现形式，让办事企业和群众在评价的时候更容易"对号入座"，不至于"泛泛而评"。

例如，"冷"的表现包括：对群众感情冷漠，不能站在群众的立场想问题办事情，无视群众疾苦，不想群众所想、急群众所急；主动服务意识差，人难找、门难进、脸难看、话难听、事难办；在群众面前高高在上，官气十足，颐指气使，架子大，作风霸道，方法简单，粗暴蛮横，爱理不理，态度恶劣，训斥讽刺；办事讲人情唯关系，亲人熟人好办事，一般群众办事难等问题。

又如，"懒"的表现包括：工作缺乏激情，精神萎靡，状态不佳，混混沌沌混日子,习惯“等一等”“看一看”;工作业务不熟,能力不够,一问三不知;责任心不强,拈轻怕重,敷衍塞责,出工不出力,不深入基层一线,坐等上门多、主动问需少;不执行首问负责、一次性告知、限时办结等制度,让群众多跑路、跑空路;对企业需求、群众诉求,不及时报告、处理和反馈;组织纪律、工作纪律涣散,上班迟到早退,工作时间上网聊天、玩游戏、炒股票、逛淘宝等问题。

指标内容要具体,评价方式更要具体。在参评过程中,不仅要求参评人员对选出的10个科室指出在办事难上最突出的表现对应“冷、懒、推、乱、贪”哪项指标,还需要说明具体办事难的事例,超过10个科室或者没有指出具体指标的评议表作废。这种具体的评议方式既能有效遏制参评科室的刷票行为,保证每一票都是由具体办事的群众投出,保障评议结果的公正性,又为“上榜”科室后期整改提供了方向,提出了要求。

四、变“评完就完”为“评完没完”,真正达到以评促改的评议目的

“动员千遍,不如问责一人”,没有问责难有担当,有效转化运用考核结果,“评”才有意义。南川区“最难办事科室群众评”明确了对位列前10名的问责情形,评议结果直接与科室干部职工“面子”“帽子”“票子”挂钩。

“面子”挂不住。评议结果向全区各级各部门通报,评议前10科室位次及主要问题在《南川日报》公示曝光。各被评议单位普遍感受到责任倒逼、社会监督的巨大压力。“一个季度评一次,服务稍有不到位,民意就会反弹,现在是天天如履薄冰,为群众服务尽可能热情周到,才能避免再次‘榜上有名’。”首次评议“上榜”(排前10科室第5位)、第二次甩掉“最难办事科室”帽子的区人力社保局城乡居民养老保险科科长说。

“帽子”戴不稳。区纪委监委对评议前10科室所在单位分管领导(或主要领导)谈话提醒、所在单位党委(党组)对科室负责人谈话提醒;科室主要负责人3个月内不得提拔重用。评议位列前3的,所在单位党委(党组)对科室负责人进行约谈;连续2次评议位列前3的,免去科室负责人职务;连续3次的,免去分管领导职务。截至2020年年底,已持续评议17次,谈话提醒分管领导170人次,对科室负责人开展约谈51人次、谈话提醒119人次,免职4人。多名拟提拔干部暂缓提拔。

“票子”拿不到。评议结果纳入领导班子和领导干部年度综合考核，考核结果直接与年终绩效奖挂钩。按照第 1 名到第 10 名递减顺序，每件次分别给予领导班子和分管领导 1 分至 0.1 分的扣分。年度综合考核总分为 100 分，加分难度高，一个科室“上榜”，全局都受影响。

“整改 + 督查”。评议结束后，前 10 科室要报送问题整改情况，全区组建暗访督查组，采取模拟办事、隐蔽拍摄、电话咨询、走访群众等方式杀“回马枪”，对被评议科室和评议进行暗访督查，检验评议整改成效，确保问题得到全面彻底的整改，让群众体验到“看得见、摸得着”的便利服务。办事群众来信反映：“最难办事科室群众评，深得老百姓拥戴和好评！通过几次评议，政风行风转变较大，对一些门难进、脸难看、事难办的单位震慑较大，作风建设取得明显成效，为你们点赞！”

依法行政是法治政府的内在要求，人民满意是政府治理的根本初心，南川区推行的“‘最难办事科室群众评’行政权力监督机制”是一项求真务实的民生工程。它切实解决了基层群众办事难的问题，保障和发挥了基层群众的知情权、参与权、表达权和监督权，以权利制约权力，促进了行政权力运行规范透明，有效防止行政不作为、慢作为、乱作为，用干部的紧张指数换成了地方的“发展指数”、群众的“满意指数”和政府的“信任指数”。

撰稿人：方恒川　刘　敏　李兵花

四 川 省

成都市金牛区

工程建设项目审批制度改革跑出“加速度”

2018 年 5 月,成都市获批成为全国工程建设项目审批制度改革试点城市。金牛区作为行政执法“三项制度”国家级改革试点单位,率先将工程建设项目审批制度改革纳入法治政府建设的重要内容,从制度体系上创新,在审批流程再造上突破,形成了“工程建设项目审批并联并行办理机制”改革成果,助力市场主体活力竞相迸发、公众获得感和归属感叠加呈现、区域经济持续攀升。

一、坚持破旧立新、实现机制重构重塑

(一)并联并行,重构审批流程

工程建设项目具有多主体参与、多线条交互、多规制并存、多形态聚合的特征。金牛区秉持“全流程、全覆盖”的改革思路,通过再造审批流程、精简审批事项、规范中介服务,演绎了一场自上而下的“断舍离”。审批事项从 71 项精简为 52 项,审批要件从 248 个减少为 115 个,参与部门从 24 个减少为 15 个,23 张申请表单集成为 4 张,工程建设项目全流程审批总用时从 219 个工作日压减至 90 个工作日以内。以“全流程”为骨架,将审批时序逻辑关系归整为完全并联并行关系,将项目审批从立项到竣工验收划分为立项用地规划许可、工程建设许可、施工许可、竣工验收四个阶段,每个阶段实行“一家牵头、统筹协调、并联审批、限时办结”,建构多个单元任务的运行模型。针对审批涉及的

所有主体、所有事项,将工程建设项目按照类型、规模和投资方式划分为 8 类,分类应用全市统一的审批流程图,将涉及审批的 52 个审批事项、27 个中介服务事项和 4 个市政公用服务事项,分"主线""辅线"两条线悉数纳入流程管理。(见表 1)

表 1　改革前后流程对比

类别	改革前		改革后	
审批阶段	7 个		4 个	
参与部门	24 个		15 个	
审批方式	各部门审批		一家牵头,并联审批	
审批要件	248 个		115 个	
审批系统	多个业务系统或线下		一个系统线上审批	
行政审批事项	71 个		52 个	
中介服务事项管理	无		建立"中介超市"	
行政审批时间(工作日)	承诺	58 个	承诺	16 ~ 40 个
	实际	104 个	实际	27 个
审批总用时(工作日)	219 个		90 个以内	

(二)并网并用,重建数据平台

第一步,横向上,连接整合审批各阶段各部门现有的 10 套业务系统,建立纵横互动、功能齐全、数据集中的审批管理服务集成平台;纵向上,与国家审批管理系统和省级 3 套系统对接,项目信息实时交互共享,形成"横向到边、纵向到底"的审批管理系统。第二步,汇总审批基础数据,收集汇总多部门、多层级的业务数据,通过"多规合一"等方式整合专业资源,通过科学整合信息,提高专业数据准确性和服务效率。第三步,实现智能化应用,通过企业项目信息共享、部门审批结果互认的方式,实现工程建设项目审批信息全流程共享,企业"只跑一次",提交"一张表单",就可办理多个审批事项,部分审批阶段企业甚至"不用跑"就能完成"一网通办"。

(三)并重并举,重置管理体系

"一张蓝图"统筹项目策划生成。全市整合 29 个专题规划,形成现状及规划数据图层113个,消除中心城区差异图斑407处,基本建立“多规合一”空间规划体系。金牛区紧紧依托这一体系,推动项目落地。年度重点项目、近期建设行动计划等政府性工程建设项目,可提前进行合规性审查、建设条件集成等前期工作。进入项目储备库,可立即供地实施建设。

“一个窗口”提升综合服务。为解决各部门分散、企业“多头申报”等问题,整合工程建设项目审批涉及的部门服务窗口,设立统一受理窗口,提供审批咨询、指导、协调服务,构建“前台综合受理、后台分阶段办理、材料网上流转、窗口统一出件”的服务新模式,由综合服务窗口统一收件、出件、编码、咨询。优化“综合一窗受理”机制,强化协同,培养通才。设置企业自助报建专区,探索试行建设项目“不见面审批”,工程建设项目审批事项可登录“网上窗口”实现“网上咨询查询、线上报建审批”。

“一张表单”规范办事指南。为解决企业不清楚审批流程、审批要件反复提交等问题,制定统一的办事指南和申报表格,通过现场公示、网上发布、二维码小程序等形式向社会公布,每个审批阶段项目业主只需提交一套申报材料,不同审批阶段的审批部门共享申报材料、互认审批结果。对已取得的审批结果,由审批部门通过平台共享获取,不得要求申请人重复提交,实行“一份办事指南、一张申请表单、一套申报材料,完成多项审批”。

“一套机制”规范审批运行。为解决审批标准不统一、审批过程不规范等问题,建立健全工程建设项目审批配套制度,明确部门职责,明晰工作规程,规范审批行为,确保审批各阶段、各环节无缝衔接。通过线上和线下联合巡查,工作人员与办事企业双向评价,督办与追责共同促进等方式,建立“日巡视、周督查、月通报、季讲评”的工作机制,并纳入部门绩效考评,推动项目审批提质增效。

(四)并驱并力,重塑监管方式

工程建设项目涉及多种主体,需要多种监管方式相辅相成,共同发力。一是通过强化督查管控压实政府部门责任。秉持目标导向、问题导向和结果导向,遵循定性与定量相结合、线上与线下相补充、日常督查和定期集中督查相关联、第三方评估与社会监督相呼应的监督机制,将牵头单位和责任单位履职的及时性、准确性、合法性置于全程管控。二是通过多维度监管措施压实项目组织建设主体责任。完善以“1 + N”的“双随机、一公开”监管为核心，以信用监管为补充的监管机制，对不同风险级别的项目采取有针对性的监督检查，与行政许可、招投标管理、市场准入关联挂钩，实行联合惩戒。针对不同的项目类型、企业的信用等级，实施差异化监管。充分利用互联网、物联网等信息技术手段，做好循迹管理、循数管理，借助智慧治理平台，拓展智慧工地平台的应用场景，严把建筑质量关和施工安全关。运用扬尘在线监测、远程高清视频监控、实名制考勤、运渣车管理、项目进度、进场材料等子系统，实现八大功能，实时将项目建设信息上传至平台进行统计、分析、展现，实现安全管理从人防到技防、从事后被动监管向事前主动监管、从静态监管向实时动态监管的转变，逐步实现工程管理的可视化、智能化。

二、坚持扭住核心，推动全面创新突破

（一）构建全流程全链条推进体系

制定重大项目全流程全链条推进工作办法，发挥项目的支撑作用、引资的关键作用、要素的保障作用，构建以项目为中心、贯穿“策划包装—招引落地—项目促建—投产运营”全生命周期、科学、理性、系统的全流程全链条项目招引促建工作体系。

（二）开展施工图数字化审查

应用数字化施工图审查系统，实行电子审图，取消施工图行政审查，由各行业管理部门直接认可审图机构审查意见，降低了企业纸质图纸出图送审成本，提高了施工图设计文件审查效率。同时，探索部分小型社会投资项目实行审图服务政府“买单”，小型装饰装修项目取消施工图审查。

（三）搭载中介服务网上超市

依托“工程建设项目网上中介服务大厅”，集合 15 个行政部门涉及的 27 类中介服务事项，引入相对应的 1303 个中介服务机构设立“网上中介超市”，应用全市统一的办事指南，规范服务流程、时限、收费标准和机构信用情况，实行全流程“透明”监管，企业可在网上选择服务机构、查询办理进度、获取服务成果、评价服务效果，中介交易就像“网络购物”一样方便快捷。

(四)创新现场勘验方式

大力推进行政审批现场勘查标准化、电子化,并探索应用于联合验收,企业通过微信小程序一键预约勘查时间、“一张表单”知晓审查要点,现场勘查人员通过“一次记录”全程取证、实时上传勘查结果,实现审批现场勘查全过程统一规范、公开透明,约束自由裁量权,消除权力寻租空间。

三、坚持人民立场,确保合法合理合情

(一)人民满意度是推进改革的源动力

始终坚持以人民为中心的发展思想,聚焦企业报建审批的堵点、痛点,通过精简优化流程、规范权力运行,全面推动效能提升和职能转变。同时,坚持共建共享理念,畅通政企沟通,诚邀企业代表全程参与,分类分阶段召开培训会、座谈会,及时反馈调整改革措施,真正让企业成为改革的监督者、推动者和受益者。2019 年金牛区投资总额 571.20 亿元,项目审批总用时平均压减 129 个工作日,预计可节约建设单位资金成本 18 亿元(按行业资金利息计算方式)。据第三方测评反馈,社会公众对区工程建设项目审批制度改革的满意度达 100%,收到众多锦旗、点赞。

案例链接

2019 年 4 月,成都某置业有限公司开发的一个楼盘项目获得立项并启动办理用地规划许可手续,6 月 18 日取得建设工程规划许可证,后续仅用时 11 天便拿到了施工许可证,在组织施工的同时同步兑现了公司承诺事项。该项目从拿地到开工用时仅 2 个月,其中还包含了市政公用服务、中介机构服务和业主工作时间,全流程审批用时仅 12 天,较改革之前大大提速,这不仅为企业节约了 1/3 以上的时间成本,更是为企业节约了资金成本近 600 万元。

(二)多维合作是改革攻坚的新引擎

坚持审批和监管并重、权力和责任并举,统筹协同推进改革,推动由“以审代管”向“审管一体”转变。一方面,将游离于监督之外的 27 个中介服务事项

和水、电、气、通信等市政公用服务事项，全部纳入流程管理，实现真正意义上的全流程全覆盖，进一步降低企业制度性交易成本。另一方面，秉持有权必有责、用权受监督，聚焦行政执法的源头、过程、结果三个关键环节，以全面公开为基础、全程记录为关键、全部审核为核心，全面推行行政执法“三项制度”，实现全生命周期规范管理；强化项目单位、技术服务机构的主体责任，夯实改革的社会基础，营造更讲信用的市场环境。

（三）依法规范是深化改革的“压舱石”

始终在法治框架下推进工程建设项目审批制度改革，建立权责清单，坚持该管的必须管好，不该管的交给市场，确保重大改革于法有据。在准入阶段，充分遵循市场规律，发挥“无形之手”的调节作用，保障市场各类主体自由选择、公平竞争；在审管阶段，做好上马项目的前期审核、中期监管、后期验收，让“有形之手”在恰当的时机、以恰当的方式规范各类工程建设项目高效落地、有序运行。通过强化制度机制创新与依法依规契合，基层探索与上层驱动联通，促进依法行政与依法改革的有机结合，用政府简政放权的“减法”换取市场活力的“加法”，全力打造宜商宜业、兴商兴业的法治化营商环境。

撰稿人：江　晶　杨　杉　包军蓉

贵 州 省

贵阳市

地方立法助推大数据应用发展

近年来,贵阳市围绕贯彻落实习近平总书记关于大数据领域法治建设的一系列重要指示精神,立足建设国家首个大数据综合实验区核心区,打造“中国数谷”的战略定位和使命担当,坚持以良法保善治促发展,积极探索推进大数据领域地方立法,紧扣大数据应用发展阶段特征,以立法规范、引领、推动和保障大数据应用发展。

一、勇于先行先试,创制大数据地方立法

贵阳市高度重视大数据地方立法工作,市委九届六次全会上进行专门安排部署,提出要以大数据为引领加快打造创新型中心城市,把加强相关立法研究,制定有关地方性法规、地方政府规章作为贵阳当前和今后一个时期的重大历史使命。根据中央、省委有关要求,按照市委部署,贵阳市人大常委会、贵阳市人民政府研究制定了《贵阳市大数据地方性法规、政府规章五年工作推进计划》,对大数据产业发展、数据资源管理、大数据安全管理、数据交易服务、个人信息保护等立法工作进行顶层设计,提出立法项目,力争 5 年内在大数据立法领域形成一个体系性的构架,从而为大数据发展提供法治保障。

(一)牵住“牛鼻子”,从促进政府数据共享开放破题

大数据产业发展需要海量数据支撑。据统计,80% 以上数据资源掌握在

政府部门手里。长期以来,因政府数据共享开放的责权利关系不清晰,有的部门因自身利益不愿共享,有的部门担心数据安全不敢开放,“数据孤岛”现象突出,造成政府数据资源闲置浪费和低效使用。通过深入调研,贵阳市将政府数据共享开放作为大数据立法的突破口,打破“数据孤岛”。在政府数据共享开放方面没有直接上位法依据的情况下,2017 年 5 月 1 日,在全国率先出台政府数据共享开放的地方性法规《贵阳市政府数据共享开放条例》施行,解决了政府数据共享开放存在的一系列问题。为有效实施法规,2017 年,市政府配套制定了《贵阳市政府数据资源管理办法》《贵阳市政府数据共享开放实施办法》,2018 年又制定了《贵阳市政府数据共享开放考核暂行办法》,标志着贵阳市政府数据共享开放步入法治轨道。

（二）构筑“防火墙”,促进大数据安全管理常态化

为营造依法管理、高效便捷的大数据安全环境,推进大数据产业健康发展,针对大数据安全管理职责不清晰、协作机制不健全,数据安全保护、数据安全监督检查、风险估评及预警应急措施不完善,非法控制及非法处理致使数据安全受到威胁等一系列问题,2018 年 10 月 1 日,全国首部大数据安全管理的地方性法规《贵阳市大数据安全管理条例》施行,与《贵阳市政府数据共享开放条例》形成“鸟之两翼、车之两轮”,让贵阳市政府数据共享开放和数据安全有了更全面的法治保障。没有大数据安全管理方面的直接上位法依据,没有外地相关立法参考,《贵阳市大数据安全管理条例》第一个“吃螃蟹”,为今后相关立法提供了实践探索和经验借鉴。

依据《贵阳市大数据安全管理条例》的规定,建立了关键信息基础设施安全保卫平台,在重点保护单位部署了网络安全设备,全面提升针对数据风险的态势感知、监测预警、应急处置安全防护能力,做到第一时间预警、第一时间响应、第一时间处置;依法利用云监测子平台对全市 315 家党政机关重点单位、471 个信息系统网络安全开展全面监测,24 小时预警通报,实现了从被动感知到主动发现防御预警的转型;依法建立了市级网络与信息安全通报中心,向区（市、县）延伸设立工作站,并与国家和省的通报中心互联互通,实现通报预警上下联动;依法组织全市大数据与网络安全实网攻防演练,将我市云平台、数据中心、政务系统、工控系统等关键信息基础设施纳入演练靶标,找出安全隐

患,有针对性地开展整改,确保网络与数据安全。

(三)激活“健康云”,为人民群众健康医疗大开方便之门

近年来,“互联网+医疗健康”发展持续加速。虽然贵阳市依托全省“健康云”建立了相应信息平台,但健康医疗数据汇聚量不大,医疗机构“数据孤岛”现象突出,健康医疗数据的边界范围、维护管理职责、应用服务措施不明确,采集数据不规范、标准不统一,患者重复检查检验增加就医成本,基层医疗服务能力水平不能满足群众需求。2019年1月1日,《贵阳市健康医疗大数据应用发展条例》施行,有力推动了健康医疗数据的规范采集、汇集和存储,实现了健康医疗大数据的“聚通用”,提升了“健康云”在贵阳市的应用发展,同时也为全国健康医疗大数据应用发展地方立法提供了借鉴和参考。

二、良法促进发展,助力大数据应用取得新成效

近年来,贵阳市坚持科学民主依法立法,结合实际,紧扣贵阳市大数据应用发展阶段特征,实现立法为高标准要求、高水平开放、高质量发展服务。

一是政府治理能力得到提升。在纵深推进大数据发展的同时,政府治理能力和水平也有了长足进步。全市36个政府部门“数据铁笼”投入使用,监管行政权力和服务事项数量共3942个,查找风险点4589个,数据铁笼工程在规范权力运行、精准防控风险、切实提高效能方面的作用逐步显现;工程建设项目审批平台、民营经济服务平台优化完善,工程建设项目审批平台通过,“多规合一”“联合审批”,审批时限从350个工作日压缩至80个工作日;“12315”智能咨询系统引入智能机器人,协助处理市场监管法律咨询、政务信息咨询、案件调解、智能政务处理,大幅提升了咨询服务效率;城乡规划块数据综合应用平台、“雪亮工程”、精准戒毒大数据平台建成,健康医疗大数据治理系统、信访业务智能辅助系统、公安警务综合应用服务平台正在建设中。

二是人民群众获得实惠。政务服务“一网通办”平台上线运行,100个高频事项实现“最多跑一次”,政务服务网上可办率达100%,企业开办1个工作日完成,外资企业备案压缩至1个工作日,不动产登记压缩至5个工作日;“数智贵阳”微信小程序已上线公安交管、公积金、人社、医保、残联、水电气讯等77个民生服务事项;轨交公交“刷脸支付”项目启动,“刷脸支付”在轨道交通和公

交 BRT 线路试点应用；全民健康信息平台应用初见成效，医疗机构可跨院调阅就诊患者医疗数据，市民通过手机 App、微信公众号、门户网站可获取个人诊疗信息和健康档案信息，基层医院通过远程心电和远程影像诊断，群众在家门口就可享受到市、县级医院的服务；2020 年春季全市义务教育招生通过政府数据共享平台获取数据，直接通过数据比对验证完成入学报名，实现家长"一次不跑"。

三是大数据产业实现壮大。贵阳市大数据产业从无到有、从有渐优、异军突起。率先在全国建立国家大数据产业发展集聚区、国家大数据产业技术创新试验区，率先举办以大数据为主题的国际博览会，率先建立大数据交易中心、大数据战略重点实验室。2020 年，全市软件和信息技术服务业软件业务收入突破 174.38 亿元，同比增长 28.32%；签约大数据投资项目 160 个，签约投资额 186.95 亿元。

三、持续不断发力，推动大数据发展再上新台阶

大数据应用发展是一个长期复杂的系统工程，其法治建设也是一个不断完善的动态过程，贵阳市将立足实际，在立法权限内进一步推进大数据地方立法工作。下一步，贵阳市将结合大数据应用发展的新情况、新需求，重点围绕数据交易服务机构管理、数据资源管理、大数据产业发展、个人信息保护等项目开展立法调研，根据立法条件和时机成熟情况，逐步将有关立法项目纳入市人大常委会和市政府年度立法计划。同时，根据已出台的 3 件地方性法规和 3 件政府规章的实施情况，适时开展立法后评估。经评估如需修改法规、规章，及时列入立法计划进行修改完善。

近年来，通过大数据应用发展在贵阳市的探索和实践，我们深切地感受到，大数据不仅是推动经济发展的技术支撑，而且是提高政府治理体系和治理能力现代化的有力抓手。在法治国家、法治政府、法治社会一体建设的进程中，贵阳市将立足以良法保善治促发展，一以贯之开展大数据方面的立法探索和研究，推进大数据地方立法，引领、推动和保障贵阳市大数据应用发展再上新台阶。

案例链接

2017年5月1日,《贵阳市政府数据共享开放条例》公布施行。该条例的实施,意味着政府数据的共享开放,不再是愿不愿、想不想的事,而是将工作、经费、目标考核纳入法治化管理,用法规制度为政府数据共享开放厘清权责,高效推进政府数据共享开放,设立了“云上贵州”贵阳分平台、贵阳市政府数据共享交换平台、贵阳市政府数据开放平台,打通了44个部门近300项数据接口,形成了覆盖人口、城市管理、建设规划等多个领域的数据共享管网,实现了“让数据多跑路,让百姓少跑腿”,彻底打通政务服务“最后一公里”。贵阳市公积金管理中心通过自动获取市人社局系统网上身份数据,实现市民在市公积金微信公众号中直接办理退休公积金提取业务,群众真正实现“一次都不跑”。

撰稿人:曹　阳　黄健秋　陈　雷

贵州省

黔东南苗族侗族自治州

聚焦易地扶贫　强化法治保障

近年来，黔东南苗族侗族自治州将法治建设贯穿易地扶贫搬迁的规划设计、项目实施和社会治理等全领域、各环节，探索创新“四先四同双融合”机制，推动领导干部带头学法、依法决策，围绕易地扶贫搬迁后续工作“五个体系”建设，促进政府职能部门依法履行法定职责、高效便民服务，带动群众依法办事，共树法治信仰和守法习惯，为全州30.81万名搬迁群众“搬得进、稳得住、能致富”提供了有力法治保障。

一、强化依法决策，全面确保易地扶贫搬迁立项法治护航

黔东南境内很多地方山高谷深、耕地分散，相当一部分贫困群众居住在“一方水土养不起一方人”的深山区、石山区。“十三五”期间，为解决生存环境恶劣地区极度贫困问题，黔东南州计划易地扶贫搬迁30余万人，是贵州省脱贫攻坚的主战场之一。如此大规模的系统性搬迁工程，如何实现搬迁平稳有序？怎样让搬迁群众愿意搬、住得下、能致富？在易地扶贫搬迁安置项目建设中，黔东南州发挥法治政府建设作为“法治引擎”的重要作用，建立了法治保障“四个先行”，即“政策项目立项，风险评估先行；政策项目设计，合法性审查先行；政策项目实施，法律顾问先行；政策项目落实，法治宣传先行”，确保依法决策，从源头上预防法律风险隐患。

(一)政策项目立项,风险评估先行

认真落实《法治政府建设实施纲要(2015—2020 年)》和《黔东南州重大决策社会稳定风险评估备案暂行管理办法》,严格执行重大决策社会稳定风险评估机制的要求,开展合法性、合理性、可行性和可控性评估,全州 90 个易地扶贫搬迁安置项目立项实施风险评估实现 100% 全覆盖。

(二)政策项目设计,合法性审查先行

根据易地扶贫搬迁任务,编制"十三五"易地扶贫搬迁规划,各市县在制定易地扶贫搬迁实施方案、项目申报、项目规模、项目投资预算以及工程建设等方面,严格执行《重大行政决策程序暂行条例》《黔东南州人民政府重大行政决策程序规定(试行)》《黔东南州人民政府重大行政决策第三方评估办法(试行)》等规定,加强重大行政决策合法性审查,确保工程建设实施过程合法合规。

(三)政策项目实施,法律顾问先行

在易地扶贫搬迁推进工作中,认真落实中共中央办公厅、国务院办公厅《关于推行法律顾问制度和公职律师公司律师制度的意见》要求,各市县指挥部成员单位均配备了法律顾问。全州易地扶贫搬迁工作共配备 114 名法律顾问,为易地扶贫搬迁工程建设的征地拆迁、项目建设、旧房拆除等方面提供专业的法律咨询和法律服务,提出有针对性的法律意见建议,并不断向重大行政决策论证、转变政府职能、规范行政行为等方面延伸,确保工程建设顺利推进。

(四)政策项目落实,法治宣传先行

针对搬迁群众"安土重迁"的传统观念,组织党员干部、普法讲师团、法律工作者、社工志愿者走村入户宣讲政策法规,发放通俗易懂的政策法规宣传资料,消除搬迁群众在搬迁政策、旧房拆除、就学就医就业等方面的疑虑。自 2019 年以来,全州在易地扶贫搬迁安置社区举办法治讲座、以案释法、法治文艺活动等多形式法治宣传 481 次,共发放各类法治宣传资料 9 万余份,解答群众法律咨询 1000 余人次,搬迁群众法治意识不断提升。

二、强化依法行政，高效助推易地扶贫搬迁群众安居乐业

为实现搬迁群众“搬得进、稳得住、能致富”，黔东南州按照易地扶贫搬迁后续扶持“五个体系”建设，充分发挥统筹协调作用，与民宗、民政、政法、生态移民、教育、卫健、人社、医保等多部门协同联动，推进法治建设就学教育、就业创业、就医保障、兜底保障与法治同行的“四个同行”机制——针对众多民生事项，采取法治手段，保障国家法律法规、各项搬迁惠民政策精准执行到位。

（一）教育就学，法治同行

严格落实教育法规，通过“法治＋管理＋帮扶”控辍体系，全面贯彻执行义务教育法和《贵州省义务教育条例》，黔东南州易地扶贫搬迁配套建设66所学校，解决2.8万名学生就近入学。全面落实资助政策，安置社区因贫失学辍学人数为零。全州大力开展法治进校园活动，法治教育示范基地学校共计133所，全州配有法治副校长863人、法治辅导员1104人，实现对搬迁社区的全覆盖。

（二）就医保障，法治同行

安置社区均已建成中心医院或卫生站（室），配备医务人员151名。州、县相关部门加强对《黔东南州关于加强和完善易地扶贫搬迁医疗保障后续工作的实施方案》执行情况的监督检查，确保搬迁群众在社区门诊就医就可按照现行医保补助政策实行门诊“一站式”即时结算。

（三）就业创业，法治同行

易地扶贫搬迁集中安置区建立就业创业服务中心79个，累计开展就业创业服务10.98万人次，实现就业创业34,368人，通过培训后初次就业率为72.86%，实现有劳动力易地扶贫搬迁户“一户一人”以上就业目标。同时，将法律法规纳入培训计划，组织律师、法律服务工作者为搬迁群众提供就业和创业法律咨询，落实《法律援助条例》“应援尽援”要求，为外出务工劳动力在工资薪酬保障、劳动保护、工伤赔偿等方面提供及时的法律援助，维护其合法权益。

案例链接

2018 年 3 月 27 日,岑巩县同心易地移民安置小区法律援助联络点接待了 5 名搬迁群众,通过值班律师的帮助,仅用一天半就帮忙讨回包工头李某拖欠的 16 余万元工钱。这是黔东南州实施易地扶贫搬迁法治保障“两个融合”机制的真实案例。在实施易地扶贫搬迁中,全州安置点建有公共法律服务站点 77 个,高效地为群众提供法律服务;有矛盾纠纷调解组织 76 个共计 375 人,累计排查调处矛盾纠纷 242 件。

(四)兜底保障,法治同行

认真落实《国务院关于进一步加强和改进最低生活保障工作的意见》《中共贵州省委贵州省人民政府关于加强和完善易地扶贫搬迁后续工作的意见》,按照搬迁群众自愿的原则,对已经落户或办理居住证、《易地扶贫搬迁市民证》的搬迁群众,符合政策条件的按安置地标准依法纳入城市低保。对真正搬迁入住、建档立卡的贫困群众按 1500 元/人的标准按时足额发放一次性临时救助金,对遭遇突发事件、意外事故或急难问题的搬迁困难家庭,由安置地民政部门及时实施临时救助。截至 2020 年 8 月,43,879 名符合条件的农村低保对象转为城市低保对象,全州发放易地扶贫搬迁贫困群众临时救助金 3.58 亿元,惠及 23.85 万人。

三、强化依法治理,共同创建易地扶贫搬迁社区平安和谐

积极探索“社区治理和民族团结”双融合机制,按照《中共中央　国务院关于加强和完善城乡社区治理的意见》和《关于全面深入持久开展民族团结进步创建工作铸牢中华民族共同体意识的意见》的要求,强化安置社区依法治理与平安创建、民族团结进步示范创建融合共建,认真开展基层民主法治建设,不断夯实安置社区治理体系,维护各民族搬迁群众团结进步、和谐共处。

(一)社区治理,融合共建

印发《黔东南州建立和完善易地扶贫搬迁安置点社区治理体系建设实施方案》,构建完善“党委领导、政府负责、民主协商、社会协同、公众参与、法治保

障、科技支撑”的社区治理体系。在易地扶贫安置点成立党组织和居民委员会，完善社区服务中心，实现各项工作“一站式”服务、“一次性”办结。培养“法律明白人”，建设法治文化阵地，不断引导搬迁群众提高对依法治理的认识。

安置点建到哪里，社会管理和社区治理体系就覆盖到哪里。在安置社区深入开展民主法治建设规范化、公共法律服务体系建设实效化、社会治安综合防控能力立体化建设。全州安置区共建成综治中心 76 个，划分网格 735 个，配备网格员 1099 人；建成警务室（含并入辖区管理）72 个，共有警力 252 人；安装摄像头 3808 个、智慧门禁 581 个，建立群防群治队伍 102 个共计 2127 人。

由此，全州易地扶贫搬迁安置社区实现了“六无”目标：无命案发生、无重大安全生产事故、无重大矛盾纠纷、无重大治安案件、无重大公共卫生事件、无重大信访问题及群体性事件。

（二）民族团结，融合共促

将易地扶贫搬迁法治保障示范创建和民族团结进步示范创建紧密结合，实现“双创双促、共融共进”，全州各易搬社区配套建设“乡愁馆”、芦笙场、花桥长廊等少数民族传统民俗文化设施的同时，将法治文化融入小区公共环境，广泛建成宪法法治文化广场、普法鼓楼、法治文化凉亭长廊等法治阵地，宣传法治谚语、法律法规、普法故事、村规民约和社会主义核心价值观等内容，全州易搬社区成功创建了 3 个省级民主法治示范社区，全州易搬社区法治文化广场、长廊法治文化阵地全覆盖，成为一道亮丽的法治文化风景线。

全州安置点在党建引领下，“自治、法治、德治”有机融合，充分发挥少数民族公序良俗的积极作用，建立健全社区公约，推广居民自治、公约管理，建立健全居民委员会、居民小组，鼓励邻里守望相助，倡导坝坝会等民主议事方式，培养搬迁群众自我管理能力。例如，凯里市上马石社区作为易地扶贫法治保障示范创建和民族团结进步示范创建“共创共促”的示范点，2019 年 9 月，凯里市上马石社区服务中心被国务院表彰为全国民族团结进步模范集体。

“跨过千山来，奔向幸福去。”如今，黔东南州各易地扶贫搬迁安置点法治示范建设百花齐放，在“四先四同双融合”法治保障机制的作用下，越来越多搬迁群众成为易地扶贫搬迁民生工程的见证者和受益者,正在开创更加美好的新生活。

撰稿人:侯美嘉　付　强　戴永明

宁夏回族自治区

银川市

从“三轮审改”看行政审批破局

党的十八大吹响“深化行政体制改革，继续简政放权，推动政府职能向创造良好发展环境、提供优质公共服务、维护社会公平正义转变”的号角，银川市积极响应党中央号召，在全国率先实施行政审批权相对集中改革，拉开深化“放管服”改革、优化营商环境的大幕。党的十八大以来，银川市接续开启“一枚印章管审批”“一体式集成审批”“1230 审批制度改革”三轮改革，坚定打响了刀刃向内自我革新的改革攻坚战。

一、“一枚印章管审批”，以体制机制变革为抓手撬动政府自身改革

为有效解决行政审批中部门林立、权力碎片化问题，银川市坚持把审批权集中改革作为推进社会治理体系和治理能力现代化的“当头炮”和“先手棋”，按照“编随事转，人随事走”原则，剥离 26 个部门的 153 项审批权，划转到新设立的审批服务局，把分散的审批权关进制度的“笼子”，彻底封存 69 枚公章，实现“一枚印章管审批”。

*创新体制机制，升级服务功能。*建设银川市民大厅，整合进驻分散在全市 30 多个不同地点的 69 家单位、987 项服务事项、400 多个窗口，实现了公共服务场所和服务事项两个集中，彻底终结了群众办事多头跑路的历史，年均办件 400 万件。银川市行政审批服务局加挂政务服务中心牌子，统筹指导、监督县

(市)区政务服务中心和未划入行政审批服务局的职能部门的行政审批业务工作,办理划转的行政审批及相关联的部门管理事项,承担进驻市民大厅各单位窗口工作的规范、管理、监督以及建立和完善全市政务服务体系四项职能。

重塑审批流程,简政放权到位。成立后的银川市行政审批服务局设立7个业务科室,集中办理划转的505项审批业务。启用审批专用章,制定勘验评审办法、法制审核等80余项工作制度,规范审批行为。开展7轮审批"瘦身",优化组合审批事项申报材料、环节、时限等要素,减少申请材料1508个,减少环节265个,减少时限731个工作日,平均提效75%,50%的事项实现即来即办。按照风险类型,明确审批事项流程,简易民生事项授权工作人员作出审批决定,涉及国家安全、环境保护等少量审批事项,由分管领导或局务会作出审批决定,改变层层审批的工作模式,提高效率。搭建审批系统,形成科室内部、科室之间、科室与关联部门的"小循环、大联动",实现全程留痕"车间流水线式"审批,并及时向社会公开审批结果。发挥可视化监察系统功能,对审批过程实施全方位监控监察和督查督办,及时发现和纠正问题,确保审批依法依规。

精简环节要素,提升审批效能。推行"一表通",将审批申请中需提交的各类表格、材料优化合并,减少表格、材料291个,剔除填写内容3384个,229个具体审批业务提交"一张表格"即可办理;实行"同城通办",选取7大类58项市场准入审批事项,构建起"多点受理、同城通办、信息共享、审管联动"的服务模式。推行"视频勘验",对现场勘验必要性、重要性不高的审批办件,以视频勘验替代现场勘验,申请人线上提交经营现场视频资料,审核人员线上审核、线上反馈,累计节省审批时间30余万个工作日,大幅提升了工作效率。实行"审批改备案",医师、护士执业注册,《食品经营许可证》变更等195个审批事项实行"审批改备案",申请人根据备案条件报送相关资料后,即可开展相关经营活动,有效降低了市场准入门槛。

建立互动机制,审管衔接有序。制定《银川市人民政府关于深化行政审批制度改革加强事中事后监管的实施方案》,各监管部门对照法律法规和已公布的权责清单,制定详细的事中事后监管办法,推进政府管理重心从事前审批向事中事后监管转变。通过审管信息互通,银川实现了审批、监管"无缝对接"。

二、“一体式集成审批”，强化政企协同作战

2017年，在实施“一枚印章管审批”的基础上，提出“最多跑一次”改革设想，并围绕企业开办、项目报批“两个全生命周期”设计了新的改革路线图。全要素、全链条、闭环式建设商事服务大厅和投资项目服务大厅，政务服务的精细化和精准化模式全面开启。

强化协同作战，点燃商事制度改革新引擎。以“解剖麻雀”的思路，跟踪企业开办全流程，找准问题切入，将银行、税务、刻章公司、人社等部门及企业统一请进商事服务大厅，建立了审批、用工、社保、银行、税务“一点受理、并联审批”的工作机制。为了强化协同作战效果，银川重组企业开办过程所需要件、流程、时限等要素，绘制工作流程图，形成了工商登记、银行开户、税务登记、用工登记的闭环链接，加速了各类市场要素的自由流动，“大众创业、万众创新”得到有效激发。参考“中央厨房”集成服务模式，面向医疗机构、加油加气站、网吧、餐馆、药店等69类市场主体推出“1+N多证联办”的审批机制，以“多证合一”“云证照”“多证联办”等“一揽子”改革创新和“一窗申请、一套材料、一次勘验、全程网办”组合拳，推行“一件事，一次办”。群众办事“省时、省心、省力、省钱”，打包办理的业务每年为企业降低成本1000余万元，平均每年减少办事时间1.2万个工作日。

变革审批方式，实现项目报批集成办理。工程建设项目审批制度改革是“放管服”改革最难啃的“骨头”。项目报批多头跑重复跑、审批环节手续繁多、时间长效率低等问题饱受企业诟病。银川市坚定改革信心，持续发挥行政审批权相对集中优势，将建设项目审批链条上的国土、规划、消防等部门的许可事项及水、电、气、暖报装全部纳入投资项目服务大厅。按照建设项目全生命周期设置立项审查、施工许可、竣工验收、市政服务综合窗口，实现了工程建设项目涉及审批事项的闭环运行。对项目审批事项、流程、环节进行深度整合重塑，打破办理项目报批涉及部门多、环节多、互为前后置、串联审批等突出顽疾，破串联、改并联、集中批，工程建设项目审批提速明显。

三、“1230 审批制度改革”,以解决突出问题为核心升级银川审改经验

在前两轮行政审批制度改革基本解决群众办事往返跑、多头跑、办事慢、程序杂等问题的基础上,银川市主动顺应“放管服”改革从战略规划向战术细节转移的趋势,围绕打造“西部最优、全国一流营商环境”的目标,面向“准入不准营”“项目审批周期长”“不动产登记难”“智慧化程度低”等顽疾开刀。深度开启、精心打磨以“1230 审批制度改革”(“1”——开办企业平均 1 日办结;“2”——不动产登记平均 2 日办结;“3”——项目立项审查到施工许可 30 个工作日内办结;“0”——努力实现从“最多跑一次”向“群众零跑路”转变)为主要内容的第 3 轮行政审批制度改革。

“开办企业平均 1 日办结”激发开办企业新热度。通过整合注册登记、税务登记、刻章、社保登记、劳动合同备案业务,设立办照办税刻章社保“一窗通”,银川开办企业由 2018 年的 1 日再提速至 3 小时的新常态。同时,通过“政银企”合作,实现了企业开办零成本。凡自愿在进驻市民大厅的银行机构开立账户的,由银行赠送印章,凡选择在会计代理记账协会入会企业中选择代理记账服务的,由服务公司赠送首年度税控设备服务费。2020 年全市新增企业 17,408 户,同比增长 12.34%。银川市“企业开办一网通办”被列入自治区地方标准制订计划,实现了审批改革上升为地方标准的“零”突破。

“不动产登记平均 2 日办结”开启不动产登记新时代。通过设立不动产登记、缴税、交易联办窗口,实现了“一窗受理、并行办理”,企业和群众办理不动产登记受理、查档、缴税业务时,只需取一次号,在一个窗口,提交一次材料,就可办结所有业务,真正实现了“一站式”服务,避免多头跑路、反复排队、重复提交材料。同时,大力推行“外网申请、内网审核”新模式,拓展“掌上办”和“自助办”业务,通过优化网办掌办模式,不断简化审批流程,精简审批材料,切实做到“数据多跑路、群众少跑腿”,持续压缩不动产登记办结时限。一系列行之有效的改革创举推出后,银川迎来了不动产登记的全新时代。如今,企业办理不动产转移登记由过去 4 个工作日压缩为立等可取;一般不动产登记业务(包括转移登记、变更登记、更正登记)由过去 4 个工作日压缩为 1 个工作日。

“项目立项审查到施工许可 30 个工作日内办结”释放稳定投资新动能。

在总结第2轮改革经验的基础上，深度挖掘影响工程建设项目审批提速的堵点、痛点和难点，持续靶向施策、精准出击，以再压时限、再提效率为要求，统筹推进“集成审批”“一张蓝图”“全程网办”“容缺承诺”“多测合一”“图审豁免”“联合验收”“区域评估”“审管联动”“项目代办”10项举措往深里走往实里落，实现了项目立项审查到施工许可30个工作日内办结，为稳定投资注入了新动能，银川经济高质量发展的活力不断迸发。如今，工程项目报批共减少审批环节30个，压缩办理时限57个工作日，单个项目在测绘环节至少节省20个工作日，建设单位推出的“多评合一”让建设单位的编制成本降低50%、专家评审时间缩短80%、审批效率可提升60%。企业投资项目核准、建筑工程施工许可等17个审批事项、59份材料实行承诺即可“容缺办理”，联合验收压减申报材料75%，审验环节压缩93%，验收时限减少86%。一般社会类投资项目报批立项审查、施工许可控制在30个工作日以内，比改革前109个工作日效率提高近4倍。

*从“最多跑一次”向“零跑路”转变树立政务服务新风向。*建立“线上审批为常态，线下审批为例外”的发展思路，不断加强互联网、区块链、人工智能等技术在政务服务中的应用，通过搭建政务服务“一张网”、上线i银川手机App、建设数据共享平台、实施“一枚印章管数据”、推广自助终端设备等一系列有力举措，深入推进政务服务向智慧化、数字化转变，政府提供服务的方式发生了深刻变革。在社区及县区政务服务中心等85个点位投放的98台自助终端机，实现了490项审批事项的查询、预约、申请以及水、电、气费用的线上缴纳。正在推进的“一枚印章管数据”改革，在搭建起“一证通办”系统的基础上，实现了向各个专网系统提供个人身份证、婚姻登记、出生证明（自2017年以后）、不动产登记证、法人营业执照5类电子证明材料，办事群众和企业在办事过程中，无须提交相关材料，基于提升群众办事满意度和体验感的“零跑路”服务模式引领着政务服务。

案例链接

“一枚印章管数据”是银川“智慧政务”工程的基础项目。2020年,印发《推行“一枚印章管数据”改革树立优化营商环境政务服务新标杆的实施方案》,全面推行“一枚印章管数据”改革,对“一枚印章管审批”改革进行拓展和深化。通过对各部门数据进行集成管理,实现数据统一调用和电子材料在线生成,以满足不同应用场景的具体需求。经调用的数据由审批局统一加盖政务数据查验专用电子签章,将共享数据变成了有效的办事材料,全面精简群众办事需要提交的材料,标志着银川市相对集中审批制度改革迈入数字化、智能化新阶段,也在顶层设计上为数据共享、业务协同提供了更加广泛的应用场景。相比于电子证照,在共享数据上加盖查验专用章的方式,使数据共享更加灵活,通过不同部门数据的组合,形成按需求定制化的电子证明材料;也可根据数据安全需要,只共享合理范围的数据。此种改革方式,解决了部门共享数据无法转换为有效办事依据、电子材料普及率不高的问题,是真正将“数据跑路”具体落实到可操作层面的改革创新实例,为全面实现办事“零材料”、让群众办事像网络购物一样便捷夯实了基础。

银川市在新时代推进西部大开发的浪潮下,向建设黄河流域生态保护和高质量发展先行区示范区、沿黄城市群中心城市发起了冲锋,在持续深化“放管服”改革优化营商环境的征程中,银川市正向“发展高质量、治理现代化、城市国际化、生态园林化”的宏伟蓝图阔步迈进。

撰稿人:井　胜　刘艳峰　王雪塬